Thomas Harrison (Hrsg.)

Imperien der Antike

aus dem Englischen von
Christian Helmchen

Verlag Philipp von Zabern · Mainz

„Schau zurück auf die großen Reiche, die kamen und gingen, und du kannst in die Zukunft sehen."

MARK AUREL

FRONTISPIZ: Diese Kolossalstatuen Ramses' II. aus seinem Tempel in Abu Simbel (nahe der heutigen ägyptisch-sudanesischen Grenze) gehören zu den imposantesten Zeugnissen königlicher Macht der gesamten Antike. Der Tempel wurde im 13. Jahrhundert v. Chr. erbaut und war den wichtigsten Gottheiten des Neuen Reiches geweiht: Ptah, Amun-Re und Re-Harachte.

TITELEI: Detail der Reliefs von der monumentalen Treppe zum Apadana, dem Saal, in dem der persische König Besucher empfing, in der Zeremonien-Hauptstadt Persepolis. Hergestellt wurde sie von mehreren Künstlergruppen (darunter Spezialisten für Haartracht und Kleidung), um sicherzustellen, dass der Stil einheitlich war.

Originalausgabe: „Great Empires of the Ancient World"

First published in the United Kingdom in 2009 by Thames & Hudson Ltd,, London
www.thamesandhudson.com

Bibliografische Information der Deutschen Nationalbibliothek
Die Deutsche Nationalbibliothek verzeichnet diese Publikation in der Deutschen Nationalbibliografie; detaillierte bibliografische Daten sind im Internet über <*http://dnb.d-nb.de*> abrufbar.

Weitere Publikationen aus unserem Programm finden Sie unter:
www.zabern.de

Die Herausgabe dieses Werkes wurde durch die Vereinsmitglieder der WBG ermöglicht.

ISBN: 978-3-8053-4089-2
Übersetzung: Christian Helmchen, Hamburg
Lektorat: Sarah Höxter, Hamburg
Gestaltung des Titelbilds: Birgit Bösel, Verlag Philipp von Zabern, Mainz

Printed and bound in China by SNP Leefung

Inhalt

Einführung
Ein neuer Blick auf alte Reiche

Imperien der Antike liefert eine zugängliche und gut recherchierte Darstellung aller Imperien des Altertums, vom Reich der Hethiter und dem ägyptischen Neuen Reich im 2. Jahrtausend v. Chr. über das persische Sasanidenreich, das mit der arabischen Eroberung im 7. Jahrhundert n. Chr. endete, vom römischen Kaiserreich bis zu den (nicht weniger riesenhaften) Reichen der Qin- und Han-Dynastie in China.

Diese Reiche eint nicht nur die geschichtliche Epoche, während derer sie (in etwa) entstanden und wieder untergingen. Die Beziehungen zwischen ihnen, so geografisch und chronologisch verstreut sie auch waren, sind ein äußerst komplexes Geflecht aus Konkurrenz, Nachfolge und Assimilation. Genau wie das chinesische Han-Reich aus dem Qin-Reich hervorging (und dabei auch selbst mehr als eine Phase hatte), so entwickelten sich die Reiche Maurya, Kuschana und Gupta in Südasien alle aus komplizierten Beziehungen zu ihren Vorgänger-Reichen. Die Reiche der Parther und der Sasaniden, die aus einem der Nachfolge-Staaten entstanden, die aus dem Chaos nach dem Tod Alexanders des Großen hervorgingen, betrachteten beide das persische Achämenidenreich des 6. bis 4. Jahrhunderts v. Chr. als ihr Vorbild; ihre Herrscher (wie auch die indischen) nannten sich, wie die der Achämeniden, „König der Könige". Beide führten Krieg mit Rom, wie es die Achämeniden mit den Griechen getan hatten; und in beiden Fällen war das Ostreich das leidtragende, das seine Geschichte fortan durch seine Rivalen weiterschreiben lassen musste.

Warum aber soll man sich heute mit diesen alten Reichen auseinandersetzen? Mit Ausnahme des späten 19. und frühen 20. Jahrhunderts ist die Geschichte der alten Reiche vielleicht nie so aktuell gewesen und hat so viel öffentliches Interesse erregt wie heute. Man kann dies z. B. an den mehr oder weniger erfolgreichen Filmen festmachen, die im Römischen, Makedonischen oder Persischen Reich spielen (wie *Gladiator* oder *Alexander*) oder am enormen Erfolg von Ausstellungen, die diese Imperien neu bewerten – wie die Ausstellung der Terrakotta-Krieger der Qin-Dynastie oder die zum „vergessenen Reich" der Achämeniden. Wenn wir aber nach den Gründen suchen wollen, warum die alten Reiche im öffentlichen Bewusstsein eine so große Rolle spielen, sollten wir nicht auf

RECHTS: Szene aus Ridley Scotts Film Gladiator (2000). Gladiatorenspiele (oft mit importierten exotischen Tieren) fanden im ganzen Römischen Reich statt und hatten immer zahlreiche Zuschauer.

GEGENÜBER: Ein Krieger der Terrakotta-Armee (in Verpackungsmaterial) wartet im alten Leseraum der British Library im British Museum in London, bevor er Teil der enorm erfolgreichen Ausstellung The First Emperor: China's Terracotta Army wird. Die Terrakotta-Armee (geschätzte über 8000 Soldaten) wurde im Jahre 210 v. Chr. zusammen mit dem ersten Kaiser der Qin-Dynastie, Qin Shihuangdi, begraben.

Ägypten Hethiter Assyrien & Babylonien Persien Athen

Das Hethitische Reich
1650–1200 v. Chr.

Die Reiche von Assyrien und Babylonien
900–539 v. Chr.

1600 v. Chr. | 1500 v. Chr. | 1400 v. Chr. | 1300 v. Chr. | 1200 v. Chr. | 1100 v. Chr. | 1000 v. Chr. | 900 v. Chr. | 800 v. Chr. | 700 v. Chr. | 600 v. Chr.

Ägypten – das Neue Reich
1539–1069 v. Chr.

Alexander Parther/Sasaniden Rom Südasien China

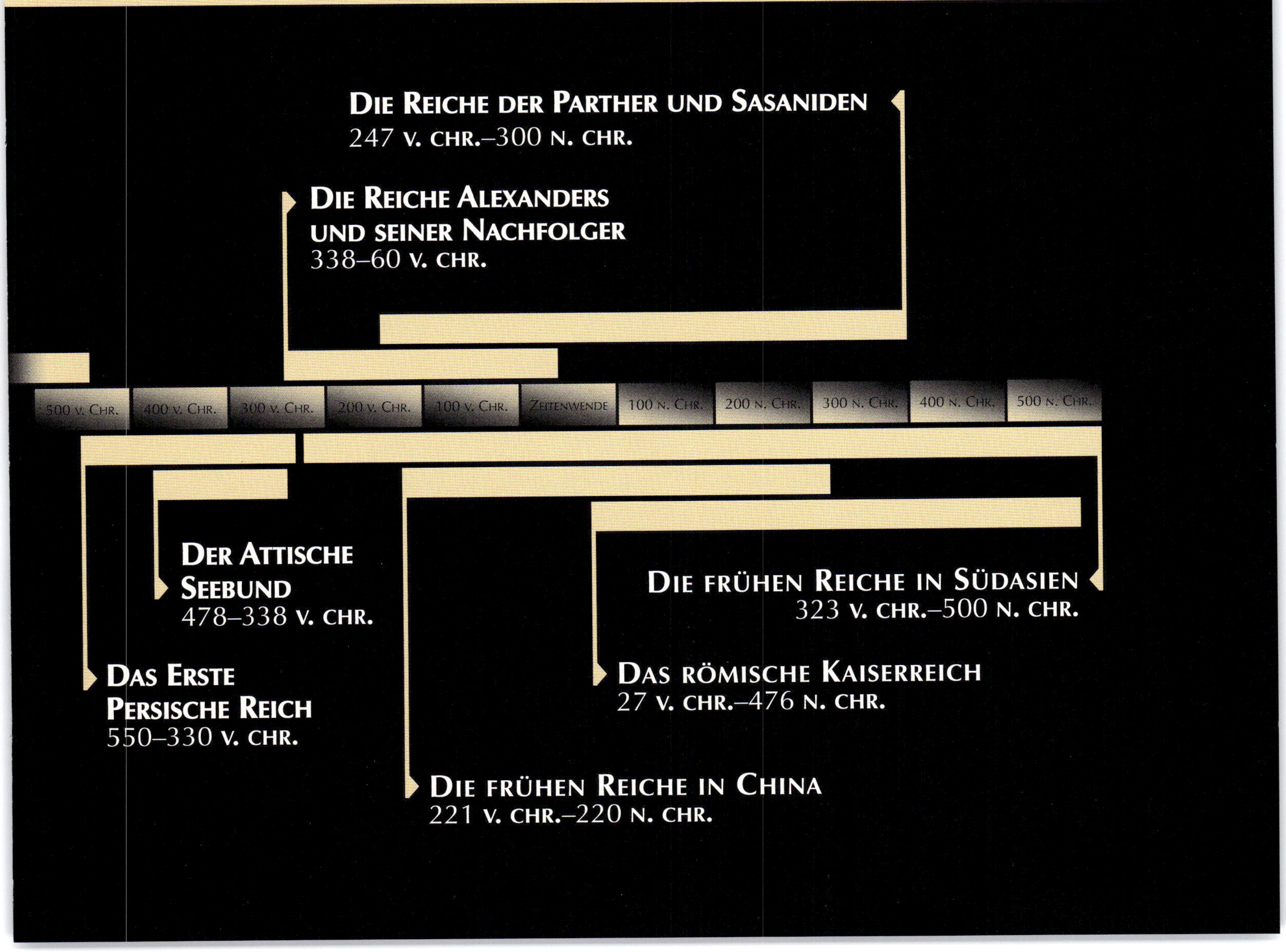

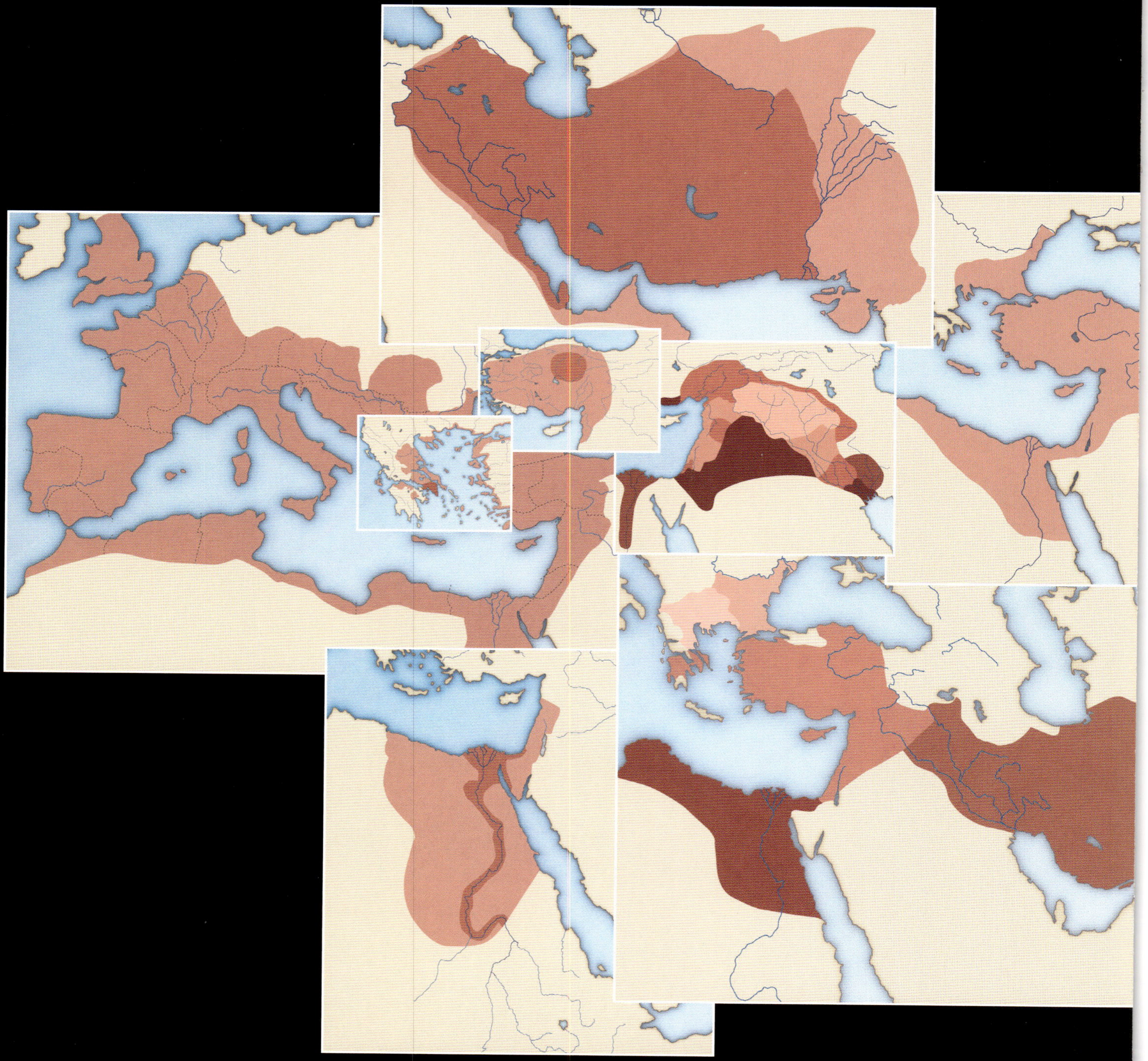

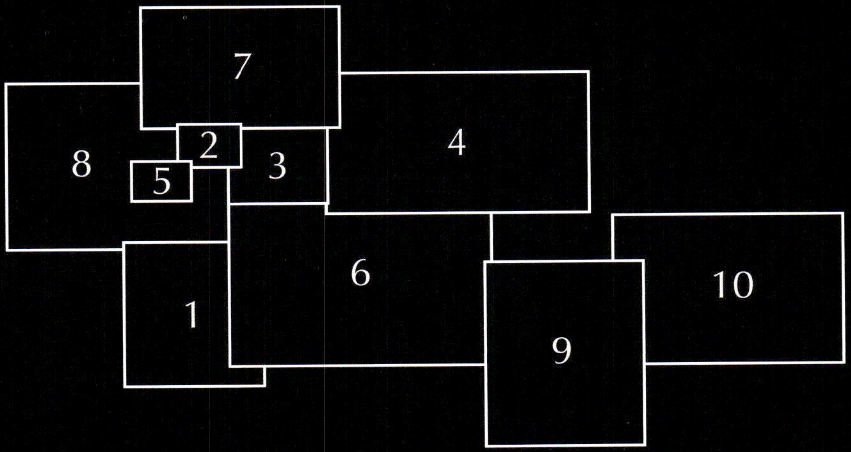

1. Ägypten – Neues Reich 1539–1069 v. Chr.
2. Hethitisches Reich 1650–1200 v. Chr.
3. Reiche von Assyrien und Babylonien 900–539 v. Chr.
4. Erstes Persisches Reich 550–330 v. Chr.
5. Attischer Seebund 478–404 v. Chr., 378–338 v. Chr.
6. Reiche Alexanders und seiner Nachfolger 338–60 v. Chr.
7. Reiche der Parther und Sasaniden 247 v. Chr. –300 n. Chr.
8. Römisches Kaiserreich 27 v. Chr.–476 n. Chr.
9. Frühe Reiche in Südasien 323 v. Chr.–500 n. Chr.
10. Frühe Reiche in China 221 v. Chr.–220 n. Chr.

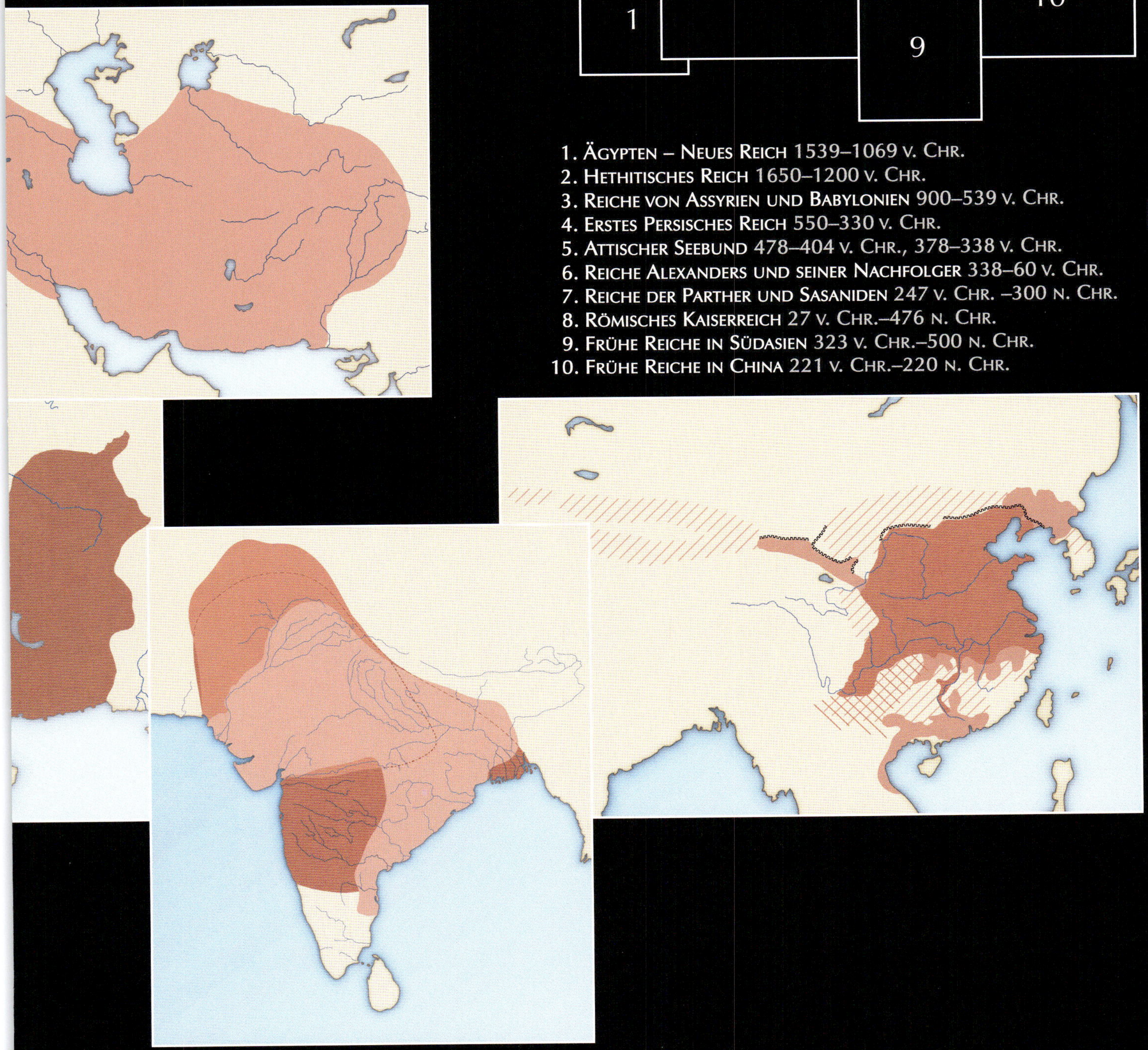

Hollywood oder die Museen schauen (denn beide hängen sich eher an einen Trend an, als dass sie einen erschaffen), sondern stattdessen auf die Machtkämpfe zwischen modernen Nationen.

Einerseits mussten die ehemaligen Großmächte der Neuzeit – das Vereinigte Königreich, Frankreich, Deutschland, Russland und andere – ganz unterschiedliche Wege finden, sich mit ihrer imperialen Vergangenheit auseinanderzusetzen, und sich bemühen (und das auf ganz unterschiedliche Art und Weise), ihre früheren Vorstellungen vom Schicksal der eigenen Nation an die sich verändernde Umwelt anzupassen. Gleichzeitig hat die Forschung hier Fortschritte erzielt: Insbesondere die „postkoloniale" Tendenz der Moderne hat zu der Einsicht geführt, dass imperiale Strukturen ebenso sehr in den Köpfen der Menschen bestehen wie in äußeren Kontrollmechanismen. Das Ende eines Reiches wird nicht mehr einfach am Abzug aus einer entfernten Kolonie festgemacht; eher sieht man es heute so, dass Reiche den Blick der Menschen auf ihre Position in der Welt prägen, und zwar auch dann noch, wenn die Fahne des Kolonisten schon lange nicht mehr weht. Die Aufmerksamkeit der Forschung richtet sich heute mehr darauf, wie imperiale Strukturen vom Einzelnen wahrgenommen werden und wie sie sich auf das Alltagsleben auswirken – sowohl auf das der einfachen Leute als auch auf das der „Imperialisten".

Dass man heute mehr auf diese indirekten und persönlichen Wege schaut, mittels derer sich imperiale Strukturen manifestieren, hat auch dazu geführt, dass man neue Strukturen dieser Art identifiziert hat. So wie frühere Großreiche – Russland, die Osmanen oder Westeuropa – behauptet haben, Nachfolger des Römischen Reichs zu sein, so tun es heute die Vereinigten Staaten. Diese Parallele zwischen Amerika und Rom ist – mag sie nun stimmen oder nicht – auf verschiedene Art und Weise, mehr oder weniger positiv und mehr oder weniger überzeugend, von Journalisten, Bloggern, Karikaturisten und Mitgliedern neokonservativer Denkfabriken gebraucht worden. In einer positiven Auswertung beschrieben zwei der Letzteren, Bill Kristol und Robert Kagan, die Position der USA in den Nachwehen des ersten Irak-Kriegs als „eine Position, die kein Staat mehr innehatte, seit Rom das Mittelmeer beherrschte". Von einer etwas kritischeren Warte aus verglich man US-Präsident George W. Bush mit Commodus, Caligula und Nero (und anderen römischen Kaisern). Mit den Worten eines Bloggers: „Nero … hat gefiedelt, während Rom brannte. George Bush macht einfach noch einmal Urlaub."

Wie soll man solche Parallelen bewerten? Mit Sicherheit kann die politisch motivierte Gleichsetzung heutiger Staaten mit Reichen der Antike unser Verständnis für die alten Reiche auf den Kopf stellen. Alle Kapitel dieses Buches spiegeln die ungeheuren Anstrengungen wissenschaftlicher Rekonstruktion der Antike wider und bieten einen guten Zugang für den modernen Leser. *Imperien der Antike* bietet zuverlässige Darstellungen, unabhängig von vorübergehenden politischen Strömungen. Andererseits gibt es bedeutende Aspekte, die die Geschichte der alten Reiche untrennbar mit den Irrungen und Wirrungen der modernen Historie verbinden.

Dass die Geschichte der Antike vor den Karren der Moderne gespannt wird, ist kein neues Phänomen. Man hat auf jede erdenkliche Art und Weise versucht, Analogien zwischen alten und neuen Reichen zu manifestieren – mittels der klassizistischen Architektur, der Heroisierung von Volkshelden oder (wenn auch seltener) durch den direkten Vergleich: die bewusste Suche in der alten Geschichte nach Antworten auf die Probleme moderner Staatsführung, z. B. wie man sich mit bestimmten Minderheiten in einer Bevölkerung auseinandersetzen sollte. Moderne Staaten haben sich meist von verschiedenen alten Reichen inspirieren lassen und sich selten nur auf einen „Vorfahren" berufen. Die Gründerväter der amerikanischen Republik orientierten sich ebenso an Karthago wie an Karthagos Erzfeind, Rom. Die Briten fanden Inspiration für ihre eigene imperiale Herrschaft im Persischen und wiederum im Römischen Reich. Die Deutschen wandten sich, wie die Briten, den Helden des Widerstands gegen Rom zu – Arminius/Hermann oder Boudicca – sowie einmal mehr dem alten Rom selbst. Wie bei der antiken *translatio imperii*, der Reichsnachfolge, impliziert all dies, dass das neue Reich die Summe der positiven Eigenschaften seiner Vorgänger ist, während die negativen modifiziert oder vermieden werden.

GEGENÜBER: Detail des Alexander-Mosaiks (100 v. Chr.), ursprünglich im Haus des Fauns, Pompeji, jetzt im Nationalmuseum Neapel zu Hause. Das Mosaik, wahrscheinlich eine Kopie eines annähernd kontemporären Alexander-Gemäldes, porträtiert den König in der Schlacht, sein Blick ist auf den erstaunten Gegner, Dareios III., gerichtet.

Ein bronzenes Reiterstandbild des römischen Kaisers und Philosophen Mark Aurel. Heute in einem Museum, stand es zuvor auf der Piazza del Campidoglio (auf dem Kapitol); dorthin war es im Rahmen der Umgestaltungsmaßnahmen Michelangelos gebracht worden.

GEGENÜBER: Vor dem eindrucksvollen Hintergrund der klassizistischen Bauten des britischen Architekten Lutyens in Neu Delhi paradieren indische Grenztruppen auf ihren Kamelen. Die Parade am 26. Januar, dem Tag der Republik, kennzeichnete im Jahre 2009 den 60. Jahrestag der indischen Verfassung.

Wichtig ist, dass das moderne Verständnis der antiken Großreiche in eben diesem Kontext geschmiedet wurde. Das manifestiert sich auf verschiedene Weise. Erstens wurden die archäologischen Ausgrabungen, die viele der Zeugnisse der Reiche, die in diesem Buch besprochen werden, zutage förderten, oftmals unter der Schirmherrschaft der einen oder anderen imperialen Großmacht durchgeführt. Die Entzifferung der Keilschrift – die Arbeit mehrerer europäischer Gelehrter, die zusammenarbeiteten – eröffnete zahlreiche neue Blickwinkel auf die Reiche des antiken Nahen Ostens (u. a. Assyrer, Babylonier und Perser) und führte so schließlich zur Revision von Darstellungen des 19. Jahrhunderts, die gewöhnlich auf klassische Quellen zurückgingen und von der Dekadenz der östlichen Reiche berichteten. Doch zugleich sorgten diese modernen Auftraggeber selbst ganz deutlich für einen bestimmten ideologischen Überbau der neuen Erkenntnisse über die antiken Kulturen. Wenn man sich mit den frühen Reichen Südasiens beschäftigt, ist es z. B. schwer, sich von dem Gedanken zu befreien, dass sie in gewisser Weise der Vereinigung Indiens unter britischer Herrschaft vorgriffen – die für sich selbst genommen jedoch ein viel komplexeres Phänomen ist.

Was ist überhaupt ein „Imperium"? Kein Begriff kann alle in diesem Band besprochenen Imperien wirklich fassen: Der kurzlebige Attische Seebund nannte sich selbst *archê* (einfach: Herrschaft). Das lateinische Wort *imperium* („Imperialismus" ist bezeichnenderweise eine moderne Zusammensetzung) beschrieb jede Art formeller Autorität. Außerhalb des engen Bereichs der Terminologie werden die modernen Begriffe „Reich" oder „Imperium" dazu verwendet, eine ganze Menagerie verschiedener Konstrukte zu beschreiben. Einige sind riesengroß und andere klein. Einige herrschten über weit entfernte Kolonien, andere beanspruchten „nur" die Hegemonie über das Territorium ihrer Nachbarn. Einige wurden demokratisch regiert, andere durch einen Monarchen. In einigen herrschte eine strenge Bürokratie, während es in anderen kaum eine zentralisierte Kontrolle gegeben zu haben scheint. Einige unternahmen große Anstrengungen, ihre Untertanen zu assimilieren, während andere sie immer eine Armlänge von sich entfernt hielten und durch die Elite vor Ort regieren ließen. Und alle verfügten über unterschiedliche Kontrollmechanismen, welche nicht nur die Technologie diktierte, sondern auch die Größe und Beschaffenheit ihres Territoriums. Man kann durchaus diskutieren, ob auf alle Staatengebilde, die in diesem Band vorgestellt werden, tatsächlich der Begriff „Imperium" passt (außer als Analogie). Wenn wir tatsächlich die USA in diese Liste mit einschließen wollen, wird die Definition noch weiter gedehnt. Obwohl einige US-Kommentatoren seit ein paar Jahren dazu neigen, unbesorgt den Begriff „empire" zu verwenden, haben die Amerikaner doch traditionell stets dazu geneigt, sich als anti-imperial zu definieren. Sicherlich müssen wir akzeptieren, dass die Kontrollmechanismen, durch die ein solches „Imperium" aufrechterhalten wird, durch den Vergleich mit historischen Reichen auf geniale Weise verschleiert werden. Doch auch das römische Kaiserreich versteckte sich hinter republikanischen Floskeln.

Die Kunst der Sasaniden und Parther (wie vor ihnen die der achämenidischen Perser) zeigte häufig Fabelwesen wie Greife und Drachen. Diese Figur aus Bleibronze soll in der Nähe des Helmand in Afghanistan gefunden worden sein; sie stammt etwa aus dem 2. oder 3. Jahrhundert n. Chr.

Die Erfahrungen der jüngeren Geschichte haben unsere Wahrnehmung der antiken Reiche noch auf andere Art und Weise beeinflusst: in den moralischen Urteilen, die wir über sie fällen. Dies geschieht auf zweierlei Art. Mehrere Kapitel in diesem Band zeigen auf, wie die fraglichen Reiche (die des antiken Nahen Ostens) stets als amoralisch oder dekadent dargestellt worden sind, während andere Reiche in der Forschung als wesentlich positiver angesehen wurden. Dies ist z. T. auf Darstellungen in frühen Erzähltexten zurückzuführen, teilweise darauf, dass man lange von antiken Quellen abhängig war, die aus einer ganz bestimmten Perspektive berichteten: So sind etwa die Beschreibungen des persischen Königs Xerxes durch die Berichte über die griechisch-persischen Kriege geprägt worden, die der Historiker Herodot dokumentiert hat (der Grieche war). Und unser Bild des babylonischen Königs Nebukadnezar geht auf die Darstellungen des babylonischen Exils der Juden im Alten Testament zurück.

Diese Art des gedankenlosen und von alten Quellen abhängigen Moralismus gehört heute größtenteils der Vergangenheit an. Und doch kann man diesem Moralismus nicht so leicht entkommen. Man misst die antiken Imperien (oder imperiale Strukturen überhaupt) zu gerne auf einer moralischen Skala: z. B. wenn man meint, dass ein bestimmter Grad an finan-

Das „Tor aller Nationen“ war das Eingangstor von Persepolis, der Hauptstadt des persischen Großkönigs. Mit seiner Türöffnung, die mit einer großen Zahl geflügelter Stiere mit menschlichen Köpfen ausgestattet war, sollte das Tor Besucher des Großkönigs einschüchtern.

zieller Ausbeutung sich mit einem bestimmten Grad an Schutz die Waage hielt, der den Untertanen gewährt wurde, oder durch die zivilisatorischen Segnungen, die die fremde Macht mit sich brachte. Es ist vielleicht auch kein Zufall, dass dieser Zugang – der der moralischen Bilanz – im Zusammenhang mit den modernen Staaten aufkam und aus einem (bewussten oder unbewussten) Wunsch geboren wurde, die eigenen Machtstrukturen zu rechtfertigen. Auf solch einer moralischen Bilanz zu beharren, könnte dann bedeuten, dass man unwissentlich eher die Perspektive des Herrschers einnimmt als die der Beherrschten – diesen Unterschied sieht man ganz deutlich, wenn man sich potenzielle moderne Parallelen anschaut. Der britische Journalist Jonathan Freedland hat die Attraktionen der römischen Welt, wie die Toga oder die Zentralheizung, mit den Segnungen verglichen, die heute die USA den Völkern der Welt angedeihen lassen: „Es sind nicht Togen oder Gladiatorenspiele …, sondern Starbucks, Coca-Cola, McDonald’s und Disney, und alle werden im heutigen Äquivalent der römischen Münzen bezahlt: ... dem Dollar.“ Doch das Trinken von Coca-Cola bedingt nicht zwangsweise die Übernahme der kulturellen Werte der USA und noch weniger das Gutheißen amerikanischer Außenpolitik. Ob die Untertanen antiker Reiche weniger ambivalent reagiert haben, als Fremde versuchten, sie zu „zivilisieren“?

Wie sollen wir nun also auf die Imperien der Antike schauen? Der griechische Historiker Thukydides, einer der ersten Theoretiker, der sich mit imperialen Strukturen auseinandersetzte (kürzlich als „Lieblingstext zur Außenpolitik für Neokonservative“ bezeichnet), ließ die Athener zur Rechtfertigung ihrer Herrschaft über ihre griechischen Nachbarn sagen: „Es ist immer die Regel gewesen, dass das Schwache dem Starken unterworfen sein sollte.“ Das Bestehen von Imperien (nunmehr ganz breit definiert als jede politische Organisationsform, die systematisch andere beherrscht) ist einfach eine Tatsache, und was wir aus den Reichen der Antike lernen können, ist durch die unterschiedlichen Bedingungen eingeschränkt, innerhalb derer sie operierten. Thukydides fügt noch einen weiteren attischen Gedanken hinzu: „Außerdem sind wir der Meinung, dass wir unserer Macht würdig sind.“ Was ein „Imperium“ von einem anderen unterscheidet, sind also z. T. die Kontrollmechanismen, die es zur

Verfügung hat, aber vielleicht auch die Art und Weise, wie es sich selbst definiert und rechtfertigt: einfach darauf zu beharren, dass seine Herrschaft durch vorherige Leistungen gerechtfertigt ist; sich als Weltpolizei zu stilisieren (wie das persische Achämenidenreich), die sich streitende Nationen zur Ordnung ruft; zu behaupten, dass die Grenzen des eigenen Reiches die Grenzen der Zivilisation sind (wie im Falle von Rom oder dem China der Qin-Dynastie); oder irgendwie eine Art überzeitliche Unvermeidbarkeit oder universale Gültigkeit des eigenen Wertekanons zu vermitteln (wie die modernen USA).

Im Falle von Athen geht es ebenfalls um die Unvermeidbarkeit als Rechtfertigung der eigenen Vorherrschaft. Wenn wir uns auf diesen ideologischen Aspekt von Imperien konzentrieren, ihre Fähigkeit, sich immer wieder neu zu erschaffen, schwinden die Unterschiede zwischen alten und neuen Reichen. Es ist diese komplexe Verflechtung von Vergangenheit und Gegenwart, von modernen Erklärungsversuchen und antiken Herrschaftsstrukturen, die *Imperien der Antike* beschreiben will.

Abraham Lincoln schaut durch die Säulen seines Denkmals auf die National Mall in Washington, D. C. Eingeweiht im Jahre 1922, ist das Lincoln Memorial dem Zeus-Tempel von Olympia nachempfunden; in seine Wände eingemeißelt: die Texte der Gettysburg Address und der zweiten Vereidigungsrede Lincolns, beide wiederum nach klassischen Vorbildern.

Kapitel 1

Ägypten – das Neue Reich

1539–1069 v. Chr.

Von allen Großreichen der Antike hat das alte Ägypten seit jeher wahrscheinlich die größte Faszination auf die Menschen ausgeübt. Napoleons Ägypten-Feldzug an der Wende vom 18. zum 19. Jahrhundert löste in der westlichen Welt eine regelrechte „Ägypten-Manie" aus. Doch bereits in der Antike waren Schriftsteller – der bekannteste von ihnen der griechische Historiker Herodot – von der ägyptischen Kultur und Geschichte begeistert: von den Hieroglyphen, der Mumifizierung, der zentralen Lage des Nils und vor allem der so weit zurückreichenden Geschichte. Die Macht, die Ägypten selbst ausgeübt hat, stand bisher jedoch weniger im Mittelpunkt des Interesses. Während einzelner Epochen in seiner Geschichte – besonders in der Zeit des Neuen Reiches (in etwa die zweite Hälfte des 2. Jahrtausends v. Chr.) – war Ägypten im südlichen und westlichen Afrika, in der Levante im Osten und im Mittelmeerraum die vorherrschende Großmacht. Seine Macht gründete auf guten Handelsverbindungen und einer hervorragenden Ökonomie, auf reichen Mineralienvorkommen und einer gut funktionierenden Landwirtschaft – und auf einer fest verwurzelten religiösen Ideologie, in deren Zentrum die Figur des Königs stand: der Pharao.

VORHERIGE SEITEN: Ramses III. (ca. 1187–1156 v. Chr.) jagt wilde Stiere im Marschland, hier dargestellt auf der Tormauer seines großen Tempels in Medinet Habu. Der Pharao, der in Übereinstimmung mit dem Willen der Götter bis ans Ende der Welt auf der Jagd nach allen feindlichen Kräften ist, war nicht nur ein Bild, sondern der Gedanke, der der Expansion des Neuen Reiches zugrunde lag.

Pharaonen des Neuen Reiches

18. Dynastie

1539–1514 v. Chr.	Ahmose I.
1514–1493 v. Chr.	Amenophis I.
1493–1481 v. Chr.	Thutmosis I.
1481–1479 v. Chr.	Thutmosis II.
1479–1425 v. Chr.	Thutmosis III.
1473–1458 v. Chr.	Hatschepsut
1426–1400 v. Chr.	Amenophis II.
1400–1390 v. Chr.	Thutmosis IV.
1390–1353 v. Chr.	Amenophis III.
1353–1336 v. Chr.	Amenophis IV. (Echnaton)
1336–1335 v. Chr.	Meritaton
1335–1332 v. Chr.	Semenchkare
1332–1322 v. Chr.	Tutanchamun
1322–1319 v. Chr.	Eje II.
1319–1292 v. Chr.	Haremhab

19. Dynastie

1292–1290 v. Chr.	Ramses I.
1290–1279 v. Chr.	Sethos I.
1279–1213 v. Chr.	Ramses II.
1213–1204 v. Chr.	Merenptah
1204–1198 v. Chr.	Amenmesse
1202–1200 v. Chr.	Sethos II.
1198–1193 v. Chr.	Merenptah Siptah
1198–1190 v. Chr.	Tausret

20. Dynastie

1190–1187 v. Chr.	Sethnacht
1187–1156 v. Chr.	Ramses III.
1156–1150 v. Chr.	Ramses IV.
1150–1145 v. Chr.	Ramses V.
1145–1137 v. Chr.	Ramses VI.
1137–1129 v. Chr.	Ramses VII.
1129–1126 v. Chr.	Ramses VIII.
1126–1108 v. Chr.	Ramses IX.
1108–1099 v. Chr.	Ramses X.
1099–1069 v. Chr.	Ramses XI.

LINKS: Ein afrikanischer König. Der innerste von drei Särgen für Tutanchamun wurde aus mehr als 100 kg Gold hergestellt. Der König herrschte, als Reichtum und Einfluss des Neuen Reiches auf ihrem Höhepunkt waren, sein Gold rückt ihn in die Nähe des Ruhmes des Sonnengottes. Eingeschrieben sind innen die Worte des Thot, Gott des Verstands: „Sei gegrüßt, oh vollkommenes Antlitz, Besitzer von Sonnenstrahlen, den die Sterblichkeit vollendet hat, den das Begräbnis verherrlicht hat."

1500 V. CHR. – 1400 V. CHR. – 1300 V. CHR. – 1200 V. CHR. – 1100 V. CHR. – 1000 V. CHR.

Ahmose I. erobert das Königreich von Hyksos 1530er v. Chr.

Thutmosis I. erobert Kusch, zieht weiter nach Byblos und Mitanni 1480er v. Chr.

Hatschepsuts Expedition nach Punt 1470 v. Chr.

Thutmosis III. führt seine Armee in die Schlacht von Megiddo 1457 v. Chr.

Echnaton schlägt massiven Aufstand nahe nubischen Goldminen nieder 1340 v. Chr.

Tutanchamuns Truppen kämpfen gegen Hethiter 1320er v. Chr.

Beginn neuer (19.) Dynastie durch die Familie Ramses' I. 1292 v. Chr.

Ramses II. kämpft gegen Hethiter in Kadesch 1274 v. Chr.

Merenptah schlägt libysche Eindringlinge zurück 1209 v. Chr.

Beginn neuer (20.) Dynastie durch die Familie Sethnacht 1190 v. Chr.

Ramses III. schlägt libysche Eindringlinge und „Seevölker" zurück 1180er v. Chr.

Truppen von (Vizekönig) Paneschi besetzen Theben 1088 v. Chr.

Feldzug von General Pianki gegen Paneschi endet mit Teilung Ägyptens 1082 v. Chr.

Es gab einen Moment in der Geschichte, da war Ägypten das reichste, mächtigste und einflussreichste Land der Welt – wir nennen diese Zeit heute das „Neue Reich". Dieser Moment dauerte 400 Jahre, von der Herrschaft Thutmosis' III. (ca. 1479–1425 v. Chr.) bis zum Tod des 11. Königs mit dem Namen Ramses. Während dieser Jahrhunderte entwickelte sich der Staat, dessen Geschichte – da war man sich sicher – bis zum Anbeginn der Zeit zurückreichte, zu einem dichtbevölkerten, multiethnischen Kraftwerk, das über einen unerreichten materiellen und geistigen Wohlstand verfügte, getragen von einem traditionellen Staatsgebilde und einer bewährten militärischen Tradition. Die Goldminen Nubiens garantierten Ägypten den Status der reichsten Volkswirtschaft der Welt, während ein weitreichendes Netz von Handelsverbindungen auf einem freundschaftlichen Verhältnis zu Ländern im Nordosten Afrikas, dem Nahen Osten und dem Mittelmeerraum gründete.

Nach 1500 Jahren der Herrschaft von Gottkönigen, die von nun an Pharaonen genannt wurden, waren Regierung, Religion und Bildende Kunst des Neuen Reiches fest verwurzelt. Für Thutmosis III. (54 Jahre Pharao) oder Ramses II. (67 Jahre) waren Heiligtümer wie die Große Sphinx oder die Pyramiden von Gizeh bereits antike Stätten, und dass sie die Zeitalter überdauert hatten, bewies, dass die fundamentalen Glaubensgrundsätze Ägyptens immer noch Gültigkeit besaßen. Sie inspirierten die Pharaonen, die Göttertempel und Monumente ihrer eigenen Vorväter wiederaufzubauen und zu renovieren oder „neu zu bauen" und „zu vergrößern, was mir überlassen worden ist". Dieser letzte Grundsatz – der Erfolg mit Familie, Pflicht und Expansion gleichsetzt – war ein zentrales Element des Königtums. Von Thutmosis III. sind auf einem Monument am südlichen Rand seines Reiches folgende Worte überliefert, in denen er seinen eigenen Erfolg als König reflektiert:

> „Mein Vater, Amun-Re, hat dies erbaut, es war nicht die Tat eines Menschen."

Entsprechend bedachten dankbare Pharaonen die Tempel des Amun-Re und die anderer Götter immer großzügiger mit Land und Arbeitskräften, mit Steuergeschenken und finanziellen Privilegien – und mit Festen. Dadurch errichteten und hinterließen uns die Herrscher des Neuen Reiches das alte Ägypten, wie wir es uns heute vorstellen.

Der Glaube ans Schwarze Land („Warum mache ich mir Gedanken über meine Macht?")

Historiker des Neuen Reiches haben eine Zu- und Abnahme der Macht innerhalb Ägyptens festgestellt. Das Land, das sich von Nubien bis zum Mittelmeer mehr als 1000 km den Nil entlang erstreckte, war zuerst um 3000 v. Chr. eine Nation mit einem König und einem Palast geworden. Im Jahrhundert vor Beginn des Neuen Reiches jedoch hatte sich das Land in drei Teile gespalten, mit Königen in Avaris im Nildelta, Theben im Niltal und Kerma in Nubien. Die Könige, die 108 Jahre lang Avaris regierten, stilisierten sich als „Herrscher fremder Länder", ein Titel, der, so nimmt man an, anzeigen sollte, dass sie selbst aus fremden Ländern kamen, nicht über sie herrschten. Es ist sicher, dass ihre Städte kulturell, ökonomisch und eventuell politisch mit Städten in Palästina und Syrien sowie im Niltal vernetzt waren. Avaris selbst richtete wichtige Handelsrouten in den Nahen Osten ein und war einer der wichtigsten Mittelmeer-Häfen. In Nubien gab es einen Zusammenschluss von Häuptlingen, die den Herrscher von Kusch, dem südlichen Teil Nubiens, als ihren Anführer anerkannten. Archäologische Studien haben ergeben, dass die nubische Kultur zwar deutlich unägyptisch war, ihre militärische Schlagkraft hingegen umso größer. Im Gebiet dieser zwei Königreiche hatte sich über die Jahrhunderte ein kosmopolitischer Mix verschiedenster ethnischer Gruppen und Sprachen entwickelt, wobei auch Ägypter in Nubien lebten und arbeiteten.

GEGENÜBER: Statue Thutmosis' III. vom Tempel des Amun-Re in Karnak. In modernen Darstellungen des alten Ägypten ist Thutmosis zu einem „Napoleon Ägyptens" und einer Ikone der abenteuerlichen Aspekte des Neuen Reiches umgedeutet worden.

Ägypten war bereits alt, als das Neue Reich begann, und Monumente wie die Große Sphinx in Gizeh schienen die Geschichte der Nation bis zum Anfang der Zeit zurückzubegleiten. Während des Neuen Reiches entwickelte sich um die Große Sphinx ein ganzer Komplex von Tempeln und königlichen Monumenten.

Dies Brustamulett des Pharaos Ahmose, vom Beginn des Neuen Reiches, stimmt mit den ältesten Bildern des ägyptischen Königtums überein. Der König wird als Kapitän des Sonnenbootes dargestellt, dessen Kurs zugleich der aller Vorgänge in der Welt ist. Amun und Thoth, die Götter des geheimsten und gründlichsten Wissens, salben und reinigen ihn, während er den Weg zeigt, und die Göttinnen, dargestellt als Geier, schirmen ihn ab von der Berührung anderer Wesen, die ebenfalls Kadaver verschlingen.

Anders als viele ihrer Landsleute sahen die Könige von Theben diesen Zustand als eine Perversion der althergebrachten Ordnung an. Auf einer Stele im Tempel des Amun-Re in Karnak beklagt sich König Kamose (ca. 1541–1539 v. Chr.):

„Warum mache ich mir über meine Macht Gedanken, wenn es einen Herrscher in Avaris gibt und einen in Kusch? Ich sitze Seite an Seite mit einem Asiaten und einem Nubier, und jeder von ihnen hält ein Stück dieses Schwarzen Landes und teilt es mit mir?"

Im Glauben, der fruchtbare Boden des Landes am Nil bilde ein einzelnes Schwarzes Land *(kôme)*, gelobte Kamose, „die Asiaten zu verfolgen und ihre Städte zu vernichten, denn Ost und West sind durch ihr Fett besudelt". Als das 16. Jahrhundert v. Chr. begann, wetzte die Dynastie von Theben ihre Waffen, um in großem Umfang „ethnische Säuberungen" durchzuführen.

Kamoses erster Angriff galt Kusch. Er wird in entsprechenden Quellen nur indirekt erwähnt, doch seine Bauwerke bei der alten Festung in Buhen bestätigen, dass er begann, Wawat, den nördlichen Teil Nubiens, unter seine Kontrolle zu bringen. Der Angriff auf das Königreich Avaris hingegen ist im Tempel des Amun-Re ziemlich detailliert beschrieben: Zuerst wurde die Bevölkerung von Nefrusi, einem „Nest für Asiaten", abgeschlachtet. Später fingen die Truppen des Pharaos einen Brief vom König von Avaris, Apopi, ab, in welchem er Kusch um Hilfe bat. Ganz offensichtlich hatte Apopi nicht nur Angst, sondern war ganz und gar handlungsunfähig. Als Kamose selbst mit seiner Falken-Flotte in Avaris eintraf, erwies sich die Stadt zwar als so stark befestigt, dass die thebanischen Soldaten sie nicht einnehmen konnten, doch sie verwüsteten die Ländereien und Plantagen, plünderten die Werften und erbeuteten Rennwagen, Streitäxte, Öle, fremdländisches Bauholz, wertvolle Metalle und Steine. Und als Kamose heimkehrte, feierten die Menschen in den Straßen – doch er hatte eine verhängnisvolle Kette von Ereignissen losgetreten.

Kamose verstarb ganz überraschend, und sein Nachfolger, Ahmose I. (ca. 1539–1514 v. Chr.), war erst im Kindesalter, so dass es zu einem Waffenstillstand zwischen Theben und Avaris kam, der mindestens 10 Jahre anhielt. Dennoch hielt sich das Dogma des Schwarzen Landes innerhalb des Regimes von Theben ungebrochen, und Ahmoses spätere Feldzüge gegen die feindlichen Hyksos sind durch Grabinschriften wie jene von Ahmose-Saibana und Ahmose-Pen-Nechbet gut überliefert. Beide waren Marinesoldaten aus der Stadt el-Kab und sehr bemüht, dass man festhielt, wie viele Auszeichnungen, Sklaven und Land sie durch die Feldzüge gegen die „Asiaten" erhielten. Ahmose I. brachte zunächst die alte Hauptstadt unter seine Kontrolle: Memphis. Dann folgten bis zu fünf Feldzüge gegen Avaris, mit erbitterten Kämpfen auf den Flüssen und Kanälen des Nildeltas. Ahmose-Saibana berichtet sachlich vom Ergebnis:

> „Avaris wurde geplündert, und ich nahm Plündergut mit – einen Mann, drei Frauen, also vier Köpfe – und der König ließ sie mir als Sklaven."

Schließlich griffen die Thebaner Sharuhen an, eine befestigte Stadt in Palästina, die am Ende der Horus-Straße lag, die durch die Wüste von Sinai führte. Wiederum wurden die Soldaten davon überrumpelt, dass sie eine Belagerungstaktik fahren mussten; doch nach drei Feldzügen hatte man auch die Bevölkerung dieser Stadt dezimiert. Ahmose I. hatte Avaris seine Unabhängigkeit genommen, die Karawanen Palästinas unter seine Kontrolle gebracht und die Grenze zwischen dem Schwarzen Land und den Ländern jenseits von Sinai wiederhergestellt, die die Hyksos durch ihre Aktivitäten immer mehr verwischt hatten.

Am Ende seiner Herrschaft hatte Ahmose I. es geschafft, die Kontrolle über ganz Ägypten und Wawat zu erlangen, auch wenn es zwei Aufstände gegen diese neue Ordnung gab. Einer wurde von Aata angeführt, wohl einem nubischen Häuptling, dessen, so Ahmose-Saibana, „Schicksal seinen Untergang beschleunigte". Der andere fand in Ägypten statt, vielleicht im neu eroberten Nildelta. Das Regime Ahmoses I. war nicht ohne Gegner, doch insgesamt überwog der thebanische Glaube an das Schwarze Land, und bald folgte ihm sein Sohn als Amenophis I. auf den Thron. Eine Generation später starb Amenophis, ohne einen Sohn zu hinterlassen, deswegen ging der Thron an einen Höfling über: Thutmosis (ca. 1493–1481 v. Chr.), der eine Dynastie begründete, die das Schwarze Land 175 Jahre lang regieren sollte – bis zum Tod Tutanchamuns.

Nubien wird vereinnahmt („Er soll keine Erben haben")

Es war zu erwarten, dass Nubien sich gegen die ägyptische Herrschaft auflehnen würde. Jede Expansion, ob den Fluss hinauf oder durch die umliegende Wüste, musste zwangsläufig auf Kosten von Kusch gehen, und so folgten auf die Annexion Nubiens Jahrzehnte des Krieges. In der Regierungszeit von Kamose war ein neues Amt eingeführt worden: der „Königssohn", der besetzte Länder verwalten sollte; es hatte niemals ein wirklicher Sohn eines Königs dieses Amt inne, doch allein der Titel verlieh dem Amt den gehobenen Status eines Vizekönigs. Kamose hatte Wawat bis nach Buhen annektiert und Amenophis I. bis zur befestigten Nilinsel Sai; die Truppen von Thutmosis I. jedoch marschierten direkt im Reich Kusch ein, in Tombos, nur 30 km von Kerma entfernt. Außerdem teilte Thutmosis Wawat in fünf Bezirke auf, um die traditionelle Stammesstruktur zu zerschlagen und so eine Opposition zu verhindern. Einheimischen Häuptlingen wurde der Status ägyptischer Höflinge verliehen, und man hielt sie dazu an, sich auf Kosten ihrer eigenen Landsleute zu bereichern. Ein Aufstand in Kusch wurde ca. 1481 v. Chr. von Thutmosis II. unterdrückt, wiederum mit großer Entschlossenheit, und ab diesem Zeitpunkt war Wawat faktisch annektiert.

Allgemein gesprochen, fußte die Politik des Neuen Reiches gegenüber Nubien auf zwei Überlegungen. Zum einen waren Wawat und Kusch zweifellos Teil des

Die Grabstele eines Ägypters namens Sopdhir aus Buhen in Wawat. Obgleich Name und Schrift ägyptisch sind, ist festgehalten, dass er dem „Herrscher von Kusch" loyal gedient hat.

Stele des Hyksos Chajan. Wie bei anderen Hyksos-Monumenten ist die künstlerische Tradition eindeutig ägyptisch, ebenso wie der Text, der den „ältesten Königssohn", Janesse, erwähnt.

Stimmen eines Imperiums

In den zweihundert Jahren, die vergingen, seit die ägyptischen Hieroglyphen das erste Mal entziffert worden sind, waren unsere Hauptquellen aus dem alten Ägypten königliche Monumente wie Tempel-Reliefs und Stelen. Doch wurden diese nicht als Zeugen der Geschichte, sondern der Göttlichkeit des Pharaos aufgestellt, so dass Allianzen und Kriege nur nebenbei erwähnt werden – oder überhaupt nicht. Darstellungen der Schlacht von Megiddo auf Denkmälern Thutmosis' III. sind eine prominente Ausnahme, weil sie seine angebliche Herrschaft über alle Länder zur Schau stellen, andere Feldzüge sind in den königlichen Aufzeichnungen jedoch kaum erwähnt. Doch die Entdeckung des Amarna-Archivs im Jahre 1887, größtenteils in Akkadisch verfasst, der diplomatischen Hauptsprache jener Zeit, ist eine ausführliche Quelle für die Periode ca. 1350–1325 v. Chr. und ergänzt die Rhetorik der Denkmäler. Und im Dorf der Baumeister der königlichen Grabstätten, Deir el-Medina in Theben, haben zahlreiche Dokumente und Briefe aus der zweiten Hälfte des Neuen Reiches überlebt. Diese zeigen gelegentlich den Einfluss dynastischer Angelegenheiten auf das Leben anderer Ägypter, wenn auch natürlich Ägypter mit hohem sozialem Status und außergewöhnlichem Bildungsstand.

Die Annalen Thutmosis' III. beschreiben in einer Relief-Sequenz, die das Heiligtum im Amun-Re-Tempel in Karnak umläuft, den Beginn der Schlacht von Megiddo:

„Jahr 23, erster Monat der Trockenzeit, Tag 21; der genaue Tag des Festes des Neumonds. Seine Person erschien bei Sonnenaufgang. Jetzt wurde ein Befehl an die ganze Armee ausgegeben [hinauszuziehen]. Seine Person brach auf, auf einem Kampfwagen aus Elektrum, gekleidet in seinen Kriegs-Insignien wie Horus, wohl bewaffnet und Herr des Handelns, und Montju von Theben. Sein Vater Amun … schützte seinen Körper im Kampf, und die Kraft [Seths] durchfuhr seine Glieder. Dann überwältigte seine Person sie an der Spitze seiner Armee … Sie flohen mit dem Kopf voran nach Megiddo, mit ängstlichen Gesichtern, ließen ihre Pferde und ihre Kampfwagen aus Gold und Silber zurück, so dass man sie mit Stricken und sogar an ihrer Kleidung nach der Stadt ziehen konnte."

In Szenen an der Oberseite der Stele vom Tempel von Armant werden Thutmosis III. durch Montju, den Gott des Krieges, die Symbole der Macht überreicht. Die Göttinnen hinter dem König vertreten ägyptische Städte, einschließlich Armant selbst.

„Auf eine Kupferplatte [der Pharao] … Später legte seine Person ein Zeugnis ab im Haus des Amun: Eine Zielscheibe aus geschlagenem Kupfer, drei Finger dick, mit seinem Pfeil darin, den er hindurchgeschossen und eine Handbreit hat hinausstehen lassen, um seine Untergebenen um Stärke und Sieg für seine Waffen beten zu lassen."

Übernatürliche Heldentat Thutmosis' III. (ca. 1479–1425 v. Chr.); von einer Stele im Tempel von Armant.

„Bezüglich des Goldes, über das ich Euch schrieb: Sendet mir, wie viel Ihr für mich habt … Dann kann ich die Arbeit beenden, die ich angefangen habe. Wenn … Ihr mir das Gold sendet, von dem ich Euch schrieb, dann dürft Ihr meine Tochter haben."

Ein namenloser Korrespondent im Amarna-Archiv bittet den Pharao um diese wertvolle Ware, die Ägypten im Überfluss besaß.

Abdiaschirta von Amurru versichert dem Pharao seine Loyalität; aus dem Amarna-Archiv.

„Seht, Pihanate, mein Bevollmächtigter, ist dort. Lasst den König, die Sonne, ihn fragen, ob ich Sumur und Ullassa schütze. Wenn mein Bevollmächtigter auf einer Mission für den König, die Sonne, unterwegs ist, dann bin ich derjenige, der die Ernte des Getreides von Sumur und allen Ländern für den König, meine Sonne, meinen Herrn, schützt. Lasst den König, meinen Herrn, mich anerkennen und vertraut mir, im Auftrag von Pihanate, meinem Bevollmächtigten."

Der Schreiber Thutmosis, der zu Piankis Feldzug gegen Paneschi einberufen worden ist (s. S. 39), schreibt einen Brief nach Hause, nach Deir el-Medina:

„Ich habe meinen Vorgesetzten erreicht. Tatsächlich stellte ich fest, dass er ein Boot gesandt hatte, um mich abzuholen, und man traf mich in der Nähe von Edfu. So erreichte ich ihn am Hafen von Elephantine, und er sagte zu mir: ‚Du musst nicht ein andermal kommen.' Das sagte er, und er gab mir Brot und Bier gemäß meinem vorherigen Gehalt. Er sagte: ‚Möge der Kriegsgott dich schützen.' Jetzt werden wir also in Elephantine eingeschifft, und er sagt immer wieder: ‚Ich werde hingehen und Paneschi angreifen, wo auch immer er ist.' Das sagt er. Bitte betet zu Amun von Karnak, meinem Herrn, dass er mich sicher zurückbringt."

Eine von über 350 Tontafeln im Amarna-Archiv, der größte Teil davon auf Akkadisch, der Sprache von Babylonien, und in der mesopotamischen Keilschrift verfasst. Diese Tafeln beschrieb und las man im ägyptischen Palast; sie sind Zeugen der gebildeten, kosmopolitischen Welt der internationalen Diplomatie im Afrika und Asien der Bronzezeit.

Schwarzen Landes, und somit stellte jeder Herrscher von Kusch offensichtlich die Hegemonie des Pharos infrage. Zum anderen sollte der Reichtum an Bodenschätzen in Nubien die Grundlage einer florierenden Wirtschaft werden. Diese zwei Überlegungen besaßen verschiedene strategische Implikationen: Der Eroberung des Schwarzen Landes folgte eine Expansion den Nil entlang, doch die Suche nach Gold bedingte, dass man die Expeditionen noch um einiges weiter in die Wüste entsenden musste. Die meisten Minen stellten die Ägypter vor große Schwierigkeiten, nicht zuletzt in punkto Sicherheit – in Wüstengebieten, deren Klima und feindlich gesonnene Nomaden sie gleichermaßen bedrohten. Dennoch begannen die Pharaonen nun damit, Nubiens Mineralienvorkommen in einem Maße auszubeuten, wie man es sich zuvor nicht hatte ausmalen können. Eine Inschrift von Thutmosis I. markiert die Stelle, an der eine Schürfexpedition die Wüste durchquert hatte und wieder an den Nil gelangt war, weit unterhalb von Kerma. Ihre harschen Worte klingen immer noch nach:

> „Sollte je ein Nubier das Mandat, das mein Vater, Amun, mir übergeben hat, an sich reißen, soll man ihm [seinen Kopf?] abschlagen … und er soll keine Erben haben."

Die Regierung des Enkels von Thutmosis I., Thutmosis' III. (ca. 1479–1425 v. Chr.), die dieser zeitweise mit Hatschepsut (ca. 1473–1458 v. Chr.), der ältesten Tochter des alten Königs, teilte, war das entscheidende Moment, dass Kusch, umzingelt und erdrückt, schließlich kapitulierte. Die Regierung über das Schwarze Land wurde neu organisiert, und zwar so, dass Nubien vereinnahmt wurde und der Vizekönig (jetzt: „Königssohn von Kusch") dieselben Vollmachten erhielt wie die zwei Wesire von Ober- und Unterägypten. Außerdem wurde ein Kontrollsystem eingerichtet, das exakt dem Ägyptens entsprach, inklusive der Gründung und Weiterentwicklung von Tempelstädten, Handelsstädten und Festungen. Im Jahre 32 der Regierung des Thutmosis, über ein Jahrhundert nach Kamoses erstem Angriff, zahlten Wawat und Kusch nun zum ersten Mal „Steuern" (*bak*) an den Tempel des Pharaos, die gleichen wie alle anderen Bezirke des Schwarzen Landes.

Als Thutmosis III. starb, besaß das Schwarze Land die Form, die es für die nächsten 400 Jahre behalten sollte. Die Überreste des Tempels von Amun-Re am Berg Jebel Barkal, in der Nähe der späteren Festung von Napata, stellen wahrscheinlich den südlichsten Punkt dar, den die ägyptische Einflusssphäre jemals erreichte. Dahinter bildete das trockene Land von Karoi eine natürliche Grenze. Die nubischen Häuptlinge wurden nun reich durch den Handel zwischen dem Schwarzen Land und anderen afrikanischen Ländern wie Arem, Nmay und Punt. In Wawat ließen sie sich üblicherweise in ägyptisch aussehenden Grabmälern bestatten, und die materielle Kultur der nubischen Bevölkerung nahm ägyptische Züge an. Die Suche nach Gold wur-

Nubische Beamte beim Dienst im Palast des Pharaos. Von der Grabstätte des „Königssohns von Kusch", Amenhotep, genannt Huy, ca. 1330 v. Chr., in Theben.

de so stark ausgeweitet, dass Expeditionen in die goldreiche Wüste von Akoita durch Schiffe auf dem Roten Meer unterstützt werden konnten. Natürlich gab es immer wieder Aufstände gegen die ägyptische Herrschaft, und die waren mitunter nicht unbedeutend: Ein Aufstand in Akoita, noch im Jahre 1341 v. Chr. unter Pharao Amenophis IV., zwang den Königssohn von Kusch einzugreifen, und etwa 225 Nubier wurden erschlagen oder gepfählt. Dennoch schürfte Ägypten noch 150 Jahre später in dieser Gegend Gold.

Die Ausmasse des Schwarzen Landes

Der beste Handelspartner des Schwarzen Landes war Punt. Historiker streiten sich heute, ob Punt an der afrikanischen oder an der arabischen Küste lag, aber für die Menschen im Altertum war es einfach nur: das Ende der Welt. Hier lag das Gottesland, der Lustgarten des Amun-Re und der Göttin Hathor. Es war ein Reich mit göttlichen Luxusgaben wie dem himmlischen Weihrauch, genannt *antô*, sowie duftenden Hölzern, Gewürzen und exotischen Tierhäuten. Die Ägypter waren bereits 1000 Jahre zuvor das erste Mal nach Punt gekommen, doch man hatte schon lange den Kontakt verloren. Also entsandte Hatschepsut eine Schiffsexpedition, „um den Weg frei zu machen", und ihr Tempel in Deir el-Bahri in Theben enthält detaillierte Darstellungen des sagenumwobenen und bizarren Landes – und von Schiffen, beladen mit „seinen Wunderdingen". Der Handel zwischen beiden Ländern dauerte mindestens drei Jahrhunderte an, und unter den Fremden, die im ägyptischen Königspalast großgezogen wurden, waren Kinder der Häuptlinge von Punt (s. S. 36). Die meisten Wunderdinge aus Punt trafen nicht per Schiff ein, sondern mit Karawanen, die über Arem und Nmay im heutigen Sudan zogen. In anderen Worten: Das „Ende der Welt" lag nur einen Eselsritt jenseits der Grenze des „Schwarzen Landes", das sich nun über „alle vier Eckpfosten des Himmels" erstreckte.

Gebel Barkal in Kusch. Hier florierten die Tempel von Amun-Re, gegründet vom Pharao des späten 15. Jahrhunderts v. Chr., mehr als ein Jahrtausend lang. Sie überdauerten die ägyptische Herrschaft in Nubien.

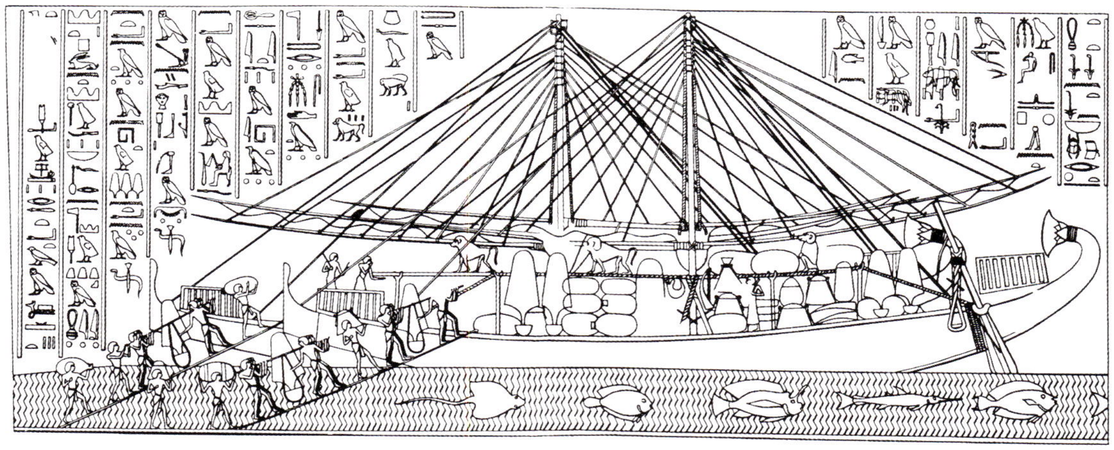

Reliefs im Tempel der Hatschepsut in Deir el-Bahri zeigen Schiffe, die in Punt mit exotischen Gütern wie Ebenholz und Elfenbein, Kassien und Dufthölzern, Parfums und Kosmetik, Pavianen und Äffchen, Hunden und Leopardenfellen beladen werden.

Am anderen Ende der Welt entdeckte man das Gottesland in den schneebedeckten Bergen des Libanon (*Libnân*). Hier gab es ganze Ebenen voll der schönsten, geradesten Zedern (des einen Rohstoffs, den es im Schwarzen Land überhaupt nicht gab), die sich hoch über das Tal des Euphrats erhoben, „jenem seltsamem Wasser, das sich stromaufwärts bewegt, indem es stromabwärts fließt“. Vom Nil aus erreichte man den Libanon am einfachsten per Schiff über den riesenhaften Hafen der Stadt Byblos, deren Herrscher ein Hinterland regierte, durchzogen von Handelsrouten, die die Häfen der Levante mit den großen Königreichen in Anatolien und Mesopotamien verbanden. Byblos war ein alter Verbündeter Ägyptens, nicht nur, was den Handel betraf, sondern auch hinsichtlich der Gedankenwelt und Wertvorstellungen. Es sollte nun in dem neuen Kapitel ägyptischer Expansion eine zentrale Rolle spielen.

Herr des Nahen Ostens („Er hat uns erlaubt zu atmen“)

Es gab keine Ideologie, die das Neue Reich dazu angespornt hätte, Länder jenseits des Nils zu erobern: Das Credo des Schwarzen Landes schloss lediglich Ägypten und Nubien ein. Insofern waren die Verwicklungen des Regimes mit dem Nahen Osten, die mitunter schwerwiegende kriegerische Auseinandersetzungen nach sich zogen, rein politisch und durch Eigeninteresse motiviert. Zudem gibt es keinen überzeugenden Hinweis darauf, dass ägyptische Armeen im angrenzenden Palästina vor dem 22. Jahr von Thutmosis III. tätig wurden, über 60 Jahre, nachdem Ahmose I. Sharuhen überrannt und den Weg in den Nahen Osten freigemacht hatte. Es ist kein Zufall, dass Kuschs Kapitulation zu diesem Zeitpunkt bereits perfekt war und an der südlichen Grenze des Schwarzen Landes nicht mehr gekämpft wurde. Die Unterwerfung Nubiens

Punt, mit seinen charakteristischen „Bienenstock“-Häusern, auf Stelzen über den Wasserwegen errichtet, lag am „Ende der Welt“, wo das Gebiet der Götter an das der Menschen grenzte. Der Herrscher von Punt, Pirahi, gefolgt von seiner korpulenten Frau, ist hier beim Begrüßen der ägyptischen Expedition an den Ufern seines Landes dargestellt.

können wir anhand von Monumenten nachverfolgen, auf denen man selten nubische Stimmen oder abweichende Meinungen entdeckt. Im Falle von Ägyptens Aktivitäten im Nahen Osten sind uns jedoch nicht nur königliche Monumente überliefert, sondern auch diplomatische Korrespondenz – Texte sowohl aus Ägypten als auch aus anderen Nationen. Die Worte, die Freund wie Feind hinterlassen haben, zeigen eine stetig verfolgte Politik der Verteidigung ägyptischer Interessen, die mit einem Minimum an militärischer Intervention durchgesetzt wurde. Die Pharaonen waren an den Häfen interessiert, die den Mittelmeerhandel abwickelten, und an den Städten, durch die die Karawanen zogen, die den Nahen Osten versorgten.

Andererseits hielt man sich von den tückischen Hügeln Palästinas besser fern. Auch wenn archäologische Funde zeigen, dass Festungen von Askalon bis Jericho über mehrere Jahrzehnte am Beginn des Neuen Reiches hinweg zerstört oder aufgegeben wurden, so haben hier doch weniger die Ägypter ihre Visitenkarte hinterlassen denn skrupellose ortsansässige Stammesführer. Die ägyptischen Streitkräfte erkannten den Wert städtischer Gemeinden durchaus an, und so zerstörten sie nur selten Städte und die Ländereien, durch die sie sich versorgten. Stattdessen maßen sie ihren Erfolg in der Menge an Plündergut für ihre Tempel oder an Kriegsgefangenen, die als Sklaven mitgeführt wurden. Wenn man eine wichtige Stadt zerstörte, lief man Gefahr, den reibungslosen Ablauf des Handels zu stören. Häuptlinge, die Ärger verursachten, wurden mitunter abgesetzt und durch gefügigere Charaktere ersetzt, aber in der Regel beließen die Pharaonen die Städte in den Händen der dort verwurzelten Herrscher, auch wenn man sie ihre Loyalität schwören ließ. Ironischerweise melden sich diese streitsüchtigen Häuptlinge ausgerechnet auf einer Stele von Thutmosis III. zu Wort:

> „Wir werden in den uns zugewiesenen Lebzeiten nie wieder Böses tun gegen Men-cheper-Ra (Thutmosis III.), unseren Herren, denn wir erkennen seine Macht, und er hat uns erlaubt zu atmen, solange er es wünscht."

Die Konturen von Ägyptens Nahost-Politik zeichneten sich in den 1480er Jahren v. Chr. ab, als Thutmosis I. eine Armee nach Nahrain führte, dem „Land der Zwillingsflüsse" Orontes und Euphrat. Eine auf seinen Monumenten gefundene Liste von Städtenamen legt nahe, dass Thutmosis Palästina umgangen und seine Truppen über das Meer nach Byblos geschickt hat, von da aus die Küste hinauf nach Sumur und dann durchs Gebirge ins Landesinnere. Was er vorhatte, ist nicht gesichert: Vielleicht wollte er nur ägyptische Präsenz im Hafen und seinem Hinterland zeigen und klarstellen, wie wichtig ihm die Nadelbaumbestände waren. Dennoch gibt es von ihm auch eine Stele am gegenüberliegenden Ufer des Euphrats, die seine Grenze an der Schwelle zum Königreich von Mittani markiert. Zweifellos hatte der König von Mittani bis dahin Nahrain als sein eigenes Einflussgebiet angesehen, seine Reaktion ist jedoch nicht überliefert.

Drei Jahrzehnte später, nach dem Ende des aufreibenden Krieges in Nubien, unternahm Thutmosis' I. Enkel, Thutmosis III., innerhalb von 21 Jahren 17 Feldzüge gegen Palästina und Syrien. Gleich der erste, ca. 1458 v. Chr., war von entscheidender Bedeutung: Der Pharao marschierte mit seinen Truppen vom Hafen in Gaza aus nach Jaffa, um den dortigen Hafen zu belagern und dann die Stadt Megiddo zu überfallen, die die Haupt-Handelsrouten im Norden Palästinas kontrollierte. Dort standen ihm gegenüber „die Führer aller Länder auf ihren Streitwagen, Dutzende und Hunderte, und jeder hatte seine eigene Armee mitgebracht". Es ist unklar, ob dem Krieg eine spezifische Provokation vorausgegangen war, doch es war ein einmaliges Ereignis, dass sich so viele vormalige Rivalen auf dem Schlachtfeld gegen einen Gegner vereinigten. Doch Thutmosis' Armee besaß große Erfahrung in effizienter Kriegsführung, und bald machte sie ihre Feinde „denen gleich, die niemals waren, denen, die in ihrem eigenen Blut liegen". Die Stadt wurde umzingelt und nach mehreren Monaten eingenommen. Die Terrakotta-Kegel, die in der Nähe von Gaza entdeckt wurden und in die die Namen von Thutmosis III. und Hatschepsut eingestempelt sind, lassen erahnen, wie viele Menschen dabei ums Leben kamen. Vielleicht gehörten sie zu einem Massengrab für in der Schlacht gefallene Ägypter, die zu viele waren, als dass man alle ihre Namen hätte aufschreiben können.

Thutmosis III. präsentierte seinen Sieg in Megiddo als Beweis dafür, dass die gesamte Menschheit, käme sie zusammen, vorm Pharao fallen würde, wenn Amun-Re es wollte. Die Häuptlinge der Region hatten nun zweifellos erfahren, wozu sein Regime fähig war. Bei den folgenden Feldzügen etablierte er Militärbasen in Gaza und Byblos und führte seine Armee ins Tal des Orontes, der syrischen Verkehrsader, und Richtung Süden nach Galiläa, um die Ländereien des Häuptlings von Kadesch zu verwüsten, der die feindlichen Armeen in Megiddo angeführt hatte. Auch Kadesch war ein Handelsknotenpunkt, wo die Straßen, die durch die Berge des Libanon führten, im Orontes-Tal ankamen; also musste man den Häuptling auf die Seite der Ägypter ziehen. Zudem durchschritt Thutmosis III. den Euphrat, um die Obstplantagen von Mitanni zu zerstören und eine Stele neben der seines Großvaters errichten zu lassen.

Amenophis IV., der seinen Namen zu Echnaton („Glanz der Sonne") änderte, ließ sich oft als göttlicher König darstellen, mit transzendenter Bildsprache *(gegenüber)*. In der Neuzeit nahm man lange fälschlich an, dass er deformiert, wahnsinnig oder homosexuell war (oder alles zusammen), doch das eigentliche Rätsel um Echnaton ist nicht, wer er war, sondern wie er in der Kolossalkunst dargestellt wurde. So bilden in offiziellen Darstellungen – in Tempeln, Palästen und den Haushaltsschreinen der Beamten – seine Hauptkönigin, Nofretete, und ihre sechs jungen Töchter eine Art heilige Familie um ihn herum.

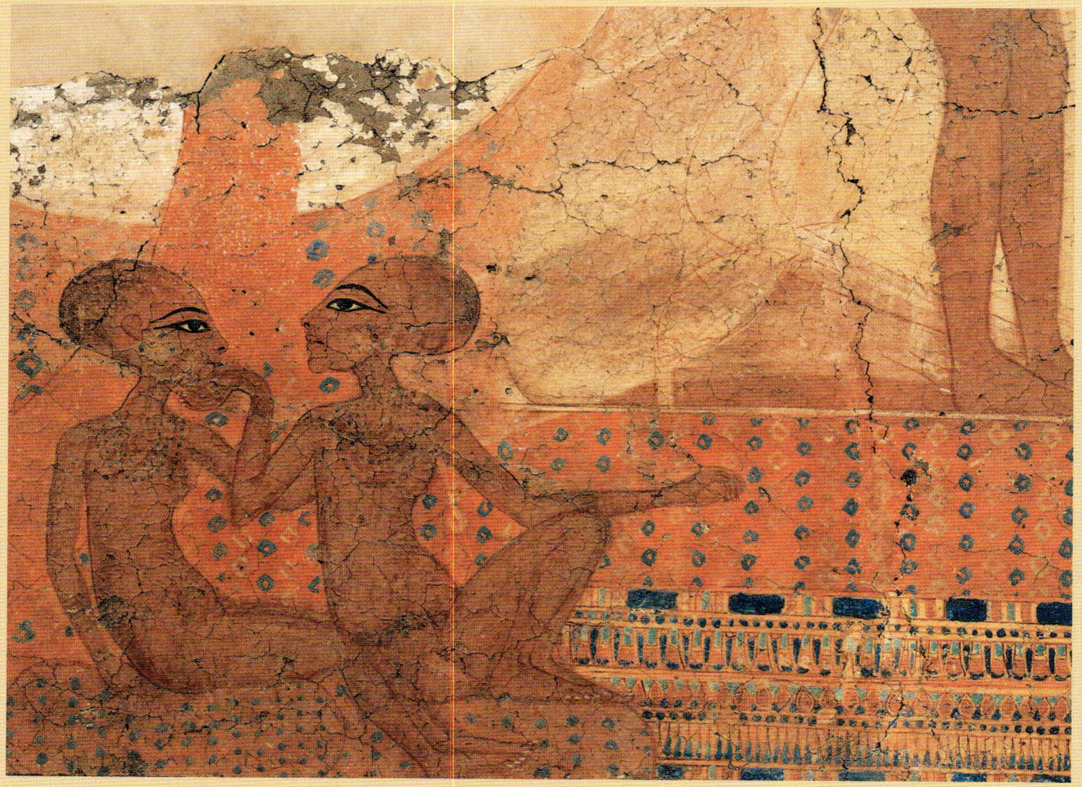

Pharao im Sonnenschein

Die Macht und der Einfluss der Pharaonen über Nordafrika und den Nahen Osten scheinen zu keinem Zeitpunkt so groß gewesen zu sein wie unter Amenophis III. und Amenophis IV. Ihre irdische „Lebensspanne" ist in der kolossalen Überarbeitung der ältesten Tempel Ägyptens und der Gründung neuer Tempel und Tempelstädte festgehalten. In und um Theben und in Nubien ließ Amenophis III. den größten Komplex aus Palästen und Tempeln bauen, der jemals zur Anbetung eines einzigen Pharaos errichtet worden war, bis sein Sohn zum selben Zweck mit Achet-Aton eine ganze Stadt schuf – mit Pracht- und Prozessionsstraßen, Regierungsgebäuden, Gehöften, Fabriken und dichtbevölkerten Vorstädten. Im ganzen Schwarzen Land, aber vor allem in Theben, priesen geschmückte und vergoldete Monumente die Götter und ihren irdischen Sohn. Der Pharao war der „perfekte [oder ganzheitliche] Gott": Gott und Mensch, Himmel und Erde. Künstler bemühten sich, immer neue Wege zu finden, um seine Wahrheit durch Kunst und Architektur herauszustellen. Zu Beginn seiner Regierungszeit ließ sich Amenophis IV. auf rätselhafte, beinahe beunruhigende Art und Weise darstellen: maskulin und feminin, menschlich und übernatürlich, vertraut und bizarr zugleich. Auf anderen Bildern, vor allem in Achet-Aton, sieht man ihn bei Mußestunden mit seiner Frau und seinen Töchtern, jeder von ihnen berührt von einem strahlenden Finger des alten Sonnengottes, Ra-Harachte. Die Inspiration des Künstlers war ganz und gar konservativ, doch im Ergebnis distanzierte die Darstellung den Pharao von den Erwartungen seines Volkes. Traditionsgemäß hatten sich die Menschen immer bekannten Bildern aus der Mythologie zugewandt, wenn sie spirituellen Trost suchten. Doch nun wurden sie angehalten, die Königsfamilie als einzigen Quell der Inspiration anzuerkennen – in diesem und im nächsten Leben.

Im vierten Jahrzehnt des Pharaos gab es immer noch militärische Aktivitäten, doch zumindest während der letzten vier Feldzüge begnügte sich die Armee damit, militärische Präsenz zu zeigen, gekämpft wurde nicht mehr. Währenddessen begann der Libanon wie Wawat und Kusch an den Tempel Steuern zu zahlen. Monumente von Thutmosis' Sohn, Amenophis II. (ca. 1426–1400 v. Chr.), dokumentieren aber auch die offensive Zurschaustellung von Gewalt. Er ließ sieben „rebellische" Häuptlinge aus Syrien entführen, tötete sie höchstpersönlich und ließ ihre gepfählten Leichname an den Mauern von Theben und Napata anbringen. Sechs Jahre später verließ er Memphis per Schiff, um Qaqa, einen Häuptling aus der Nähe von Megiddo, seines Amtes zu entheben – eine Kampagne, während derer er, wie auf einem Monument dokumentiert ist, die Bevölkerung eines Dorfes mit Namen Ataran opferte.

Post für den König („Du liebtest dafür meinen Vater")

Nach den ersten Jahren Amenophis' II. musste man im Nahen Osten nur noch eingreifen, um Abweichler zu bestrafen. Für die Städte Palästinas traf dies nicht zu und sie zahlten auch keine Steuern, doch ihre Herrscher waren durchaus wachsam ob des drohenden Schattens des Pharaos, dessen Karawanen und Truppen das Land durchqueren durften, wie sie wollten. Sie taten gut daran, ihm dann und wann Geschenke zu schicken und ihm regelmäßig zu schreiben, um ihre Ergebenheit zu signalisieren, falls ihre Aktivitäten Gefahr liefen, als feindlich ausgelegt zu werden. Ein 1887 im Königspalast von Achet-Aton (heute: Amarna) entdecktes Archiv mit solcher Korrespondenz erbrachte ein unvergleichlich detailliertes Bild der Region während des Neuen Reiches. Es enthält 350 Briefe, die zwischen dem Pharao und den anderen Herrschern seiner Zeit hin- und hergingen – von den letzten Jahren Amenophis' III. (ca. 1390–1353 v. Chr.) über die Regierungszeit seines Sohnes, Amenophis' IV. (Echnaton) (ca. 1353–1336 v. Chr.), bis zu den ersten Regierungsjahren von dessen Sohn, Tutanchamun (ca. 1332–1322 v. Chr.); insgesamt etwa 20 Jahre um 1350 v. Chr. herum. Die abgedroschenen Phrasen bilden eine gekünstelt wirkende Mischung aus Gleichgültigkeit seitens der großen Könige und Ohnmacht seitens der ortsansässigen Herrscher. Die Pharaonen waren aber auch, wie es scheint, gewillt, sich mit den Herrschern auf langwierige Diskussionen einzulassen – solange sie nur aus erster Hand erfuhren, was bei diesen vor sich ging.

Die meisten dieser Briefe lassen sich in zwei Gruppen einteilen. Die eine Gruppe bildet die Korrespondenz mit Königen, deren Status dem der Pharaonen gleichkam: in Mesopotamien (Mitanni, Babylon, Assyrien), Anatolien (Hatti, Arzawa) und Zypern (Alašija). Diese Briefe sind voll von aufwendigen Grußformeln und Bezeugungen der brüderlichen Verbundenheit:

> „Sagt Neb-maat-Ra [Amenophis III.], dem König von Ägypten, meinem Bruder: So spricht Tušratta, König von Mittani, Euer Bruder. Bei mir ist alles gut. Für Euch möge alles gut sein. Für Kiluhepa möge alles gut sein. Für Euer Haus, Eure Frauen, Eure Söhne, Eure Häuptlinge, Eure Krieger, Eure Pferde, Eure Streitwagen und in Eurem Land möge alles gut sein."

Bruderschaft braucht Geschenke und den Austausch von Frauen aus dem Königshaus als Bräute, und so fährt Tušratta fort: „Mein Vater liebte Euch und Ihr liebtet dafür meinen Vater und um diese Liebe zu bekräftigen, gab mein Vater Euch meine Schwester Kiluhepa". Der Handel nach Ägypten hinein und aus Ägypten hinaus war ein königliches Privileg, und diplomatische Geschenke der Grundmechanismus internationalen Handels: Der Pharao exportierte Ebenholz, Leinen, Öle und vor allem Gold im Tausch gegen Silber, Kupfer, Öle und nicht zuletzt Bauholz und Pferde. Über Politik wurde wenig gesprochen, doch Tušrattas Brief endet mit den Worten: „Mit diesem Brief sende ich meine obersten Minister, Keliya und Tunipibri" – um die Politik kümmerten sich also die Diplomaten von Angesicht zu Angesicht.

Die zweite Gruppe Briefe stammt von Häuptlingen, deren Einflussbereich eher regional war und die sich dem Pharao unterordneten. In ihren Briefen übertrieben sie es mitunter mit der Unterwürfigkeit, doch zugleich erinnerten sie den Pharao auch immer daran, wie nützlich sie sein könnten:

> „Dem König, meiner Sonne, meinem Herren. Botschaft von Abdiaširta, Eurem Diener, dem Staub unter Euren Füßen. Ich falle Euch, dem König, meinem Herren, zu Füßen, sieben Mal und sieben Mal. So wie ich ein Diener des Königs bin und ein Hund seines Hauses, so bewache ich ganz Amurru für den König, meinen Herren."

Diese „Hunde" übertrafen einander, wenn es darum ging, Unterwürfigkeit zu demonstrieren und Gold, Truppen oder anderen Luxus zu verlangen, den nur ein König bieten konnte. Deshalb scheuten sie auch nicht davor zurück, regelmäßig verräterische Vorhaben der anderen Häuptlinge aufzudecken, so dass die politische Situation in geradezu absurder Weise chaotisch erscheint. Dennoch lassen viele Selbstdarstellungen den Schluss zu, dass man durchaus den Zorn des Pharaos einkalkulierte, wenn es darum ging, politischen Vorteil gegenüber seinesgleichen zu erlangen. Die Forderungen an den Pharao blieben meist unbeachtet, und auch die-

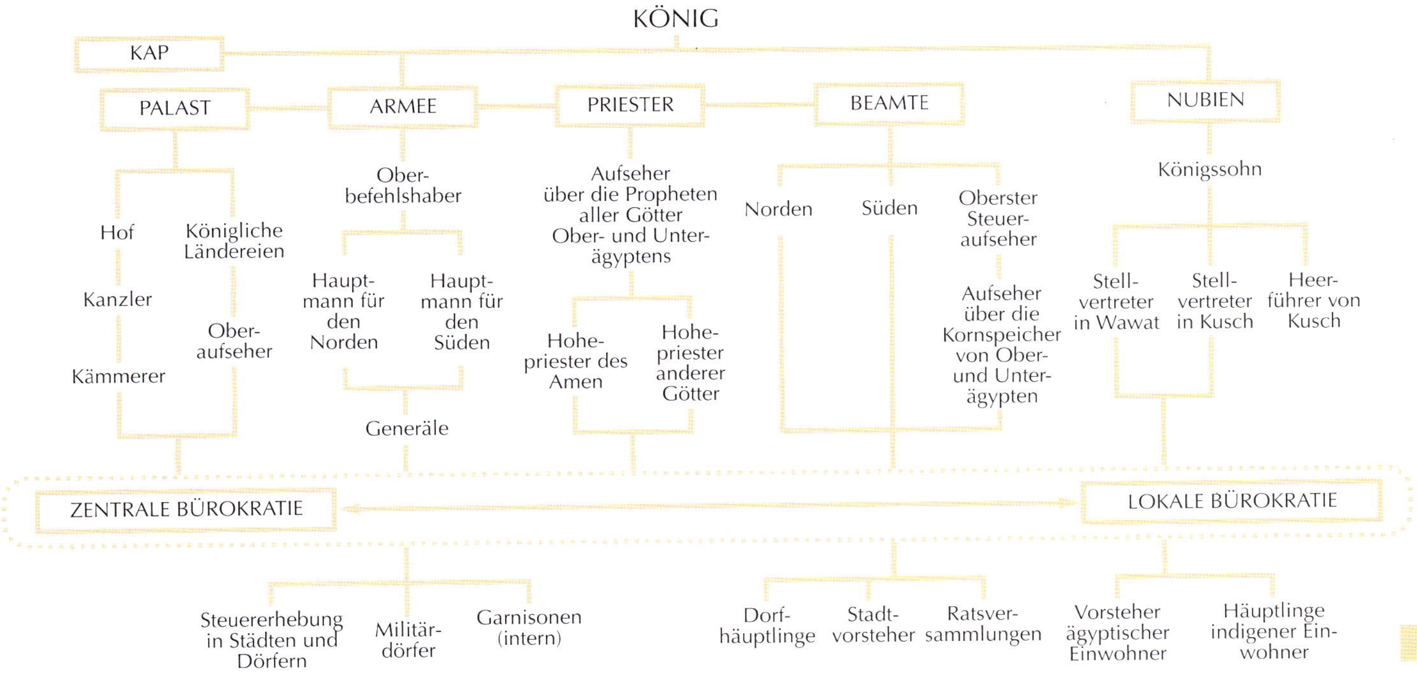

se waghalsige Politik kam Ägypten nicht immer zugute und schaffte mitunter Konflikte, die das sichere Durchkommen der so wichtigen Karawanen gefährdeten. Die Beutezüge eines „Rebellen", Labayu, machten die Straßen um Megiddo herum dermaßen unsicher, dass Amenophis IV. einer Reihe von Häuptlingen befahl ihre Streitigkeiten beizulegen, sich zusammenzutun und Labayu zu vernichten.

Ein Viertel der Briefe stammt aus Byblos, dessen König, Rib-Addi, der einzige Herrscher niederen Ranges, der vertraut genug mit dem Pharao war, um sich nach dessen Gesundheit zu erkundigen. Rib-Addi sorgte sich vor allem um das aggressive Verhalten von Abdiaširta, dem Herrscher des Landes Amurru in den Bergen des Libanon:

> „Wer ist denn dieser Abdiaširta, dieser Hund, dass er versucht, alle Städte des Königs, der Sonne, an sich zu reißen?"

Nachdem man Rib-Addi Sumurru abgenommen hatte und Byblos selbst belagert wurde, fühlte sich Amenophis IV. genötigt, Abdiaširtas Nachfolger, Asiru, zu sich nach Ägypten kommen zu lassen, wo man ihn mindestens ein Jahr lang festhielt. Doch der Pharao selbst erlaubte Asiru, in seine Heimat zurückzukehren, wo er sich dann der einzigen Macht in der Region anschloss, die es wagte, sich dem Pharao in den Weg zu stellen. Dies ist in den ägyptischen Quellen die erste Andeutung der Aggression des hethitischen Königs Šuppiluliuma I. und des drohenden Kampfes der Großreiche (s. S. 37).

Die spätere Überlieferung sah Amenophis IV. (der seinen Namen in Echnaton, „Glanz der Sonne", änderte) und seine unmittelbaren Nachfolger als Schwindler an, doch die Kontroverse, die sie hervorriefen, war im Bereich der Religion, nicht der Politik, angesiedelt. Zeit ihres Lebens zweifelte man ihre Autorität innerhalb des Schwarzes Landes nicht an. Die Fülle und Ausstattung ihrer Monumente und die Einsichten, die Archäologie und Texte uns bieten, machen deutlich: Dies war der Moment, als das Neue Reich auf dem Höhepunkt seiner Macht stand, und das entschlossene militärische und diplomatische Eingreifen seitens Amenophis' IV. in Nubien und im Nahen Osten machten deutlich, dass er auch international die Zügel in der Hand hielt. Die ganze Zeit über flossen Reichtum und Humankapital ungebremst in die immer massiver werdenden Gründungen des Königs, von Nubien bis zum Nildelta. Als Tutanchamun ohne Erben verstarb, war dies das Ende der Blutlinie, die das Schwarze Land fast zwei Jahrhunderte lang regiert hatte. Doch falls Streit um den Thron aufgekommen sein sollte, so wurde er schnell beigelegt. Die Familie von Ramses I. (ca. 1292–1290 v. Chr.) begründete eine neue Dynastie, die nicht mit der Vergangenheit brach, sondern als ein wahres Bollwerk der Tradition agierte.

Die Regierungsstruktur des Neuen Reiches. Anders als die Städte Nubiens, wurden die Städte in Syrien und Palästina nicht direkt von Ägypten aus regiert. Beamte unterhalb der obersten Regierungsebene bildeten einen administrativen Pool, dessen Mitgliedern jeweils eine bestimmte Aufgabe für die Dauer einer bestimmten Frist überantwortet wurde, nicht für die Dauer ihrer gesamten Karriere.

Der Palast

Das Herz des neuen Reiches war der Palast – eher eine Zusammenkunft der höchsten Beamten denn einfach nur ein Bauwerk. Der Palast barg zwei Hauptbereiche: die *kap* für die Familie des Königs und die *khône* („vorne") für seine Beamten. Jeder verfügte über seine eigenen Bediensteten und Arbeitsräume, doch beide Bereiche waren verbunden durch den *wôkhi* („Marschland-Raum"), wo man dem König Berichte und Petitionen aus dem ganzen Reich vorlegte. Die Regierungsbefugnis bedeutete bevorzugten Zugang zum König, und so reisten Palastbeamte mit dem königlichen Siegel um den Hals, um ihren Status als Delegierte klar und sichtbar herauszustellen.

Damit der König nacheinander alle religiösen Feste begehen konnte, reiste der gesamte Palast durchs Land, und die Beamten eilten hin und her, nach Memphis, in die einzelnen Regionen und ins Ausland. Jedem Zweig der Regierung stand ein *wâre* („Wichtiger") vor, der dem König seine Loyalität schwor, ihm direkt Bericht erstattete und von niemand anderem seines Amtes enthoben werden konnte. Herrscher anderer Länder, die vom Pharao abhängig waren, besaßen denselben

Sethos I. auf einem Bild in seinem Grab im Tal der Könige. Dieses Bildnis des Pharaos veranschaulicht die physische Schönheit, die die Kolossalkunst des Neuen Reiches darzustellen imstande war und die die zeitlose Energie und Gelassenheit des göttlichen Herrschers zeigte. Zu den traditionellen Insignien gehörte der Uräus (eine Kobra) an der Stirn, der den Feinden des Pharaos sein tödliches Gift entgegenspucken konnte.

Status und schrieben ihm oft (s. S. 40). Ihre Kinder konnten sogar im *kap* erzogen werden, damit sie die Sprache und Kultur Ägyptens lernten. Nichtsdestotrotz waren die Männer und Frauen, die Zugang zum König hatten, ebenso die potenziell gefährlichsten Elemente für die Regierung, und tatsächlich waren bei jeder Art von Aufruhr stets Palastbeamte involviert. Aus diesem Grund wurden um 1160 v. Chr. unter Ramses III. folgerichtig mehrere Königinnen und Beamte des *kap* überführt, ein Attentat auf den König vorbereitet zu haben.

Kolossalstatue von Ramses II. im größeren Tempel in Abu Simbel. Ab dem 14. Jahrhundert v. Chr. wurden Tempel in Nubien nicht mehr nur innerhalb befestigter Anlagen gebaut, so dass die Landschaft Nubiens immer mehr durch die Monumente des pharaonischen Ägypten geprägt wurde.

Ungebrochene Stärke („Vorwärts! Ich bin bei dir!“)

Von 1500 bis 1300 v. Chr. hatte sich die Bevölkerung des Schwarzen Landes vermutlich verdoppelt, vielleicht auf mehr als vier Millionen Einwohner.

Die Straßen von Memphis waren voll von Immigranten, die wichtige Fähigkeiten ins Land brachten: Matrosen, Händler, Pferdetrainer, Söldner, Glasbläser und natürlich Übersetzer. Antike Texte nennen Namen aus Babylon, Griechenland oder Libyen. Dennoch erwiesen sich die traditionellen Strukturen der ägyptischen Gesellschaft als widerstandsfähig, vom privaten Haushalt bis zum König und seinem Palast im Herzen der Nation. Der König machte aus der Entlohnung seiner Beamten daheim und in der Fremde ein großes Spektakel, während die Göttertempel, die seinen Erfolg förderten, zu nie gekannter Größe anwuchsen und bald in der Lage waren, die Organisation von Land und Arbeit in noch größerem Umfang wahrzunehmen (s. S. 23). Die meisten Menschen identifizierten sich mit einem Tempel oder einer Anlage jenseits ihrer unmittelbaren Umgebung – dies ermöglichte ein Gefühl des nationalen Zusammenhalts. Auch für Wawat und Kusch traf dies immer mehr zu, wo die Tempel zu den Hauptinstrumenten der Regierung wurden.

Außerhalb des Schwarzen Landes jedoch waren die internationalen Beziehungen in Bewegung geraten. Das Königreich Mittani wurde von Hatti im Norden und Assyrien im Süden in die Zange genommen und unterworfen. Šuppiluliuma I. führte seine Armee provokant langsam an den Grenzen jener Gebiete entlang, die dem Pharao ergeben waren, und griff schließlich den König von Kadesch an, so dass die Häuptlinge im Libanon und im Orontes-Tal begannen, ihre loyale Haltung gegenüber dem Pharao zu überdenken. Folgerichtig startete Ramses' Sohn, Sethos (ca. 1290–1279 v. Chr.), mehrere Feldzüge, durch die die von Ägypten abgefallenen Völker und Städte gezwungen wurden, seine Hegemonie wieder anzuerkennen, darunter das Königreich Amurru, das sich aufsässig gegeben hatte, seit Asiru zu Šuppiluliuma übergelaufen war. Sethos' Erfolg war enorm und gipfelte im Sieg über die hethitische Armee in Kadesch. Dennoch war der Konflikt zum Zeitpunkt seines Todes noch nicht abgeschlossen, und als er starb, überließ er es seinem Sohn, Ramses II. (ca. 1279–1213 v. Chr.), diesen zu lösen.

Auch der neue König betrachtete die hethitischen Expansionsbestrebungen äußerst argwöhnisch, und in seinem vierten Jahr führte er seine Armeen nach Byblos und von dort aus gegen Amurru. Im Jahr darauf stieß er auf eine von den Hethitern protegierte Koalition in Kadesch; es wurde die berühmteste Schlacht der Antike. Die ägyptische Armee wurde durch Spione getäuscht, und auf dem Weg nach Kadesch wurde der Heereszug in die Länge gezogen. Ramses, der die Vorhut anführte, wurde aus dem Hinterhalt angegriffen und beinahe getötet. Sein Überleben führte er auf das Eingreifen des Amun zurück:

Tempel Sethos' I. und Ramses' II. sind mit zahlreichen Szenen der Siege über Hatti und seine Verbündeten ausgeschmückt, einschließlich der Wiedereinnahme von Kadesch und der Eroberung von Amurru; doch den entscheidenden Sieg konnten beide Pharaonen nicht erringen.

UNTEN: Ramses II. auf dem Thron. Während des Neuen Reiches wurde ein Wort, das ursprünglich den Palast bezeichnete (und soviel heißt wie „große Anlage") zum endgültigen Wort für den ägyptischen König: Pharao.

„Ich merkte, dass Amun kam, als ich nach ihm rief, und er gab mir seine Hand und ich frohlockte. Zur Unterstützung rief er mir zu, als stünde er neben mir: ‚Vorwärts! Ich bin bei dir!'"

Am Ende waren es die Führung des Königs und das rechtzeitige Eintreffen der Verstärkung, durch die es der afrikanischen Armee gelang, nach erbitterten Kämpfen einen Waffenstillstand auszufechten. Muwatalli II. verlor einige seiner Söhne und andere wichtige Anführer. Ramses' Bericht von der Schlacht wurde später auf den Wänden seiner größten Tempel verewigt, und aus seinen Worten spricht ehrliche, demütige Dankbarkeit für seine Errettung.

Nach der ergebnislos gebliebenen Schlacht brachte Hatti Amurru wieder unter seine Kontrolle und eroberte Api, doch Ramses gelang es, diesen Verlust quasi umzukehren und Gewinn daraus zu ziehen. Beide Nationen kamen überein, dass der Ausgang in Kadesch unentschieden war und dass das Regime von Šulmanu-ašared I. in Assyrien eine Bedrohung für beide Parteien darstellte. Eine diplomatische Übereinkunft war erstrebenswert, und so stimmte Ramses ca. 1258 v. Chr. einer formalen Teilung der Kontrolle über den Nahen Osten mit dem neuen hethitischen König, Hattušili III., zu. Die ägyptische Version dieses Vertrags ist ebenfalls auf einer Tempelmauer in Karnak festgehalten, und der gottgewollte Frieden sollte für die gesamte restliche Dauer des Neuen Reiches halten. Spätere Feldzüge gegen Palästina, noch unter Ramses VII. (ca. 1137–1129 v. Chr.), besaßen eher den Charakter einer Zurschaustellung von Waffen denn bedeutsamer militärischer Aktionen.

Spannungen

Natürlich brachte eine Regierung wie die Ramses' II, die 67 Jahre dauerte, es mit sich, dass der Pharao ein Dutzend Söhne und noch mehr Enkel überlebte. Das führte zu dynastischen Spannungen. Zwar betrafen diese nicht direkt die Folgeregierung seines Sohnes, Merenptah (ca. 1213–1204 v. Chr.), doch gab es Brüder, Neffen und andere, die ebenfalls Ansprüche auf den Thron anmeldeten. Der Thron Sethos' II. (ca. 1202–1200) wurde, zumindest in Theben, durch seinen Verwandten Amenmesse usurpiert. Die darauf folgenden Unruhen dauerten mehr als zehn Jahre an und wurden erst durch das Auftreten einer neuen Dynastie beendet, die wohl dem Inneren Kreis der Königsfamilie entsprang, angeführt von Sethnacht (ca. 1190–1187). Dennoch war Sethnachts Sohn, Ramses III. (ca. 1187–1156), das anvisierte (und vielleicht auch tatsächliche) Ziel eines Attentats, das innerhalb des Palastes geplant worden war. Dies ist ein eindeutiger Beweis dafür, dass sich solche dynastischen Krisen auf die gesamte Nation auswirkten und zu einem angsterfüllten Klima führten. Genauso deutlich ist jedoch auszumachen, dass die Hauptinstitutionen des Regimes (einschließlich des Palastes) auch während solcher Ereignisse effektiv weiterarbeiteten.

Eine eher konstante Bedrohung des Schwarzen Landes im späten Neuen Reich war die Gefahr einer Invasion aus Libyen. Sowohl Sethos I. als auch Ramses II. schickten Armeen in die Gebiete westlich Ägyptens, und Ramses ließ an den Randgebieten des Nildeltas Festungen errichten. Dennoch siedelten in und um Memphis herum nicht selten Volksstämme wie die Mešweš und die Lipu aus dem Westen. Sie schienen sich ganz friedlich anzupassen, bis Merenptah auf einmal Gewalt anwendete, um eine Masseneinwanderung zu verhindern, wobei er, wie er auf Monumenten vermerken ließ, Tausende tötete. Zunächst hatte eine Hungersnot Scharen von Flüchtlingen mit sich gebracht, die zu ihren Verwandten wollten. Doch unter ihnen waren auch Angehörige nicht-libyscher Volksstämme, und die Einwanderungswelle drohte, sich zu einem Machtverlust des Regimes im Nordwesten auszuwachsen. Zweimal noch schlug man unter Ramses III. eine massive Einwanderungswelle zurück, aber es scheinen singuläre Ereignisse innerhalb einer gemäßigten, lang andauernden Einwanderungsbewegung gewesen zu sein, durch die gut ausgebildete Arbeiter und Wirtschaftskontakte nach Ägypten kamen.

Um 1180 v. Chr. schlug Ramses III. eine Invasion zurück. Diese kam aus dem Norden – es handelte sich um eine Konföderation, die Historiker gewöhnlicherweise die „Seevölker" nennen, obgleich antike Quellen nur einer Minderheit der Angreifer als „vom Meer kommend" bezeichnen. Die Kämpfe zu Land und in den flachen Gewässern des Nildeltas sind von modernen Schriftstellern als die Geschichte plündernder Horden, die ein Weltreich unterwarfen, stilisiert worden. Dabei waren viele der Invasoren Frauen und Kinder, und man sollte sie eher als entwurzelte Gemeinden ansehen, vielleicht als Opfer des Zusammenbruchs des Hethitischen Reiches unter Šuppiluliuma II. (s. Kapitel 2). Die Invasion beeindruckte Ägypten selbst nicht besonders, doch scheint sie einen dauerhaften Effekt auf die politische und kulturelle Struktur Palästinas gehabt zu haben, und das wiederum war für die Pharaonen nicht ganz ohne Bedeutung.

Der Erfolg Ramses' III. beim Umgang mit Invasionen zeigt, dass er immer noch eine effektive Nation anführte, und die Tempelstadt für Amun-Re, die er bei Medinet Habu gründete, ist immer noch eines von Ägyptens großartigsten Monumenten. Die militärischen und architektonischen Anstrengungen seiner Nachfolger waren hingegen weniger glanzvoll. Kann dies als ein Anzeichen für einen Autoritätsverlust auf Seiten der Pharaonen gedeutet werden? In Nubien war die Infrastruktur von Regierung und Goldgewinnung schon lange etabliert, welches neuen bedeutsamen Gebäudes hätte es also bedurft? Und im Nahen Osten war Ägypten nach dem Untergang von Hatti die unangefochtene Supermacht. Zwar haben archäologische Untersuchungen fundamentale Veränderungen in der politischen und kulturellen Landschaft Palästinas ans Licht gebracht, die der Rückzug der Hethiter mit sich brachte. Für den Pharao werden diese jedoch ohne Belang gewesen sein, solange sich die neuen Herrscher ebenso aufmerksam wie ihre Vorgänger darum kümmerten, ihm gefällig zu sein. Mit Sicherheit hatten die ortsansässigen Herrscher keinen anderen „großen König", an den sie sich wenden konnten, zumindest bis ins 10. Jahrhundert v. Chr., als Assyrien wieder mächtiger wurde. Unter diesen Umständen verweist gerade das Ausbleiben militärischer Kampagnen während des letzten Jahrhunderts des Neuen Reiches auf die unangefochtene Vormachtstellung des Schwarzen Landes. Auf regionaler Ebene gab es Plünderungen in den königlichen Gräbern, insbesondere während der Herrschaft Ramses' IX. (ca. 1126–1108 v. Chr.), aber Palastbeamte kümmerten sich um die Verfolgung und Bestrafung der Täter, so dass nirgends Anarchie ausbrach.

Dennoch gab es zu Beginn des 11. Jahrhunderts v. Chr. zwei folgenschwere Entwicklungen, die das Ende des Neuen Reiches zu markieren scheinen. Die eine war die Entstehung einer Stadt innerhalb einer Stadt in Theben, wo die Rolle des Königs bei der Verwaltung der Amun-Re-Tempel und -Gebäude von Orakeln übernommen wurde. Um 1088 v. Chr. besetzte die

Tempelwirtschaft

Unter der Regierung Ramses' II. war Memphis eine wahre Metropole mit einer Bevölkerung von Hunderttausenden Einwohnern. Städte wie Aswan im Süden oder Sile an der Mittelmeerküste waren ebenfalls angewachsen, teilweise durch Immigranten, angezogen durch Ägyptens offensichtlichen Reichtum und politische Stabilität. In den größeren Städten *(nô)* befanden sich die administrativen Zentren für die Verwaltung der 40 Bezirke, während andere große Siedlungen mit Ankerplätzen *(dime)* für einen reibungslosen Ablauf von Handel und Reise auf dem Nil sorgten. Anderswo mögen Gemeinden auf ein paar Gehöfte zusammengeschrumpft sein.

Für die Regierung besaßen die Belange der Bauern Priorität, deren erfolgreiche Wirtschaft den Grundstock der Volkswirtschaft bildete, wurden doch Steuern auf agrarwirtschaftliche Erträge in Naturalien bezahlt und gemäß der Hierarchie der Macht umverteilt. Je mächtiger man war, umso mehr erhielt man. Rein rechtlich gehörten das Land und all seine Erträge dem Pharao, doch in der Praxis wurde die Verwaltung eines Großteils der landwirtschaftlichen Produktion den Göttertempeln anheim gestellt, die dafür Nahrungsmittel und andere Erzeugnisse erhielten, die sie für ihr zahlreiches Personal brauchten: Priester, Verwalter, Handwerker und ihre Familien. Die schiere Größe der Tempel machte sie zum größten Organisator der Arbeitskräfte im Land. Ramses III. z. B. übergab die Arbeitskraft von 86.000 Menschen verschiedenen Amun-Re-Tempeln, zusätzlich zu den Arbeitskräften, die sie in den Jahrhunderten zuvor schon erhalten hatten. Manche waren Kriegsgefangene oder verurteilte Straftäter, doch die meisten waren Freigeborene, die durch Verträge oder Tradition an ihr eigenes Stück Land gebunden waren. Als Ausgleich für die gezahlten Steuern garantierte der Tempel ihnen die Freiheit und eine sichere Pacht, und in Notzeiten kümmerte sich der Tempel auch um die Grundversorgung. Man kann sagen, dass die Tempel für die meisten Ägypter eher physische denn spirituelle Bedürfnisse befriedigten.

OBEN: Szenen aus dem Grab des Pahr, Statthalter in el-Kab, illustrieren, wie arbeitsintensiv die traditionelle Landwirtschaft war, die Hauptbeschäftigung der meisten Ägypter, der Zuständigkeitsbereich der meisten Beamten und das wirtschaftliche und soziale Fundament des Schwarzen Landes.

RECHTS: Der Begräbnistempel-Komplex Ramses' II. (das „Ramesseum") in Theben umfasste, wie alle Haupttempel im Ägypten des Neuen Reiches, nicht nur religiöse Bauwerke, sondern auch Verwaltungsbüros und Lager, die notwendig waren, um landwirtschaftliche Erträge in großer Menge zu sammeln und zu lagern.

Armee des Königssohns von Kusch, Paneschi, Theben und verjagte den Hohepriester des Amun-Re. Nach sieben Jahren wiederum marschierte Herihor, der Anführer der ägyptischen Streitkräfte, in Theben ein, wurde als neuer Hohepriester anerkannt und nahm den Titel „König" an.

Ein weiterer General, Pianki, verfolgte Paneschis Truppen zurück bis nach Nubien. Am anderen Ende des Landes, in Tanis, wurde eine undurchsichtige Figur namens Smendes de facto König. Oberflächlich betrachtet mag dies nach einem Zusammenbruch der zentralen Regierung aussehen, aber Herihor, Pianki und Smendes waren eng miteinander verwandt – und auch mit dem Pharao, Ramses XI. (ca. 1099–1069 v. Chr.). Ramses' Herrschaft blieb außerhalb Thebens uneingeschränkt und Dokumente nennen nicht miteinander konkurrierende Könige, sondern eine besondere Ära „wiederkehrender Geburten", was sich sowohl auf eine Vervielfältigung der Königsmacht beziehen kann als auch auf eine Periode der Renaissance. Insofern ist es unklar, inwieweit diese Vorkommnisse aus einer tatsächlichen Verlagerung der Macht resultierten oder aus Streitereien innerhalb der Dynastie.

Das Ende des Schwarzen Landes?

Im Süden kam es zu einem weiteren Ereignis mit weitreichenden Folgen. Paneschi, vormals Königssohn von Kusch, benutzte des Königs eigene Armee, um Nubien von der ägyptischen Herrschaft zu befreien. Nach über 400 Jahren hörte das Schwarze Land, wie Kamose es sich vorgestellt hatte, einfach auf zu existieren. Dies war das ideologische Ende des Neuen Reiches, doch was dies für Ägypten und Nubien in der Praxis bedeutete, ist schwieriger zu ermessen. Auch wenn es für Ägypten einen dramatischen Einbruch an Steuerzahlungen und Golderträgen nach sich gezogen haben muss, war es doch noch immer reich an natürlichen Ressourcen und wohlhabend durch die Reichtümer, die es über Jahrhunderte angesammelt hatte, außerdem gab es innerhalb des Regimes starke Bestrebungen nach Kontinuität. Als Ramses XI. starb, führte Smendes (ca. 1069–1045 v. Chr.) eine neue königliche Blutlinie an, und der Friedhof der Könige wurde nach Tanis im Nildelta verlegt. Tanis war das Land Amun-Res im Norden, und die neuen Könige pflegten enge Beziehungen zu den Hohepriestern von Karnak, oft formal besiegelt durch Heirat. Bald wurde mit Psusennes sogar ein Hohepriester König, als Psusennes II. (ca. 950–945 v. Chr.). Falls eine groß angelegte Waffenparade Beweis genug ist, überlebte das Neue Reich Ramses XI. um 150 Jahre. So führte Scheschonq I. (945–925 v. Chr.) angesichts der politischen Aktivitäten Syriens eine gewaltige Armee gegen Assyriens Alliierten, das Königreich Israel. Scheschonqs Bericht neben seinem prachtvollen neuen Eingang des Amun-Re-Tempels erinnert stark an die Feldzüge von Thutmosis III. und Amenophis IV. In anderen Worten: Man kann den Feldzug als Versuch verstehen, Ägyptens lang andauernde Vorherrschaft in Palästina zu bekräftigen, die seit dem Untergang von Hatti kaum noch infrage gestellt worden war.

Doch trotz Scheschonqs Erfolg waren innerhalb Ägyptens Spannungen am Werk, die schließlich zu einem Niedergang der Macht des Pharaos führen sollten. Die Immigration aus Libyen hatte z. B. dazu geführt, dass im Nildelta ein Häuptling der Libu residierte, der nur sehr oberflächliche Beziehungen zum Palast pflegte. Zu Anfang hatten die Pharaonen solchen Entwicklungen noch dadurch entgegengewirkt, dass sie die politischen Ämter an ihre Familienmitglieder verteilt hatten und loyale Beamte mit dem Recht belohnt, hohe Ämter eher durch Vererbung zu erhalten denn durch die Gunst des Königs. Die Folge war ein Regime, das alles dem Pharao schuldete, das jedoch strukturell weniger Zusammenhalt besaß, als es im Neuen Reich der Fall gewesen war. Im Ergebnis kam es zu Rivalitäten innerhalb der Dynastie, die die Einheit des Landes in einer Art und Weise gefährdeten, die im Neuen Reich undenkbar gewesen wäre. Eine Inschrift von Osorkon II. (ca. 875–835 v. Chr.) beklagt die Tatsache, dass sogar seine Söhne nun Feinde seien, und eine andere vom Tempel des Amun-Re schreibt, das Land befinde sich in „grundlegender Verwirrung" – das Gegenteil von Recht und Ordnung für einen Ägypter. Insofern markierte das 9. Jahrhundert v. Chr. das wirkliche Ende des Neuen Reiches.

Vermächtnis

Die Geschichte Nubiens nach der Vertreibung von Paneschis Truppen aus Theben ist dafür bekannt, wie schwierig sie zu rekonstruieren ist. Der Verlust eines zentralen Kontrollmechanismus scheint dazu geführt zu haben, dass eine Reihe von quasi-pharaonischen Familien um die Vorherrschaft in Städten wie Kawa und Semna wetteiferten, die einst große Zentren des Schwarzen Landes gewesen waren. In Wawat kam es indessen zu unvorhersehbaren Veränderungen im Agrarsystem, wohl zumindest zum Teil durch die unsichere politische Lage bedingt, die die meisten Menschen zwangen, von nun an in den Wüstenrandgebieten ein Nomadenleben zu führen oder auszuwandern und sich im politisch stabileren Kusch niederzulassen. Doch die Unklarheit der Verhältnisse in Nubien endete ebenso abrupt wie unvorhersehbar, als ein Pharao aus Kusch Ägypten unterwarf.

Mitte des 8. Jahrhunderts v. Chr. kam in Napata eine neue Familie an die Macht, die die Oberherrschaft über Kusch übernahm. Ihre Kunst und Begräbnisriten waren im Prinzip die des Neuen Reiches, und ab der Regierung von Kaschta (ca. 770–747 v. Chr.) stilisierten sie sich selbst als Pharaonen. In der Religion akzeptierten sie die Vorherrschaft Amun-Res, und am Jebel Barkal ließen sie einen riesigen neuen Tempel errichten, an der Stätte, die die Ägypter 700 Jahre zuvor gegründet hatten. Kaschtas Nachfolger, Pije (ca. 747–715 v. Chr.), beschloss die Festtage des Amun-Re in Theben zu feiern, und etwa 728 v. Chr. wandte seine nubische Armee Gewalt an, um diesen Wunsch in Oberägypten durchzusetzen. Innerhalb weniger Monate reiste der Pharao nach Memphis und nach Hierapolis, um sich von den Herrschern Ägyptens huldigen zu lassen, darunter nicht weniger als vier andere Könige. Durch seinen Sieg begründete Pije eine Königstradition in Kusch, die die Machtverhältnisse in Afrika ein ganzes Jahrtausend lang prägen sollte. Und doch lag die Quelle eines jeden Aspekts der Herrscherkultur von Kusch im Schwarzen Land und in den Jahrhunderten, als Ägypten und Nubien eine Nation gewesen waren.

In Nubien und in Ägypten war die Spaltung des Schwarzen Landes nur noch eine weitere in einer Reihe von Veränderungen in den Königreichen entlang des Nils. Doch die Monumente der Pharaonen ragen in unserer Phantasie immer noch hoch in den Himmel – vielleicht, weil wir durch sie erkennen, wie kurz die Wurzeln unserer Kultur im Schema der Weltgeschichte sind. Oder vielleicht bekommen wir ein Gefühl dafür, dass auch unsere Wurzeln ins Schwarze Land hinüberreichen, wie Bibel und Altertumsforscher es nahelegen. Eine wunderbar komische Abenteuergeschichte, *Die Geschichte von Wenamun*, wurde am Ende der Regierungszeit Ramses' XI. geschrieben, als Herihor, Smendes und Paneschi den letzten Akt des Neuen Reiches ausspielten. In dieser Erzählung macht sich der Herrscher von Byblos, Ägyptens engstem Verbündeten, über die Geschichte Gedanken:

> „Also schuf Amun alles Land, doch er schuf es, nachdem er das Land Ägypten geschaffen hatte, woher du nun zu uns gekommen bist. Also stammt daher die Kunst, und sie ist hierher gekommen, wo ich bin, und es stammt daher das Lernen, und es ist hierher gekommen, wo ich bin."

Falls dies der Fall ist, dann war es das Neue Reich, das die ägyptischen und somit afrikanischen Werte des Schwarzen Landes in die Welt hinausgetragen hat. Unter den Pharaonen regierten die Götter Ägyptens bis ans Ende der Welt, während Ägypten seinen Nachbarn in Nubien, Libyen und Palästina Reichtum und Sicherheit brachte; der Preis, den sie zahlten, war, ihre Unterlegenheit einzugestehen. Um das Rote Meer und das Mittelmeer herum, durch Anatolien und den Nahen Osten, steigerten viele andere ihren Wohlstand und ihren Status, indem sie die Pharaonen mit offenen Armen empfingen, ihnen nacheiferten oder sie herausforderten. An der Seite von Gold, Elfenbein und Weihrauch brachten ägyptische Karawanen und Schiffe Kunstwerke, Ideen und Gedichte, deren Worte sich in den Psalmen der Bibel wiederfinden. Jahrhunderte später zog das Land der Pharaonen Kambyses, Alexander, Caesar und Hadrian in seinen Bann. Es gibt also keinen Grund, anzunehmen, dass der große zivilisatorische Einfluss des Neuen Reiches an einem bestimmten Tag im 11. Jahrhundert v. Chr. einfach aufhörte.

Ingres' Darstellung Napoleons, in bienenbesetztem Krönungsgewand – die Hieroglyphe bedeutet „König". 1798 war Napoleon in Ägypten einmarschiert und hatte den ersten wissenschaftlichen Überblick über seine Denkmäler in Auftrag gegeben. Er war der letzte vieler europäischer Herrscher, angefangen bei den römischen Kaisern, die sich von der quasimystischen Autorität des Pharaos, des antiken *roi soleil*, verführen ließen.

Kapitel 2

DAS HETHITISCHE REICH

1650–1200 V. CHR.

Das Königreich der Hethiter ist wahrscheinlich eines der weniger prominenten Reiche in diesem Band. Ob man es überhaupt als „Imperium" bezeichnen kann, ist zumindest diskussionswürdig. Zu keinem Zeitpunkt waren die Hethiter eine homogene Gruppe mit einer gemeinsamen Ideologie eigener Dominanz oder deutlichem Expansionsstreben. Auch nannten sie sich nicht selbst „Hethiter", dieser Name entstammt dem Alten Testament. Und dennoch entwickelten sie von ihrem angestammten Gebiet im Norden Anatoliens (in der heutigen Türkei) aus eine erstaunliche Präsenz und Machtfülle – zumindest während der mittleren Jahrhunderte des 2. Jahrtausends v. Chr. Mittels ihrer Vasallenstaaten reichte ihr Einfluss von der Ägäisküste im Westen bis nach Nordsyrien im Südosten. Und Dank einer Reihe aufsehenerregender militärischer Erfolge (nicht zuletzt der Einnahme Babylons und Aleppos) etablierten sich die hethitischen Könige als den großen Herrschern von Babylonien und Ägypten gleichwertig – und für eine kurze Zeit sogar als ihnen überlegen.

?–1650 v. Chr.	Labarna
1650–1620 v. Chr.	Hattusili I.
1620–1590 v. Chr.	Mursili I.
1590–1560 v. Chr.	Hantili I.
	Zidanta I.
1560–1525 v. Chr.	Ammuna
	Huzzija I.
1525–1500 v. Chr.	Telepinu
	Alluwamna
	Tahurwaili
1500–1400 v. Chr.	Hantili II.
	Zidanta II.
	Huzzija II.
	Muwattalli I.
	Tudhalija I./II.
	Arnuwanda I.
1400–1350 v. Chr.	Hattusili II.
	Tudhalija III.
1350–1322 v. Chr.	Šuppiluliuma
1322–1321 v. Chr.	Arnuwanda
1321–1295 v. Chr.	Mursili II.
1295–1272 v. Chr.	Muwattalli II.
1272–1267 v. Chr.	Urhi-Teššub
1267–1237 v. Chr.	Hattusili III.
1237–1209 v. Chr.	Tudhalija IV.
1209–1207 v. Chr.	Arnuwanda III.
1207–? v. Chr.	Šuppiluliuma II.

VORHERIGE SEITEN: Das Relief in Yazılıkaya, einem hethitischen Heiligtum aus der Späten Bronzezeit, zeigt zwölf laufende oder marschierende Gottheiten. Man nimmt an, dass es sich um Götter der Unterwelt handelt.

LINKS: Ein Relief aus der Späten Bronzezeit, dass sich auf der Innenseite des sogenannten „Königstors", einem der drei Haupttore Hattušas, befindet. Die über zwei Meter hohe Statue stellt wahrscheinlich einen zum Kampf bereiten Gott (eher als einen König) dar.

Gründung des hethitischen Königreiches
frühes 17. Jh. v. Chr.

Eroberung Babylons
1595 v. Chr.

König Telipinu führt Gesetze für Thronfolge ein
1525 v. Chr.

Beginn des Neuen Königreiches und Entstehung des Imperiums
1400 v. Chr.

Hethitisches Königreich wird durch große Invasionen beinahe zerstört
Mitte 14. Jh. v. Chr.

Zerstörung von Karkemiš, letzte mittanische Hochburg
1327 v. Chr.

Schlacht von Kadesch gegen Ägypten
1274 v. Chr.

Friedensvertrag mit Ägypten
1258 v. Chr.

Schlacht von Nihriya gegen die Assyrer
1228 v. Chr.

Untergang Hattušas und Zerfall des Königreiches
frühes 12. Jh. v. Chr.

1700 v. Chr. | 1600 v. Chr. | 1500 v. Chr. | 1400 v. Chr. | 1300 v. Chr. | 1200 v. Chr.

Zur Zeit seiner größten Ausdehnung, im 14. und 13. Jahrhundert v. Chr., erstreckte sich das Königreich der Hethiter nach Westen bis zur ägäischen Küste Anatoliens und südöstlich über das nördliche Syrien bis an den Rand Mesopotamiens. Doch inwieweit kann man Hatti, das Königreich der Hethiter, als ein Reich bezeichnen? Es besteht kein Zweifel daran, dass es an vielen Attributen mangelte, die im Allgemeinen mit späteren Reichen wie Persien, Rom und denen des 19. Jahrhunderts in Europa assoziiert werden. Aber wenn der Terminus „Reich" im weiteren Sinne auf ein großflächiges Herrschaftsgebiet, das Staaten und Gebiete umfasst, die einer zentralen Verwaltung unterstehen, anwendbar ist, dann zeigt auch Hatti auf dem Höhepunkt seiner Entwicklung deutlich einige der grundsätzlichen Eigenschaften eines Reiches. Wir werden diese im Folgenden erwägen, während wir den Aufstieg des hethitischen Königreichs zu einer Hauptmacht im Nahen Osten untersuchen – und die Methoden, der sich seine Könige bedienten, um ihren Einfluss in dieser Welt für einen Zeitraum von fast 500 Jahren aufrechtzuerhalten.

Ursprünge und Expansion des Königreichs

Am Anfang des 17. Jahrhunderts v. Chr. führte ein ostanatolischer König, genannt Labarna, Krieg gegen seine Nachbarn. Ein Staat nach dem anderen fiel ihm anheim, bis er die Kontrolle des gesamten Gebiets innehatte, das sich über Kappadokien südwärts bis zum Mittelmeer erstreckte: „Sein Land war klein. Aber auf jedem Feldzug unterwarf er die feindlichen Länder durch seine Stärke. Er verwüstete die Länder und beraubte sie ihrer Macht, und er machte sie zu Grenzen des Meeres."

Labarna wird allgemein als Gründer der hethitischen Herrscherdynastie angesehen, einer Linie von Königen, die die Macht für fast ein halbes Jahrtausend, bis zum Ende der späten Bronzezeit (Anfang des 12. Jahrhunderts v. Chr.), trotz mehrerer Krisen in ihrer Geschichte, die fast zu ihrer Vernichtung geführt hatten, hielten. Die Dynastie vertrat wahrscheinlich eine von mehreren indoeuropäischen Bevölkerungsgruppen, die in Anatolien während der frühen Bronzezeit (3. Jahrtausend v. Chr.) ankamen. Der Erbsitz war eine Stadt namens Kuššara, die vermutlich im Gebiet der heutigen Stadt Şar (klassisch Komana in Kappadokien) gelegen hat. Die Herrschaft Labarnas wurde durch Aufruhr und Machtkämpfe innerhalb seiner eigenen Familie geschädigt, bis die königliche Erbfolge seinen Enkel Hattusili zum Herrscher machte (ca. 1650 v. Chr.).

Der neue König ehrte die Errungenschaften seines Großvaters, indem er den Namen Labarna (manchmal Tabarna geschrieben) zur königlichen Titulatur hinzufügte. Aber der neue König verfolgte einen frischen Kurs, als er eine neue königliche Hauptstadt auf einem zerstörten und verlassenen Gebiet in Nord-Zentral-Anatolien im Land Hatti erbaute. Die Stadt wurde Hattuša genannt und war ein Jahrhundert zuvor zerstört worden – und das Gebiet von König Anitta, dessen Dynastie ebenfalls aus Kuššara stammte, für verflucht erklärt worden. Der Wiederaufbau der Stadt durch Hattusili (obwohl einige Gelehrte behaupten, dass sie von einem der Vorgänger Hattusilis wiederaufgebaut worden sei) kennzeichnet den Anfang des Königreichs von Hatti in der späten Bronzezeit. Hattusili brachte

GEGENÜBER: Ein Relief aus Yazılıkaya, dass den hethitischen Gott Šarruma zeigt. Er legt seinen Arm schützend um seinen Protegé, den hethitischen König Tudhalija IV. Späte Bronzezeit.

UNTEN: Die Zitadelle und Palastanlage von Hattuša, heute Büyükkaya.

FOLGENDE SEITEN: Das berühmte Löwentor, Hattušas Haupttor.

Luwische Hieroglypheninschrift. Hethitische Könige versahen Felswände häufig mit Hieroglypheninschriften in luwischer Sprache (mit dem Hethitischen verwandte Sprache), um Namen, Titel oder Heldentaten zu verewigen. Späte Bronzezeit.

Stimmen eines Imperiums

Die Tontafel-Archive, die in der hethitischen Hauptstadt Hattuša und einigen regionalen Zentren entdeckt wurden, stellen unsere wertvollsten Informationsquellen in Bezug auf das Reich dar. Militärische Erfolge wurden jedoch zuweilen von ernsthaften Krisen überschattet, die sogar die Existenz des Königreichs bedrohten. Wie wir aus den sogenannten „Plage-Gebeten" erfahren haben, wurden die Hethiter nach der Eroberung Mittanis und ihrem Triumph über ägyptische Truppen in Syrien von einer 20 Jahre wütenden Seuche heimgesucht, die ihre Bevölkerung stark dezimierte. Die Archive, die in Form von Briefen und Verträgen erhalten sind, geben darüber hinaus Auskunft über die Beziehungen zwischen hethitischen Königen und den Herrschern Assyriens, Babyloniens und Ägyptens. (Die gute Beziehung zwischen Hatti und Ägypten führte schließlich zu einer königlichen Hochzeit.) Sie geben außerdem Aufschluss darüber, wie die hethitischen Könige die zahlreichen Gebiete ihres Imperiums kontrollierten. Allgemein verfolgten die Könige eine Politik der Nichteinmischung in die inneren Angelegenheiten eines Vasallenstaates. Wie einer der Verträge jedoch zeigt, waren inzestuöse Beziehungen in den Vasallenstaaten unter Androhung der Todesstrafe verboten. Aus einigen Dokumenten, die in Hattuša gefunden wurden, geht klar hervor, dass sich hethitische Könige häufig bemühten, den Eindruck eines barmherzigen Herrschers zu wahren. Sie waren sogar bereit, die Untreue aufsässiger Untertanen zu verzeihen, selbst wenn die Taten exemplarische Härte verlangten.

Der Aufstieg des Hethitischen Reiches unter dem ersten bekannten König:

„Einst war Labarna der Großkönig. Er vereinte seine Söhne, seine Brüder und seine Schwäger, seine [Bluts-]Verwandten und seine Truppen. Sein Land war klein. Aber auf jedem Feldzug unterwarf er die feindlichen Länder durch seine Stärke. Er verwüstete die Länder und beraubte sie ihrer Macht, und er machte sie zu Grenzen des Meeres."

Eine von den Göttern gesandte Plage verwüstete das Hethitische Königreich:

„Was habt ihr, oh Götter, getan? Ihr habt eine Plage über das Land gebracht. Das ganze Land der Hattier liegt im Sterben. Nun kann euch niemand Speisen und Trank zum Opfer bereiten. Die Pflüger, die auf den Feldern der Götter gearbeitet haben, sind tot ... Unsere Weisheit ist der Welt verlorengegangen, und all unser rechtes Schaffen ist vergebens. Welche Sünde es auch sei, die euch missfällt, oh ihr Götter, sendet uns einen Propheten, der sie uns verkündet, oder lasst die alten Weiber oder die Priester wissen, was es ist, oder lasst es die einfachen Leute in ihren Träumen sehen! Oh Ihr Götter, erbarmt euch dem Land der Hattier!"

„Ich marschierte gegen die Stadt Hassuwa und die Männer der Stadt standen mir im Kampfe gegenüber, verstärkt durch Truppen aus Aleppo. Doch ich vernichtete sie. Nach nur wenigen Tagen hielt ich die Stadt wie ein Löwe in seinen Pranken. Und nachdem ich sie unterworfen hatte, begrub ich sie unter Staub, nahm all ihre Schätze und füllte Hattuša mit ihnen."

Der hethitische König Hattusili I. prahlt mit einer seiner Eroberungen in Syrien.

Der hethitische König Mursili II. lässt einem rebellischen Vasallen gegenüber richterliche Gnade walten:

„Ich wäre zweifellos gegen Manapa-Tarhunda in die Schlacht gezogen und hätte ihn vollkommen vernichtet, doch er schickte mir seine Mutter. Sie kam, viel vor mir auf die Knie und sprach: ‚Mein Herr, verschone uns. Wir unterwerfen uns dir, mein Herr.' Und da eine Frau zu mir kam und vor mir auf die Knie fiel, gab ich ihrer Bitte nach und zog nicht in die Schlacht gegen Manapa-Tarhunda, sondern machte ihn und sein Land zu Untertanen."

Ein hethitischer König tadelt seine Generäle dafür, dass sie während einer Belagerung den Feind nicht angegriffen haben:

„Warum habt ihr nicht angegriffen? Euch standen Wagenladungen voll Wasser zur Verfügung. Ihr habt euch beinahe selbst in Wasser verwandelt ... Ihr hättet nur vor ihm niederknien müssen und hättet ihn töten oder zumindest erschrecken können. Ihr habt euch jedoch wie Weiber benommen!" Sie antworteten: „Wir werden acht Mal angreifen. Wir werden sie in die Irre führen und ihre Stadt zerstören." Der König entgegnete: „Wohlan!"

Der hethitische König Hattusili III. schickt seine Tochter nach Ägypten, um Pharao Ramses II. zu heiraten:

„Dann ließ er [Hattusili] seine älteste Tochter mit einer prächtigen Mitgift, bestehend aus Gold, Silber, einer Fülle an Kupfer, Sklaven, vielen Pferdegespannen, Rindern, Ziegen, Zehntausenden Schafen und einer unbegrenzten Anzahl von Waren zu Usimare Setepenre, Sohn des Re, Ramses II., König von Ober- und Unterägypten, bringen"

„Es ist ein wichtiger Brauch in Hatti, dass ein Bruder nicht mit seiner Schwester oder Cousine schläft. Es ist verboten. Wer auch immer es wagt, wird hingerichtet. Euer Land jedoch ist barbarisch, denn dort hat ein Mann regelmäßig Geschlechtsverkehr mit seiner Schwester oder seiner Cousine ... esst, trinkt, feiert! Aber ihr dürft keinen Geschlechtsverkehr mit ihr begehren."

Der hethitische König Šuppiluliuma warnt einen Vasallen davor, Inzest in seinem Land zu dulden.

Der hethitische König Hattusili III. weist den König von Babylon zurecht, der seine Besteigung des hethitischen Throns nicht anerkannt hat:

„Als ich zum König gekrönt wurde, hast du keinen Gesandten geschickt. Es ist Brauch, dass, wenn Könige gekrönt werden, Könige von gleichem Rang angemessene Geschenke, standesgemäße Kleidung und edles Öl für seine Salbung senden. Du hast dies jedoch noch nicht getan."

Tontafel mit hethitischer Keilschrift. Späte Bronzezeit.

Eine Tontafel mit hethitischer Keilschrift und königlichem Siegel bedruckt.

eine Reihe ostanatolischer Länder unter seine Kontrolle, einschließlich derer, die gegen seinen Großvater rebelliert hatten.

Aber seine militärischen Bestrebungen erstreckten sich viel weiter. Zu Beginn seiner Regentschaft verfolgte er einen neuen aggressiven Plan militärischer Eroberungen und schickte seine Streitkräfte ins nördliche Syrien. Hier griff er die Länder, die dem König von Jamchad unterstanden, an und zerstörte mehrere ihrer Städte, wie Alalach auf der Amuqebene und Hahhum am Euphrat. Es ist möglich, dass er im Verlauf eines Feldzugs gegen das Königreich von Tikunani, dessen Hauptstadt wahrscheinlich in der Region des heutigen Diyarbakır lag, tief ins nördliche Mesopotamien vordrang. Die Ostfeldzüge Hattusilis verliefen größtenteils siegreich – mit einer Ausnahme: Trotz wiederholter Versuche gelang es dem König nie, die Verteidigungsanlagen von Aleppo, der königlichen Hauptstadt Jamchads, zu überwinden. Sein Enkel und Nachfolger, Mursili, vollbrachte was Hattusili verwehrt geblieben war und eroberte die Stadt. Mursili marschierte daraufhin mit seinen Truppen zum Euphrat und entlang des Flusses in Richtung Süden nach Babylon. Und es gelang ihm, auch diese Stadt zu bezwingen. Die Hethiter plünderten die Stadt, setzten sie in Brand und beendeten damit die Dynastie des babylonischen Königs Hammurapi.

Wenige Jahre nach seiner Rückkehr aus Babylon wurde Mursili ermordet, was eine Reihe von Machtkämpfen zwischen rivalisierenden Zweigen der königlichen Familie zur Folge hatte. Diese setzten sich während der Herrschaft der ersten vier Nachfolger Mursilis fort, deren gewaltsamer Griff nach dem Thron jedes Mal mit einer brutalen Entmachtung endete. Auch der fünfte Nachfolger Mursilis, Telipinu, gelangte durch einen Staatsstreich auf den Thron (ca. 1525 v. Chr.). Er bemühte sich jedoch, die Monarchie zu stabilisieren, indem er die königliche Erbfolge regulierte und einen großen Hofrat, den Panku, einsetzte, um sicherzustellen, dass diesen Gesetzen Folge geleistet würde. Er versuchte darüber hinaus einige Herrschaftsgebiete zurückzuerobern, die das Königreich während der Regentschaft seiner Vorgänger verloren hatte. Deren Auseinandersetzungen hatten zu Aufständen der Untertanen geführt und das Kernland der Gefahr einer feindlichen Invasion ausgesetzt.

Das Zeitalter des neuen Königreichs

Während es Telipinu gelang, das Königreich vor der Auslöschung zu bewahren und verlorene Gebiete wiederzuerobern, scheiterte er daran, den Status und den Einfluss, den das Reich während der Herrschaft Hattusilis I. und Mursilis I. im Nahen Osten genossen hatte, wiederherzustellen. In dem Jahrhundert nach seinem Tod (ca. im Jahr 1500 v. Chr.) wurde Hatti durch eine Reihe offenbar unbedeutender Könige regiert, während sich Ägypten und das hurritische Königreich der Mittani zu den dominierenden Mächten des Nahen Ostens entwickelten. Im 15. Jahrhundert v. Chr. hatte Ägypten unter den Pharaonen Thutmosis I. bis Thutmosis III. beträchtliche Eroberungen in Syrien und Palästina gemacht und viele Städte und Staaten der Region unter permanente ägyptische Hoheit gebracht. Das Königtum der Mittani hatte sein Herrschaftsgebiet im nördlichen Mesopotamien um große Teile im nördlichen Syrien und östlichen Anatolien erweitert. Das Königreich von Hatti trat dagegen erst wieder um ca. 1400 v. Chr. als bedeutender Akteur auf die internationale Bühne, als sich nach vielen Jahrzehnten der verhältnismäßigen Bedeutungslosigkeit das Schicksal mit der Thronbesteigung König Tudhalijas zum Besseren wendete. (Dieser König wird häufig als Tudhalija I./II. bezeichnet, da nicht sicher ist, ob die ihm zugeschriebenen Geschehnisse sich auf einen oder zwei Könige desselben Namens beziehen.) Die Thronbesteigung Tudhalijas kennzeichnet den Anfang eines neuen Zeitalters in der hethitischen Geschichte, das zuweilen als das Neue Königreich bezeichnet wird. Tudhalija führte sowohl im westlichen Anatolien als auch in Syrien ausgedehnte Eroberungsfeldzüge. Im Gefolge einer seiner Anatolien-Feldzüge, der zum Sieg über das „Assuan Bündnis", einer Allianz von 22 Staaten, führte, brachte er 10.000 Infanteristen und ein Elitekorps von Streitwagenführern, die „Herren des Zaumzeugs", zusammen mit 600 Pferdegespannen als Kriegsgefangene nach Hattuša mit. Die Deportation besiegter Völker nach Hatti sollte sich zu einem charakteristischen Merkmal späterer Feldzüge hethitischer Könige entwickeln. In Syrien verwüstete Tudhalija angeblich die Länder der Könige von Aleppo und Mittani. Jedoch scheint diese Behauptung eines späteren hethitischen Königs übertrieben: Mittanis Stärke war noch lange nicht erschöpft und eine endgültige Machtprobe mit Hatti sollte noch bevorstehen.

Tudhalija wurde bei vielen seiner militärischen Vorhaben von seinem Schwiegersohn Arnuwanda I. begleitet, der gleichzeitig sein Adoptivsohn und Mitregent war. Aus den Aufzeichnungen über die Regentschaft Arnuwandas I. wird deutlich, dass die hethitischen Siege dieser frühen Periode des Neuen Königreichs der Instabilität in den unterworfenen Gebieten und den verhängnisvollen Entwicklungen in den feindlichen Hoheitsgebieten außerhalb der eigenen Grenzen zu verdanken waren. Diese erreichten in der ersten Hälfte des 14. Jahrhunderts v. Chr. während der Regentschaft von Arnuwandas Nachfolger (oder Nach-Nachfolger) Tudhalija III. ihren Höhepunkt. Das Königreich durchlebte seine bis dahin größte Krise, als vereinte Feindestruppen von allen Seiten ins hethitische Kernland einfielen und die Hauptstadt eingenommen und zerstört wurde. Tudhalija hatte sein königliches Gefolge zuvor ins Exil in die Stadt Šamuha gebracht, die wahrscheinlich am oberen Lauf des Maraššantija-Flusses (klassisch Halys, heute bekannt als Kızılırmak) lag. Von hier aus plante er die Wiedereroberung seines Königreichs – und mit der Unterstützung seines Sohns Šuppiluliuma vertrieb er die Eindringlinge aus allen Teilen seines Reiches. Šuppiluliuma, der sehr wahrscheinlich der maßgebliche Architekt der hethitischen Rückeroberung war, folgte seinem Vater ca. 1350 v. Chr. auf den Thron und widmete sich ohne Verzögerung dem größten Projekt seiner Regentschaft: der Zerstörung des Königreichs von Mittani. Dieses Ziel wurde durch einen genialen einjährigen Feldzug im nördlichen Syrien und nördlichen Mesopotamien ca. 1344 v. Chr. erreicht. Das Königreich von Mittani konnte sich jedoch bis zur Belagerung und Eroberung seiner Festung bei Karkemiš am Euphrat im Jahr 1327 v. Chr. halten.

Šuppiluliuma erweiterte seinen Herrschaftsbereich auf viele der nördlichen syrischen Staaten, die zuvor der Macht Mittanis unterstanden hatten, und die alljährlichen Feldzüge, die von seinem Sohn und (zweitem) Nachfolger Mursili II. (ca. 1321–1295 v. Chr.) geführt wurden, etablierten und festigten die hethitische Herrschaft über große Teile Anatoliens aufs Neue. Unstimmigkeiten über eroberte Gebiete in Syrien führten zu Spannungen zwischen Hatti und Ägypten und gipfelten im Jahr 1274 v. Chr. in einer militärischen Auseinandersetzung zwischen dem hethitischen König Muwattalli II. und Pharao Ramses II. in der Nähe der Stadt Kadesch am Fluss Orontes. Obwohl die Schlacht im Wesentlichen mit einem Patt endete, war Hatti in Anbetracht seiner Landgewinne auf Ägyptens Kosten auf lange Sicht der klare Sieger. Es scheint, als hätten beide Könige nach der Schlacht von Kadesch stillschweigend eine Grenze zwischen hethitischem und ägyptischem Territorium etwas nördlich von Damaskus anerkannt. Im Jahr 1269 v. Chr. formalisierte ein zwischen Ramses II. und Muwattallis zweitem Nachfolger Hattusili III. geschlossener Vertrag freundliche Beziehungen zwischen den zwei Mächten; der Friede, der durch zwei königliche Eheschließungen gefestigt wurde, hielt bis zum Untergang des hethitischen Königreichs zu Beginn des folgenden Jahrhunderts an.

Das Königreich Hatti befand sich nur noch wenige Jahrzehnte vor seinem Untergang, und schon in den frühen Jahren der Herrschaft von Hattusilis Sohn und Nachfolger Tudhalija IV. (ca. 1237–1209 v. Chr.) kündigte sich der irreversible Untergang des Reiches an. Tudhalija IV. sah sich nicht nur mit zunehmender Unruhe und Aufständen konfrontiert, sondern erlitt auch eine schwere militärische Niederlage gegen den

Der Königssitz des Reiches

Die Ruinen von Hattuša, der Hauptstadt des hethitischen Reiches, liegen in der nördlich-zentralen Türkei, 160 km östlich der heutigen türkischen Hauptstadt Ankara. Ihr Stadtgebiet umfasste mehr als 185 Hektar und war sowohl religiöses als auch Verwaltungszentrum der hethitischen Welt. Einunddreißig Tempel wurden dort entdeckt, der größte unter ihnen ist dem Gott des Sturmes geweiht und hat eine Fläche von mehr als 20.000 Quadratmetern. Der königliche Palast wurde auf dem höchst gelegenen Teil der Stadt errichtet und durch Mauern vom Rest der Stadt getrennt. Heute ist sie als Büyükkale (türkisch für das „Große Schloss") bekannt. Alle Besucher seiner Majestät, einschließlich der Vasallen und Vertreter ausländischer Könige, wurden von königlichen Dienern durch einen von Säulen gesäumten Hof in einen großen, von Säulen getragenen Saal, dem Mittelpunkt des Palastkomplexes, eskortiert, in dem der König seine Audienzen gab. In der Nähe des Palasts lebten viele Mitglieder der königlichen Familie sowie hohe Beamte in privaten Wohnungen. Die Stadt wurde von einer massiven Festungsmauer eingeschlossen, auf der alle 20 Meter ein Turm mit einer Ringmauer an der Vorderseite platziert worden war. Der Zugang wurde durch mehrere Tore ermöglicht, die wichtigsten unter ihnen lassen sich noch heute durch erhaltene Skulpturen von Löwen, Sphingen und Kriegsgöttern erkennen. Die Ausgrabungen in Hattuša, die seit mehr als 100 Jahren durch das Deutsche Archäologische Institut durchgeführt werden, dauern bis heute an. Neuste Funde förderten große Getreidespeicher mit einer Lagerungskapazität von mehreren zehntausend Tonnen und fünf Reservoirs zutage, die für einige Zeit einen Großteil der Wasserversorgung der Stadt übernahmen.

Tempel des Sturmgottes, Hattuša. Der größte aller bekannten hethitischen Tempel erfüllte vielfältige Funktionen, sowohl religiöse als auch säkulare, und beinhaltete eines der wichtigsten Tontafel-Archive des hethitischen Reiches. Späte Bronzezeit.

Neuhethitisches Relief, das den zum Kampf bereiten Wettergott Teššup zeigt. In der einen Hand schwingt er eine zweischneidige Axt und in der anderen einen Blitz. Seine spitze Kopfbedeckung und die geflügelte Sonnenscheibe über seinem Haupt sind Zeichen seines göttlichen Ranges. Er steht auf einem Stier, dem mit ihm assoziierten irdischen Symbol.

assyrischen König Tukulti-Ninurta I. im nördlichen Mesopotamien. Sehr wahrscheinlich war seine Regentschaft auch durch Mitglieder seiner eigenen Familie bedroht, was sich in Verschwörungen und öffentlichem Zweifel an seiner Autorität geäußert haben dürfte. Die vorherrschende Nahrungsmittelknappheit innerhalb von Hatti mag ebenfalls zur zunehmenden Instabilität des hethitischen Königreichs beigetragen haben. Während der Herrschaft des letzten hethitischen Königs Šuppiluliuma II. (1207–?) verließ der königliche Hof die Hauptstadt Hattuša, woraufhin sie allmählich verfiel. Dies führte zum Untergang des Königreichs. Relikte der hattischen Kultur und Zivilisation der Späten Bronzezeit überlebten in den sogenannten neuhethitschen Königreichen, die in Gebieten des östlichen und südlichen Anatoliens sowie des nördlichen Syriens während der frühen Eisenzeit entstanden. Tatsächlich gibt es Beweise dafür, dass in mehreren neuhethitischen Königreichen Nachkommen der hethitischen Dynastie der Späten Bronzezeit überlebt haben und an der Macht blieben, lange nachdem das alte Königreich untergegangen war.

Die Struktur des Königreichs

Das hattische Kernland, das Gelehrte im Allgemeinen als das Heimatland der Hethiter bezeichnen, lag im Norden Zentralanatoliens, in einem durch den Fluss Halys begrenzten Gebiet, der in hethitischen Texten Maraššantija genannt wurde. Die bei weitem größte Stadt war die königliche Residenz Hattuša, das administrative und religiöse Zentrum des Königreichs. Regionale Zentren innerhalb des Heimatlandes wie Schapinuwa (heute Ortaköy) und Tapikka (heute Maşat), in denen Archive gefunden worden sind, befanden sich unter der Befehlsgewalt lokaler Beamter, die vom König ernannt wurden. Der höchstgestellte unter ihnen hatte die Stellung des BEL MADGALTI (wörtlich „Herren des Wachturms“) inne und trug die Verantwortung für die Sicherheit des Gebiets, die Instandhaltung der Straßen und Bewässerungskanäle, die Eintreibung von Steuern und das Justizwesen im Interesse des Königs. An der nordöstlichen und südlichen Grenze des Reiches waren Gebiete als die Oberen beziehungsweise Niederen Länder bekannt, die als Puffer gegen den Einfall feindlicher Truppen dienten. Neuer datierte Texte der Hethiter beschreiben die Einsetzung militärischer Gouverneure und die Stationierung von Garnisonen hethitischer Infanterie und Streitwageneinheiten. Außerhalb des Kernlands und seiner Pufferzonen bestand das Königreich aus zwei Vizekönigreichen mit ihren Zentren in Aleppo und Karkemiš sowie einer Reihe von Vasallenstaaten, die sich über große Teile Anatoliens und das nördliche Syrien erstreckten. Das hethitische Gebiet in Syrien erstreckte sich bis nördlich von Damaskus, wo das Reich an Ägypten grenzte.

In der Endphase der Vernichtung des mittanischen Königreichs gründete Šuppiluliuma I. die Vizekönigreiche von Aleppo und Karkemiš. Die ersten zwei Vizekönige waren seine Söhne Telipinu und Pijaššili (Šarri-Kušuh). Innerhalb ihrer Vizekönigreiche besaßen sie die vollkommene königliche Befehlsgewalt – sowohl administrativ als auch militärisch, juristisch und religiös – und führten zuweilen an seiner statt diplomatische Verhandlungen mit lokalen syrischen Herrschern. Künftig war jeder Vizekönig bis zum Fall des Königreichs entweder der Sohn des hethitischen Königs oder ein hochrangiges Mitglied seiner Familie. Über die Vasallenstaaten herrschten lokale Könige, die durch einen Treueeid an den Großkönig gebunden wurden. Als Vasallen waren sie dazu verpflichtet, ihrem Herrn militärische Unterstützung zur Verfügung zu stellen und geheimdienstliche Informationen zu liefern, um den König vor feindlichen Aktivitäten zu warnen. Mitunter wurden in diesen Verträgen auch Abgaben festgelegt, die der Vasall jährlich zu entrichten hatte. Einer kleinen Anzahl von unterworfenen Herrschern wurde der Status des Kuirwana oder „Protektorats“ gewährt. Dadurch kamen sie in den Genuss einiger zeremonieller Vorzüge und erhielten gelegentlich das Recht, feindliche Gebiete zu annektieren, die sie für den hethitischen König erobert hatten. In Realität war ihr anscheinend privilegierter Status jedoch nur wenig mehr als diplomatische Fiktion. Den Kuirwanas wurden die gleichen Verpflichtungen und Beschränkungen wie den Vasallen auferlegt. Unter der Voraussetzung, dass sie ihre vertraglichen Verpflichtungen erfüllten, war es beiden erlaubt, ihre Staaten nach eigenem Ermessen zu regieren. Nur selten wurde eine hethitische Garnison in einem unterworfenen Staat stationiert. Dies geschah nur, wenn sich der betreffende Staat als besonders schwierig erwiesen hatte und eine militärische Präsenz für notwendig befunden wurde, um die allgemeine Ordnung wiederherzustellen und den durch die Hethiter eingesetzten oder gebilligten Herrscher zu unterstützen.

Das Königreich im grösseren Kontext

Der Nahe Osten setzte sich aus einer ganzen Reihe von Königreichen zusammen, von denen die Mehrheit nicht mehr als kleine Stadtstaaten darstellten, die nur aus einem städtischen Zentrum und einigen Quadratkilometern Peripherie bestanden, die in der Regel als Acker- oder Weideland genutzt wurden. Zu dieser Kategorie gehörten Gebiete in Syrien und Palästina, die Pharao Thutmosis III. im 15. Jahrhundert v. Chr. erobert hatte. Größere Königreiche erstreckten sich über weit umfangreichere Gebiete und umfassten neben der Hauptstadt auch mehrere kleine Städte und Dörfer sowie befestigte Siedlungen entlang der Grenzen. Die fünf Königreiche der Mittleren Bronzezeit im östlichen Anatolien, in assyrischen Texten als MATU (wörtlich „Länder") bezeichnet, gehören ebenso zu dieser Kategorie wie die Königreiche von Arzawa im westlichen Anatolien der Späten Bronzezeit, die durch hethitische Texte dokumentiert sind. Die Supermächte des Nahen Ostens der Späten Bronzezeit setzten sich von beiden Kategorien sowohl durch ihre Größe als auch durch ihr politisches Gewicht und ihre militärische Stärke weit von allen anderen ab. Es waren die vier Königreiche von Hatti, Ägypten, Babylonien und Mittani, wobei Mittani nach seiner Zerstörung Mitte des 14. Jahrhunderts v. Chr. durch das wiederauflebende Königreich von Assyrien abgelöst wurde.

Der überlegene Status dieser Königreiche wurde in diplomatischen Texten durch die Bezeichnung ihrer Herrscher als „Großkönige" offiziell anerkannt. Dieser Begriff (allgemein vertreten durch das Sumerogramm GAL.LUGAL) wurde ausschließlich für diese vier Herrscher benutzt, er war Teil der Königstitulatur und wurde sowohl von unterworfenen Herrschern als auch von ihren ausländischen Pendants gebraucht. Die gegenseitige Anerkennung der Großkönige als Gleichgestellte wird durch die Anrede „Mein Bruder" deutlich, welche dem diplomatischen Protokoll zufolge nur von Personen gleicher Stellung verwendet wurde. Einer der hethitischen Könige, wahrscheinlich Urhi-Teschub, rügte den assyrischen König Adad-nirari I. und bezeichnete ihn als „Emporkömmling", als dieser ihn mit „Mein Bruder" ansprach, bevor er in die auserlesene Gruppe aufgenommen worden war: „Da mein Großvater und mein Vater dem König von Assyrien nichts über Bruderschaft schrieben, sollst du mir fortan auch nichts mehr über Bruderschaft und das Großkönigtum schreiben. Ich wünsche es nicht!"

Zusammen herrschten die vier Großkönige fast über den kompletten Nahen Osten. Ihre Imperien vereinigten die kleineren Königreiche dieser Welt – zahlreiche unbedeutende und mittelgroße Staaten, die sie unterworfen hatten. Babylonien und Assyrien teilten ganz Mesopotamien untereinander auf. Das Neue Reich Ägyptens hatte seinen Einfluss von Nubien über das Land am Nil bis ins südliche Syrien und Palästina (Kapitel 1) ausgedehnt. Hatti erhob zu seiner Blütezeit Anspruch auf einen Großteil des übrigen Nahen Ostens. Sein Einflussbereich erstreckte sich westlich des Euphrats über große Teile des nördlichen Syriens und Anatolien. Das Kernland des hethitischen Königreichs lag im nördlich-zentralen Anatolien und wurde durch den Halys-/Maraššantija-Fluss begrenzt: Das war das eigentliche „hattische Land". Anders als die Völker der übrigen Reiche verfügte die Bevölkerung von Hatti im Allgemeinen wahrscheinlich nicht über das Gefühl nationaler Identität oder das Empfinden einer speziellen Stellung gegenüber den Bürgern unterworfener Staaten außerhalb ihres Heimatlandes. Tatsächlich verwendeten sie nie einen spezifischen ethnischen Terminus, mit dem sie sich hätten identifizieren können. Dies war auch gar nicht möglich. Sie bezeichneten sich einfach als „die Leute des Landes von Hatti" und benutzen so einen traditionellen Namen für das Gebiet, in dem sie lebten und welches auf eine jahrhundertelange Geschichte zurückblicken konnte, die weit über die hethitische Herrschaft hinausging. Der Name „Hethiter" wurde ursprünglich von Gelehrten im Alten Testament verwendet, in dem die Form *hittī* als Bezeichnung für einen kleinen kanaanäischen Stamm Gebrauch findet, der im frühen 1. Jahrtausend v. Chr. in den Hügeln Palästinas sesshaft war. Es gibt jedoch fünf Passagen in der Bibel, in denen sich die Mehrzahlform *hittim* auf die „Könige der Hethiter" und das „Land der

OBEN UND RECHTS: Eine Opferschale in der Form eines Hirsches und eine Protome in der Form eines Stiers aus dem 13. Jahrhundert v. Chr.

Die heilige Kunst der Hethiter

Unser Wissen über die hethitische Kunst ist im Wesentlichen auf Keramikfiguren, kleine Artefakte und in Felswände gemeißelte Reliefe beschränkt. Die Reliefe zeigen zumeist Szenen aus dem religiösen Leben der Hethiter. Ein König, oft in Begleitung seiner Frau, erweist den Göttern, dem Sturm- oder Sonnengott die Ehre oder nimmt an religiösen Festen teil. Der König ist dabei wie ein Priester gekleidet. Er trägt eine eng anliegende Totenkopfmaske, eine lange Robe und einen Stab. Opferschalen oder Rhyta, in denen den Göttern während der Zeremonie Getränke dargeboten werden, haben mitunter die Form von Tierköpfen, so zum Beispiel hier das eines Stiers und Hirsches. Mit ihrer detailgetreuen Darstellung sowie ihrer lebendigen und zugleich skurrilen Anmutung gehören sie zu den schönsten Exemplaren hethitischer Kunst. Die gleichen Eigenschaften weisen auch die Keramikfiguren hethitischer Gottheiten, wie die sitzende Göttin und die erlesenen Miniaturen aus Gold und Lapislazuli, auf. Ihre vertrauliche Ausstrahlung steht in starkem Kontrast zu den förmlicheren und ernsteren Darstellungen von Gottheiten auf steinernen Monumenten.

OBEN LINKS: Goldene Statuette einer hethitischen Gottheit. Ca. 1300 v. Chr.

OBEN RECHTS: Eine sitzende Göttin aus Gold mit einem Kind auf ihrem Schoß. Aus Alacahöyük. Ca. 1300 v. Chr.

LINKS: Statuetten verschiedener, von den Hethitern verehrter Gottheiten aus Gold und Lapislazuli, datiert auf das 13. Jahrhundert v. Chr.

Hethiter“ bezieht. Diese Hethiter gehörten nicht zum Stamm der Kanaaniter und können mit Sicherheit den neuhethitischen Königreichen zugeordnet werden, die im nördlichen Syrien und südlichen und östlichen Anatolien im späten 2. Jahrtausend v. Chr. entstanden sind. Viele ihrer Einwohner, besonders die herrschenden Eliten, waren wahrscheinlich Nachkommen der „Hethiter“ der Späten Bronzezeit. Deren Bevölkerung bestand aus einer Mischung mehrerer verschiedener ethnischer Gruppen – vor allem zusammengesetzt aus Hattiern, Luwiern und Hurritern –, die viele verschiedene Sprachen sprachen. Obwohl die indoeuropäische „hethitische“ Sprache (von den Sprechern Nesisch genannt) zu jeder Zeit die offizielle Sprache des Königreichs war, wurde sie sehr wahrscheinlich nur von einer Minderheit der Bevölkerung gesprochen. Darüber hinaus änderte sich die Zusammensetzung der Bevölkerung ständig, und zwar im Besonderen während des 14. Jahrhunderts v. Chr., als Zehntausende Deportierte aus den eroberten Gebieten im hethitischen Kernland angesiedelt wurden. Wir finden keinerlei Anzeichen dafür, dass es jemals eine kulturell oder ethnisch zusammenhängende Kernbevölkerung gab, die sich als wichtigstes Element einer großen imperialen Gesellschaft sah.

Bei Verweisen auf das hethitische Königreich in ausländischen Texten wurde der Terminus „Hatti“ im Allgemeinen synonym mit dem Königreich als Ganzem, einschließlich aller eroberten Gebiete, gebraucht. Es sollte jedoch betont werden, dass die Hethiter zwar weit davon entfernt waren, ihre Kultur den unterworfenen Zivilisationen aufzuzwängen, sich im Gegensatz dazu jedoch äußerst empfänglich für deren Sitten und Bräuche zeigten und viele davon in ihre eigene Gesellschaft einbezogen. Das war zum Teil eine natürliche Folge der Deportationen, die jedes Jahr Tausende Kriegsgefangene ins Kernland schwemmten und dieses dadurch sowohl ethnisch als auch kulturell ständig bereicherten. Doch die Hethiter bezogen andere Kulturen auch ganz bewusst mit ein: Sie machten sich die Götter der unterworfenen Völker zu Eigen und vereinigten sie in ihren Heiligtümern mit eigenen Kulten. Die Hethiter rühmten sich, das „Volk der tausend Götter“ zu sein. Im hethitischen Königreich gab es keine Bevölkerungsgruppe, die sich als dominierend verstand – die ethnische und kulturelle Aufgeschlossenheit des Königreichs war eines seiner differenzierenden Merkmale. In diesem Punkt unterschied es sich sowohl im Altertum als auch in der Moderne von vielen anderen politischen und militärischen Mächten mit dem Status eines Imperiums.

Militärische Grösse

Die treibende Kraft im hethitischen Imperium waren die Großkönige, Mitglieder einer Dynastie, die seit dem Bestehen ihrer Existenz über das Königreich herrschte. Der König hatte durch seine Abstammung und die Zustimmung der Götter das Anrecht auf den Thron und herrschte in ihrem Namen: „Denn das Land gehört nur dem Gott des Sturmes; Himmel und Erde und auch die Armee gehören nur dem Gott des Sturmes. Und er machte Labarna, den König, zu seinem Stellvertreter und gab ihm das ganze Land von Hattuša.“ Als Stellvertreter der Götter auf Erden war der König der Hauptpriester seines Reichs. Er repräsentierte auch die höchste gerichtliche Instanz und war Oberbefehlshaber seiner Armeen. Hethitische Könige ließen sich in der Schrift ebenso wie in der Bildhauerei als Löwe darstellen, der sich ohne Gnade auf seine Beute stürzt. Die Löwen, die noch heute den Haupteingang zur königlichen hethitischen Hauptstadt flankieren, symbolisieren sowohl die Stärke des hethitischen Königs als auch die des Reichs, über das er herrschte. Die hethitische Macht wurde zudem von einem doppelköpfigen Adler versinnbildlicht. Er findet sich als Zeichnung am Eingang einer hethitischen Stadt mit dem heutigen Namen Alaca Höyük, eine der wichtigsten Kultstätten des hethitischen Imperiums.

Wie viele seiner Kontrahenten der Bronzezeit schickte der König seine Truppen regelmäßig, bisweilen jährlich, auf Feldzüge. Die Tapferkeit auf dem Schlachtfeld demonstrierte die Tauglichkeit eines Königs, zu herrschen. Tatsächlich war die Demonstration solchen Heldenmutes ein wichtiges Element der königlichen Ideologie und stellte mit großer Sicherheit einen der Hauptanreize für die Expansion des hethitischen Reiches dar. Ein Forscher der hethitischen Geschichte erläuterte: „Militärische Expansion wurde zu einer eigenständigen Ideologie, ein regelrechter Sport der Könige. Aber es war mehr als ein Sport. Um den Respekt und die Unterstützung seiner Untertanen zu erhalten, musste ein König sich mit den Errungenschaften seines Vorgängers im Kriege messen, und wenn möglich, diese noch übertreffen. Hattusilis Feldzüge übertrafen die seines Großvaters Labarna bei weitem, und mit seinem Marsch über den Euphrat forderte er sogar den Vergleich mit dem legendären akkadischen Herrscher Sargon heraus. Und doch

Sphinxtor in Alacahöyük. Zwei Sphinxen flankierten den Haupteingang zur Stadt. Zu beachten ist weiterhin die Darstellung des doppelköpfigen Adlers, einem Symbol imperialer Macht in der hethitischen Welt. Späte Bronzezeit.

wurde Hattusili von seinem Enkel und Nachfolger Mursili übertroffen. Er erreichte, was seinem Großvater verwehrt geblieben war. Er eroberte und besetzte Aleppo und zerstörte danach Babylon."

Unter diesem Gesichtspunkt haben die Feldzüge der frühen hethitischen Könige nicht den Anschein einer Expansionspolitik, sondern muten eher wie persönliche Abenteuer an, die in erster Linie dazu dienten, das Ansehen des Königs zu steigern. Vielleicht haftet diesem Anschein tatsächlich ein Funken Wahrheit an. Die syrischen Feldzüge von Hattusili und Mursili scheinen nur wenig mehr gewesen zu sein als groß angelegte Beutezüge, die dem hattischen Königreich zwar eine beträchtliche Kriegsbeute einbrachten, jedoch nicht den Versuch nach sich zogen, jedwede Form hethitischer Herrschaft in den unterworfenen Gebieten Syriens zu etablieren. Vielmehr zogen sich die hethitischen Truppen nach der Zerstörung schnell zurück. Allerdings können bei diesen Feldzügen auch strategische und wirtschaftliche Erwägungen eine Rolle

GEGENÜBER: Reliefszene aus der neuhethitischen Stadt Karkemiš am Euphrat. Sie zeigt Streitwagenführer, die in die Schlacht ziehen. 9. Jahrhundert v. Chr.

Die hethitische Armee

Der Kern der hethitischen Truppen bestand aus einer Berufsarmee. Die Mehrheit der freiwilligen Rekruten kam aus dem hethitischen Reichsgebiet. Sie wurden mit Steuermitteln bezahlt, die der König von den unterworfenen Staaten einforderte. Im Falle eines großen Feldzuges konnten innerhalb des Heimatlandes auch andere kräftige Männer, wie zum Beispiel Bauern, für die Wehrpflicht abberufen werden. Gelegentlich heuerten die hethischen Könige auch Söldner an, so zum Beispiel in der Schlacht von Kadesch. Der Hauptteil der Armee bestand aus Infanterie-Truppen, die als Speerwerfer dienten. Die Elitekampfeinheiten, die ungefähr zehn Prozent der gesamten Armee ausmachten, waren Streitwagenführer. Gegen Mitte des 13. Jahrhunderts v. Chr. wurde die hethitische Streitwagen-Mannschaft von zwei auf drei vergrößert und bestand von nun an aus einem Fahrer, einem Kämpfer, bewaffnet mit Speeren sowie Pfeil und Bogen, und einem Verteidiger. Der König war der Oberbefehlshaber der Armee und führte seine Truppen häufig persönlich in die Schlacht; doch zuweilen delegierte er seine Befehlsgewalt an andere hohe Mitglieder seiner Familie, im Allgemeinen an einen seiner Söhne oder Brüder. Niedriger gestellte Mitglieder der königlichen Familie und des hethitischen Adels bekleideten mindere Offiziersränge – viele von ihnen waren Edelmänner mit Grundbesitz, denen als Gegenleistung für ihren Dienst am König sowohl Land als auch ein Anteil der Beute (Vieh, Kriegsgefangene usw.) gegeben wurde.

Neuhethitische Reliefs zweier Krieger. Bei beiden handelt es sich wahrscheinlich um Götter. Die linke Figur lässt sich durch die spitz zulaufende Kopfbedeckung eindeutig als Gottheit identifizieren. Der lange Speer und das kurze Schwert geben sie als Infanteristen zu erkennen. Sie schützt sich mit einem achtförmigen Schild. Die Figur auf der rechten Seite scheint eine Steinschleuder in der Hand zu halten.

Das tägliche Leben

Die hethitische Kunst gewährt einen Einblick in das tägliche Leben der Hethiter. Reliefs und Bruchstücke von Vasen zeigen Szenen von Festen, bei denen eine Reihe von Unterhaltungskünstlern, wie z. B. Schwertschlucker und Musiker, auftraten. Für die Mitglieder der königlichen Familie wurden Hochzeitszeremonien und aufwendige Bestattungsriten durchgeführt. Ebenfalls zu sehen sind Sklaven, die eine Vielzahl von Aufgaben erfüllen.

gespielt haben. Mehrere durch Hattusili angegriffene Städte liegen an zentralen Routen, die Anatolien mit Syrien und Mesopotamien verbinden, und es mag ein Ziel Hattusilis gewesen sein, den ständigen Bedarf seines Land an Zinn zu sichern, das bei der Fertigung von Bronze benötigt wurde und entlang der Wege hergestellt wurde, die die assyrischen Handelskarawanen auf dem Weg nach Anatolien während der assyrischen Kolonie-Periode (20.–18. Jahrhundert v. Chr.) benutzten. Keiner der überlieferten Texte bezieht sich auf ein solches Motiv, was jedoch im Hinblick darauf, dass die Überlieferungen den militärischen Großtaten des Königs gewidmet sind, nicht überraschend erscheint. Es ist sehr wahrscheinlich, dass Plünderung und persönlicher Ruhm der Hauptantrieb für die ersten Vorstöße der hethitischen Könige ins syrische Territorium gewesen sind. Und wir sollten nicht vergessen, dass, obwohl der König ein absoluter Monarch war, er auf die Unterstützung seiner Offiziere und anderer hoher Beamter angewiesen war, mit denen er die Ausbeute der Feldzüge teilte. Plünderungszüge gegen wohlhabende Städte stellten somit eine nennenswerte Einkommensquelle für das Königreich dar und müssen beträchtlich zum Ansehen des Königs unter seinen Untertanen beigetragen haben.

Fortwährende Feldzüge waren ebenfalls notwendig, um das Überleben des Königreichs zu sichern. Das Kerngebiet von Hatti war von Land umschlossen, hatte keinerlei wirksame natürliche Verteidigung und war von feindlichen Mächten umgeben – vor allen Dingen von den kaschkäischen Stämmen in den pontischen Gebieten des Nordens und den Hurritern im Südosten. Die Grenzen des Heimatlandes konnten nur durch regelmäßige Feldzüge gesichert werden, die wann immer möglich vom König persönlich angeführt wurden. Der hethitische Staat brauchte aus diesem Grund einen Herrscher an der Macht, der sich besonders durch seine Fähigkeiten als Feldherr auszeichnete. Trotzdem stellten militärische Siege nicht mehr als eine vorläufige Atempause vor den unveränderlichen Bedrohungen, die dem hattischen Reich von seinen Feinden drohten, dar. Außerdem galt es, die Reserven im Auge zu behalten: Die Versorgung mit Arbeitskräften war nicht unerschöpflich, so dass große Feldzüge in weit entfernte Gebiete die Verteidigungskräfte des Heimatlandes schwächten und es dementsprechend verwundbar für einen feindlichen Angriff machten. Bei mehreren Gelegenheiten glichen sich militärische Siege durch gleichzeitige Niederlagen während der Abwesenheit der Armee in der Heimat aus.

Diplomatische Alternativen

Die Situation spitzte sich zu, als das Königreich in der Zeit nach dem Mord an Mursili I. durch einen Aufruhr viele seiner eroberten Gebiete verlor und das Heimatland Invasoren zum Opfer fiel. Während es Telipinu gelang, einige dieser Gebiete zurückzuerobern, blieb der strategisch wichtige Staat Kizzuwatna im südlichen Anatolien unabhängig. Anstatt seine Truppen in einen

GEGENÜBER LINKS: Neuhethitisches Relief einer Stele aus Tel Halaf. Sie zeigt eine Frau mit einer Spindel und einem Kind. 8.–7. Jahrhundert v. Chr.

GEGENÜBER RECHTS: Reliefszene aus Mara (Südost-Anatolien). Dargestellt ist eine Wolle spinnende Frau, die einem Schreiber gegenüber sitzt. 8. Jahrhundert v. Chr.

LINKS: Reliefszene einer Grabsäule aus der neuhethitischen Stadt Sam'al. Eine verstorbene Prinzessin, die von einer Dienerin bedient wird. Die geflügelte Sonnenscheibe über der Figur identifiziert sie als königliche Person. 8. Jahrhundert

kostspieligen und wahrscheinlich erfolglosen Kampf zu schicken, entschied sich Telipinu dafür, sich mit dem Herrscher Kizzuwatnas, Išputaššu, zu einigen und schloss einen Vertrag mit ihm. Tatsächlich kennzeichnete dieses Abkommen einen Wendepunkt in der Geschichte des hethitischen Königreichs. Auch wenn der Vertrag mit Išputaššu im Wesentlichen ein Kompromiss gewesen zu sein scheint (es sind nur Fragmente überliefert), zeigt er zumindest, dass Diplomatie ein ebenso wirksames Instrument zur Erhaltung der Sicherheit des hethitischen Königreichs sein konnte wie das Militär.

Wie wir festgestellt haben, war das 14. Jahrhundert v. Chr. – zur Zeit des Neuen Königreichs und der Regentschaft von Šuppiluliuma I. und seinem Sohn Mursili II. – der Moment der größten Machtentfaltung des hethitischen Königreichs. Beide Könige eroberten beträchtliche Gebiete in Anatolien und dem nördlichen Syrien und machten im Anschluss an ihre Siege die unterworfenen Reiche zu ihren Untertanen. Doch erhoben die Regenten des Neuen Königreichs, abgesehen von der Errichtung der Vizekönigreiche in Aleppo und Karkemiš durch Šuppiluliuma, nie einen direkten Herrschaftsanspruch auf die unterworfenen Reiche. Sie bemühten sich eher, ihre Autorität durch lokale Vasallen und Verträge zu festigen, so wie es bei Telipinu und Išputaššu der Fall war. Ein wichtiger Aspekt dieser Taktik war der persönliche Pakt zwischen dem hethitischen König und seinem Vasallen. Der Vasall schwor seinem Herrn alleinige Treue. Auf diese Weise wurde er an eine Person gebunden, nicht an den hethitischen Staat, und war im Falle eines Umsturzes von all seinen Vertragsverpflichtungen entbunden, es sei denn, der rechtmäßige König, sein Vertragspartner, hatte ihn um seine Unterstützung bei der Zurückeroberung des Throns gebeten. Wie wir weiterhin festgestellt haben, mischte sich der König nur in seltenen Fällen in die inneren Angelegenheiten eines Vasallen ein – zum Beispiel um einen loyalen Vasallen zu unterstützen, der von einer anti-hethitischen Splittergruppe von seinem Thron gestoßen werden sollte. In einem Fall drohte er den Untertanen eines Vasallenstaats auch mit der Todesstrafe für Inzest. Die hethitische Politik der Duldung einer beinahe vollständigen Autonomie der unterworfenen Staaten hatte offensichtlich pragmatische Gründe. Die hattischen Könige hatten einfach nicht die Mittel, in diesen Staaten eine eigene Regierung zu gründen oder den Gehorsam durch die Stationierung hethitischer Garnisonen zu gewährleisten.

Trotz der größtenteils gewährenden Politik der hethitischen Könige gegenüber den Vasallenstaaten waren anti-hethitische Aufstände, insbesondere im westlichen Anatolien, alles andere als selten. Auch die Vasallen selbst erwiesen sich oft als unzuverlässig oder heimtückisch und schlossen Bündnisse mit anderen Königreichen, um mit Hatti zu brechen. Doch hatten diese Bündnisse auch einen positiven Effekt, denn sie gewährleisteten ein gewisses Maß an Stabilität in den Regionen, in denen hethitische Vasallen regierten. Dies bedeutete eine Entlastung für die hethitischen Könige, mussten sie doch, wenn auch nur für einen beschränkten Zeitraum, nicht zu Felde ziehen und die damit verbundenen Kosten tragen. In Syrien, wo das hattische Königreich eine Grenze mit Ägypten teilte, spielten die Vasallenstaaten eine wichtige Rolle dabei, das Gleichgewicht der Macht zwischen den zwei großen Königreichen aufrechtzuerhalten. Und die Kontrolle der nördlichen Küstenstaaten erlaubte den Hethitern einen direkten Zugang zu den Produkten, die durch den Handel in die Häfen des östlichen Mittelmeers gelangten.

Ein hethitisches „Imperium“?

Ob es gerechtfertigt ist, das hattische Königreich als Imperium zu bezeichnen, hängt schlussendlich davon ab, wie dieser Begriff definiert wird. Hethitische Könige erhoben einen Herrschaftsanspruch über große Teile Anatoliens und das nördliche Syrien. Aber tatsächlich gab es nur zwei Gebiete, in denen die Hethiter tatsächlich herrschten: Zum einen in ihrem Heimatland im nördlich-zentralen Anatolien und zum anderen in jenen Teilen des nördlichen Syriens, die seit der Regentschaft Šuppiluliumas I. den Vizekönigen von Aleppo und Karkemiš direkt unterstellt waren. Ansonsten war das Königreich, das die Hethiter für sich beanspruchten, im Wesentlichen eine Ansammlung von quasiautonomen Staaten, deren Herrscher persönliche Verträge mit dem hethitischen König unterzeichneten und ihn zuweilen mit Truppen, Abgaben und geheimdienstlichen Informationen versorgten – es sei denn, sie rebellierten oder verbündeten sich gegen ihn. Das Königreich als solches blieb ein zerbrechliches, feines Gebilde, dessen Größe während der fünf Jahrhunderte seiner Existenz drastischen Schwankungen unterlag und vor seinem endgültigen Zusammenbruch mehrere Male kurz vor der Auslöschung stand. Es gibt jedoch keinen Zweifel, dass Hatti in der Geschichte der Späten Bronzezeit eine Hauptrolle im Nahen Osten gespielt und zuweilen großen Einfluss auf die Geschicke dieser Welt ausübt hat. Es war eines der vier Großen Königreiche des Altertums und stieg in der letzten Hälfte des 14. Jahrhunderts v. Chr. für einige Zeit zur stärksten Macht unter ihnen auf.

Reliefszene aus Ivriz (Südost-Anatolien). Abgebildet ist der lokale König Warpalawas (rechts) wie er zum Sturmgott Tarhunda betet. 8. Jahrhundert v. Chr.

Kapitel 3

Die Reiche von Assyrien und Babylonien

900–539 v. Chr.

Seit dem Altertum galten die Reiche der Assyrer und Babylonier als Beispiel mutwilliger Grausamkeit und Dekadenz. Den Ruf ihrer Könige – des berüchtigten Nebukadnezar z. B., in der Bibel verfemt für seine Behandlung der Juden – zementierten die Zeugnisse ihrer Opfer und Feinde, die mit wenig bis gar keiner Anerkennung ihrer eindrucksvollen Schriftkultur, der Entwicklung ihrer städtischen Zivilisation oder ihrer Bürokratie gekennzeichnet waren. Archäologische Ausgrabungen und vor allem die Entzifferung der Keilschrift im 19. Jahrhundert erlauben uns jedoch heute nicht nur, die Stimmen der Könige selbst zu hören, sondern auch die kulturellen Errungenschaften von Assyrern und Babyloniern ins rechte Licht zu rücken.

Königsliste

Assyrien

911–891 v. Chr.	Adad-nirari II.
890–884 v. Chr.	Tukulti-Ninurta II.
883–859 v. Chr.	Aššur-naṣir-apli II.
858–824 v. Chr.	Šulmanu-ašared III.
823–811 v. Chr.	Šamši-Adad V.
810–783 v. Chr.	Adad-Nirari III.
782–773 v. Chr.	Šulmanu-ašared IV.
772–755 v. Chr.	Aššur-dan III.
754–745 v. Chr.	Aššur-nirari V.
744–727 v. Chr.	Tukulti-apil-Ešarra III.
726–722 v. Chr.	Šulmanu-ašared V.
721–705 v. Chr.	Šarrum-ken II.
704–681 v. Chr.	Sin-ahhe-eriba
680–669 v. Chr.	Aššur-ahhe-iddina
668–627 v. Chr.	Aššur-bani-apli
627–624 v. Chr.	Aššur-etil-ilani
623–612 v. Chr.	Sin-šar-iškun

Babylonien

625–605 v. Chr.	Nabopolassar
604–562 v. Chr.	Nebukadnezar
561–560 v. Chr.	Amel-Marduk
559–556 v. Chr.	Nergal-šarra-usur
556 v. Chr.	Lā-abāši-Marduk
555–539 v. Chr.	Nabonid

VORHERIGE SEITEN:
Auf den Wänden seines Palastes in Ninive wird König Aššur-bani-apli auf einem Streitwagen dargestellt, wie er bei der Löwenjagd den Bogen spannt. Die Skulptur ist mit aufwendigen Dekorationen seiner Kopfbedeckung, Kleidung und Ohrringen versehen, die denen gleichen, die in den Gräbern assyrischer Königinnen in Nimrud, Assyrien, gefunden wurden.

LINKS:
Diese Statue König Aššur-naṣir-aplis, die bei Ausgrabungen in seiner Hauptstadt Kalhu gefunden wurde, ist eine der wenigen erhaltenen königlichen Skulpturen aus Assyrien. Sie wurde in einem Tempel in der Zitadelle der Stadt entdeckt und zeigt den König in ständiger Gottesverehrung.

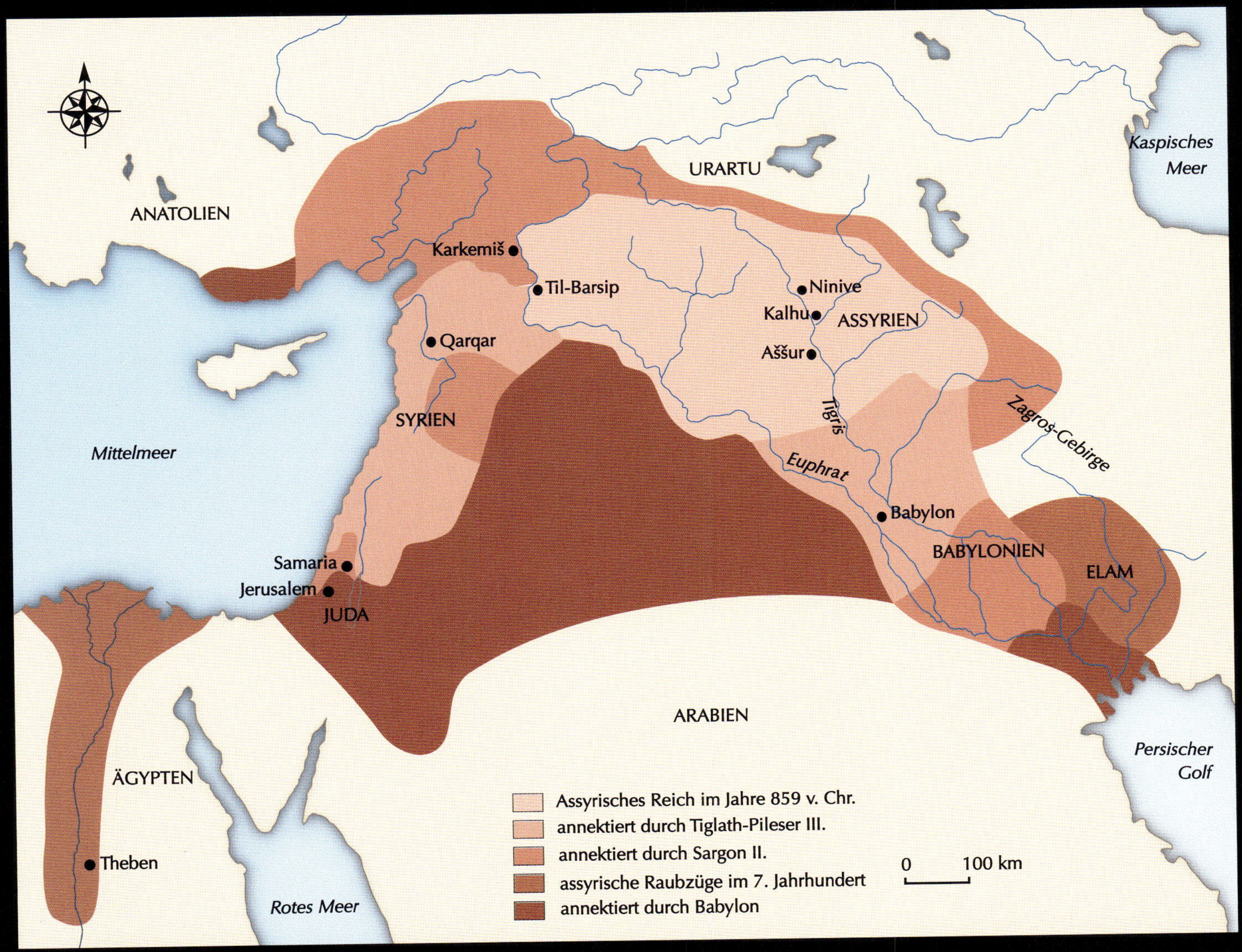

ANATOLIEN
URARTU
Kaspisches Meer
Karkemiš
Til-Barsip
Ninive
Kalhu
ASSYRIEN
Aššur
Qarqar
SYRIEN
Tigris
Euphrat
Zagros-Gebirge
Mittelmeer
Babylon
BABYLONIEN
ELAM
Samaria
Jerusalem
JUDA
ARABIEN
Persischer Golf
ÄGYPTEN
Theben
Rotes Meer
Assyrisches Reich im Jahre 859 v. Chr.
annektiert durch Tiglath-Pileser III.
annektiert durch Sargon II.
assyrische Raubzüge im 7. Jahrhundert
annektiert durch Babylon
0
100 km

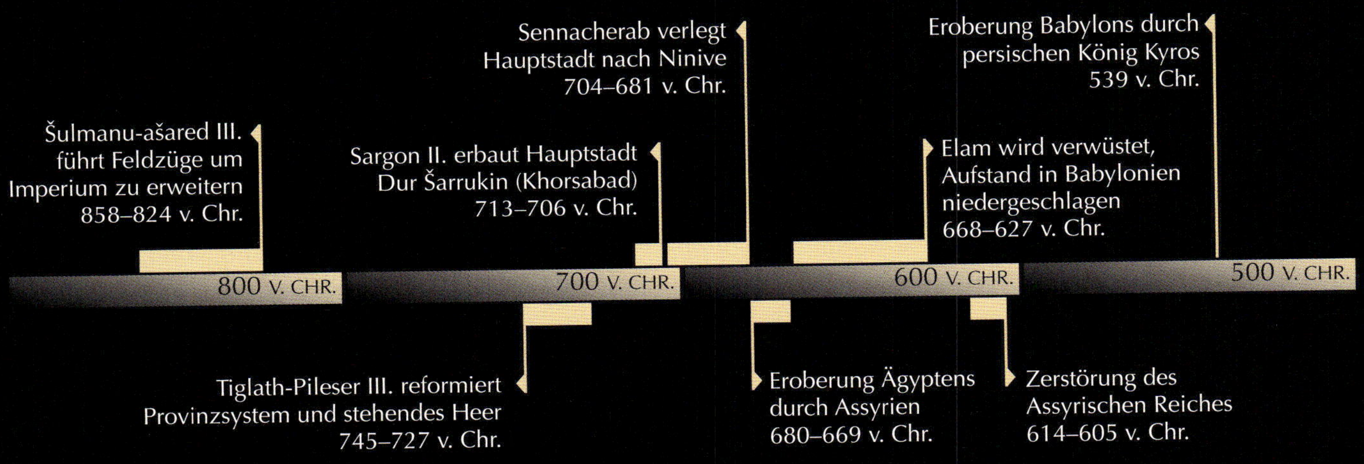

Šulmanu-ašared III. führt Feldzüge um Imperium zu erweitern 858–824 v. Chr.
Sargon II. erbaut Hauptstadt Dur Šarrukin (Khorsabad) 713–706 v. Chr.
Sennacherab verlegt Hauptstadt nach Ninive 704–681 v. Chr.
Elam wird verwüstet, Aufstand in Babylonien niedergeschlagen 668–627 v. Chr.
Eroberung Babylons durch persischen König Kyros 539 v. Chr.
800 v. Chr.
700 v. Chr.
600 v. Chr.
500 v. Chr.
Tiglath-Pileser III. reformiert Provinzsystem und stehendes Heer 745–727 v. Chr.
Eroberung Ägyptens durch Assyrien 680–669 v. Chr.
Zerstörung des Assyrischen Reiches 614–605 v. Chr.

Dieses Gemälde von Delacroix, das zum ersten Mal 1828 in Paris ausgestellt wurde, zeigt den Tod Sardanapals und löste einen großen Eklat aus. Der Maler stellte den letzten Herrscher Assyriens, dessen Namen die Griechen mit Sardanapal übersetzten, als stereotypen Potentaten des Mittleren Ostens umgeben von Haremsdamen dar. Dabei betonte er die moralische Verdorbenheit durch die vollkommene Gleichgültigkeit des Herrschers gegenüber dem Massaker, das um ihn herum stattfindet.

Im Jahr 722 v. Chr. eroberte der assyrische König Šulmanu-ašared V. die Stadt Samaria und vernichtete das israelische Königshaus; im Jahr 587 v. Chr. eroberte der babylonische König Nebukadnezar II. Jerusalem und beendete die Herrschaft des Königshauses von Juda. Diese Ereignisse waren weder außergewöhnlich noch von großem Belang für die siegreichen Könige und ihre Gefolge. Sie hinterließen jedoch einen bleibenden Eindruck im historischen Bewusstsein der Region und weit darüber hinaus, da die Opfer sie in einem der großen Werke der Weltliteratur, der hebräischen Bibel, beschrieben. Die Menschen lasen jahrhundertelang von diesen Eroberungen und verachteten die Täter, obwohl sie nur wenig mehr über sie wussten, als das, was im biblischen Text geschrieben steht. Ansonsten haben griechische Autoren ab dem 5. Jahrhundert v. Chr. nur einige wirre Berichte und größtenteils fantastische Märchen über assyrische und babylonische Könige und Königinnen überliefert. Bis zum Anfang des 19. Jahrhunderts n. Chr. passten die alten Märchen der assyrischen und babylonischen Gewaltherrschaft und Dekadenz vollkommen in das Bild des gefährlichen und exotischen Nahen Ostens. Maler und Dichter konzentrierten sich auf diese Geschichten, um Abbilder des Prunks, des Müßiggangs und der Grausamkeit zu erschaffen, die der stereotypen Vorstellung über die ferne Vergangenheit entsprachen. So gerieten Assyrien und Babylonien nie in Vergessenheit. Jedoch waren es die Opfer, nicht die Schöpfer dieser Reiche, die das Andenken schufen. Diese Situation änderte sich Mitte des 19. Jahrhunderts n. Chr. radikal, als Archäologen begannen, die alten Ruinen dieser Kulturen zu erforschen. Die ersten großen Entdeckungen im alten Mesopotamien, als das Gebiet noch Teil des Osmanischen Reichs war, brachten die Hauptstädte Assyriens (Aššur, Nimrud und Ninive) und diejenige Baby-

Diese Luftansicht der Ausgrabungsstätte von Nimrud, ehemals Kalhu, zeigt nur einen kleinen Teil der gewaltigen Stadt. Archäologen interessieren sich besonders für die Zitadelle auf der linken Seite, in der monumentale Paläste und Tempel standen. Im Hintergrund ist der Tigris zu sehen.

loniens (Babylon) zutage. Monumentale Gebäude, viele davon angefüllt mit Kunstwerken, kamen ans Licht. Mehrere Zehntausend alter Aufzeichnungen, die in Stein gemeißelt oder in Keilschrift auf Ton geprägt worden waren, sind bei den Ausgrabungen gefunden worden. Und die Archäologen füllten neu errichtete Museen in London, Paris, Berlin und Istanbul mit diesen Artefakten.

Die Forschung wurde seitdem fortgesetzt, obwohl die politische Situation im Nahen Osten, besonders im Irak, dem Kernland Mesopotamiens, die Arbeit häufig schwierig, wenn nicht sogar unmöglich macht. Nichtsdestoweniger ist das für die Historiker zur Verfügung stehende Material reichlich und mannigfaltig. Die Entzifferung der Keilschrift, Mitte des 19. Jahrhunderts, gibt uns die Möglichkeit, unzählige assyrische und babylonische Texte zu lesen, und Gegenstände, Gebäude, Städte und zahllose andere Überreste versorgen uns mit ausreichend Quellen für das Studium dieser Reiche. Es ist bemerkenswert, dass der negative Ruf dieser beiden Reiche trotz des Überflusses an Geschichtszeugnissen, die in den letzten 150 Jahren ans Licht gekommen sind, weiterhin besteht – ein Phänomen, das in Bezug auf andere Reiche nicht existiert. Es ist offensichtlich, dass sie 400 Jahre lang, von ca. 900 bis 539 v. Chr., von grundlegender Bedeutung für die Geschichte des Nahen Ostens waren. Wie wir sie heute beurteilen, sollte wahrscheinlich eher davon abhängen, wie wir Imperien im Allgemeinen wahrnehmen – entweder als Regime, die viele Menschen in einem großen Gebiet unterdrücken, oder als Wegbereiter großer Projekte. Wir sollten uns dabei nicht von den negativen Erzählungen derer, die in der Vergangenheit unter ihnen zu leiden hatten, beeinflussen lassen. Die Reiche von Assyrien und Babylonien reihen sich in alle anderen Reiche des Altertums ein und waren weder schlechter noch besser. Durch ihre frühe Existenz und die reichlich verfügbaren Daten sind sie für die Geschichtsforschung jedoch von großem Interesse. Auch wenn Assyrien und Babylonien größtenteils unabhängig voneinander und als zwei getrennte politische Gebilde untersucht werden, werde ich sie hier aufgrund der starken Kontinuität ihrer Beziehungen untereinander und ob der Tatsache, dass sie über dieselben Gebiete der Antike herrschten, zusammen betrachten.

GEGENÜBER: Die Darstellungen auf dem Schwarzen Obelisken zeigen die Unterwerfung besiegter Könige und dokumentieren die Abgaben, die sie an Šulmanu-ašared III. zu entrichten hatten. Die obere Tafel zeigt den israelitischen König Jehu, der den Boden zu Šulmanu-ašareds Füßen küsst. Sie ist die einzig bekannte Darstellung eines israelitischen Königs. Die untere Tafel zeigt die Abgaben der Ägypter, die überraschenderweise zwei zweihöckrige Kamele beinhalteten, die im Allgemeinen eher mit dem Iran in Verbindung gebracht werden. Am unteren Rand befindet sich eine traditionelle assyrische Szene, in der ein Löwe einen Hirsch erlegt.

RECHTS: Die keilförmige Inschrift, die alle Seiten des sogenannten Schwarzen Obelisken Šulmanu-ašareds III. bedeckt, erzählt von den Feldzügen, die der König in über 31 Jahren geführt hat, und der Beute, die er dabei machte. Das Monument aus Kalhu wird in etwa auf das Jahr 821 v. Chr. datiert.

Ein kurzer historischer Überblick

Im 10. Jahrhundert v. Chr. war der gesamte Nahe Osten politisch in kleine Staaten aufgeteilt. Viele der Regionen, die im 2. Jahrtausend v. Chr. prosperiert hatten, litten jetzt unter Armut und mangelnder Führungsstärke. Die politische Macht hatten Neulinge, hauptsächlich Stämme des nördlichen Syriens mit nomadischem Hintergrund wie die Aramäer, an sich gerissen. Die Stadtbewohner fürchteten und verabscheuten diese Menschen. Es ist dennoch nicht zu leugnen, dass der Einfluss der Aramäer überall in der Region gewachsen war und sie viele ländliche Gebiete sowie einige Städte, besonders im westlichen Teil des Nahen Ostens, besetzt hatten. Im Westen hatten sie, häufig gemeinsam mit anderen Bevölkerungsgruppen, kleine Staaten um alte urbane Zentren herum gegründet. Im Osten bestanden die alten Königreiche von Assyrien und Babylonien fort, allerdings befand sich insbesondere Babylonien aufgrund einer schnellen Aufeinanderfolge mehrere Dynastien in einem instabilen Zustand. In Assyrien saß seit vielen Generationen dieselbe Familie auf dem Thron, dessen ungeachtet war ihre Macht in der Region begrenzt.

Mitte des 9. Jahrhunderts v. Chr. änderte sich die Situation der Assyrer jedoch grundlegend.

Aššur-naṣir-apli II. (883–59 v. Chr.) und nach ihm Šulmanu-ašared III. (858–24 v. Chr.) bewirkten vor allem im Westen eine schnelle Erweiterung des Machtbereichs, indem sie unaufhörlich Feldzüge führten. Aššur-naṣir-apli fügte seinem Reich systematisch alle Gebiete zwischen dem assyrischen Kernland am oberen Tigris im nördlichen Irak und dem Euphrat im westlichen Syrien hinzu. Šulmanu-ašared überquerte den Euphrat mit seinen Truppen, um den reichen Staaten weiter im Westen die Stirn zu bieten. Sie trafen jedoch auf heftigen Widerstand. Im Jahr 853 v. Chr. führte Šulmanu-ašared eine Schlacht gegen eine große Koalition der westlichen Staaten in der Nähe von Qarqar, und er scheint verloren zu haben – obwohl er dies nie offiziell eingestand. Šulmanu-ašared brauchte mehrere Jahre, um sich von diesem Schlag zu erholen; im Jahr 841 gelang es ihm jedoch, zahlreiche Staaten des westlichen und südlichen Syriens zu erobern und sie zur Zahlung von Abgaben zu zwingen. Assyriens Erfolg war von der Stabilität im Zentrum abhängig, und diese geriet nach dem Tod Šulmanu-ašareds III. ins Wanken. Obwohl es seinem Sohn, Šamši-Adad V. (823–11 v. Chr.), mit der Hilfe des babylonischen Königs, der ihm einen demütigenden Vertrag diktierte, gelang, die Macht zu übernehmen, gewannen die Verwalter der Provinzen einen Großteil ihrer Unabhängigkeit zurück, und die Staaten am Euphrat stellten die Entrichtung ihrer Abgaben ein. Im Laufe der nächsten 80 Jahre wurde die assyrische Zentralgewalt stark beschnitten. Theoretisch herrschte der assyrische König über den ganzen nördlichen Irak und Syrien, vom Gebiet östlich des Tigris' bis zum Euphrat. In Wirklichkeit aber legten die lokalen Gouverneure ihm gegenüber nur Lippen-

Bedeutende Männer aus den Provinzen versuchten sich unter schwachen Herrschern als unabhängige Könige darzustellen. Diese Statue Hadad-yith'is aus Guzana im Norden von Syrien datiert wahrscheinlich in die Mitte des 9. Jahrhunderts v. Chr. Sie weist eine Inschrift in aramäischer und akkadischer Sprache auf. Die erste nennt Hadad-yith'i „König von Guzana", die zweite „Gouverneur".

bekenntnisse ab. Zur gleichen Zeit traten starke Rivalen im Norden und Südosten des Reichs auf den Plan: Urartu, das die östliche Türkei kontrollierte und die assyrischen Provinzen im nördlichen Syrien bedrohte, und Elam im südwestlichen Iran, das sich im Westen in die Angelegenheiten Babyloniens einmischte.

Im Jahr 744 v. Chr. nahm Tukulti-apil-Ešarra III. (744–27 v. Chr.) grundsätzliche Änderungen in der Regierung des Assyrischen Reichs vor und begann ausgedehnte Feldzüge zu führen. Die Reformen wurden von der nachfolgenden Regierung fortgesetzt und reduzierten die Macht der Gouverneure und Staatsbeamten. Die Könige verkleinerten ihre Territorien und zwangen sie, ihre Macht mit anderen zu teilen. Tukulti-apil-Ešarras Nachfolger sind die berühmtesten Heerführer der assyrischen Geschichte: Šulmanu-ašared V. (726–22 v. Chr.), Šarrum-ken II. (721–705 v. Chr.), Sin-ahhe-eriba (704–681 v. Chr.), Aššur-ahhe-iddina (680–69 v. Chr.) und Aššur-bani-apli (668–27 v. Chr.). Ungefähr ein Jahrhundert lang kämpften sie beinahe jährlich in allen Teilen des Nahen Ostens. Im Osten und Norden lieferten sie sich Schlachten mit den Staaten Urartu und Elam, im Süden kämpften sie gegen den babylonischen Widerstand und im Westen eroberten sie allmählich einige syrische und anatolische Staaten sowie das israelische Königreich. König Aššur-bani-apli drang am weitesten vor, als er in den Jahren 664–63 Truppen entsandte, um die ägyptische Hauptstadt Theben zu erobern. Die militärische Macht Assyriens schien unvergleichlich zu sein, dieser Eindruck war allerdings nur das Ergebnis der assyrischen Propaganda und entsprach nicht der Wirklichkeit. Tatsächlich waren die Schlachten mit den Erzrivalen langwierig und bei weitem nicht immer erfolgreich. Die größte Herausforderung, der sich das Reich gegenübersah, war die Kontrolle über den südlichen Nachbarn, Babylonien. Während der ganzen Zeit, in der Assyrien unter der Führung starker Könige seine Vorherrschaft im Nahen Osten ausdehnte, wurde die Macht in Babylonien geteilt. Stadtbewohner und Stammesleute vom Land kämpften um die stetig wechselnde, königliche Herrschaft. Während der zweiten Phase der assyrischen Expansion, die unter Tukulti-apil-Ešarra III. ihren Anfang genommen hatte, gelang es mehreren assyrischen Königen, Babylons Thron zu besteigen. Sobald sie aber ihre Aufmerksamkeit auf einen anderen Ort lenkten, konnte der Widerstand den Thron erneut an sich reißen. Auch der Versuch, einen anderen Assyrer oder einen treuen Babylonier zum König zu machen, scheiterte. Entweder wurden sie von der Bevölkerung gestürzt oder sie widersetzen sie sich den Assyrern. Einige assyrische Könige reagierten in ihrer Frustration mit herber Gewalt: Nachdem ein Stammesführer den Thron an sich gerissen hatte, behauptete Sin-ahhe-eriba Babylon im Jahr 689 v. Chr. dem Erdboden gleichgemacht zu haben (eine Übertreibung, auch wenn er großen Schaden verursachte). Von 652 bis 649 v. Chr.

Die Assyrer fertigten viele Darstellungen von Angriffen auf feindliche Städte an und schilderten aufeinander folgende Ereignisse als zeitgleich. Diese Betrachtung eines Angriffs auf eine ägyptische Stadt durch Aššur-bani-aplis Truppen zeigt die Assyrer, wie sie die Mauern mit Leitern erklimmen, während unten gefesselte Gefangene und ihre Familien fortgeschafft werden. Der Fluss am unteren Rand der Reliefs ist der Nil. Er wurde mit Wasserlebewesen wie Fischen und Krebsen dargestellt.

plünderte Aššur-bani-apli in einem anhaltenden Krieg gegen seinen eigenen Bruder, den er selbst zum König Babylons gemacht hatte, das ganze Land.

Die Versuche, Babylon zu erobern, waren jedoch vergeblich, und im Jahr 626 v. Chr., kurz nach dem Tod Aššur-bani-aplis, begründete Nabopolassar, ein Führer der chaldäischen Stämme, die neubabylonische Dynastie, die beinahe 90 Jahre überdauern sollte. Schon bald war er in der Lage, sich gegen Assyrien zu wenden, und eroberte im Jahr 612 v. Chr. die Hauptstadt Ninive. Um Assyrien den Platz als regionale Großmacht streitig zu machen, mussten Nabopolassars Truppen wenigstens sieben weitere Jahre Richtung Westen vorstoßen, um im Jahr 610 v. Chr. den letzten Widerstand niederzuschlagen. Im Jahr 605 v. Chr. standen sie den Ägyptern in einer großen Schlacht bei Karkemiš am Euphrat gegenüber. Nabopolassar und seine Nachfolger setzten die assyrische Politik militärischer Drohgebärden fort. Eroberungsfeldzüge blieben weiterhin letztes Mittel, um die Randgebiete des Reichs unter Kontrolle zu halten. Aufgrund der detaillierten Beschreibung in der hebräischen Bibel erlangte Nebukadnezars II. Umgang mit Jerusalem und dem Königreich Juda zweifelhafte Berühmtheit. Assyrien hatte zwar große Teile des judäischen Herrschaftsgebietes annektiert, es jedoch unter lokaler Verwaltung belassen. Nebukadnezar griff Juda zum ersten Mal im Jahr 597 v. Chr. an und ließ einen Teil der Bevölkerung deportieren. Nach einem Aufstand belagerten seine Truppen Jerusalem für einen Zeitraum von zwei Jahren und zerstörten die Stadt schließlich im Jahr 587 v. Chr. Nebukadnezar ließ daraufhin noch mehr Menschen deportieren. Die Ermordung des babylonischen Gouverneurs im Jahr 582 v. Chr. erforderte eine weitere militärische Intervention. Nebukadnezar II. annektierte zuvor unabhängig gebliebene syrische Staaten, und seine Nachfolger vergrößerten das Reich bis ins südliche Anatolien und Arabien. Da die Babylonier diese Ereignisse nicht im Detail beschrieben haben, sind unsere Erkenntnisse über diese Zeit jedoch äußerst ungenau. Assyrische Aufzeichnungen geben zumindest genaueren Aufschluss über militärische Aktivitäten. Und doch gibt es keinen Zweifel, dass Babylonien ein würdiger Nachfolger Assyriens war. Die Babylonier waren von 605 bis 539 v. Chr. die Herrscher des Nahen Ostens. Ihr Reich erstreckte sich vom Mittelmeer bis zum Zagros-Gebirge. Ihr Einflussbereich reichte jedoch nicht bis in den Iran, wo die Perser ihren Machtbereich unter König Kyros II. (559–30 v. Chr.)

Diese phantasievolle Rekonstruktion Nimruds aus dem 19. Jahrhundert wurde von James Ferguson gemalt und im Jahr 1853 von dem britischen Archäologen Sir Austen Henry Layard ausgestellt. Höchstwahrscheinlich ist sie im Detail fehlerhaft. Sie zeigt jedoch den Reichtum und die Pracht der Hauptstadt.

LINKS: Diese beispielhaften Schmuckstücke, die in den Gräbern der Königinnen neben dem Palast von Nimrud gefunden wurden, offenbaren sowohl den erstaunlichen Reichtum der Frauen als auch die einzigartige Handwerkskunst des Goldschmieds, der die Stücke hergestellt hat. Die Ohrringe (OBEN), Armreife (MITTE) und der goldene Gürtel (UNTEN) repräsentieren nur einige der vielen Gegenstände, die auf die Körper der Königinnen aus dem 8. Jahrhundert v. Chr. gelegt wurden.

RECHTS: In Schächten in der zweiten Zitadelle von Nimrud haben Archäologen Gegenstände aus Elfenbein entdeckt, die ursprünglich zur Verzierung von Möbelstücken dienten und im Zuge der Eroberungen von den Assyrern erbeutet wurden. Die Stücke wurden in den verschiedensten Teilen des Reiches und darüber hinaus hergestellt.
Dieses Elfenbein wurde wahrscheinlich in Phönizien, an der levantinischen Küste geschnitzt. Der ägyptische Einfluss lässt sich an der Sphinx erkennen, die eine königliche ägyptische Krone trägt.

Schätze aus einer assyrischen Hauptstadt

Die Palastbewohner und andere elitäre Bürger umgaben sich mit erlesenem Kunsthandwerk aus dem mesopotamischen Heimatland und den unterworfenen Gebieten. Die meisten sind mit der Zeit verschwunden, die übrig geblieben Stücke lassen uns ihre Pracht jedoch erahnen. Gegen Ende der 1980er Jahre entdeckten irakische Archäologen mehrere Grabstätten unter dem größten Palast in der assyrischen Zitadelle von Kalhu (heute Nimrud). Obwohl nicht alle intakt waren, fand man eine erstaunliche Menge an Grabbeigaben, die Ende des 8. Jahrhunderts v. Chr. die Ruhestätten mehrerer Königinnen geschmückt haben. Sie wurden aus Gold (eine Grabstätte enthielt 14 kg Gold), Halbedelsteinen wie Lapislazuli und Karneol, Bergkristallen und anderen wertvollen Materialien gefertigt. Bereits zuvor hatten Archäologen in demselben Palast mehrere Bohrlöcher entdeckt, in denen sie Gegenstände aus Elfenbein gefunden hatten. Die Verarbeitung all dieser Objekte ist hervorragend. Juweliere fertigten unter Verwendung einer ganzen Bandbreite von Techniken herrliche Schmuckstücke an und Bildhauer verzierten Elfenbein mit kunstvollen Schnitzereien. Die unterschiedlichen Kunstformen offenbaren, dass die Handwerker ebenso aus Assyrien wie auch aus den westlichen Gebieten kamen, und wir sind in der Lage verschiedene Werkstätten und künstlerische Traditionen zu unterscheiden.

nordwärts in Richtung Anatolien ausdehnten. Ungefähr sieben Jahren lang waren die persischen und babylonischen Staaten durch eine lange Grenze, die vom Persischen Golf bis zum Mittelmeer reichte, voneinander getrennt. Im Jahr 539 v. Chr. zog Kyros mit seinen Truppen gegen Babylon, dessen Widerstand aufgrund interner Ressentiments gegen den derzeitigen König Nabonid wahrscheinlich geschwächt war. Schnell gelang es Kyros die Stadt und beinahe das ganze Reich zu erobern. Das persische Reich war geboren und die 400 Jahre währende Vorherrschaft der mesopotamischen Staaten im Mittleren Osten fand ihr Ende.

Die Reiche werden befriedet

Moderne Darstellungen über das Assyrische und Babylonische Reich neigen dazu, sich auf die militärischen Ereignisse zu konzentrieren, die dazu führten, dass diese Länder ihre Herrschaft über gewaltige Gebiete ausdehnen konnten. Aber während die Diskussion von Eroberungsfeldzügen beherrscht wird, war die größte Aufgabe der Architekten dieser Reiche die langfristige Sicherung ihrer Erfolge, und zwar ohne eine massive militärische Präsenz aufrechterhalten zu müssen. Bei der Erforschung des Assyrischen und Babylonischen Reichs sehen wir uns mit großen Unterschieden in Bezug auf die Quellen konfrontiert, die diese zwei Kulturen zurückließen. Die Assyrer hinterließen ausführliche Berichte über alle militärischen Aktivitäten, und diese ermöglichen es uns, nachzuvollziehen, wie es ihnen gelang, bestimmte Regionen zu befrieden. Dazu gehört die Korrespondenz des Verwaltungsapparates, die Einblicke in die Administration bestimmter Gebiete gewährt. Die Babylonier hingegen hinterließen nur vage Aufzeichnungen über ihre Eroberungen, und es existieren keine Dokumente, die Aufschluss über die Bürokratie des Reichs geben könnten. Und doch wissen wir aus Quellen wie der hebräischen Bibel und einigen Verwaltungsaufzeichnungen, dass sich beide Reiche durch eine gemeinsame strategische Kontinuität auszeichneten.

Sowohl Assyrien als auch Babylonien expandierten beständig, beide scheinen dies jedoch nur widerwillig getan zu haben. Nicht Eroberung war ihr Ziel, sondern der Zugang zu den Ressourcen der Gebiete an ihrer Peripherie. Dabei bemühten sie sich, eine direkte Einmischung in alltägliche Angelegenheiten zu vermeiden. Bei Vorstößen in unbekannte Gebiete versuchten sie, die Bevölkerung durch militärische Einschüchterung zur freiwilligen Entrichtung von Abgaben, d. h. jährlichen Zahlungen wertvoller Waren, zu bewegen. Sie beließen die lokalen Herrscher auf dem Thron, solange sie gehorchten und ihre Abgaben pünktlich entrichteten. Diese Taktik scheiterte jedoch häufig, und die Vasallen nutzten die Abwesenheit der imperialen Streitkräfte, um zu rebellieren. Nach einer zweiten Eroberung machten die Assyrer und Babylonier dann ein Mitglied der lokalen Aristokratie, von dem sie sich mehr Gehorsam erhofften, zum Marionettenkönig. Diese Männer waren häufig in der Reichshauptstadt ausgebildet worden und als aufoktroyierte Regenten äußerst unpopulär und ihr Überleben somit abhängig vom Reich. Aber auch hier kam es regelmäßig zu Rebellionen, und dies führte schlussendlich zur totalen Unterwerfung. Die Gebiete wurden annektiert und der direkten Kontrolle durch Reichsbeamte unterstellt.

Beide Reiche passten ihre Methoden flexibel an die örtlichen Verhältnisse an, aber die Aufeinanderfolge von Vasallen, Marionettenherrschern und Gouverneuren, bei der jede Stufe wiederum durch eine Rebellion ausgelöst wurde, scheint die gängige Politik in allen Teilen des Reichs gewesen zu sein. Die Bibel zeigt, wie das in den Fällen von Israel und Juda geschah. Zu Beginn der Regentschaft Tukulti-apil-Ešarras III., der im Jahr 744 v. Chr. den Thron bestieg, entrichtete der loyale israelitische Vasallen-König Menahem die geforderten Abgaben. Als der anti-assyrische Rebell Pekah den Thron an sich riss, intervenierte Tukulti-apil-Ešarra und setzte den Marionettenherrscher König Hoshea ein. Hoshea weigerte sich allerdings später seine Abgaben an Šulmanu-ašared V. zu zahlen und provozierte damit einen weiteren Feldzug. Im Jahr 722 v. Chr. machten die Assyrer Israel zur Provinz und zerstörten die Hauptstadt Samaria. Auf gleiche Weise verfuhr der babylonische König Nebukadnezar II. mit Juda und ersetzte dort den Vasallen Jojachin im Jahr 597 v. Chr. durch den Marionettenkönig Zedekia. Als Zedekia im Jahr 589 v. Chr. rebellierte, sah sich Nebukadnezar gezwungen, erneut zu intervenieren und erklärte im Jahr 587 v. Chr. Juda zur Provinz unter einem babylonischen Gouverneur.

Die Assyrer und Babylonier schürten Angst, um Folgsamkeit zu gewährleisten. Wann immer sie gezwungen waren, militärisch zu handeln, taten sie dies mit großer Gewalt. Die Assyrer waren darauf bedacht, die Grausamkeiten ihrer Truppen in Texten und Bildnissen festzuhalten, so dass diese Darstellungen die Wahrnehmung des Reichs noch heute prägen. Sie beschrieben, wie sie ihre Opfer töteten, häuteten und enthaupteten; wie sie Städte in Brand steckten, sie zerstörten und ihre Überbleibsel in Flüssen versenkten; wie sie die Obst-

gärten vernichteten und Salz unter die Felder pflügten. Diese Beschreibungen mögen übertrieben gewesen sein, sie waren jedoch realistisch genug, um den Menschen Furcht vor dem assyrischen Vormarsch einzuflößen. Es ist wahrscheinlich, dass viele sich ergaben, ohne dass auch nur ein Pfeil abgeschossen werden musste.

Massendeportation war eine Methode der Kontrolle und Strafe, der sich sowohl Assyrer als auch Babylonier bedienten. Sie hatte radikale Auswirkungen auf die unterworfenen Gebiete und ihre Einwohner. Es war gängige Praxis in beiden Reichen, ganze Gruppen von Menschen umzusiedeln. Dieses System hatte verschiedene Stufen. Zunächst wurden ausgewählte Bürger, größtenteils politische Führer und Fachhandwerker, deportiert. Zuweilen wurden auch ganze Gemeinschaften von Männern, Frauen und Kindern vertrieben, wenn sich die Bevölkerung ihren Besatzern weiterhin widersetzte. Diese Vorgehensweise hatte diverse Vorteile: Die Angst vor Vertreibung bewegte viele dazu, sich zu ergeben, anstatt zu kämpfen. Im Zuge der Deportationen gelangten sie in fremde Länder, bei deren Bevölkerungen sie auf Ablehnung stießen, und so waren sie gezwungen, sich auf den Schutz des Reichs zu verlassen. Zugleich war ihre Arbeitskraft bei Bauprojekten oder der Urbarmachung neuer Ackerflächen von großem Nutzen, und die durch die Deportationen frei gewordenen Gebiete konnten neu besiedelt werden. Wissenschaftler schätzen, dass die Assyrer im Zeitraum von mehr als drei Jahrhunderten ungefähr 4,5 Millionen Menschen umsiedelten. In Anbetracht des Zeitalters ist diese Anzahl erstaunlich. Über die Größenordnung der babylonischen Deportationen ist nichts bekannt. Von ungefähr 900 bis 539 v. Chr. fügten die Assyrer und Babylonier so allmählich die verschiedenen Gebiete des Nahen Ostens zu einem einheitlicheren Ganzen zusammen. Sie mischten Bevölkerungsgruppen und schufen Provinzen mit ähnlichen Verwaltungsstrukturen. Ihre Politik hatte sowohl auf die Reichszentren als auch auf die annektierten Grenzgebiete großen Einfluss.

Die Assyrer waren berühmt für ihre lebhaften Darstellungen der Bestrafung ihrer besiegten Feinde. Hier sind die Truppen von König Sinahhe-eriba dabei zu erkennen, wie sie zwei Männern aus der israelitischen Stadt Lachisch die Haut abziehen. Wahrscheinlich handelt es sich um Ägypter, die den Israeliten zur Seite standen.

Ein Relief, das zeigt, wie die Assyrer ganze Familien aus Lachisch deportieren. Frauen und Kinder durften auf Fuhrwerken sitzen, die Männer mussten laufen und ihre Habe tragen.

Der Einfluss des Reichs auf das assyrische und babylonische Kernland

Das primäre Ziel der Expansion scheint gewesen zu sein, Zugang zu Ressourcen zu schaffen. Obwohl Assyrien und Babylonien auf eine starke landwirtschaftliche Basis zählen konnten, waren die unterworfenen Gebiete eine Quelle für eine Vielfalt an Waren und Materialien, die in den Heimatländern selten oder gar nicht verfügbar waren. Im südlichen Anatolien gab es Metallerz, in den Bergen des Libanons Holz und im Zagros-Gebirge Pferde. Von besonderem Interesse für die Eroberer waren die Schätze der besiegten Herrscher. Assyrische Berichte enthalten detaillierte Aufstellungen von Gütern, die in den Palästen besiegter Könige erbeutetet wurden: Silber und Gold, Halbedelsteine, Webstoffe, Möbel, Statuen, Behälter, Waffen und vieles mehr. Einige der unterworfenen Gebiete, wie zum Beispiel Ägypten, waren äußerst wohlhabend. Als Aššurbani-apli die ägyptische Hauptstadt Theben eroberte, prahlte er:

„Meine Hände nahmen diese Stadt mit der Unterstützung der Götter Aššur und Ištar vollkommen ein. Silber, Gold, Edelsteine, alles was in seinem Palast zu finden war, prächtige Gewänder aus Leinen, große Pferde, Männer und Frauen und zwei hohe Säulen aus reinem Silber mit einem Gewicht von 2.500 Talenten (75.000 kg), die am Tor des Tempels standen, ließ ich entfernen und brachte sie mit nach Assyrien."

Alle Könige führten Listen über ihre Beutestücke. Die Eroberungen bedeuteten eine Vermehrung des Reichtums, während die jährlichen Abgaben und Steuern ein beständiges Einkommen gewährleisteten. Zur gleichen Zeit versorgten die Deportationen die Reiche mit einer Anzahl von Arbeitskräften, die weit über die Kernbevölkerung hinausging. Es überrascht deshalb nicht, dass die Assyrer und Babylonier –

zumindest die herrschenden Klassen – ihr Umfeld so umgestalten konnten, dass es die Pracht und Größe des Reichs widerspiegelte. In den Blütezeiten der Reiche wurden stets große Bauprojekte ins Leben gerufen: Könige ließen imposante Paläste mit zahlreichen Zimmern und großen Innenhöfen erbauen. Ihre Dächer wurden mit Balken aus Zedernholz gedeckt, das aus den weit entfernten Bergen Syriens herbeigebracht wurde; sie schmückten sie mit Wandreliefen und Tafeln aus Holz und Elfenbein und statteten sie kunstvoll aus.

Sie erbauten und renovierten die Tempel ihrer Götter, legten Gärten mit exotischen Bäumen an und erweiterten und verschönerten ihre Städte. All diese Projekte wurden nur durch die zusätzlichen Ressourcen ermöglicht, die dem Reich zur Verfügung standen. Die Ruinen mesopotamischer Städte und Paläste mögen bisweilen nicht sonderlich eindrucksvoll sein, da sie aufgrund ihrer Lehmziegel-Architektur größtenteils verfallen, ihre Dächer und Tore verschwunden sind und die Verzierungen entfernt wurden. Im Altertum waren sie jedoch prächtige und klare Symbole der Macht und des Reichtums ihrer Baumeister. Aber auch die ländlichen Gebiete wurden nicht vernachlässigt. Sowohl Assyrer als auch Babylonier unterstützten die Entwicklung ländlicher Gebiete und förderten die Landwirtschaft durch Bewässerungsprojekte. Die Assyrer legten ein System von Kanälen an, um Wasser von den Bergen bis in Städte wie Ninive zu leiten. Die Bewässerung war aufgrund des geringen Niederschlags besonders in Babylonien von großer Wichtigkeit. Die neubabylonischen Könige erweiterten und systematisierten das Kanal-System, um den gesamten Süden Mesopotamiens zu versorgen. Die Bewässerung läutete einen langen Zeitraum landwirtschaftlichen Wohlstands ein, der noch viele Jahrhunderte nach dem Ende der Dynastie andauerte. Es ist nicht dokumentiert, wer die Kanäle grub und für den Ausbau der Infrastruktur verantwortlich war, aber es ist wahrscheinlich, dass Gastarbeiter eine große Rolle bei diesen gigantischen Projekten gespielt haben.

Die Deportationen hatten einen vielseitigen Einfluss auf die Kernländer der Reiche. Der Zustrom von Menschen aus dem gesamten Nahen Osten trug zur Vielfältigkeit der Bevölkerungen Assyriens und Babyloniens bei. Besonders zahl- und einflussreich scheinen die Zuwanderer aus dem Westen gewesen zu sein. Aramäer hatten bereits in den frühen Jahrhunderten des 1. Jahrtausends v. Chr. begonnen, sich in Assyrien und Babylonien anzusiedeln, und die Deportation aus Syrien steigerte ihre Zahl um ein Vielfaches. Das Aramäische wurde zur Umgangssprache in Assyrien und Babylonien, doch da sie größtenteils auf leicht vergänglichem Pergament und nicht auf unempfindlicheren Tontafeln schrieben, obschon einige Tafeln mit aramäischen Schriftzeichen existieren, wissen wir nur wenig über ihre Schriften. Aber Darstellungen assy-

LINKS UND UMSEITIG: Das Ischtar-Tor von Babylon aus dem 6. Jahrhundert v. Chr. war auf prächtige Weise mit blau glasierten Steinen sowie farbigen Drachen und Stieren verziert, die den Eingang zur Stadt beschützen sollten. Deutsche Archäologen brachten das ganze Tor nach Berlin, wo es heute im Pergamon-Museum als Beispiel der großartigen antiken Bauwerke der Völker des Mittleren Ostens ausgestellt ist. Zu sehen ist eine detaillierte Darstellung eines der Stiere, einem Symbol des Sturmgottes Adad.

rischer Schriftgelehrter zeigen nebeneinander stehende Männer, die Tontafeln mit akkadischer und Pergamentrollen mit aramäischer Schrift versehen. Die akkadische Schriftsprache aus der Mitte des ersten Jahrtausends zeigt aramäische Einflüsse, die sogar am königlichen Hof Teil des täglichen Sprachgebrauchs gewesen sein mögen.

Dokumente aus dem Zentrum Babyloniens, datiert auf das 6. Jahrhundert, weisen eine Vielzahl von Menschen mit hebräischen Namen (Deportierte aus dem Königreich Juda) auf. Außerdem dokumentieren sie die Existenz von anatolischen, arabischen und phönizischen Dörfern und belegen somit den Einfluss anderer deportierter Völkergruppen, auch wenn dieser vergleichsweise gering war. Darüber hinaus wurde die freiwillige Zuwanderung wahrscheinlich durch die enorme geografische Ausdehnung der Reiche in Kombination mit ihrer dynamischen Wirtschaft begünstigt. Phönizische Großhändler von der assyrischen Mittelmeerküste ließen sich in assyrischen Städten nieder, um Handel zu treiben, und aus den gleichen Gründen kamen auch Ägypter nach Babylon.

Aramäische Alphabetschriften finden sich normalerweise eher auf Pergament als auf Tontafeln. Es gibt jedoch einige Ausnahmen.

Sie alle brachten ihre eigenen Sprachen, Sitten und Gebräuche mit; wahrscheinlich unterschieden sie sich im Aussehen und der Kleidung von der lokalen Bevölkerung, kochten ihr landestypisches Essen und pflegten ihre traditionelle Lebensart. Die assyrische und babylonische Gesellschaft wurde immer facettenreicher. Trotz der großen Vielfalt von Menschen mit verschiedenen Religionen, geistigen Traditionen und Lebensgewohnheiten kann man die Gesellschaft Assyriens und Babyloniens nicht als multikulturell bezeichnen. Ihre hoch entwickelten Kulturen waren bemerkenswert traditionell und unempfindlich gegenüber Einflüssen von außerhalb. Seit dem 2. Jahrtausend v. Chr. dominierte die babylonische Kultur in beiden Ländern. Man las dieselbe Literatur, ehrte seine Götter auf ähnliche Weise (selbst wenn es sich um verschiedene Gottheiten handelte) und pflegte dieselben intellektuellen und wissenschaftlichen Traditionen. Der assyrische Einfluss auf babylonische Schriften wuchs, als Assyrien die Kontrolle über den Süden gewann und Könige wie Aššur-bani-apli Gelehrte aussandten, um Materialien zu beschaffen, über die sie selbst noch nicht verfügten. Dies war jedoch allenfalls eine Ausweitung der ohnehin üblichen Integration babylonischer Kultur. Festzuhalten ist jedoch, dass es sich hier nicht um eine wechselseitige Einflussnahme handelte.

Dieses assyrische Relief zeigt zwei Schriftgelehrte bei der gemeinsamen Arbeit. Einer schreibt mit einem Griffel in akkadischer Keilschrift auf einer Tafel. Der andere hält eine Feder, um in aramäischer Alphabetschrift auf eine Pergamentrolle zu schreiben. Beide verzeichnen die Anzahl der Köpfe, die Soldaten als Zeichen ihres Heldentums abgeben.

Nach seinem Sieg über den elamitischen Feind Teuman ruht sich der assyrische König Aššur-bani-apli in seinem Palastgarten aus. Seine Frau sitzt an seiner Seite. Diener fächeln ihnen Luft zu und Musiker sorgen für ihre Unterhaltung. Der Kopf des besiegten Königs hängt baumelnd an einem Baum darüber.

Der assyrische Einfluss auf Babylonien war nur gering. Keines der Reiche schenkte der Literatur und den intellektuellen Traditionen der eroberten Gebiete viel Aufmerksamkeit, dennoch übernahmen beide die aramäische Sprache für einige ihrer alltäglichen Schriften. Die Assyrer imitierten künstlerische und architektonische Stile der unterworfenen Gebiete, zeigten in kulturellen Dingen hingegen wenig Unterschied zu den Mesopotamiern.

Die Reiche unterlagen sehr großen und komplizierten Strukturen: Als autokratischer Herrscher hielt der König die höchste Entscheidungsgewalt. Er musste sich auf eine Reihe von Beamten verlassen, um das Reich zu regieren – die höchstgestellten unter ihnen stammten wahrscheinlich in erster Linie aus den Reichszentren. Ungeachtet der Tatsache, dass wir viele Namen und Titel von assyrischen Beamten kennen, sagen die verfügbaren Dokumente nichts über ihre Tätigkeiten aus und geben auch keine Auskunft über ihre genaue Anzahl. Diese muss jedoch groß gewesen sein, und sie wuchs parallel zur Expansion des Reichs. In der assyrischen Hierarchie gab es sieben hohe Beamte: Einen Schatzmeister, einen Palastherold, einen Hauptmundschenk, einen Haupteunuchen, einen vorsitzenden Richter, einen Großwesir und einen Oberbefehlshaber. Ihre Titel geben jedoch keinen genauen Aufschluss über ihre Funktion, wie es sonst meist der Fall ist. Es hat zwar den Anschein, als ob der jeweilige Titel zwischen zivilen und militärischen Aufgaben differenziert, in Wirklichkeit erfüllten jedoch alle Aufgaben in beiden Bereichen. Diese hohen Beamten müssen viel Zeit in der Hauptstadt verbracht haben, da sie zum Kabinett des Königs gehörten, waren aber gleichzeitig auch Gouverneure von strategisch wichtigen Provinzen in den Grenzregionen des Reichs. Der assyrische König wählte seine hohen Offiziere persönlich aus. Obwohl er sich höchstwahrscheinlich für Männer aus elitären Kreisen entschied, war er nicht verpflichtet, ein Amt in die Hände einer einzigen Familie zu legen. Im Gegenteil: Die Könige hüteten sich davor, Ämter durch eine Erbfolge zu besetzen. Mehrere der höchsten Beamten waren Eunuchen, um zu verhindern, dass sie eine Dynastie in Konkurrenz zur herrschenden gründeten. Es gibt keine Information darüber, wie Personen im Rang aufsteigen konnten. Es ist wahrscheinlich, dass ein König erfahrene Männer auswählte, um die höchsten Posten zu besetzen, aber die verfügbaren Daten lassen eine Rekonstruktion der Karriere einer spezifischen Person nicht zu. Trotz dieses Mangels an Beweisen existierten vermutlich sowohl in Assyrien als auch in Babylonien große Gruppen wohlhabender Beamter, deren Karrieren vom Gedeihen der Reiche abhingen und die aus den Eroberungen sowie den damit verbundenen Profiten ihren Nutzen zogen. Auch in Babylonien stieg die Anzahl der Verwaltungsbeamten parallel zu den von ihnen kontrollierten Gebieten. Der Zuwachs elitärer Gruppen im Reich hatte einen bis heute erkennbaren Einfluss auf die Gesellschaft.

Der Einfluss des Reichs auf die eroberten Territorien

Obwohl sich Assyrien und Babylonien dagegen sträubten, die eroberten Gebiete selbst zu regieren, nahm die Zahl der Provinzen im Nahen Osten zu. Die Anwesenheit der Reichsbeamten führte zu einer Veränderung

Dieses farbenfrohe Wandbild aus Til Barsip zeigt das Profil der Köpfe zweier assyrischer Männer. Die gleichen Darstellungen sind auch im Palast der Hauptstadt zu finden. Sie wurden jedoch zunächst in Stein gemeißelt und dann mit Farbe verziert, während in diesem Fall die Farbe direkt auf die Wand aufgetragen wurde.

der kulturellen und wirtschaftlichen Beschaffenheit der Provinzen. Teils geschah dies unter Zwang, teils übernahmen die Völker die Gepflogenheiten der Eroberer bereitwillig. Da die Babylonier darüber nur wenige Aufzeichnungen hinterließen, ist über die Auswirkungen der assyrischen Okkupation weit mehr bekannt als über die der babylonischen. Die Machtwechsel scheinen allerdings keine drastischen Veränderungen bewirkt zu haben. Die Babylonier interessierten sich dabei jedoch weniger für die Entwicklung der Provinzen, und es wäre möglich, dass diese Vernachlässigung den Einfluss des Reichs abgeschwächt hat; gleichwohl bleibt vieles darüber im Unklaren. Wenn die Assyrer ein Gebiet in eine Provinz umwandelten, bildeten sie eine Regierung nach dem Vorbild der Hauptstadt. Als Vertreter des Königs umgab sich der Gouverneur mit demselben Luxus, der am assyrischen Hof üblich war, wenn auch in geringerem Umfang. Nachdem beispielsweise Šulmanu-ašared III. im Jahr 856 v. Chr. die syrische Stadt Til Barsip am Euphrat eingenommen hatte, verwandelten er und seine Nachfolger sie allmählich in eine assyrische Stadt. Šulmanu-ašared gab der Stadt den neuen Namen Dur-Šulmanu-ašared, „Festung von Šulmanu-ašared". Bei Ausgrabungen in der Zitadelle wurde eine weitere Zitadelle samt eines Thronsaals aus dem 7. Jahrhundert v. Chr. entdeckt. Das Gebäude war mit Wandmalereien geschmückt. Dieselben Szenen finden sich auch in assyrischen Palästen, die ursprünglich ebenfalls mit Farbe verziert waren. Die bildlichen Darstellungen in den Provinzen waren zwar identisch, doch da ein Gouverneur dem König nicht gleichgestellt war, wurden weniger edle Materialien verwendet. In allen Städten schmückten reiche Bürger ihre Häuser nach assyrischem Vorbild. Das Haus eines Mannes mit dem Namen Hanni war zum Beispiel mit einer Reihe von keilförmigen Wandtafeln im assyrischen Stil dekoriert. Hanni war äußerst wohlhabend und besaß opulente Möbel, die mit derselben Elfenbeinsorte verziert waren wie die im Palast von Nimrud allerdings waren die Dekorationen nicht so vielfältig. Die Stadt Til Barsip überstand den Übergang vom Assyrischen zum Babylonischen Reich unversehrt, und ihre Bürger hielten ihre, von Mesopotamien inspirierten, Traditionen aufrecht. Schließlich gaben sie die Stadt auf – wahrscheinlich, weil sich die Lebensbedingungen infolge des babylonischen Desinteresses zu sehr verschlechtert hatten.

Im Norden von Syrien, östlich des Euphrats, bemühten sich die Assyrer, regionale Traditionen durch assyrische zu ersetzen. Öffentliche Inschriften wurden beispielsweise nur in Keilschrift und in akkadischer Sprache verfasst; im Gegensatz zu anderen Völkern des Nahen Ostens (wie zum Beispiel den Persern) gab es bei den Assyrern keine mehrsprachigen Inschriften, um der lokalen Bevölkerung das Verstehen zu erleichtern. Vor der massiven Expansion des Reichs, die mit Tukulti-apil-Ešarra III. Mitte des 8. Jahrhunderts ihren Anfang nahm, bestand ein klarer Unterschied zwischen den Gebieten, die die Assyrer als „das Land von Assur" bezeichneten, und denjenigen, die unter „dem Joch von Assur" standen. Der erste Begriff bezog sich auf Gebiete, die sich sowohl wirtschaftlich als auch kulturell und religiös vollkommen integriert hatten. Die Einwohner dieser Gebiete brachten dem Gott Aššur Opfergaben dar, als wäre er ihr eigener. In den Gebieten, die unter dem „Joch von Assur" standen, war die Einmischung der Assyrer viel geringer und die Bevölkerung verehrte ihre eigenen Götter. Als die Expansion der Assyrer nach 745 v. Chr. schnell voranschritt, gaben sie diese klare Unterscheidung auf und versuchten wahrscheinlich, die Besitztümer des ganzen Reichs zu ihrem Vorteil zu nutzen. In Ekron, im südlichen Palästina, einem Gebiet, das noch unter Vasallenherrschaft stand, reorganisierten sie die Olivenöl-Produktion, indem sie die Anzahl der Ölpressen steigerten und ihre Bauweise standardisierten. Das Öl war nicht mehr nur für den regionalen Verbrauch bestimmt, sondern wurde ins ganze Reich exportiert. Die Assyrer hatten begriffen, dass in den von ihnen bereits kontrollierten Gebieten die Förderung von Ressourcen von wesentlichem Vorteil für sie war. Die Babylonier waren in dieser Hinsicht jedoch verschieden. Im Zuge ihrer Eroberungen plünderten sie Gebiete wie Juda und Ekron, machten sich aber nicht die Mühe, ihre Entwicklung zu unterstützen. Vielleicht haben die stetig wachsenden, fruchtbaren Ackerböden im babylonischen Kernland ihr Interesse an der Landwirtschaft ihrer Provinzen gemindert. Die Assyrer betrieben stets eine sehr anpassungsfähige Politik, die durch politische, kulturelle und militärische Erwägungen beeinflusst wurde. Sogar in benachbarten Gebieten passten sie ihre Politik den lokalen Gegebenheiten an. Die Provinzen grenzten an Vasallenstaaten. Einige Gebiete ließen die Assyrer jedoch vollkommen unbeachtet, da sie sich entweder nicht für ihre Ressourcen interessierten oder weil sie als Pufferzonen zwischen ihnen und ihren Feinden dienten. Da es für die Assyrer von Vorteil war, bereits vorhandene und bewährte Strukturen zu erhalten, lagen einige Vasallenstaaten dem Zentrum des Reichs sogar näher als die Provinzen. Somit kann man nicht davon ausgehen, dass sich der Einfluss des Reichs gleichförmig oder in konzentrischen Kreisen vom Kern ausbreitete. Das Reich bestand aus einem Flickwerk von Gebieten, von denen jedes eine spezifische, wechselseitige Beziehung mit dem Kernland hatte und folglich eine Synthese lokaler und imperialer Elemente aufwies.

Die Ideologie des Assyrischen und Babylonischen Reichs

Ein Imperium ist ein System der Ausbeutung: Ein Volk unterwirft ein anderes und zwingt ihm seinen Willen auf. Die Errichtung eines Imperiums kostet viel Anstrengung und ist häufig auf die Arbeitskraft des eigenen Volkes angewiesen. Im Laufe der Geschichte mussten immer wieder bestimmte Leute von der Richtigkeit des internen und externen Handelns eines Reichs überzeugt werden. Diese Leute gehörten sowohl innerhalb des Reichs als auch in den eroberten Gebieten den unterschiedlichsten Klassen an. Zu ihnen gehören ebenso elitäre Zirkel, Menschen, die Entscheidungen trafen und durchsetzten, wie auch einfache Bürger, die von Entscheidungen häufig direkter betroffen waren als die Elite. Die Propaganda war vielfältiger Art: Zuweilen bestand sie aus kurzweiligen Aktionen wie militärischen Paraden, während andere von dauerhafter Gestalt sind, weil sie sich schriftlich, in Darstellungen oder Veränderungen des Umfelds in bleibender Form manifestieren. Das Studium ideologischer Propagandabegriffe des Assyrischen und Babylonischen Reichs ist vielfältig und auf das Studium zahlreicher Quellen angewiesen. Ich kann hier nur auf einige Beispiele eingehen, um die Fülle assyrischer und babylonischer Techniken zu illustrieren.

Im Jahr 714 v. Chr. besiegte der assyrische König Šarrum-ken II. Rusa, den König von Urartu, Assyriens mächtigen Rivalen im Norden. Als Šarrum-ken II. zurückkehrte, verfassten einige Höflinge einen langen Bericht über den Feldzug, der an die Bürger der Stadt Assur gerichtet war. Wir wissen nicht, ob er jemals öffentlich verlesen wurde – da der Bericht in literarischem Akkadisch abgefasst war, blieb er für viele wahrscheinlich unverständlich. Es ist jedoch eindeutig, dass viel Arbeit in das Dokument investiert worden ist, dessen Zweck es war, die Richtigkeit des königlichen Handelns zu untermauern. Einer der bemerkenswertesten Aspekte dieses Berichts ist die Porträtierung des feindlichen Königs im direkten Gegensatz zum assyrischen Herrscher: Rusa missachtet die Götter, er ist dumm und kennt seine Grenzen nicht; Šarrum-ken II. ist gottesfürchtig, er ist klug und respektiert die Grenzen, die die Götter ihm gesetzt haben. Der Bericht beschreibt Šarrum-ken II. als tapferen Krieger, der in der Schlacht zahlreiche Feinde eigenhändig niedermetzelt. Rusa hingegen ist ein Feigling, der trotz seiner zahlreichen Truppen auf dem Rücken einer Stute flieht und sich wie eine Frau in den Bergen versteckt. Am Ende wird beschrieben wie Rusa den Verstand verliert: Er reißt sich seine Kleidung vom Leib, rauft seine Haare, schlägt sich auf die Brust und wirft sich schreiend vor Schmerz auf den Boden. Rusa ist kein wahrer König, sondern ein Wahnsinniger. Šarrum-ken II. hingegen ist ein kluger Herrscher. Müssen wir da nicht übereinkommen, dass Šarrum-ken Rusa zu Recht zerstört hat?

Ungefähr ein Jahrhundert später nutzten die Könige Nabopolassar und Nebukadnezar den Reichtum ihres neuen Reichs, um die Hauptstadt Babylon neu zu gestalten. Sie bauten neue Mauern, Tore, Straßen und Paläste. Der Grundriss der Stadt beeindruckt durch seine Gleichmäßigkeit. Die Innenstadt hat die Form eines Rechtecks, das durch zwei je sieben

Stimmen eines Imperiums

Die Assyrer führten genau Buch über alle erbeuteten Waren. Reliefdarstellungen von Kriegen zeigen immer wieder Schreiber bei ihrer Arbeit. Die beiden Männer, die hier zu sehen sind, repräsentieren die zwei Arten von Schreibern und Schriftsystemen, die in Assyrien verwendet wurden. Der dem Betrachter nähere Schreiber benutzt die akkadische Keilschrift auf einer Tontafel. Der Schreiber zu seiner Rechten macht seine Aufzeichnungen in aramäischer Alphabetsprache auf einer Rolle aus Leder.

Dank der Entdeckung und der darauffolgenden Entzifferung der Keilschrift im 19. Jahrhundert sind wir heute in der Lage, zahllose Texte der Assyrer und Babylonier, die auf Tontafeln niedergeschrieben wurden, selbst zu lesen. Diese Texte sind dabei behilflich, die Berichte der Bibel, die aus der Sicht der eroberten Völker geschrieben wurden, zu relativieren. Dabei treten die Thematiken eines Imperiums, wie Eroberungen, Rebellionen und die Plünderungen von Städten aufgrund ihres großen Reichtums, zutage. Die Assyrer waren darauf bedacht, die Grausamkeiten ihrer Truppen in Texten und Bildnissen festzuhalten, was viele dazu bewegte, sich zu ergeben, ohne dass auch nur ein Pfeil abgeschossen werden musste. Die Babylonier deportierten, so wie die Assyrer vor ihnen, eine große Anzahl besiegter Völker und verteilten sie über das ganze Reich. Vor allem Juden aus Israel und Juda hatten unter den Deportationen zu leiden.

Dieser Bericht aus der Bibel beschreibt den Angriff König Nebukadnezars II. auf Jerusalem:

„Und wie der Herr angekündigt hatte, nahm Nebukadnezar alle Schätze aus dem Tempel des Herrn und aus dem Palast des Königs und zerschlug alle goldenen Gefäße, die Salomon, der König von Israel, für den Tempel des Herrn gemacht hatte. Und er führte das ganze Jerusalem fort: alle Obersten, alle Kriegsleute, alle Zimmerleute und alle Schmiede – insgesamt 10.000. Nichts ließ er übrig als das geringste Volk des Landes."

„Mit der Unterstützung unseres Gottes Aššur, meines Herrn, marschierte ich mit meinen Truppen auf unwegsamen Pfaden und über raue Berge, und niemand war mir ebenbürtig."

König Aššur-naṣir-apli.

Brief der Bewohner von Nippur, die Assyrien im Kampf gegen babylonische Rebellen unterstützen, an den assyrischen König Aššur-ahhe-iddina (681–669 v. Chr.):

„Der König weiß, dass uns alle Länder wegen Assyrien hassen. Wo auch immer wir hingehen, werden wir getötet und wir werden vorwurfsvoll gefragt: ‚Warum umarmt ihr die Füße der Assyrer?' Nun haben wir die Tore unserer Stadt verriegelt und wagen uns nicht ins offene Land. Wir haben kein Wasser. Lass uns nicht verdursten!"

König Nebukadnezar II. (604–562 n. Chr.) beschreibt, wie er Babylon befestigte:

„Vor den Toren Babylons, am anderen, östlichen Ufer [des Kanals], fasste ich die Stadt mit einer starken Mauer ein. Ich ließ einen Graben ausheben und seine Wände mit Pech und Backsteinen wie einen Berg befestigen. Zu beiden Seiten Babylons häufte ich große Mengen Erde an und umschloss die Stadt mit viel Wasser. Mit gewaltigen Fluten zerstörungswütigen Wassers, wie die großen Wellen des Meeres, ließ ich sie umströmen. Einen Sumpf ließ ich entstehen."

Der assyrische König Aššur-bani-apli (668–627 v. Chr.) prahlt mit der Plünderung der ägyptischen Hauptstadt Theben:

„Meine Hände nahmen diese Stadt mit der Unterstützung der Götter Aššur und Ištar vollkommen ein. Silber, Gold, Edelsteine, alles was in seinem Palast zu finden war, prächtige Gewänder aus Leinen, große Pferde, Männer und Frauen und zwei hohe Säulen aus reinem Silber mit einem Gewicht von 2500 Talenten (75.000 kg), die am Tor des Tempels standen, ließ ich entfernen und brachte sie mit nach Assyrien."

Zehntausende Keilschrifttafeln wurden in Assyriens letzter Hauptstadt, Ninive, gefunden. Sie veranschaulichen verschiedene Aspekte des königlichen Lebens. Sie enthalten Berichte über Feldzüge, tägliche Angelegenheiten, Verträge, Briefe und administrative Dokumente, Texte über wissenschaftliche astronomische Untersuchungen und vieles andere.

„Ich vertrieb 200.150 Einwohner aus den Städten, Junge und Alte, Männer und Frauen, Pferde, Maultiere, Esel, Kamele, zahlloses Vieh, groß und klein, und machte sie zu meiner Beute."

König Sin-ahhe-eriba über das Königreich Juda

Dieser englische Stich aus dem 19. Jahrhundert zeigt ein imaginäres Babylon, dominiert durch den Turm in der Mitte. Lange vor der Ausgrabung der Stadt und auf der Basis antiker Beschreibungen führt der Künstler die Grundidee der Erbauer Babylons vor – wahrscheinlich ohne es zu wissen: Die Stadt war ein Modell der Ordnung in einer Welt des Chaos.

Meter voneinander entfernte Wände mit einer Breite von 3,7 m bzw. 6,5 m begrenzt wird. In den Inschriften, die die Baumeister hinterließen, porträtieren sie Babylon als einen Hafen der Ordnung in einer Welt des Chaos. Durch Babylons Kontakte in der ganzen Region reichte diese Ordnung bis weit über die eigenen Grenzen hinaus. Am Neujahrsfest kamen die Götter anderer Städte, um dem höchsten Gott, Marduk von Babylonien, zu huldigen. Der König führte alle in einer Prozession in die Stadt, in der die Kriegsbeute des Vorjahrs zur Schau gestellt wurde. Die Assyrer und Babylonier sahen sich im Wesentlichen als Ordnungsmächte, die ihren Einwohnern Frieden brachten. Die Welt, wenn nicht das komplette Weltall, profitierte von ihnen.

Widerstand gegen das Imperium

Zu jeder Zeit haben sich Untertanen ihren Herrschern widersetzt und sich geweigert, deren Willen zu folgen. Widerstand kann viele Formen annehmen: über zivilen Ungehorsam, Integrationsverweigerung bis hin zu Gewalt und Mord an Regierungsvertretern. Es ist schwierig, solche Ereignisse anhand der assyrischen und babylonischen Aufzeichnungen zu untersuchen, da sie fast ausschließlich die Perspektive des Reichs widerspiegeln und insbesondere über gewaltlosen Widerstand keinen Aufschluss geben. Es ist jedoch eindeutig, dass sich beide Reiche mit einem hartnäckigen Widerstand auseinandersetzen mussten. Die erste Aufgabe vieler neuer Herrscher war es demzufolge, die Ordnung in den Provinzen wiederherzustellen, die den Tod des vorangegangenen Machthabers ausgenutzt hatten, um zu rebellieren und Steuerzahlungen einzustellen.

Folglich bemühten sich die Könige, die Beziehungen zu ihren Untertanen zu verbessern. Einige assyrische Könige versuchten beispielsweise, ihre babylonischen Untertanen zu beschwichtigen. Aššur-ahhe-iddina, dessen Vater Babylon verwüstet hatte, unterstützte den Wiederaufbau von Tempeln und Kulten mit finanziellen Mitteln und versuchte sich so als guter babylonischer König zu profilieren. Seine Versuche gipfelten in der Rückgabe der Statue des babylonischen Gottes Marduk an seinen Tempel in Babylon. Da sich viele Babylonier auf dem Weg um die Statue versammelten, erwies sich der Transport jedoch als recht schwierig. Wir wissen nicht genau, wie sie ihrem Unmut Ausdruck verschafften – aber sie verursachten auf jeden Fall viele Schwierigkeiten und durchkreuzten Aššur-ahhe-iddinas Pläne für lange Zeit. Gewaltsamer Widerstand war generell allgegenwärtig. Gouverneure und andere Vertreter des Reichs wurden ermordet, und in einigen Gebieten musste die Armee wiederholt Aufstände niederschlagen. Einzelne Regionen waren besonders widerspenstig, so akzeptierte zum Beispiel Babylonien die assyrische Herrschaft nie und führte selbst unter der Herrschaft von Aššur-bani-aplis Bruder Krieg gegen die assyrische Armee. Es ist somit nicht überraschend, dass

Dieses Luftbild der Zikkurat von Babylon zeigt die wenigen Überreste, die nach dem Befehl Alexanders des Großen den Tempel abzureißen, übrig geblieben sind. Der neue Turm, der an seiner Stelle errichtet werden sollte, wurde nie realisiert. Die Trümmer der alten Zikkurat wurden in der Nähe aufgeschüttet und bilden heute einen Hügel mit dem Namen Homera.

Diese Stele König Nabonids, die sich heute im Britischen Museum befindet, zeigt den König beim Abhalten einer religiösen Zeremonie. Über ihm befinden sich die göttlichen Symbole des Mondgottes, Sin (ihm am nächsten), der Planet Benus von Ischtar und die geflügelte Scheibe des Sonnengottes, Šamaš. Der Text auf der Stele feiert die Rückkehr des Überflusses nach einer Dürre.

König Nabonid

Der letzte Herrscher des alten unabhängigen Mesopotamiens war Nabonid. Er ist eine der ungewöhnlichsten und umstrittensten Persönlichkeiten der mesopotamischen Geschichte. Nabonid bestieg den Thron Babylons im Jahr 555 v. Chr., nachdem drei Nachkommen von Nebukadnezar II. für kurze Zeit über das Reich geherrscht hatten. Er war nicht königlichen Blutes und ist wahrscheinlich im Norden des Reichs, in der Nähe von Assyrien, aufgewachsen. Schon bald schwor er den üblichen religiösen Traditionen Babyloniens ab und verehrte an Stelle Marduks, dem Gott Babylons, den Mondgott Sin. Er machte die Oasen-Stadt Tayma in der arabischen Wüste zur neuen Hauptstadt. Das alljährliche Fest für Marduk, das die Anwesenheit des Königs erforderte, konnte somit nicht mehr gefeiert werden. Diese und andere Entscheidungen erregten den Zorn der Traditionalisten. Schriften wurden verbreitet, die den Zorn Marduks gegen Nabonid voraussagten. Die Strafe würde in Form des persischen Königs Kyros über ihn kommen, den Marduk einlud, Babylon zu erobern. Wir wissen, dass Kyros im Jahr 539 v. Chr. Nabonid tatsächlich besiegte und das babylonische Reich eroberte. Ein desillusionierter Teil der Bevölkerung mag ihn dabei unterstützt haben. Dieses Ereignis bedeutete das Ende der Unabhängigkeit Mesopotamiens.

ein derartiger Widerstand schließlich zum Untergang Assyriens führte. Das unabhängige Babylonien wandte sich gegen Ende des 7. Jahrhunderts v. Chr. mit der Unterstützung der Völker des Zagros-Gebirges im Osten sowie der Meder und Skythen (die wahrscheinlich als Söldner dienten) gegen Assyrien – die Opfer der imperialen Unterdrückung nahmen Rache. Babylonien ereilte ein anderes Ende, jedoch nicht unbedingt, weil sie weniger repressiv über ihre Untertanen herrschten. Ihr Territorium und ihre Reichtümer stellten eine Verlockung für die Perser dar, die nie unter babylonischer Herrschaft gestanden hatten. Diese Außenseiter eroberten das gewaltige Reich auf einen Streich.

Assyrien und Babylonien in der Weltgeschiche

Als der griechische Historiker Herodot Mitte des 5. Jahrhunderts v. Chr. seine Berichte über die persischen Kriege schrieb, verglich er sein eigenes, kleines Land mit dem gigantischen persischen Reich und stellte die Behauptung auf, es könne sich auf zwei Millionen Soldaten stützen. Seine Nachforschungen ließen ihn nach den Vorfahren der Perser suchen, und er fand sie in Assyrien und Babylonien. Seine Kenntnisse, insbesondere über Assyrien, waren allerdings stark eingeschränkt. Bereits im 5. Jahrhundert v. Chr. gehörten sie zur Geschichte. Da sich unser Wissen über die Weltgeschichte heutzutage viel weiter erstreckt als das von Herodot, sehen wir das assyrische und babylonische Reich als Anfang einer langen Reihe von Reichen im Nahen Osten, zu der das persische Reich, das Reich Alexanders des Großen, das Seleukidische Reich, das Römische Reich, das Partherreich, das Sasanidische Reich, das Abbasidische Reich, das Umayyadische Reich und das Osmanische Reich gehören. Sie alle herrschten über einzelne Teile oder das gesamte Gebiet des Assyrischen und Babylonischen Reichs.

Und doch verwenden viele Gelehrte auch den Begriff „Imperium", um politische Gebilde in der Region vor dieser Zeit zu identifizieren. Die Rede ist von einem „ersten Weltreich" Mitte des 3. Jahrtausends v. Chr. oder sogar einem informellen Handelsreich im späten 4. Jahrtausend v. Chr. Waren die Assyrer und Babylonier bloße Nachahmer früherer Reiche? Die Antwort ist sowohl ja als auch nein: Sie übernahmen bereits existente Methoden, führten jedoch auch entscheidende Neuerungen ein.

Die Geschichte des Turmbaus zu Babel im 1. Buch Mose hat die Menschen im Laufe der Geschichte immer fasziniert. Dieses Gemälde, das der flämische Maler Pieter Brueghel gegen 1563 gemalt hat, zeigt den hoch in den Himmel ragenden Turm, der von normalen Häusern umgeben ist, die im Vergleich geradezu winzig wirken. Brueghel benutzte das Kolosseum in Rom als Vorbild für seinen Entwurf.

Ich würde diese Neuheiten gerne gegenüber der Kontinuität hervorheben. Viele Male zuvor hatten Völker über andere geherrscht. Diese politischen Strukturen waren jedoch vergänglich und geografisch begrenzt. Im Gegensatz dazu vereinten Assyrien und Babylonien enorme Gebiete für einen Zeitraum von ungefähr 400 Jahren, und ihr Handeln hatte erheblich Einfluss auf das Leben in der gesamten Region. Der Prozess hatte Höhen und Tiefen, und erst ab 745 v. Chr. kann man von einer vollkommenen Integration aller Gebiete sprechen. Die Herrscher experimentierten mit einem neuen System und hatten keine Vorbilder, nach denen sie sich richten konnten. Den Assyrern und Babyloniern des 1. Jahrtausends waren die zuvor erschaffenen Reiche der Ägypter (Kapitel 1) und (vielleicht) der Hethiter (Kapitel 2) im späten 2. Jahrtausend unbekannt. Sie waren unerfahren und mussten lernen, dass es leichter war, zu erobern als zu befrieden. Die jährlichen assyrischen Feldzüge mögen in den offiziellen Aufzeichnungen verherrlicht worden sein (in welchem Reich geschieht das nicht?), sie waren jedoch beschwerlich und die Erträge nahmen ab. Die Architekten der Reiche mussten lernen, wie man nach einem Feldzug weiterverfährt, und weder Assyrien noch Babylonien scheinen diese Aufgabe gemeistert zu haben. Spätere Herrscher, wie zum Beispiel die Perser, haben von ihnen gelernt, dies ist jedoch ein anderes Kapitel.

Kapitel 4

DAS ERSTE PERSISCHE REICH

550–330 V. CHR.

Die Geschichte des Achämenidenreiches wurde ebenso wie die der Babylonier überwiegend aus der Sicht der Feinde und Untergebenen erzählt – vornehmlich von Griechen und Juden. Obwohl Schriftsteller wie Herodot und Xenophon Kyros, den Gründer des Persischen Reiches, verehrten, berichten sie dennoch von Verschwendung und moralischem Verfall am persischen Hof und den Grausamkeiten der allmächtigen persischen Königinnen. Das Achämenidenreich wird jedoch zunehmend nüchterner betrachtet. Kürzlich entdeckte Aufzeichnungen zeigen, dass die Macht der Perser nicht nur auf brutaler Gewalt beruhte, sondern vielmehr auf ein fortschrittliches Straßensystem und eine äußerst effiziente Bürokratie zurückzuführen ist. Die Verkündigungen des Königs selbst zeigen ebenfalls, dass Pragmatismus und idealistische Rhetorik zusammenpassten; beispielhaft dafür war die religiöse Toleranz sowie die Behauptung, alle Untergebenen seien durch eine Pax Persica voreinander geschützt.

Achämenidische Königsliste

559–530 v. Chr.	Kyros II. (der Große)
530–522 v. Chr.	Kambyses II.
522 v. Chr.	Bardiya (Smerdis)
521–486 v. Chr.	Dareios I. (der Große)
486–465 v. Chr.	Xerxes I.
465–425 v. Chr.	Artaxerxes I.
425–424 v. Chr.	Xerxes II.
424 v. Chr.	Sogdianus
424–405 v. Chr.	Dareios II.
405–359 v. Chr.	Artaxerxes II.
359–338 v. Chr.	Artaxerxes III.
338–336 v. Chr.	Artaxerxes IV.
336–330 v. Chr.	Dareios III.

VORHERIGE SEITEN: Detailansicht der Treppe, die in den „Thronsaal" der Apadana in Persepolis hinaufführt. Soldaten stehen aufgereiht mit einem Speer in der Hand, einige in „königlicher Tracht", andere in medischer „Reiteruniform". Links, neben einer Reihe von Bäumen, zerfleischt ein Löwe das Hinterteil eines Stiers. Dieses Machtmotiv findet sich überall in Persepolis und ist Teil der achämenidischen Kunst im Allgemeinen.

LINKS: Dieses Tafelbild aus mehrfarbig glasierten Backsteinen stellt einen königlichen Soldaten aus Susa dar. Seine kunstvoll gearbeitete Tracht ist womöglich eine Art königlicher Uniform. Er trägt einen Bogen und einen Köcher, in der Hand hält er einen Speer, der auf seinem Fuß ruht. Das Tafelbild ist Teil einer Serie. Wahrscheinlich gehört die Wache zu den berühmten Unsterblichen, der Leibwache des Großkönigs.

Eroberung Babylons durch Kyros den Großen 539 v. Chr.

Kyros stirbt auf dem Schlachtfeld 530 v. Chr.

Kambyses erobert Ägypten 525 v. Chr.

Bauarbeiten für Palast von Persepolis beginnen 515 v. Chr.

500 v. Chr.

Persische Königsstraße wird erbaut 500 v. Chr.

Schlacht von Marathon: Griechen besiegen Perser 490 v. Chr.

Xerxes besiegt Griechen bei Thermopylen, seine Flotte wird aber in der Seeschlacht von Salamis zerstört 480 v. Chr.

Kalliasfrieden zwischen Persien und Athen 465/449 v. Chr.

400 v. Chr.

Artaxerxes I. besiegt Rebellenarmee seines Bruders bei Kunaxa 401 v. Chr.

Schlacht bei Issos: Alexander der Große gewinnt, Dareios III. flieht 333 v. Chr.

Schlacht von Gaugamela: Niederlage des Dareios 331 v. Chr.

Dareios wird getötet; Persische Hauptstadt Persepolis von Alexander erobert 330 v. Chr.

300 v. Chr.

Im Jahr 2005 eröffnete das British Museum in London eine große Ausstellung mit dem Titel „Vergessenes Reich" über die Geschichte und Kultur des Achämenidenreiches. Das Hauptaugenmerk lag natürlich auf den großen Persönlichkeiten, namentlich Kyros dem Großen, Dareios und Xerxes, aber es wurde auch versucht, die Tatsache hervorzuheben, dass das Achämenidenreich das größte und einflussreichste Imperium vor der Zeit Alexanders des Großen war. Denn obwohl es sich um ein wahrhaftes Weltreich handelte, wird sein Einfluss auf Geschichte und Wissenschaft beträchtlich missverstanden und unterschätzt.

Es lässt sich ohne weiteres sagen, dass die Konzeption Persiens, sofern es im historischen Bewusstsein überhaupt vorhanden ist, gewöhnlich durch die klassische oder biblische Vorstellung geprägt wird. Im Großen und Ganzen ist die „authentische Stimme" des alten Persien entweder ignoriert oder falsch behandelt worden, so dass wir uns mit den alten Persern entweder als Befreiern der hebräischen Volkes (biblische Sichtweise) oder als Unterdrückern der freien Welt (klassische Überlieferung) beschäftigen. Zudem ist es heute schwierig nachzuvollziehen, dass das Land, das wir heute Iran nennen, einmal im Herzen eines großen Reiches lag; seine Bedeutung als Weltmacht der Antike und seine kulturelle Ausdehnung ist durch die Besessenheit westlicher Medien im Zusammenhang mit den Veränderungen, die seit der Islamischen Revolution von 1978 stattgefunden haben, völlig in den Hintergrund gedrängt worden.

Somit ist das alte Persien in der westlichen Welt vor allem für seinen Krieg mit Griechenland und die spätere Invasion und Niederlage gegen Alexander den Großen bekannt. Für die Perser selbst waren die Griechisch-Persischen Kriege allerdings nur mehr oder minder ermüdende Grenzauseinandersetzungen, die mehr als 2000 Meilen vom Herzen des Reiches im Iran stattfanden. Und doch wird so viel von unserem Verständnis der persischen Geschichte durch alte griechische Quellen geprägt – besonders durch die Darstellungen von Herodot, Xenophon, Arrian und Ktesias von Knidos –, dass es schwierig ist, die griechische Konstruktion der persischen Geschichte und Kultur von der Wirklichkeit zu trennen.

Die griechische Perspektive der Geschichte und Beschaffenheit des Achämenidenreiches misst griechische Freiheit und Demokratie mit „orientalischer" (d. h. persischer) Tyrannei und Zwangsherrschaft. In der modernen westlichen Kultur dominiert die von den alten griechischen Quellen geprägte Vorstellung nach wie vor. Zwei kürzlich veröffentlichte Hollywoodfilme veranschaulichen die Tendenz, dass das persische Reich nur als ein negatives Klischee der „Andersartigkeit" dargestellt wird. So offenbart Oliver Stones Film *Alexander* (2004) alle wohlvertrauten Ansichten der Orientalisten über die Minderwertigkeit und Bildhaftigkeit orientalischer Gesellschaften. Das geht so weit, dass Alexander in Bezug auf die Beschreibung der Ost-Westbeziehungen als alte kulturelle Darstellung und verbrauchtes Spiegelbild der anhaltenden westlichen Voreingenommenheit gegenüber einem erfundenen, exotischen Osten gesehen werden muss.

Interessanter ist jedoch *300*, Zack Snyders Filmversion des Comicromans von Frank Miller aus dem Jahr 2007. Snyders Film über die Schlacht bei den Ther-

mopylen und das Massaker an 300 Spartanern durch die persische Armee ist frei erfunden. Das Werk beruht auf der Vorstellung einer griechisch mythologisierten Version über die Selbstopferung der 300 Spartaner. Das entspricht jedoch nicht der Geschichte. Darüber hinaus sind die „Perser" in diesem Film eine bizarre Mischung aus sadomasochistischen, effeminierten, Ninja-artigen Cartoon-Schurken (ebenso bizarr wie die eingeölten und aufgepumpten Körper der Spartaner, die an Pornostars erinnern). 300 trägt nichts dazu bei, das Verständnis des echten Persischen Reiches zu fördern.

Achämenidische Kunst wurde einstmals als sich wiederholend und langweilig abgewiesen. Als George Curzon, der Vizekönig Indiens, im Jahr 1901 die Ruinen von Persepolis besichtigte, bemerkte er: „Auf den Steinen bewegen sich 1200 ernsthaft kopierte menschliche Gestalten – wie monoton und einschläfernd! Es ist immer wieder und wieder das Gleiche." Doch durch die Neubewertung persischer Kunst beginnt die Wissenschaft nicht nur, die zeitlos ästhetische Schönheit der künstlerischen Darstellung anzuerkennen, sondern auch die Bedeutung der Kunst in Bezug auf die Reichsideologie und persische kulturelle Normen zu verstehen. Achämenidische Kunst bediente sich weitgehend bei ägyptischen, assyrischen, babylonischen und elamitischen Motiven. Die Perser übten ihrerseits wiederum starken Einfluss auf die griechische Kunst aus.

Achämenidische Kunst ist deshalb eine eklektische Mischung von Stilen und Motiven, die aus verschiedenen Teilen des Reiches zusammengetragen wurden, aber miteinander verschmolzen ein harmonisches Gesamtbild entstehen lassen, das deutlich persisch ist. Ägyptische und assyrische Motive (wie geflügelte Scheiben und geflügelte Genii, Giebelformen und -darstellungen und sogar Kanonen, die menschliche Körper darstellen) wurden oft so vereint, dass man sagen kann, dass achämenidische Kunst in der physischen Form sowohl die Vielfältigkeit als auch die Einheit des Reiches als Ganzem reflektiert.

Jüngste Forschungen, die auf einem neuen Verständnis achämenidischer Kunst basieren und sich auf alte Textquellen aus allen Teilen des Reiches sowie Analogien zwischen achämenidischer Kunst und Archäologie stützen, lassen eine starke Abneigung klassischer Autoren gegen die persische Kultur erkennen. Heute können wir konstatieren, dass das gewaltige Reich trotz Revolten, aufeinanderfolgender Krisen und Königsmorden 230 Jahre lang einträchtig zusammenhielt. Zu der Zeit, als die Makedonier die Macht vom letzten achämenidischen König Dareios III. übernahmen, gab es keine Zeichen der inneren Schwäche oder Stagnation. Es ist falsch, das erste Persische Reich als das „Vergessene Reich" zu bezeichnen. Das „falsch dargestellte Reich" ist ein angemessener Begriff.

Xerxes, Großkönig und König der Könige, wie er der Phantasie von Hollywood entspricht. In Zack Snyders Film *300* wird Xerxes als effeminierter Despot dargestellt, der von dem brasilianischen Schauspieler Rodrigo Santoro verkörpert wird. Dieser Xerxes, mit kahl geschorenem Kopf und Juwelen behangenem, nacktem Oberkörper, entspricht jedoch ganz und gar nicht dem Bild, das die Achämeniden von ihrer Monarchie zeichneten.

GEGENÜBER: Dieses einst bemalte erhabene Relief auf einem Türriegel zeigt einen achämenidischen Großkönig, wie er mit zwei Hofbeamten durch seinen Palast schreitet. Einer hält einen filigranen Sonnenschirm über den Kopf des Königs, der andere trägt ein Handtuch und eine Fliegenklatsche. Diese sklavisch anmutende tätigkeit galt unter Höflingen als Privileg, da die Nähe zum König persönliche Vorteile und politischen Aufstieg bedeuten konnte.

Chronologie

Zusammengesetzt aus 23 Ländern (einschließlich Persien), erstreckte sich das achämenidische Reich von Libyen bis nach Indien und vom südlichen Russland bis an den Indischen Ozean. Wie gelangten die Perser an ein Reich dieser Größe? Man kann durchaus sagen, dass es nie ein Persisches Reich gegeben hat. Da sich das Imperium in seiner 230-jährigen Geschichte in einem steten Wandel ausdehnte und wieder verkleinerte, muss man vielmehr von einer Vielzahl von Reichen sprechen. Provinzen und Völker wurden gewaltsam der Hauptregierung unterstellt und durch Kriege, Aufruhr und Aufstände wieder verloren, so zum Beispiel Ägypten, das erst nach beinahe 60 Jahren zurückerobert und dem Reich erneut angeschlossen werden konnte. Nach der Herrschaft von Xerxes war die Zeit territorialer Ausweitung vorüber. Dessen ungeachtet gab es weiterhin nationale und lokale Revolten. Ein kurzer Überblick über die Geschichte des Reiches offenbart, wie schnell der Status quo sich ändern konnte.

Gründung eines Imperiums

Kyros II. (559–530 v. Chr.), „der Große", war der Herrscher des kleinen südwest-iranischen Königreichs Persien, in der heutigen iranischen Provinz Fars gelegen. Er nannte sich auch „König von Anshan" und bezog sich damit auf ein Gebiet in den Vorgebirgen der Zagros-Berge, das einst von den starken und kulturell hoch entwickelten Elamern beherrscht worden war. Es scheint, als ob die frühen persischen Monarchen sich als die natürlichen Erben elamitischer Herrschaftsgebiete betrachteten und sich vielleicht sogar als Behüter der elamitischen Kultur verstanden. Zu Beginn von Kyros' Herrschaft waren die Perser einer von mehreren iranischen Stämmen, die Vasallen der Meder waren. Das starke Königreich der Meder dehnte sich im Norden Irans soweit aus, wie es durch militärische Stärke gegen das wohlhabende Gebiet der Babylonier bestehen konnte. Babylonien selbst blieb ein Angriff nur deshalb erspart, weil Kyros im Jahr 550/49 v. Chr., unterstützt von einer Koalition südiranischer Stämme, nach Norden marschierte, um den Mederkönig Astyages anzugreifen. Nach der Eroberung der medischen Hauptstadt Ekbatana wurde Kyros' Aufmerksamkeit in Richtung nördliches Medien gelenkt, einschließlich des alten Königreichs von Urartu im Gebiet des Van-Sees. Die Chronologie dieser Zeit ist undurchsichtig, es ist jedoch möglich, dass Kyros auch Elam besetzte und die Hauptstadt Susa einnahm. Kyros führte auch Krieg in Baktrien. Im Anschluss daran befehligte er einen persischen Feldzug gegen das wohlhabende und starke Königreich von Lydien in Kleinasien. Kroisos von Lydien hatte die Städte von Ionien unter seine Kontrolle gebracht, und deren wohlhabende Hauptstadt, Sardes, profitierte von den ausgedehnten Handelswegen nach Mesopotamien. Die Eroberung von Sardes bedeutete, dass Kyros im Stande war, andere wichtige Städte entlang der ionischen Küste einzunehmen, die unter die Kontrolle persischer Satrapen (provinzieller Statthalter) und Verwalter gestellt wurden.

Gegen 540 v. Chr. war Kyros bereit Babylonien anzugreifen und verlegte seine Armee nach Mesopotamien, wobei er zunächst nach Opis und später gegen Sippar marschierte. Am 29. Oktober 539 v. Chr. zog er in Babylon ein, nachdem er dessen König, Nabonid, bereits gefangenen genommen hatte. Nachdem er auf keinen militärischen Widerstand getroffen war, ernannte Kyros seinen Sohn Kambyses zum Regenten der Stadt. Er erhielt den Status quo jedoch aufrecht und beließ die babylonischen Beamten in ihren religiösen und staatlichen Ämtern. Viele unserer Erkenntnisse über den Fall Babylons entstammen dem sogenannten Kyros-Zylinder – einem in akkadischer Sprache verfassten Edikt auf einem Tonzylinder, der in der Nähe des Heiligtums von Marduk gefunden wurde. Das Edikt wurde vermutlich auf Befehl des Kyros verfasst, obwohl das ganze Dokument aus babylonischer Sicht und unter Verwendung traditioneller babylonischer Begriffe geschrieben worden ist. Als Teil einer imperialen Propaganda versucht der Kyros-Zylinder, die Eroberung Babylons durch Kyros zu legitimieren, indem er den König als den Meister des Gottes Marduk darstellt, der in Kyros den Retter der Stadt gefunden hat. Es scheint, als ob

Der Kyros-Zylinder, ein Tonzylinder mit babylonischer Keilschrift, ist ein wichtiger Bestandteil der persischen Propaganda. Er verkündet, dass Kyros der Große ein Günstling des Gottes Marduk ist, der den persischen König zum Befreier der unterdrückten Babylonier erklärt. In Wahrheit verlief die Eroberung Babylons durch Kyros wahrscheinlich ganz anders. Heutzutage preisen die Iraner den Kyros-Zylinder oft als erste Erklärung der Menschenrechte, in Wirklichkeit weist im Text jedoch nichts auf ein derartiges Konzept hin.

Das Grab Kyros' des Großen in Parsagadae ist ein relativ einfach gehaltenes Bauwerk. Es besteht aus einer kleinen gewölbten Kammer auf einer gestuften Plattform aus steinernen Rechtecken. Die Form ähnelt den Grabstätten, die Kyros bei seiner Invasion in Anatolien gesehen haben muss. Das Grabmal steht in der Nähe des Palastkomplexes und seiner großen Gartenanlagen und wurde sicherlich von Alexander dem Großen besichtigt, der Kyros als großen Feldherren verehrte. Noch heute wird Kyros' Grab von vielen Iranern als heilige Stätte betrachtet.

die Babylonier aus der Eroberung ihrer Stadt durch Kyros einen Nutzen zogen; auf jeden Fall aber profitierten Babylons Juden von seinem Wohlwollen: Kyros ließ sie in ihre Heimatländer zurückzukehren. Anderen Völkern erging es unter Kyros dagegen nicht so gut: Die Bürger von Opis wurden in Massen niedergemetzelt, und nach dem Fall von Lydien wurde die Bevölkerung nach Nippur in Babylonien deportiert, wo später eine lydische Gemeinde nachgewiesen werden konnte.

In den Jahren nach der Eroberung Babyloniens (538–530 v. Chr.) war Kyros damit beschäftigt, ein wahrhaft internationales Imperium zu kreieren. Er eroberte Arien, Parthien, Sogdien und Merw im Osten, während er in der Nähe des Flusses Syrdarja eine Stadt gründete, die von den Griechen Kyroupolis genannt wurde. Im Westen unterwarf Kyros Kilikien, Syrien und Palästina, und auch wenn er nie in Ägypten einmarschierte, hatte er ganz klar Pläne für dessen Eroberung.

In Pasargadae, in der heutigen iranischen Provinz Fars gelegen, baute Kyros eine Grabstätte und einen Palast und ließ einen durch unzählige Kanäle bewässerten Garten anlegen. Das Ergebnis war so etwas wie ein Paradies in der Wüste – *pairidaêza* (griechisch *paradeisos*) – und stellte eine Miniaturversion des Imperiums dar, da Kyros Pflanzen aus allen Teilen des Reiches herbeibringen ließ, die Persiens stetig wachsende Staatsmacht verkörperten.

Expansion

Im Jahr 530 v. Chr. starb Kyros in einem Krieg gegen die Massageten. Kambyses (530–522 v. Chr.) folgte ihm auf den Thron. Da er von seinem Vater zur Nachfolge bestimmt worden war, verlief die Machtübernahme ohne Gewalt. Ein babylonischer Text, datiert auf den 31. August 530 v. Chr., bezeichnet Kambyses als „König Babyloniens", und „König der Länder". Bei seinem Antritt ernannte Kambyses seinen jüngeren Bruder Bardiya zum Gouverneur von Medien. Kambyses größter Erfolg war die Eroberung Ägyptens im Jahr 525 v. Chr., nach dem Tod des letzten einheimischen Pharaos, Amasis. Er wurde gemäß den alten Riten in Memphis unter dem pharaonischen Thronnamen Mesuti-Re gekrönt. Im Anschluss an die Eroberung Ägyptens unterwarfen sich die Nachbarländer Libyen und Kyrene den Persern, bevor Kambyses nach Süden den Nil hinuntermarschierte, wo er eine jüdische Garnison auf

Stimmen eines Imperiums

Vor Beginn des 19. Jahrhunderts wurde das Image des Persischen Reiches vor allem durch zwei wesentliche Quellen bestimmt: die Bibel und die Schriftsteller der Antike. Im Großen und Ganzen steht das Alte Testament den Persern wohlwollend gegenüber. Schließlich befreiten die persischen Großkönige die Juden aus ihrem babylonischen Exil und erlaubten ihnen, zurück ins gelobte Land zu ziehen und einen neuen Tempel in Jerusalem zu erbauen. Die Schriftsteller der Antike tendierten hingegen zu einer negativen Darstellung des Persischen Reiches. Die Großkönige wurden als lüsterne und wahnsinnige Tyrannen beschrieben und das Persische Reich als unterdrückerische Bedrohung der freiheitsliebenden Griechen angesehen. Erst ab dem Jahr 1850, als die als Altpersische Sprache bekannte Keilschrift entziffert wurde, waren die achämenidischen Könige in der Lage, für sich selbst zu sprechen. Die altpersischen Inschriften verkünden den Heldenmut und das militärische Geschick der persischen Könige und unterstellen ihre Regentschaft Ahura Mazda, dem großen Gott der antiken Perser. Andere Keilschriften in babylonischer, elamitischer und akkadischer Sprache festigen unser Wissen über die persische Geschichte, und ägyptische Texte in Form von Hieroglyphen und demotischer Schrift geben uns weiteren Aufschluss über die persische Herrschaft.

Keilförmige Tafel mit einem Text in elamitischer Sprache. Solche gebrannten Tontafeln mit Texten in elamitischer, babylonischer und akkadischer Sprache, die zu Tausenden überdauert haben, sind von unverzichtbarem Wert bei der Rekonstruktion der Verwaltungsstrukturen des Persischen Reiches.

Der griechische Historiker Herodot über die innere Einstellung der Perser zu ihrem Reich:

„Am meisten achten die Perser sich selbst, dann die, die ihnen am nächsten wohnen, dann die, die dann kommen, und dann in der Reihenfolge immer so weiter. Am wenigsten aber halten sie von denen, die ihnen am entferntesten wohnen. Denn sie selbst sind ihrer Meinung nach in jeder Hinsicht bei Weitem die Vorzüglichsten von allen Menschen, die anderen kommen an ihrer Tugend gemessen nach dem Maße, wie nahe sie ihnen wohnen."

„Am dritten Tage des Monats Arahsamna betrat Kyros Babylon, grüne Zweige wurden vor ihm ausgebreitet und in der Stadt wurde Frieden verhängt. Kyros sandte seine Grüße nach ganz Babylon."

Ein babylonischer Text, bekannt als *Annalen König Nabonids*, erinnert an die Eroberung Babylons durch Kyros den Großen im Oktober 539 v. Chr.

In einer altpersischen Inschrift aus Persepolis stellt König Dareios sich und sein Volk unter den Schutz des Gottes Ahura Mazda:

„König Dareios verkündet: Dieses Land, Persien, welches Ahura Mazda mir geschenkt hat, welches gut ist, dessen Pferde gut sind, dessen Volk gut ist, fürchtet; dies ist Ahura Mazdas und mein, König Dareios', Wille, kein anderer. König Dareios verkündet: Möge Ahura Mazda mir beistehen, zusammen mit allen Göttern, und möge Ahura Mazda dieses Land vor dem Herrn der Feinde, vor Hunger und Lüge schützen ... Diesen Segen erbitte ich von dir, Ahura Mazda, und allen Göttern."

Im Alten Testament, im Buch Jesaja, wird Kyros als Befreier der Juden und Verfechter Jehovas gepriesen:

„So spricht der Herr zu seinem Gesalbten, zu Kyros – den ich bei seiner Rechten ergriffen habe, um Nationen vor ihm zu unterwerfen und Königen den Kriegsgürtel von den Hüften zu reißen, um die Doppeltür vor ihm zu öffnen, so dass keine Tore ihm verschlossen bleiben: Ich selbst werde vor dir herziehen und bergiges Gelände flach machen, Türen aus Bronze zerbreche ich, und eiserne Riegel schlage ich in Stücke. Ich werde dir die Schätze der Finsternis geben und versteckte Reichtümer, damit du erkennst, dass ich der Herr bin, der dich bei deinem Namen ruft, der Gott Israels."

Eine altpersische Inschrift auf dem Grab Dareios' des Großen in Naqsh-I Rustam in der er mit seinem militärischen Geschick prahlt:

„Ich bin ein guter Bogenschütze, sowohl zu Fuß als auch zu Pferd."

„Im Namen des Ahura Mazda: Dies sind die Länder, die ich in Besitz halte ... Elam, Medien, Babylonien, Arabien, Assyrien, Ägypten, Armenien, Kappadokien, Lydien, die Griechen auf dem Festland und diejenigen im Meer und die Länder jenseits des Meeres: Sagartien, Parthien, Drangiana, Arien, Baktrien, Sogdien, Chorasmien, Sattagydien, Arachosien, Hinduš, Gandhara, Skythien, Maka."

Dareios beschreibt in einem altpersischen Text die Ausdehnung des Reiches.

Großkönig Dareios III. in der Vorstellung eines römischen Künstlers. Von dem sogenannten „Alexandermosaik" in Pompeji – wahrscheinlich basiert die Darstellung jedoch auf einem früheren, hellenistischen Bildnis. Der König trägt einen Umhang mit purpurnen Ärmeln und eine Kidaris oder Tiara. Er steht auf seinem Streitwagen und sieht dem Angriff Alexanders mit weit geöffneten Augen zu.

der Insel Elephantine stationierte, um die persischen Interessen im Süden zu schützen.

Er rückte dann weiter vor und besetzte zumindest einen Teil Nubiens. Griechische Quellen neigen dazu, Kambyses als verrückten Tyrannen zu porträtieren, der seine Untertanen brutal unterdrückte und die religiösen Traditionen der von ihm besiegten Nationen mit Füßen trat. Ein Großteil dieser Verleumdungen geht auf ägyptische Priester zurück, die sich Kambyses' Versuchen entgegensetzten, ihre Macht zu beschneiden und ihren Reichtum zu mindern. Archäologische Befunde aus Ägypten weisen vielmehr darauf hin, dass Kambyses eine Politik der religiösen Toleranz vertrat – Inschriften im Serapeum in Memphis (524 v. Chr.) bestätigen zum Beispiel, dass er den Tod eines heiligen Stiers mit allen gebührenden Riten und Ritualen ehrte. Wie Kyros in Babylon entschied sich Kambyses für die Unterstützung ägyptischer Edelmänner, um seine Hoheitsgewalt zu stützen, und respektierte Ägyptens religiöse und kulturelle Traditionen.

Rebellion

Kambyses starb im Sommer 522 v. Chr. in Ägypten. Sein Bruder Bardiya wurde nach ein paar Monaten der Herrschaft ermordet. Nach einem gewaltsamen und blutigen Staatsstreich folgte ihm Dareios I. (521–486 v. Chr.), auch „der Große" genannt, der Gouverneur von Parthien, auf den Thron, nachdem er sich die Unterstützung von sechs anderen persischen Adligen gesichert hatte. Sofort brach eine Rebellion im Reich aus und Aufruhr verbreitete sich in allen Provinzen. In Babylon, Medien, Armenien, Skythien und sogar Persis selbst brach Verwirrung aus, weil die Provinzen versuchten, sich von der persischen Herrschaft zu befreien. Um das Reich unter Kontrolle zu bringen, unterdrückte Dareios die Revolten in rücksichtsloser Weise. Es ist erstaunlich, dass er nur etwas mehr als ein Jahr benötigte, um sein Ziel zu erreichen. Er ließ die Anführer der Rebellion festnehmen und hinrichten, und nie wieder wurde seine Herrschaft durch Aufstände bedroht. Hoch über der Persischen Königsstraße, in der Nähe von Ekbatana, hatte Dareios eine Darstellung seines Sieges über die Rebellion tief in die Felswand bei Bisutun einmeißeln lassen. Ein riesiges

Im Nordosten Irans, zwischen Kermānschāh und Hamadan (der ehemaligen medischen Hauptstadt Ekbatana), erhebt sich das Felsmassiv Bisutun, das im Zeitalter der Achämeniden den Namen Bagstana (Ort der Götter) trug. Hier, auf einem ca. 60 Meter hohen Felsen, befindet sich ein Monument für Dareios I., den berühmten König der Achämeniden. Es war kein Zufall, dass Dareios diesen Ort für sein Denkmal wählte, da der Berg in früherer Zeit offensichtlich von religiöser bzw. kultischer Bedeutung war. In einer dreisprachigen Inschrift und einem erhabenen Relief beschreibt Dareios, wie er die Rebellionen niederschlug, die zu seiner Thronbesteigung in großen Teilen des Reiches ausgebrochen waren.

erhabenes Relief zeigt Dareios an der Spitze einer Reihe rebellischer Könige stehend, die mit einem Tau aneinandergefesselt sind. Die Darstellung Dareios' ist größer als die der anderen Figuren, und sein linker Fuß ist auf den Bauch der ausgestreckten Figur des Rebellen Gaumata gestellt. In seiner linken Hand hält Dareios einen Bogen, ein Symbol seiner militärischen Herrschaft, das durch die Anwesenheit zweier hinter ihm stehender, bewaffneter Wächter unterstrichen wird. Seine rechte Hand ist verehrend in Richtung einer Gestalt in der Mitte einer geflügelten Scheibe im Zentrum der Szene erhoben: Diese stellt wahrscheinlich Ahura Mazda dar, die höchste Gottheit der Achämeniden; er bietet Dareios das Königtum in der Form eines Rings an.

Das Reich festigt sich

Im Jahr 518 v. Chr., nachdem er seine Herrschaft über das Reich untermauert hatte, konnte Dareios I. dessen Grenzen bis nach Punjab ausweiten; im Jahr 513 v. Chr. versuchte er, auch die Skythen im Norden des Schwarzen Meeres zu unterwerfen. Zu Zeiten der Herrschaft von Dareios erreichte das Reich seinen Zenit und erstreckte sich von Libyen bis nach Baktrien. Dareios befasste sich im Besonderen mit der Realisierung von Bauwerken und Konstruktionen im ganzen Imperium: In Ägypten war er für den Bau eines Kanals zwischen dem Nil und dem Roten Meer verantwortlich und er errichtete zudem Tempel zu Ehren ägyptischer Götter in Hibis im Fayyum-Becken. Ekbatana und Pasargadae, im iranischen Kernland gelegen, wurden ausgebaut und verschönert, und in Persepolis entstand ein gigantisches Bauprojekt. Der elamitischen Stadt Susa hauchte Dareios neues Leben ein, indem er sie zur Verwaltungshauptstadt machte. Eine bedeutende Inschrift in Susa vermerkt, dass Dareios Arbeiter aus dem ganzen Reich anwarb, um seinen Palast zu bauen und auszuschmücken. Dareios trat erst spät in Kontakt mit den Griechen, und während er die Absicht gehabt haben mag, Griechenland ins Reich einzuverleiben (und sicher darauf erpicht war, Athen für die Einmischung in persische Angelegenheiten zu bestrafen), übertreibt Herodot wahrscheinlich in seinen Berichten über die griechisch-persischen Spannungen und die persische Reaktion auf den griechischen Widerstand. Bevor er jedoch einen Feldzug gegen die Griechen beginnen konnte, starb Dareios. Er wurde in einer

Die Perser waren zentraler Bestandteil der griechischen Phantasie. Bebilderte Vasen aus Athen zeigen häufig persische Krieger oder wie in diesem Fall persische Könige und Höflinge. Die Dareios-Vase stellt wahrscheinlich eine Szene eines griechischen Dramas dar. Der Großkönig sitzt, mit einer prächtigen Robe und einer hohen Kopfbedeckung bekleidet, auf einem großen Thron. Bei ihm ist ein Leibwächter. Vor ihm, auf einem Podest mit der Inschrift „Perser" (*Persai*), befindet sich ein Bote, der dem Monarchen Nachrichten überbringt.

Der Palast von Persepolis

Mit dem Bau des Zeremonien-Palasts von Persepolis wurde ungefähr im Jahr 515 v. Chr. unter Dareios I. begonnen und er wurde durch Xerxes und jeden darauffolgenden Monarchen erweitert. Er befand sich noch immer im Bau, als ihn Alexander im Jahre 330 v. Chr. als Vergeltung für die Eroberung Athens durch Xerxes zerstörte. Das Gebäude wurde mit vor Ort abgebauten Steinen errichtet. Die Handwerker, die an der Baustelle beschäftigt waren, stammten jedoch aus allen Teilen des Reiches. Persepolis bestand aus einem gewaltigen Komplex mit militärischen Unterkünften, Schatz- und Vorratskammern, privaten Gemächern, großen Empfangsräumen, Sälen und hügelförmigen königlichen Grabstätten. Und doch wurde Persepolis nicht ununterbrochen genutzt: Das königliche Gefolge reiste jedes Jahr zwischen Susa, Babylon und Ekbatana umher, um sich in Persepolis während des persischen Neujahrsfests im März auszuruhen. Dareios ließ Persepolis als Vorzeigeprojekt des Reiches erbauen, da sich hier jedes Jahr die Delegationen aus dem ganzen Reich versammelten, um dem Großen König zu huldigen. Botschafter, Edelmänner und Höflinge versammelten sich im *Apadana* oder Thronsaal, einem 20 Meter hohen, von Säulen getragenen Saal, in dem der Große König Audienzen gab und die Huldigungen des Hofes entgegennahm. Die enormen Innenhöfe waren im Stande Tausende von Würdenträgern und Wächtern unterzubringen, während sie warteten, um den König zu sehen. Eindrucksvolle Treppen und Eingangstore, wie Xerxes' Tor aller Länder, das von riesigen geflügelten Stieren mit menschlichem Kopf geschützt wurde, halfen, die Mengen in den Palastkomplex zu schleusen.

OBEN: Dieser kunstvolle kleine Kopf aus Lapislazuli wurde in Persepolis gefunden und stellt einen Höfling dar. Seine Identität ist unbekannt und sogar über sein Geschlecht wird gerätselt. Wahrscheinlich handelt es sich um das Portrait eines jungen Prinzen oder die Darstellung eines Eunuchen. Auch eine achämenidische Königin oder Prinzessin sind nicht auszuschließen. Die kleine Skulptur ist kunstvoll und geschickt gearbeitet. Trotz seiner Größe ist dieser kleine Kopf ein Meisterstück achämenidischer Kunst.

Grabstätte in Naqsh-I Rustam in der Nähe von Persepolis begraben. Es blieb seinem Sohn Xerxes überlassen, die Griechen zu bestrafen.

Unruhe im Imperium

Xerxes (485–465 v. Chr.) übernahm die Kontrolle des Reiches und setzte im Wesentlichen die Politik der Expansion und Stärkung des Reiches, die sein Vater verfolgt hatte, fort. Nichtsdestotrotz muss bemerkt werden, dass sich unsere Kenntnisse über Xerxes' Herrschaft aufgrund unserer Abhängigkeit von griechischen Quellen beinahe vollkommen auf die westliche Peripherie des Reiches beschränken. Außerdem sind Aussagen über die Ereignisse der letzten Jahre seiner Regentschaft spärlich und beruhen hauptsächlich auf Vermutungen. Klassische Quellen stellen Xerxes aufgrund seiner aggressiven Politik den Griechen gegenüber als einen anmaßenden Größenwahnsinnigen dar. Dies entspricht jedoch wahrscheinlich nicht der Wahrheit.

Xerxes musste zuerst einen Aufstand in Ägypten bewältigen, der noch vor dem Tode Dareios' begonnen hatte. Er ernannte seinen Bruder Achaimenes zum Statthalter Ägyptens, eine von den achämenidischen Königen oft vertretene Politik, durch die nahe Familienmitglieder wichtige satrapale Positionen erhielten, so dass die Organisation des Reiches zur Familiensache wurde. Im Jahr 481 v. Chr. brach in Babylonien eine Revolte aus. Wieder stützte sich Xerxes auf die Hilfe seiner nahen Verwandten. Die Rebellen wurden durch Megabyzos, einen Vetter Xerxes', unterworfen. Megabyzos wurde später einer der höchsten Feldherren im Krieg gegen Griechenland. Xerxes reagierte auf die Revolte, indem er die riesige Satrapie Babylonien in zwei Teile teilte: in „Babylonien", dass den ganzen heutigen Irak und Syrien umfasste, und „Jenseits des Flusses", zu dem Syrien-Palästina und alle Länder westlich des Euphrats gehörten. Xerxes scheiterte schließlich mit seinem Ziel, die Festland-Griechen zu zwingen, die persische Vorherrschaft anzuerkennen. Aus der Sicht Persiens und im Hinblick auf eine langfristige Ägäis-Politik war es logisch, ein gewisses Maß der Kontrolle auf den europäischen Teil Griechenlands auszudehnen. Die Bedeutung dieser persischen Expansion wird durch die Tatsache unterstrichen, dass Xerxes selbst die Expedition anführte. Xerxes eroberte Athen im Jahr 480 v. Chr., seine Kriegsflotte wurde jedoch danach von den Griechen bei Salamis (siehe Kapitel 5) besiegt. Die Stadt wurde ein Jahr später wiedererobert, obwohl der persische General Mardonios kurze Zeit später in der Schlacht von Plataiai getötet und seine Armee unter schweren Verlusten geschlagen wurde. Im August 479 v. Chr. schlugen die Griechen die Perser bei Mykale in die Flucht. Dies führte dazu, dass der Plan, Griechenland zu erobern, aufgegeben wurde. Diese Kämpfe stellten Wendepunkte der griechisch-persischen Beziehungen dar, weil offensichtlich wurde, dass die persische Armee nicht unbesiegbar war. Während der folgenden Jahrzehnte verlor Persien einen Großteil seiner Herrschaftsgebiete in Europa, und die griechischen Städte Kleinasiens gewannen zunehmend an Unabhängigkeit. Während Xerxes mit seiner Armee im Jahr 480 v. Chr. in Griechenland einmarschierte, brach eine zweite Rebellion in Babylonien aus (die erneuerte Unruhe in Babylon könnte Xerxes' schnellen Aufbruch aus Griechenland erklären). Sein schnelles Eingreifen in Babylonien war offenbar erfolgreich, denn in der Provinz brachen nie wieder Unruhen aus. Arrian zufolge bestrafte Xerxes die Stadt, indem er den Tempel von Marduk dem Boden gleichmachte und die Statue des Gottes aus der Stadt entfernte. Entspricht das der Wahrheit? Erwähnungen königlicher Titel in babylonischen Texten dieser Zeit lassen zumindest eine Degradierung der Stadt erkennen. Der Titel „Xerxes, König Babylons, König der Länder" wurde im fünften Jahr seiner Regentschaft in „Xerxes, König der Länder" geändert. Und doch gibt es keine archäologischen Beweise, die darauf hinweisen, dass Xerxes Babylons Tempel zerstört hat.

Nach zwei Revolten wurde Babylonien wahrscheinlich nicht besonders wohlwollend behandelt, aber welcher Art Xerxes' Strafe war, wissen wir nicht; Heiligtümer und Kulte erfuhren keinen erkennbaren Niedergang und die Neujahrsfeste zu Ehren Marduks wurden weiterhin abgehalten. Im August 465 v. Chr. wurde Xerxes bei einem Staatsstreich ermordet. Die Ereignisse liegen im Dunkeln, aber der Anschlag scheint von Xerxes' Sohn, Artaxerxes, gemeinsam mit einigen mächtigen Eunuchen geplant worden zu sein.

Das späte Reich

Nach Xerxes' Tod und trotz schlecht nachzuvollziehender infrastruktureller Änderungen und Entwicklungen kann das Persische Reich als eine vollkommen reife und stabile Einheit gesehen werden; fern jeglicher Stagnation erlebte die späte achämenidische Periode eine erneute Flut militärischer Aktivität und die Zurückeroberung rebellischer Herrschaftsgebiete. Als Artaxerxes I. (465–425 v. Chr.) starb, folgten ihm in schneller Aufeinanderfolge drei seiner Söhne auf den Thron. Sein jüngster

GEGENÜBER UNTEN: Der Zeremonienpalast in Persepolis steht auf einer von Menschenhand gemachten Plattform, die sich auf der Marvdascht-Ebene im Südwesten des Irans erhebt. Das Foto zeigt deutlich den Grundriss des Palastkomplexes, der Thronsäle, Bankettsäle, Schatzkammern und Wohnbereiche enthielt. In den Berghang über Persepolis wurden darüber hinaus mehrere königliche Grabkammern gehauen.

regierte das Reich als Dareios II. (424–405 v. Chr.). Zusammen mit seiner Frau, Parysatis, beseitigte er alle mögliche Opposition, so dass die Thronfolge problemlos von Dareios zu seinem ältesten Sohn Artaxerxes II. (405–359 v. Chr.) überging. Dennoch hatte Artaxerxes' jüngerer Bruder Kyros, Satrap von Lydien und Perugia Minor, Ambitionen auf die Krone und er wurde darin von der mächtigen Parysatis bestärkt. Die Frauen am Hof spielten manchmal eine Schlüsselrolle in der Politik des Reiches, und obwohl sie selbst nicht herrschen konnten, hatten sie durch ihre vertrauten Beziehungen zu den großen Königen einen erheblichen politischen Einfluss. Kyros versammelte eine Armee persischer Edelmänner, Truppen seiner Satrapie und eine Streitmacht griechischer Söldner, einschließlich des athenischen Soldaten Xenophon, der uns eine wertvolle Beschreibung der unglückseligen Revolte Kyros' *(Anabasis)* hinterlassen hat. Im Jahr 401 v. Chr. traf die Rebellenarmee bei Kunaxa in Babylonien auf die Truppen von Artaxerxes, und Kyros wurde getötet. Seinen Bemühungen um den Thron mangelte es an der Unterstützung unter den persischen Adligen, und Artaxerxes' Macht blieb unerschüttert.

Zur gleichen Zeit versuchte Ägypten sich von der persischen Kontrolle zu befreien und zwischen 401 und 399 v. Chr. führten erfolgreiche Schlachten letztlich zur Vertreibung der Perser. Das war ein ernster Schlag für den Großen König, und die achämenidische Geschichte der nächsten 56 Jahre wurde durch die kontinuierlichen Anstrengungen beherrscht, die Kontrolle über diese wichtige Provinz wiederzuerlangen. Die Perser richteten ihre Aufmerksamkeit auf Syrien-Palästina und Kleinasien, um sicherzustellen, dass diese Provinzen unter fester Kontrolle blieben, und im Jahr 387/386 v. Chr. gelang es Artaxerxes, ein Abkommen mit den Griechen zu treffen (sog. „Königsfrieden"), in dem diese anerkannten, dass die Städte Kleinasiens unter persischer Herrschaft standen. Die Nachfolge Artaxerxes' II. wurde von seinem Sohn Artaxerxes III. (359–338 v. Chr.) angetreten. Eine der Errungenschaften seiner Regierungszeit war die Zurückeroberung Ägyptens im Jahr 343 v. Chr., der harte und brutale Schlachten vorausgegangen waren, so zum Beispiel die Zerschlagung einer Rebellion in Phönizien, die von Tennes, dem Herrscher Sidons, angeführt wurde; Artaxerxes' Bestrafung von Sidon folgte schnell: Tennes wurde hingerichtet, Teile der Stadt wurden zerstört und Einwohner nach Babylonien deportiert.

Artaxerxes' Nachfolger, Artaxerxes IV., regierte nur zwei Jahre, bevor ein Mitglied eines Zweiges der achämenidischen Familie den Thron als Dareios III. (336–330 v. Chr.) bestieg. Das Schicksal machte ihn zum Gegner von Alexander dem Großen, dessen hervorragenden militärischen Siegen er nichts entgegenzusetzen hatte, so dass das Ende der achämenidischen Dynastie eingeleitet wurde. In Wirklichkeit war Dareios ein tapferer Soldat und fähiger Verwalter, der eine ernste Bedrohung für Alexanders Ruhmesträume darstellte. Er traf Alexander im Jahr 333 v. Chr. in der Schlacht bei Issos und noch einmal bei Gaugamela im Jahr 331 v. Chr., erlitt jedoch

Ein Relief im griechischen Stil, das Griechen und Perser in der Schlacht zeigt. Die Szene stellt ein zentrales Motiv griechischer Kunst des 5. Jahrhunderts v. Chr. dar. Die Athener stellten sich sogar ihre großen mythischen Feinde, die Amazonen, in persischen Kleidern vor, so dass die Perser in der griechischen Vorstellung als Amazonen verweiblicht wurden.

Das Grab Dareios' des Großen in Naqsh-I Rustam, wenige Kilometer von Persepolis entfernt, lässt uns erahnen, wie die Fassade eines persischen Palasts ausgesehen haben muss. Auf dem Relief in der kreuzförmigen Grabkammer sind eine Portikus, deren Säulen in Stierköpfen enden, und ein großer zentraler Eingang zu sehen. Darüber befindet sich Dareios auf einem hohen Podest, das von seinen Untertanen getragen wird, und betet zu Ahura Mazda.

in beiden Sclachten eine Niederlage. Er floh nach Ekbatana, in dem Versuch neue Truppen zusammenzuziehen, und später nach Baktrien, wo er von seinem Statthalter Bessos im Jahr 330 v. Chr. getötet wurde.

Erhaltung des Reiches: Eine Pax Persica?

Die Langlebigkeit eines solch riesigen Reiches ist sowohl Zeugnis der achämenidischen Politik der Toleranz gegenüber den besiegten Völkern als auch Beweis der Grausamkeit beim Aufrechterhalten der Macht.

Die königliche Rhetorik, die in Inschriften festgehalten und weit über das Reich verbreitet wurde, betont, dass alle besiegten Nationen für den Dienst am Großen König vereinigt wurden. Sie waren verpflichtet, seinen Gesetzen zu gehorchen und seine Erhabenheit anzuerkennen. Der König wurde durch Ahura Mazda, den Hauptgott der Achämeniden, eingesetzt, der dem Monarchen das Geschenk königlicher Herrschaft gewährte, um dem Chaos ein Ende zu bereiten und die Weltordnung widerherzustellen. Die königlichen Texte verwendeten oft das Motiv, dass Unruhe und Aufruhr mit kosmischer Unordnung und dem Gedeihen der Lüge *(Drauga)* im Zusammenhang stehen. Der Große König war der Meister der Wahrheit *(Arta)* und unterdrückte rebellische Untertanen, so dass die Ordnung (ebenfalls bezeichnet durch das Wort *Arta*) triumphieren konnte. Der Aufruhr gegen die persische Autorität wurde deshalb als eine Revolte gegen die Gottesautorität angesehen, da der Große König nach dem Willen von Ahura Mazda als Garant für Gerechtigkeit und als Verfechter der Gesellschaftsordnung auf Erden diente. Dareios der Große, ein wahrhaft hervorragender Bürokrat, teilte die Territorien des Reiches in administrative Satrapien (Provinzen) und stellte sie unter die Kontrolle von Satrapen (Statthaltern), um die Erhebung der Abgaben, die er von jedem Gebiet verlangte, zu kontrollieren. Die Behistun-Inschrift von Dareios (ca. 520 v. Chr.) stellt die älteste noch vorhan-

Der Wohlstand der Achämeniden

Ein hornförmiges Rhyton (Trinkgefäß) aus Silber, mit einer Protome in der Form eines geflügelten Greifen mit Löwenpranken. In der Brust des Greifen befindet sich eine Öffnung zum Trinken. Die herrliche Ausführung ist ein Zeichen der Qualität des Tafelgeschirrs, das die persische Elite im ganzen Reich genoss.

RECHTS: Ein Relief in einem Treppenaufgang des Palasts Dareios' des Großen in Persepolis. Diener bringen Speisen in den Palast, die für die königliche Festtafel bestimmt sind.

Die achämenidische Kunst bekräftigte die königliche Ideologie der Einheit des Reiches und förderte das Image eines gerechten Monarchen. Ein verbreitetes Motiv zeigt den König auf einer thronartigen Plattform, die von Abordnungen der Völker des ganzen Reiches getragen wird. Jede Gruppe lässt sich durch ihre traditionelle Kleidung und charakteristischen Merkmale identifizieren. In seiner Grabinschrift ermuntert Dareios I. den Vorübergehenden dazu, die angrenzenden Reliefs anzusehen: „Wenn du dich jetzt fragen solltest, wie viele Länder König Dareios besaß, schau auf die Skulpturen [von denjenigen], die den Thron tragen, dann wirst du wissen, dann sollst du erfahren: Der Speer eines persischen Mannes ist weit geflogen; dann sollst du wissen: Ein persischer Mann hat in der Tat Schlachten weit jenseits der Grenzen Persiens geführt." Das Motiv findet sich auch in dreidimensionaler Form auf einer Skulptur von Dareios wieder, die in Susa gefunden wurde: Der König steht auf einem rechteckigen Sockel, in den kniende Figuren in landestypischen Gewändern gemeißelt wurden, die ihre Hände unterstützend in Richtung der schreitenden Gestalt erheben. Jede Provinz wird in Hieroglyphen genannt. Das Interesse am ethnischen Aufbau des Reiches wird auch an den Treppen offenbar, die zum Apadana in Persepolis führen. Hier werden Vertreter des Reiches in liebevollem Detail gezeigt, die Huldigungen in Form von Edelmetallen, Textilien, Lebensmitteln und Vieh zum Hof des Großen Königs bringen.
Die Detailtreue jedes Delegierten, jedes Höflings und jedes Soldaten ist überwältigend.

Eine goldene Armbinde (eine von zweien) zeigt zwei springende Greifen. Klar zu erkennen sind Aushöhlungen für Glas- oder Halbedelsteine. Das Persische Reich war bekannt für seinen Reichtum und Wohlstand; dieser kunstvolle Schmuck bestätigt diesen Ruf.

Edles Miniaturmodell eines vierspännigen Streitwagens mit einem Streitwagenführer und einem sitzenden persischen Edelmann. Die Vorderseite des Streitwagens ist mit dem Kopf der ägyptischen Gottheit Bes verziert, einem Schutzgott, dessen Popularität im ganzen Persischen Reich durch eine Reihe von Amuletten, die sein Bildnis tragen, beurkundet wird.

„Dareios der König sagte, diese sind die Länder *(dahy va)*, die zu mir kamen; durch die Gunst des Ahura Mazda war ich ihr König: Persien, Elam, Babylonien, Assyrien, Arabien, Ägypten, [diejenigen] neben dem Meer, Sardes, Ionien, Medien, Armenien, Kappadokien, Parthien, Drangiana, Arien, Choresmien, Baktrien, Sogdien, Gandhara, Skythien, Sattagydien, Arachosien, Maka: insgesamt dreiundzwanzig Länder.“

dene Liste der Bestandteile des Reiches dar. Sie beginnt mit zwei Kernländern, Persien und Elam. Dann folgt die Ordnung grob der Karte des Reiches im Uhrzeigersinn und bezieht sich zuerst sich auf die Westprovinzen oder Satrapien, dann folgen diejenigen im nördlichen Teil, an die sich die Länder im Osten des Reiches anschließen. Die Anordnung der Provinzen des Reiches ist interessant, da Länder, die nah am Reichszentrum liegen (Elam, Medien, Babylonien, Armenien), im Text über diejenigen an der Peripherie des Reiches (Ionien, Maka) gestellt werden. Es deutet sich eine achämenidische Ideologie der Hierarchie an: Die Nähe zu Persien bedeutete ein höheres Niveau an Zivilisation.

Nach unseren Erkenntnissen über die Verwaltung des achämenidischen Reiches waren die Spitzenpositionen in den Händen weniger Männer, ausschließlich erwählt aus den höchsten Rängen der persischen Aristokratie und insbesondere aus der königlichen Familie. Aber Statthalter konnten auch aus bescheideneren Verhältnissen kommen und sogar nichtpersische Statthalter, wie Metiochus, der Sohn des athenischen Generals Miltiades, sind bekannt. Dem König stand es frei, eine Person von nicht reinem persischem Blut in den Rang eines „Persers ehrenhalber“ zu erheben. Der Statthalter genoss das Privileg, ein Vertreter des Großen Königs zu sein. Er war verpflichtet, die Eintreibung von Steuern und Abgaben zu verwalten und, wenn erforderlich, Streitkräfte zusammenzuziehen. Auf regionaler Ebene fielen ihm alle Regierungsentscheidungen zu. Für Angelegenheiten von internationaler Bedeutung war er jedoch verpflichtet, den König und seine Hauptminister zu konsultieren. Als ein Vertreter des Königs pflegte der Statthalter an seinem Hof die gleichen Rituale, wie sie am Hof des Königs im Herzen des Reiches durchgeführt wurden: Er gab Audienzen, hörte Ersuche, befolgte religiöse Riten und feierte königliche Feste. Jede Satrapie umfasste ein großes Gebiet, das von einer Hauptstadt aus, in der der Statthalter einen Palast und einen Hof hatte (und welche ebenfalls als Verwaltungszentrum diente), beherrscht wurde. So befand sich die Hauptstadt der Satrapie von Medien in Ekbatana, in Ägypten war es Memphis, in Lydien Sardes, in Babylonien Babylon, in Phrygien war es Daskyleion und in der als Babylonien bekannten Satrapie jenseits des Flusses war es Damaskus. Ein Palast, der in Samarkand in Usbekistan entdeckt wurde, war wahrscheinlich der Wohnsitz des Statthalters von Baktrien-Sogdien.

Die Paläste der Statthalter, die häufig von einheimischen Königen oder Edelmännern erworben wurden, lagen häufig in der Nähe von Dörfern und Grünflächen, um die Versorgung des Hofes sicherzustellen und Jagdausflüge zu ermöglichen. Viele Mitglieder der königlichen Familie ließen überall im Reich private Anwesen erbauen, die von Ortsansässigen zum Profit der Eigentümer bewirtschaftet oder vermietet werden konnten. Die Paläste der Statthalter konnten auch vom König und seinem Gefolge benutzt werden, wenn sie das Reich auf ihren regelmäßigen, jahreszeitlich bedingten Reisen durchquerten – Babylon, Susa, Ekbatana und Persepolis wurden immer wieder vom königlichen Gefolge besucht. Die regionalen Hauptstädte waren dafür verantwortlich, die aus allen Teilen der Satrapie strömenden Steuern zu verwahren, welche sowohl mit Geld als auch in Naturalien bezahlt wurden; Letztere verwandte man, um den riesigen Hof und all seine Angehörigen zu versorgen. Die Texte aus der Festung von Persepolis zeugen von der Tatsache, dass Arbeiter am Palast des Großen Königs mit Essen und Weinrationen, nicht aber mit Münzen oder Edelmetallen bezahlt wurden. Jedoch wurden Steuerzahlungen auch häufig mit wertvollen Waren und Metallen (besonders Silber) beglichen. Einer der wichtigsten Verwaltungsberufe in jeder Satrapie war der des *ganazabara*, des „Schatzmeisters". Die Schatzkammern wurden von Soldaten gut geschützt, und alle Wareneinund -ausgänge der Vorratskammern wurden im Detail von einer Armee von Bürokraten und Kopisten vermerkt. Die gewaltige Schatzkammer in Persepolis war ein Symbol der Macht des Großen Königs über sein Reich, und es ist kein Zufall, dass Alexander im Jahr 330 v. Chr. diese auswählte und sie als Symbol seiner Eroberung des ganzen Reiches zerstören ließ.

Die Paläste waren außerdem Zentren der provinziellen Administration: Hier gingen königliche Anordnungen der Zentralen Regierung an den Statthalter ein. Königliche Verordnungen, durch das Siegel des Königs gekennzeichnet, sind sogar noch weit entfernt, zum Beispiel in Nippur, Samaria und Artašat in Armenien, gefunden worden, wenngleich die größte Anzahl königlicher Siegel in Daskyleion in Anatolien entdeckt wurde. Der Statthalter wiederum gab Verordnungen und Erklärungen heraus, die überall in der Provinz verbreitet wurden. Alle Verordnungen und Erlasse des Königs und seiner Statthalter wurden zu Verweiszwecken in Archiven verwahrt. Im Buch Esra des Alten Testaments steht, wie Dareios I. befahl, die königlichen Archive Babylons nach der Kopie einer Verordnung Kyros' des Großen zu durchsuchen. Tatsächlich wurde das Dokument, eine Verordnung, die den Juden das Recht gewährte, den Jerusalemer Tempel wiederaufzubauen, nicht in Babylon, sondern in den Archiven des Palastes in Ekbatana gefunden. Die Statthalter waren von einem gesunden Zusammenspiel mit den örtlichen Eliten abhängig. Ehe und Konkubinat waren ebenfalls Teil guter interregionaler Beziehungen. Obwohl wir sehr wenig Information über die Frauen von Statthaltern haben (ganz zu schweigen von denjenigen persischer Kommandanten minderen Ranges und der Beamten), wurden sicherlich Ehen zwischen Persern und einheimischen Frauen geschlossen. Ebenfalls zeugt die durch Xenophon festgehaltene Ehe des paphlagonischen Prinzen Otys mit der Tochter des persischen Edelmannes Spithridates für die umgekehrte Praxis, dass ausländische Edelmänner sich persische Bräute nahmen. Solche Verbindungen bedeuteten für die lokale Elite eine Stütze im persischen System der Ehre. Außerdem nahmen sowohl Könige als auch Statthalter Frauen unterworfener Völker als Konkubinen in ihren Harems auf. Gemäß Herodot herrschte die Ansicht, dass „jeder Mann, der mehrere Frauen hat, eine viel größere Anzahl von Konkubinen hat", und während dieses Szenario der Polygamie nicht im ganzen Reich wörtlich genommen werden kann, mag es doch für privilegierte Mitglieder der Gesellschaft gegolten haben.

Persische Edelmänner, besonders Statthalter, imitierten sicherlich die königliche Gepflogenheit der Polygamie: Pharnabazos, Statthalter von Phrygien, unterhielt ein Gefolge von Konkubinen in Sardes. Die 360 Konkubinen des Großkönigs waren sozusagen eine physische Manifestation des Persischen Reiches. Das persische System hing sehr von der Zusammenarbeit mit lokalen Machthabern ab, und diese nutzten oft etablierte Regionalverwaltungssysteme, die die Arbeit für sie übernahmen. Zusätzlich beschäftigten die Perser häufig Personen, die mit der örtlichen Regierung vertraut waren und mit ihr zusammenarbeiteten. Der ägyptische Adlige Udjahorresnet ist ein typischer Fall – als ein ehemaliger Marinekommandant unter dem letzten einheimischen Pharao der Dynastie der Könige von Sais wurde er seines militärischen Rangs unter Kambyses enthoben. Ihm wurde jedoch der privilegierte Titel „Freund des Königs" zusammen mit einem hohen Posten im Tempel von Neith in Sais gewährt. Mit anderen Worten wurde Udjahorresnet jede militärische Macht genommen, aber er erhielt eine ehrenvolle Position im königlichen Dienst und konnte so als königlicher Berater fungieren.

Dasselbe System lässt sich bei den unbedeutenderen Königen und lokalen Dynasten beobachten. Ein gutes Beispiel ist das des Statthalters Pharnabazos unter den Herrschern von Dardanos. Als Zenis, der altgediente pro-persische König von Dardanos, starb, hatte Pharnabazos geplant, die Satrapie jemand anderem zu schenken. Aber die Frau von Zenis, Manie, bat Pharnabazos, ihr die Provinz zu schenken. Der Statthalter unternahm den ungewöhnlichen Schritt, eine Frau zur Verwalterin der Satrapie zu ernennen, um sie innerhalb der Familie von Zenis zu belassen. Pharnabazos war sicher erfreut, als er erfuhr, dass Mania die Abgaben an die Schatzkammer der Satrapie ebenso regelmäßig zahlte wie ihr Mann. Diese Ereignisse veranschaulichen den Vorteil, lokalen Eliten die Vertretung persischer Interessen zu überlassen. Umgekehrt hielt die Abhängigkeit der lokalen Dynasten vom Statthalter und dessen Macht, die Familie ihres Ranges zu berauben, diese in Schach.

Das Funktionieren des Reiches wurde durch eine ausgezeichnete Infrastruktur erleichtert. Die Hauptsatrapien des Reiches waren über erstklassige Straßen mit dem Reichskern verbunden. Die wichtigste dieser Straßen war die Königsstraße, die Sardes mit Persepo-

FOLGENDE SEITEN: Herrlich gefärbte glasierte Backsteine waren Teil persischer Palastarchitektur. Ihre Herstellung war jedoch eine babylonische Tradition. Hier ist eine Bestie aus dem Palast von Susa zu sehen – zusammengesetzt aus dem Körper und den Vorderbeinen eines Löwen sowie den Flügeln und den Hinterbeinen eines Vogels, während der wilde Kopf von den Hörnern eines Widders geziert wird. In Persepolis gibt es Darstellungen von Großkönigen, die ein solches Tier im direkten Kampf tödlich verwunden.

Eine griechische Drachme aus Silber von Artaxerxes III., 359–228 v. Chr. Sie wurde nach der Wiedereroberung in Ägypten geprägt und trägt die Aufschrift: „Artaxerxes Pharao – Leben, Gesundheit, Wohlstand." Die Bildseite zeigt die griechische Göttin Athene, auf der Rückseite befindet sich ihre heilige Eule. Diese Münze wurde wahrscheinlich auf den Befehl des Statthalters von Ägypten geprägt und war sowohl für den Gebrauch durch Griechen als auch die Perser und Ägypter bestimmt.

lis über Susa und Babylon verband; ein Ostzweig führte zunächst nach Ekbatana und weiter nach Baktrien und Pashwar, während eine andere Straße Persepolis mit Ägypten über Damaskus und Jerusalem verband. Die Straßen wurden in 6 km-Intervallen gemessen (Parasangen) und alle 28 km wurden Raststätten erbaut, um frische Pferde für jeden Reichsboten, der offizielle Dokumente trug, bereitzuhalten. Herodot schätzte, dass die Entfernung von Susa nach Sardes, 450 Parasangen, in 90 Tagen überwunden werden konnte.

Die Perser zeigten kein Interesse, ihre Sprache oder Kultur den von ihnen besiegten Nationen aufzuzwingen; die Großkönige veröffentlichten Verordnungen in den Landessprachen und verwendeten Aramäisch als eine Art Lingua Franca in allen Gebieten des Reiches, um die Kommunikation zu erleichtern. Auch im Bereich der Religion bemühten sich die persischen Könige, als eifrige Erhalter lokaler Kulte aufzutreten, und sei es auch nur, um sich die Kontrolle über die reich ausgestatteten Heiligtümer und die Loyalität des mächtigen Priestertums zu sichern. Sogar in kleinen Verwaltungsgebieten wie Jerusalem und Magnesia am Mäander gewährten die Perser Privilegien für die Tempel und erkannten die Unterstützung, die ihnen die lokalen Gottheiten gegeben hatten, an. Jedoch muss diese anscheinend liberale Einstellung zur kulturellen Autonomie der Tatsache gegenübergestellt werden, dass sich die Perser als gnadenlose Herren erweisen konnten, wenn man sich ihnen in den Weg stellte. Rebellische Untertanen und Staaten wurden grausam behandelt: Bevölkerungen wurden entwurzelt und deportiert und ihre heiligen Schreine wurden verbrannt und zerstört. Herodot beschreibt die persische Vernichtung der Heiligtümer des Apollo in Didyma und der Athene in Athen (Historien 6.19; 8.53). Artaxerxes' III. Ruf, für Grausamkeit und Härte bekannt zu sein, rechtfertigt sich vielleicht durch die Behandlung von Sidon. Die gewaltsame Zurückeroberung Ägyptens wird auf der Stele des ägyptischen Adligen Somtutefnakht beschrieben: „Der Asiat … brachte eine Million meiner Leute um", erinnert er. Als Erben des großen assyrischen Reiches kannten die Perser viele Methoden grausamer Bestrafung, die in assyrischen und später in neubabylonischen Quellen dokumentiert sind: Aufspießen, Enthaupten, Tötung von Kindern, Verbrennen, Auspeitschen, Ersticken, Steinigen, Entmannung, Blenden, Zerschneiden eines lebenden Körpers in zwei Teile, Abtrennung der Brüste, der Nase, der Ohren, der Lippen, der Hände und Arme sowie der Zunge, Brandmarken, Schälen, Kreuzigung und Häutung bei lebendigem Leib. In einer Passage der Behistun-Inschrift verkündet Dareios stolz: „[Der Rebell] Phraortes wurde ergriffen und zu mir geführt. Ich schnitt seine Nase, Ohren und Zunge ab, und ich stach eines seiner Augen aus."

Das Reich wurde mit militärischer Macht gegründet und aufrechterhalten. Die Armee bestand aus Infanterie, Pferd- und Kamel-Kavallerie und exzellenten Wagenlenkern. Die Perser gliederten auch griechische Untergebene und Söldner in ihre Armee ein, von denen im Jahr 401 v. Chr. jeder einen Monatslohn von einem Dareikos erhielt. Zur Zeit Alexanders waren diese Söldner ein fester Bestandteil der Armee, und ihre Führer waren sogar in die Aristokratie aufgenommen worden. Andere Gebiete des Reiches entsandten Männer, um die Reichsarmee zu verstärken: Es gibt ebenso Beweise für skythische Wagenlenker und Bogenschützen wie für baktrische Kamelreiter.

Die Größe der Reichsarmee entsprach zu keiner Zeit der griechischen Vorstellung, und Historiker schätzen heute, dass Xerxes' Streitkräfte für den griechischen Feldzug ungefähr 70.000 Infanteristen und 9000 Reiter vereinten, während die Armee von Artaxerxes II. in der Schlacht bei Kunaxa wahrscheinlich ungefähr 40.000 Mann zählte. Die Truppen von Dareios III. in der Schlacht bei Gaugamela beliefen sich auf ungefähr 34.000 Kavalleristen und eine kleine Infanterie. Die Armee wurde von einem Oberbefehlshaber angeführt, der entweder der Großkönig selbst oder ein naher Verwandter war. In der Befehlskette folgte ein Offizier, der eine Division von 1000 Männern unter sich hatte, die wiederum in 10 Bataillone unterteilt war. Die bekannteste Truppe war die als „die Zehntausend" oder „die Unsterblichen" bekannte Abteilung, die die königlichen Leibwächter stellte. Eine Besonderheit der achämenidischen Zeit ist, dass Kommandanten und Würdenträger am wirklichen Kampf teilnahmen und viele von ihnen auf dem Schlachtfeld fielen. Obwohl die königliche Reichsideologie Frieden und Einheit propagierte, zeigten die Großkönige auch ihre Fähigkeit mit Gewalt zu herrschen. Um ein wirksamer Anführer zu sein, musste der König zunächst seine Tapferkeit als Soldat unter Beweis stellen.

Das Persische Reich heute

Es kann keinen Zweifel geben, dass das erste Persische Reich von enormer Bedeutung für die Entwicklung des Konzeptes „Imperium" war. Es ermöglichte die ersten

bedeutenden und andauernden Kontakte zwischen Ost und West und bereitete den Boden für Alexanders Vision eines Imperiums. Innerhalb Irans selbst ist die Debatte über die Bedeutung des achämenidischen Reiches in einem modernen Kontext sehr lebendig. Schah Mohammed Reza war besessen von der achämenidischen Dynastie, und dies führte während der 1970er Jahre zu einem Rückschlag der Studien der persischen Vergangenheit im Laufe der prägenden Zeit der Islamischen Revolution.

Heute finden die Denkmäler des alten Persien bei den Iranern, die das achämenidische Reich als Höhepunkt der Geschichte iranischer Zivilisation schätzen, jedoch wieder Gefallen und werden wissenschaftlich untersucht. Besonders Kyros der Große wird als ein visionärer und brillanter Führer mit großer moralischer Integrität verehrt, und der Kyros-Zylinder wird von vielen als erste Menschenrechtserklärung angesehen. Im Iran wird das erste Persische Reich mit großem Stolz betrachtet.

Im Westen erweitert und verändert sich die Erforschung des achämenidischen Reichs und trotz heutiger politischer Spannungen gedeiht der Dialog zwischen iranischen und westlichen Gelehrten wie nie zuvor. Textstudien einheimischer persischer Quellen erscheinen weiterhin, und die Archäologie fördert noch immer ungeahnte Funde zutage, welche die Gelehrten immer wieder zwingen, ihre Ansichten nochmals zu überdenken und neu zu formen. Sind die alten Quellen über Persien wirklich so hellenozentrisch, wie sie häufig scheinen? Können wir das alte Persische Reich studieren, ohne das Thema zwingend durch die Augen der Orientalistik zu sehen? Die Studien des achämenidischen Reiches stehen an der Schwelle neuer und interessanter Debatten, in denen das Konzept des Reiches eine Schlüsselrolle spielen wird.

Reihen achämenidischer Soldaten füllen den Touristen-Bazar in der iranischen Stadt Shiraz in der Provinz Fars. Obwohl der Tourismus hier noch in den Kinderschuhen steckt, sind „achämenidische" Souvenirs in den antiken Stätten des alten Persien, wie Persepolis und Parsagadae, ein großes Geschäft.

Kapitel 5

DER ATTISCHE SEEBUND

478–404 V. CHR., 378–338 V. CHR.

Vergleicht man die 70 Jahre, während derer die Athener im 5. Jahrhundert v. Chr. die Vorherrschaft über ihre griechischen Landsleute innehatten, mit der Dauer anderer Reiche in diesem Band, so erscheinen sie vergleichsweise kurz und unbedeutend. Ihren Ursprung hatte diese Vorherrschaft im Attischen Seebund, der Xerxes' Einmarsch in Griechenland verhinderte: Athens führende Rolle innerhalb dieses Bundes entwickelte sich erst allmählich zu einer „Herrschaft", und je mehr die Alliierten versuchten, sich aus diesem Bund zu lösen, umso mehr wurden sie an die Leine genommen. Der tatsächliche Einfluss dieser Stadt erstreckte sich hauptsächlich auf die ägäischen Inseln und die Städte von Kleinasien. Und doch war Athen bedeutsamer, als es auf den ersten Blick scheint. Seine Macht bildete die Basis sowohl für seine Demokratie als auch für seine außergewöhnlichen kulturellen Leistungen im 5. Jahrhundert v. Chr. Und in dem Historiker, der uns das meiste über Athens Aufstieg zur Macht überliefert hat – Thukydides, dem „Vater der internationalen Beziehungen" –, begegnet uns einer dem größten Staatstheoretiker.

Prominente Athener Politiker

Ende 6. Jahrhundert v. Chr.; führt 508 Reformen durch	Kleisthenes
ca. 524–459	Themistokles
stirbt ca. 467	Aristides
stirbt Ende 450er Jahre	Kimon
Anfang 5. Jahrhundert; verantwortlich für demokratische Reformen 462, kurz danach ermordet	Ephialtes
ca. 495–429	Perikles
stirbt 422	Kleon
451–404	Alkibiades
stirbt 388	Thrasybulos
Ende 5. Jahrhundert bis Ende 350er Jahre; Schlüsselrolle bei der Gründung des zweiten Attischen Seebunds	Timotheos
ca. 405–335	Eubulos
384–322	Demosthenes
ca. 390–325	Lykurg

VORHERIGE SEITEN: Detail des Westfrieses des Parthenons: jung, heroisch, schön. Dieser Reiter verkörpert das Ideal, nach dem jeder attische Mann strebte. Die Macht Athens mag auf seiner Flotte gegründet haben, aber seltsamerweise waren es Infanterie und Kavallerie, die Athen in seinen Denkmälern feierte – als Beispiel für den vollkommenen Bürger.

LINKS: 1972 aus einem alten Schiffswrack vor Riace in Süditalien geborgen, ist diese eine von zwei Statuen, die Teil einer für Rom bestimmten Schiffsladung waren. Sie sind Meisterwerke der klassischen Bronzeskulptur und stammten vielleicht ursprünglich aus einem Denkmal, das an den griechischen Sieg gegen die Perser erinnern sollte.

Perser besiegen Athen bei den Thermopylen, werden aber selbst in der Seeschlacht von Salamis besiegt 480 v. Chr.

Griechen beenden persische Hegemonie durch Siege bei Plataiai und Mykale 479 v. Chr.

Gründung des Attischen Seebunds 478 v. Chr.

Sparta lehnt sich gegen attische Vorherrschaft auf im Ersten Peloponnesischen Krieg 461–446 v. Chr.

Hauptbauphase der Akropolis und des Parthenon 447–433 v. Chr.

Athen belagert Samos, das den Seebund verlassen will 440 v. Chr.

Persien und Sparta gegen Athen im Zweiten Peloponnesischen Krieg 431–401 v. Chr.

Melos wird besetzt 416 v. Chr.

Sizilische Expedition 415–413 v. Chr.

400 v. Chr.

Gründung des Zweiten Attischen Seebunds 378 v. Chr.

Theben besiegt Sparta in der Schlacht von Leuktra 371 v. Chr.

Philipp II. von Makedonien besiegt Athen bei Chaironeia, Beginn der Vorherrschaft Makedoniens 338 v. Chr.

Ermordung Philipps II. und Aufstieg Alexanders des Großen 336 v. Chr.

300 v. Chr.

Griechenland war, nach dem Untergang der mykenischen Zivilisation (ca. 1100 v. Chr.), aus der Bronzezeit als ein Flickwerk einzelner Stadtstaaten hervorgegangen. Doch obgleich diese äußerst wichtig waren – sie waren und blieben sozusagen die „Atome" der politischen Landschaft –, entwickelte sich nach den sogenannten „Dunklen Zeitaltern" ein Trend, diese autonome Isolation langsam aufzugeben und andere Institutionen zu suchen, die über diejenige des Stadtstaats hinausgingen. In Griechenland entstand eine Reihe komplexer Netzwerke, die immer wichtiger wurden. Gemeinden schlossen sich zusammen und besiegelten ihre wechselseitige Abhängigkeit durch Eide. Städte sandten Expeditionen aus, die unabhängige Gemeinden in fernen Ländern gründen sollten; diese Siedlungen in Übersee blieben ihren „Mutterstädten" oft religiös oder politisch verbunden. Je reicher die Städte wurden, umso weniger genügte es ihren Eliten, nur untereinander und innerhalb der Grenzen des eigenen Stadtstaates zu wetteifern. Sie suchten nach neuen Arenen des Wettbewerbs. Ehrgeizige Tyrannen weiteten ihren Einfluss aus, indem sie politische Allianzen eingingen. Staaten wie Sparta unterwarfen Nachbargebiete wie Messene und vereinigten große Gebiete der Peloponnes unter ihrer Herrschaft. Städte gingen religiöse Bündnisse ein, um zusammen Kultfeste zu feiern oder gemeinsame Heiligtümer zu verwalten. Diese Periode der griechischen Geschichte zeichnet sich durch einen wachsenden Trend in Richtung einer Zentralisierung aus, die die sozialen, ökonomischen und kulturellen Ressourcen der griechischen Welt „freischalten" sollte. Es war eine Welt, die reif für eine große Hegemonialmacht war.

Dass diese Großmacht schließlich Athen sein würde, war allerdings alles andere als sicher. Vor dem Ende des 6. Jahrhunderts v. Chr. gab es nur wenige Anzeichen dafür, dass Athen die Vorherrschaft über die Ägäis erlangen würde. Im Gegenteil: andere Kandidaten waren da wesentlich vielversprechender: Sparta dominierte den Peloponnes; Korinth war reicher und verfügte über bessere Handelsverbindungen – es war die Mutterstadt Dutzender Kolonien im Mittelmeer und ein einflussreicher Akteur in der Region. Zudem verfügte Korinth über eine ehrgeizige Elite, die ganz und gar nicht abgeneigt war, ihre Macht auszuweiten. Und doch reichten all diese einzelnen Punkte nicht aus. Der Aufstieg Athens zur Großmacht war einerseits eine geschichtliche Notwendigkeit, andererseits eine Geschichte glücklicher Zufälle.

Die Entstehung des Attischen Seebunds

Die unmittelbaren Wurzeln der attischen Macht lagen in den Nachwirkungen des unerwarteten Sieges der Griechen über die Perser bei deren Invasionen 490 und 480/79 v. Chr. Der persischen Expansion in Kleinasien und den umliegenden Regionen hatte über 100 Jahre lang niemand etwas entgegenzusetzen gehabt (Kapitel 4). Persien war wesentlich reicher an Ressourcen und gegenüber seiner Armee nahm sich die der Griechen um einiges kleiner aus.

Bei der Abwehr der Perser spielte Athen eine bedeutende Rolle. Es war einigen ionischen Städten zur Hilfe gekommen, die sich 499 v. Chr. gegen die persische Herrschaft aufgelehnt hatten. Im Jahre 490 v. Chr., als die Perser unter ihrem König Dareios auf dem griechischen Festland einmarschierten, konnte man sie gerade noch kurz vor Athen aufhalten, auf der Küstenebene von Marathon. Die attischen Soldaten schlugen die persische Infanterie in die Flucht, sie trieben feindliche Soldaten ins Meer oder töteten sie in der morastigen Landschaft. Als Dareios' Nachfolger, König Xerxes, im Jahre 480 v. Chr. mit einer noch größeren Armee zurückkehrte, war Athen eines der tonangebenden Mitglieder der etwa 30 Staaten, die sich den Persern entgegenstellten. Es hätte die Koalition sogar anführen können, doch um Meinungsverschiedenheiten vorzubeugen und sich die Unterstützung Spartas zu sichern, überließ man das Oberkommando den Spartanern. Die nachträgliche Analyse zeigt, dass es wohl der Sieg Athens bei der Seeschlacht von Salamis war, der vor allem anderen dazu beitrug, dass man den Feind schließlich in die Flucht schlug.

Athen hatte gute Gründe, sich den Persern entgegenzustellen. Zunächst einmal waren sie eine Bedrohung für die unlängst eingeführte Demokratie. Die Reformen des attischen Staatsmannes Kleisthenes im Jahre 509 v. Chr. hatten Athen eine demokratische Verfassung gegeben, in den Nachwehen der Absetzung des tyrannischen Regimes der Peisistratiden (ca. 546–510 v. Chr.). Ein Mitglied dieser Dynastie, der ehemalige Tyrann Hippias, hatte am persischen Hof Zuflucht gefunden, und die Perser sahen in seiner Wiedereinsetzung in Athen ganz offensichtlich einen Weg, ihre Interessensphäre zu erweitern. Er begleitete die persischen Streitkräfte sogar bei Marathon, bereit, die Stadt im Anschluss an einen persischen Sieg wieder zu übernehmen. Zuallererst kämpfte Athen also darum, einen Regimewechsel zu verhindern.

Und doch war das Ziel, die Stadt und ihre neue Demokratie zu retten, nur ein Teil der Geschichte des attischen Widerstands. Der Selbsterhaltungstrieb ging einher mit wachsenden staatlichen Ansprüchen auf Seiten Athens. Wie die meisten Tyrannen waren die Peisistratiden darauf aus gewesen, sich in Griechenland auf einer größeren Ebene einen Namen zu machen. Ihre groß angelegten Bauvorhaben, ihre Förderung der Künste und das Einsetzen von ihnen abhängiger Herrscher auf der Insel Naxos oder in Sigeion hatten Athen eine Ahnung davon gegeben, wie die Welt außerhalb der Grenzen Attikas aussah. Man kann in der Herrschaft dieser Tyrannen viele proto-imperiale Züge erkennen. Vor den Perser-Invasionen erfreute sich die Stadt eine Zeitlang des wachsenden Wohlstands. Die Tyrannen hatten die Einheit Attikas vorangetrieben, und Athen konnte ein Hinterland ausbeuten, das größer war als das aller anderen Stadtstaaten auf dem griechischen Festland. Die Stadtstaaten kontrollierten im Durchschnitt 50–100 km² Land. Attika war 2650 km² groß. Damit war es viermal so groß wie sein nächster Nachbar, Megara, und doppelt so groß wie sein größter wirtschaftlicher Rivale, Korinth. Nur Sparta, das eine Region von 8400 km² kontrollierte, konnte Athen an Größe übertreffen.

Nach dem Persischen Krieg war Athen als Alternative zu Sparta gut aufgestellt. Es hatte nicht lange gedauert, bis unter den alliierten Städten die Unzufriedenheit mit Sparta als Anführer wuchs. Insbesondere war man darüber enttäuscht, dass Sparta nicht willens war, zu einem aggressiven Vergeltungsschlag gegen Persien auszuholen. Dazu kam, dass man dem spartanischen König, Pausanias, autokratische Tendenzen nachsagte, und so hielt man sich schließlich an Athen, von dem man erwartete, dass es einen Feldzug gegen Persien anführen würde. Sparta rief seinen König zurück und schickte einen Ersatzmann, aber es war zu spät. Man hatte bereits Tatsachen geschaffen, und Athen war nun der Anführer (hegemon) einer neuen Allianz, die Persien bestrafen sollte: dem Attischen Seebund.

Der Attische Seebund sollte die Basis der attischen Vormachtstellung werden. Dabei trug der Seebund zahlreiche Züge, die sich von der traditionellen Definition eines „Reiches" unterschieden. Es gab keine Statthalter in den Provinzen, Athen erlaubte der Mehrheit der Stadtstaaten, die Teil des Bundes waren, sich autonom um innere Angelegenheiten zu kümmern, und es führte kein übergreifendes Rechtssystem ein. Außerdem verlieh es niemandem das attische

Athen vergaß nie, dass seine Demokratie auf Blutvergießen gründete. Am zentralen Marktplatz von Athen errichtete man diese Statuengruppe, um an die Taten des Harmodios und des Aristogeiton zu erinnern, die den Tyrannen Hipparchos getötet und so das Ende des Peisistratiden-Regimes auf den Weg gebracht hatten.

GEGENÜBER: Die Athener Akropolis dominiert die Skyline der Stadt. Auf ihr befanden sich einige der wichtigsten Heiligtümer und Tempel Athens. Heute beherrscht der Parthenon das Bild, doch in der Antike war die Akropolis voll mit Statuen, Schreinen und Inschriften. Zeus, Artemis, Pan, Hermes und Apollon wurden hier verehrt.

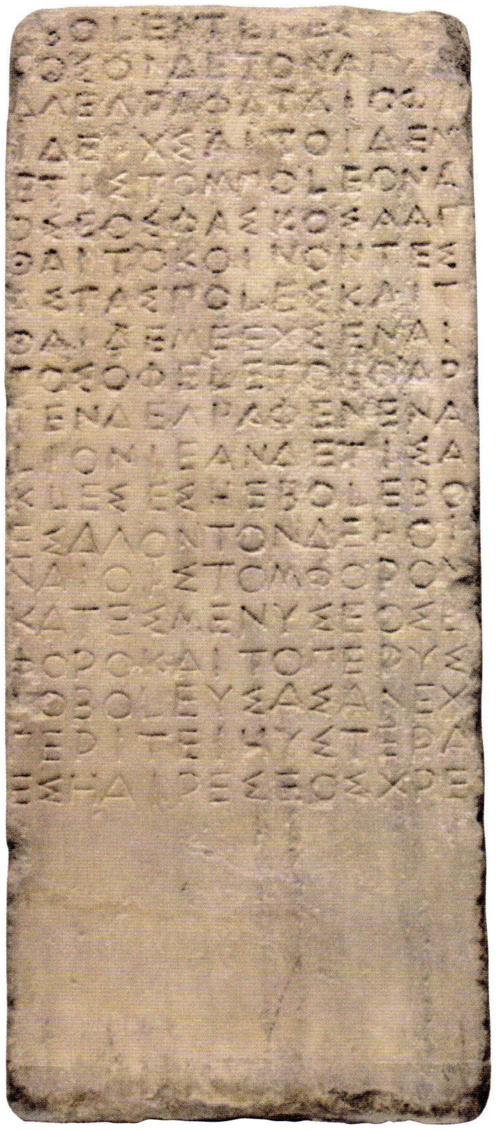

Die Tributzahlungen waren eine wichtige Einnahmequelle für Athen. Diese Tafel verzeichnet einen Versuch Athens, das Einfordern der Zahlungen stärker zu reglementieren und Betrügereien zu verhindern.

Bürgerrecht, außer ein paar Individuen, die dadurch besonders geehrt wurden. Stattdessen war die Basis der attischen Macht die allgemeine Anerkennung seiner Vormachtstellung und das Einfordern gewisser Privilegien. Dazu gehörten das Recht, Tributzahlungen für den Unterhalt der Flotte einzufordern, das Recht, bei Meinungsverschiedenheiten zwischen Mitgliedern des Bundes als Schiedsrichter aufzutreten, und das Recht, zu bestimmen, was die Interessen des Bundes waren. Theoretisch hatten auch die einzelnen Mitglieder des Seebunds ein Mitspracherecht in der Verwaltung des Bundes, doch hielt man sich seitens Athens nicht lange daran. Es ist bezeichnend, dass man heute immer noch nicht rekonstruieren kann, wie die ursprünglichen konstitutionellen Arrangements des Seebunds genau aussahen, so wenig historische Bedeutung hatten sie.

Wenn man einmal als Alliierter im Attischen Seebund aufgenommen worden war, war es schwierig, ihn wieder zu verlassen. Athen war gnadenlos in der Verfolgung von Mitgliedern, die ihren Pflichten nicht nachkamen. Unter dem Vorwand, den Zusammenhalt des Bundes bewahren zu wollen, wurden revoltierende Städte zerstört und neue, loyalere Regime eingesetzt. Auf dem Höhepunkt seiner Macht sah sich Athen als Herrscher über mehr als 400 Stadtstaaten, wenngleich nur 190 regelmäßig Tribut gezahlt zu haben scheinen.

Es ist erstaunlich, wie schnell Athen die Aktivitäten des Attischen Seebunds zu seinem eigenen Vorteil zu nutzen wusste. Gleich nachdem Athen sich zum Anführer des Bundes aufgeschwungen und man die Perser aus Thrakien vertrieben hatte, griff die attische Flotte beispielsweise die griechische Insel Skyros an. Der angebliche Grund für diesen Angriff war, dass man das Meer sicherer machen wollte, indem man ein Piratennest aushob.

Weniger vertretbar war die Errichtung einer attischen Kolonie auf dieser strategisch wichtigen Insel, auf die Athen schon eine ganze Zeitlang ein Auge geworfen hatte. Das nächste griechische Opfer des Seebunds war der Stadtstaat Karystos auf der Insel Euböa. Sein Vergehen war, den Persern im Jahre 490 v. Chr. geholfen zu haben (wenn auch unter beträchtlichem Zwang). Während Xerxes' Invasionen war die Insel allerdings neutral geblieben. Für diese Unentschiedenheit zahlte Karystos einen hohen Preis. Die Stadt wurde überrannt, in den Bund aufgenommen und ein jährlicher Zwangstribut erhoben. Der unangenehme Beigeschmack dieses Ereignisses wurde noch durch die Entscheidung vieler attischer Eltern zu jener Zeit verstärkt, ihre Kinder Karystonikos („Sieg über Karystos") zu nennen. Der Triumph im Sieg über griechische Landsleute nimmt den Erfolgen des angeblichen Verteidigers der Freiheit Griechenlands ein wenig ihren Glanz.

Es dauerte nicht lange, bis mehrere Stadtstaaten beschlossen, den Seebund zu verlassen. Der erste war Naxos im Jahre 470 v. Chr. Eine Kühnheit, der man mit Belagerung begegnete. Als Naxos schließlich kapitulierte, beraubte man es seiner Flotte, nahm es wieder in den Bund auf und legte Zwangsgelder fest. Die Belagerung von Naxos wurde von Kritikern Athens als dessen erste wahrhaft strafbare Handlung angesehen. Doch es sollte bald noch schlimmer kommen, und dieses Mal war die Insel Thassos dran. Die Ursache des Streits zwischen Thassos und Athen war dessen Absicht, eine Kolonie auf der goldreichen Küste vor der Insel zu gründen. Dieses Gebiet war schon lange unter Thassos' Kontrolle und eine der Hauptquellen des Reichtums der Insel. Mit dieser Gefahr konfrontiert, trennte sich Thassos vom Bund. Die Athener schickten sofort eine Flotte, um den Aufstand zu unterdrücken. Nach dreijährigem Kampf waren sie schließlich erfolgreich, und Thassos wurde wieder in den Bund aufgenommen. Außerdem musste die Stadt ihre Mauern einreißen, dem Seebund Schadensersatz zahlen und Athen die Kontrolle über die mineralienreiche Küstenlinie überlassen. Die Aktivitäten des Bundes wurden vom Eigeninteresse Athens angetrieben, und das sollte noch ein halbes Jahrhundert so weitergehen. Es verwundert nicht, dass Athen den Bund schließlich in Inschriften nicht mehr „Athen und seine Verbündeten" nannte, sondern „die Städte, die Athen regiert".

Stimmen eines Imperiums

Niemand weiß, wie Thukydides aussah. Das hielt seine Bewunderer im Altertum nicht davon ab, kunstvolle Büsten und Statuen des berühmten Historikers aufzustellen, um ihre Häuser, Bibliotheken und Gärten zu schmücken. Hier hat der Künstler das Gesicht mit einem weisen und ernsten Ausdruck gestaltet, Attribute, die man diesem Autor zusprach, der sein Geschichtswerk selbst als „Andenken für die Ewigkeit" bezeichnete.

Die Griechen diskutierten viel und gerne über ihre Hegemonie. Die Themen der Debatte reichten von der Legitimation der Vorherrschaft Athens bis dahin, was der effizienteste Weg sei, die Alliierten auszubeuten. Der Historiker Thukydides gibt in seinem Geschichtswerk über den Peloponnesischen Krieg eine ganze Reihe Reden prominenter Figuren wieder. Thukydides war selbst ein bekannter attischer General, der aufgrund militärischer Misserfolge von den Athenern ins Exil nach Nordgriechenland geschickt worden war; er erlebte Athen sowohl auf dem Höhepunkt seiner Macht als auch bei seiner Vernichtung durch Sparta. Der kalkulierte Pragmatismus so vieler von Thukydides' Reden hat schon immer viele Leser schockiert. Doch kann man diesen politischen Opportunismus auch in anderen Quellen finden. Sogar noch im 2. Jahrhundert n. Chr. erzählte der Biograf Plutarch Geschichten von Athenern, die der Drang nach Eroberungen schier wahnsinnig gemacht hatte. Von der attischen Hegemonie profitierten viele: Glaubt man dem Komödiendichter Aristophanes, schnitten sich die Politiker das größte Stück vom Kuchen ab, während der „Alte Oligarch", der anonyme Verfasser eines höchst demokratiekritischen Pamphlets, im Attischen Seebund eine Verschwörung sah, durch die nur die Faulen und die Armen profitierten. Allein Perikles scheint uns Einblick in einige der Versuche Athens zu geben, seine Hegemonie zu rechtfertigen.

„Ich schelte nicht diejenigen, die entschlossen sind, zu herrschen, sondern nur diejenigen, die sich noch bereitwilliger beherrschen lassen."

Thukydides, Der Peloponnesische Krieg

Der Redner Kleon, hier zitiert bei Thukydides, schilt die Bevölkerung Athens dafür, dass sie sich den Mytilenern gegenüber, nachdem diese 428 v. Chr. revoltiert hatten, gnädig erwiesen:

„Ich habe oft beobachten können, dass eine Demokratie nicht in der Lage ist, andere zu beherrschen … Ihr behandelt eure Alliierten wie Mitbürger. Ihr vergesst, dass sie nur danach trachten, euch zu hintergehen; oder ihr bemitleidet sie … Was ihr vergesst, ist, dass ihr Subjekte regiert, die nicht willens sind, regiert zu werden, und die gegen euch intrigieren. Sie gehorchen euch nicht aus Respekt … sondern aufgrund eurer überlegenen Stärke."

„Unsere Stadt verschließen wir niemandem, und durch keinerlei Vertreibung Fremder verwehren wir irgendjemandem die Kenntnis dessen, was einem Feind vielleicht nützen könnte. Denn wir vertrauen weniger auf Rüstung und Täuschung als auf unsern eigenen Mut … Und so sind wir die einzige griechische Stadt, die nicht aus Berechnung des Vorteils furchtlos anderen Gutes tut. Kurz gesagt: Unsre Stadt insgesamt ist eine Schule für ganz Griechenland."

In seiner Lobrede auf die Soldaten, die zu Beginn des Peloponnesischen Krieges gefallen sind, preist Perikles Athen und seine Hegemonie.

Plutarch beschreibt, wie das Volk von Athen vom Gedanken imperialer Expansion gefesselt ist. Als sie eifrig planen, Sizilien zu unterwerfen, ahnen sie nicht, dass diese schlecht vorbereitete Expedition sie schließlich ihre Hegemonie kosten wird.

„Noch vor der großen Versammlung hatte Alkibiades die Bevölkerung korrumpiert ... Die jungen Männer saßen in ihren Gymnasien und die alten Männer in ihren Werkstätten und ihren Ruhesesseln und zeichneten Karten von Sizilien und vermaßen das Meer drum herum ... Denn für sie war Sizilien nicht das eigentliche Ziel, sondern nur ein Sprungbrett. Von Sizilien aus, so meinten sie, solle man die Macht Karthagos herausfordern und sich dann Libyen und alles Land westlich der Säulen des Herakles einverleiben."

Mit Geschichten über Götter und Helden lernte die attische Jugend lesen. Man vergisst leicht, dass nur sehr wenige Athener die großen literarischen Werke lesen konnten, die im klassischen Athen entstanden; Schriftsteller wie Thukydides schnitten ihre Geschichten auf ein ausgesuchtes Publikum zu. Seine Texte spiegeln ihre (und seine eigenen) elitären Vorurteile wider.

Hier stellt der „Alte Oligarch" dar, warum Athen seinen Alliierten ein demokratisches Regime aufnötigt:

„Was die Verbündeten betrifft: Die Athener segeln dorthin und intrigieren gegen die dortigen Regierungen, insbesondere jene, in denen ihnen verhasste Aristokraten sitzen. Denn die Athener haben begriffen, dass der Beherrscher den Herrscher immer hasst, und dass ihre Herrschaft in Städten, die von reichen aristokratischen Männern regiert werden, immer nur von kurzer Dauer sein wird. Deshalb entrechten sie die Aristokraten, nehmen ihnen ihr Geld, vertreiben sie, töten sie und ersetzen sie durch Mitglieder der unteren Schichten."

In dieser Szene aus der Komödie „Die Acharner" von Aristophanes kehren Botschafter von ihrer diplomatischen Mission zurück und beklagen sich darüber, wie schlimm es ihnen ergangen ist:

„Zum großen König habt ihr uns geschickt, für zwei Drachmen am Tag … Schrecklich haben wir gelitten! … Bewirten lassen mussten wir uns und süßen Wein aus goldenen oder kristallenen Bechern trinken! … Denn die Barbaren betrachten nur den als echten Mann, der am meisten essen und trinken kann … Nach vier Jahren kamen wir an den Hof des Königs, doch der war gerade fort mit seinem Heer … Nach acht Monaten kam er zurück, servierte uns ganze Ochsen aus dem Ofen."

Athen betrachtete sich selbst als Geschenk der Göttin Athene, der Patronin der Stadt. Es gab zahlreiche Statuen von ihr – manchmal war sie mit einem kleinen Speer dargestellt, den sie im Anschlag hielt: zur Verteidigung Athens. Sie erschien aber durchaus auch friedvoller. Eine der berühmtesten Darstellungen der Göttin war die Statue aus Gold und Elfenbein im Parthenon, geschaffen vom Künstler Phidias. Diese Statue war von immenser Popularität, und es wurden viele Kopien von ihr angefertigt, wie diese hier.

Die Maschinerie der Hegemonie

Die Hauptverpflichtung der Mitglieder des Attischen Seebundes bestand darin, die Allianz durch den Erhalt der Flotte zu unterstützen. Diese Unterstützung konnte entweder durch die Zahlung von Geldern an Athen erfüllt werden, das damit Schiffe und Besatzung kaufte, oder man konnte selbst Schiffe und Besatzung bereitstellen, die dann unter dem Oberbefehl Athens dienten. Die meisten der Mitglieder entschieden sich für Ersteres und zahlten jedes Jahr einen bestimmten Betrag als „Tribut", wobei sich die Größe ihrer eigenen marinen Streitkräfte jedoch entsprechend verringerte.

Dass so viele Stadtstaaten im Grunde genommen für ihre eigene Versklavung bezahlten und ihre eigenen Möglichkeiten zum Widerstand verringerten, lag an zwei Faktoren. Der erste waren die hohen Kosten und der hohe Aufwand, den es bedeutete, eine Flotte zu unterhalten. Sogar für Athen, das infolge seiner Größe viele wirtschaftliche Vorteile genoss, blieb wahrscheinlich wenig von den Tributzahlungen übrig, wenn die laufenden Kosten seiner Flotte bezahlt waren. Wenn man bezahlte, verfügte man also über alle Vorteile einer Flotte (Verteidigung gegen Persien, Beseitigung von Piraten), ohne eine eigene ausrüsten zu müssen. Der zweite Faktor war, dass Athens Vorherrschaft über das Meer erstaunlich schnell überall in der Ägäis akzeptiert wurde. Wie auch immer die Situation gewesen war, als der Seebund gegründet worden war: Bald wurde den Alliierten klar, dass in der Ägäis nichts geschah, ohne dass Athen es erlaubte. Es ergab wenig Sinn, eine eigene Flotte zu unterhalten, denn das Gefühl der Unabhängigkeit, das sie vermittelte, war ohnehin eine Illusion. Einige Staaten, wie die großen Inseln Chios, Lesbos und Samos, beschlossen, diese Illusion aufrechtzuerhalten, indem sie Athen statt Geld ihre eigenen Schiffe lieferten. Doch konnte der symbolhafte Charakter dieses Vorgehens nicht über die reale Situation hinwegtäuschen. Sie genossen keine größere Autonomie als die Tributzahler. Als Samos und Lesbos revoltierten,

Religiöse Feste waren ein wichtiger Bestandteil des Lebens in Athen. Athens Verbündete waren verpflichtet, an ihnen teilzunehmen und ihren Teil beizutragen. Der Fries des Parthenons stellt ein solches Fest dar: die Panathenäen zu Ehren der Athene. Hier sind vier Wasserträger zu sehen, die an der panathenäischen Prozession teilnehmen.

wurde ebenso hart durchgegriffen wie bei den kleineren Staaten.

Die Tributzahlungen dienten nicht allein der wirtschaftlichen Unterstützung Athens und dem Unterhalt seiner Flotte. Sie hatten auch eine ideologische Funktion. Das erste Anzeichen für eine zukünftige Hegemonie Athens war bereits bei der Gründung des Attischen Seebunds auszumachen, als man Athen das Recht verlieh, die Schatzmeister des Bundes zu bestimmen – ein Signal, das noch bekräftigt wurde, als Athen die Kasse von Delos nach Athen verlegte. Der vorgeschobene Grund dafür war, dass sie dadurch besser vor dem Zugriff von Persern oder Piraten geschützt werden konnte, doch blieb die Symbolhaftigkeit dieser Aktion niemandem verborgen. Historiker betrachten dieses Vorgehen traditionell als Anzeichen dafür, dass Athen sich endgültig von den ursprünglichen Idealen des Seebunds verabschiedet hatte. Mehrere Aspekte, die mit den Tributzahlungen zusammenhingen, wurden im Staatskalender von Athen festgehalten. Die Neufestsetzung von Tributen wurde mit dem Fest der Großen Panathenäen verbunden, einem Fest, an welchem der Geburtstag von Athene und (als logische Folge) ihre Lieblingsstadt, Athen, gefeiert wurde. Botschafter aller Alliierten waren verpflichtet, diesem Fest beizuwohnen, Opfertiere bereitzustellen und Rüstungen zu weihen. Gleich nach dem Fest wurde ihnen mitgeteilt, wie viel ihr neuer Jahresbeitrag zum Unterhalt Athens betragen würde. Noch pikanter war, dass die Tributzahlungen selbst rechtzeitig zu den Großen Dionysien, dem alljährlichen Theaterfest zu Ehren des Dionysos, nach Athen gebracht werden mussten. Das Präsentieren der Tribute gehörte sogar zu den Präliminarien des Festes: Zum Vergnügen des zufriedenen und staunenden Athener Publikums wurde das Geld auf der Bühne aufgehäuft.

Zusätzlich zu seiner Flotte verfügte Athen über eine Vielzahl von Beamten. Nach einer Quelle erreichte ihre Zahl auf dem Höhepunkt der attischen Kultur im 5. Jahrhundert mehr als 700 Beamte, die die Vorgänge innerhalb des Bundes kontrollierten und von denen eine große Zahl in den einzelnen Stadtstaaten eingesetzt war. Sie erfüllten eine ganze Reihe von Funktionen: Sie überwachten den Transfer der Tributzahlungen nach Athen und arbeiteten bei der Handhabung und dem Einsammeln des Geldes mit regionalen Beamten zusammen. Sie hatten ein Auge darauf, dass Athens Dekrete befolgt wurden, erstatteten Athen Bericht über örtliche Vorgänge und fungierten als Kontaktpersonen für die attischen Botschaften vor Ort. Wenn eine Stadt gegen Athen revoltiert hatte, wurde eine Garnison mit attischen Soldaten eingerichtet, die dafür verantwortlich war, die Ordnung aufrechtzuerhalten und sicherzustellen, dass die Stadt loyal blieb. Außerdem wurden zahlreiche Botschaften eingerichtet und Boten entsandt, die dem wachsenden Bedürfnis Athens Rechnung trugen, seine politische Linie in die abgelegenen Stadtstaaten hinauszutragen. Und doch scheint der Dienst als Beamter in den verbündeten Städten unter den Bürgern Athens nicht besonders populär gewesen zu sein. Deshalb waren diejenigen, die das Pech hatten, dass ihnen ein solcher Posten zugewiesen wurde, oft bemüht, sich zu entschuldigen oder jemand anderen zu bestechen, damit er ihren Platz einnahm. Schließlich musste Athen sogar ein Gesetz erlassen, das solche Methoden verbat.

Athen verpflichtete auch ein ganze Reihe lokaler Berühmtheiten als seine Bedienstete. Diesen wurde der Titel proxenos (Pl. *proxenoi*) verliehen, und sie waren vor allem damit betraut, sich um Athener zu kümmern, die den anderen Stadtstaaten einen Besuch abstatteten. Sie sorgten für deren Unterbringung, stellten ihnen wichtige ortsansässige Personen und Einrichtungen vor und leisteten in einigen Fällen sogar finanzielle Unterstützung. Im Gegenzug wurden ihnen in Athen bestimmte Privilegien zuerkannt, z. B. dankte man ihnen öffentlich in der Versammlung und man gewährte ihnen eine rechtliche Absicherung gegen Repressalien seitens ihrer Mitbürger. Kam es zu Aufständen, kam dieser Schutz zugegebenermaßen fast immer zu spät, doch immerhin konnten sich loyale *proxenoi* darauf verlassen, dass Athen ihren Tod rächen würde.

Kulturschaffen

Es gab nur wenige Aspekte des öffentlichen Lebens in Athen, die nicht in irgendeiner Form vom

Gedanken attischer Hegemonie betroffen waren. Ein Bauprogramm wurde eingerichtet, das dem neuen Status Athens mit der Entwicklung monumentaler Gebäude Rechnung trug. Die Hegemonie ließ die Athener ihre eigene Geschichte neu bewerten, und sie hatte Einfluss auf die religiöse Praxis der Bürger und Verbündeten. Sie durchzog die Geschichte wie ein Mythos, und diese Mischung infizierte Drama und bildende Künste und kam schließlich in den Köpfen der Bürger an. Zum Beispiel sind zwei der charakteristischen Merkmale der attischen Kultur der klassischen Zeit – der Athenozentrismus und der Fokus auf das „Barbarische" – Konzepte, die sich in der Folge der neuen Hegemonialstrukturen entwickelten. Sie trugen zum Mythos von Athen als übermächtigem griechischem Stadtstaat bei, gesegnet von den Göttern, dessen Vorherrschaft nicht nur vorbestimmt, sondern geradezu eine Notwendigkeit war.

Alle griechischen Stadtstaaten waren darauf aus, ihre Region ins Rampenlicht zu stellen, insofern scheint Athens Selbstdarstellung nicht weiter verwunderlich. Doch wird man kaum eine Stadt zu finden, die Athen darin gleichkam, die eigene Individualität und die Überlegenheit seiner Einrichtungen herauszustellen. Athen war so bemüht darum, dass es beinahe etwas Pathologisches hatte, und es liegt nahe, den Athenozentrismus seiner Kultur mit einem Verdrängen der Sorge um den Rang als hegemon zu assoziieren. Die vorherrschende Ideologie versuchte, den historischen Zufall, der dazu geführt hatte, dass Athen den Seebund anführte, als Naturgesetz umzudeuten. Die ganze Palette seiner Künste ordnete sich diesem Vorhaben unter.

Es gibt zahlreiche Beispiele dafür, wie die Ideologie der attischen Überlegenheit funktionierte. So wurde das Leitmotiv, dass die Stadt Athen der Göttin Athene ganz besonders am Herzen lag, über die Maßen zelebriert – in religiösen Zeremonien, in der Vasenmalerei und am deutlichsten und beeindruckendsten beim Umbau der Akropolis. Doch stellte man beileibe nicht nur Athene in dieser Art und Weise dar. Etwas anderes, dass Athen gerne von sich behauptete, war, dass Attika der Geburtsort der Landwirtschaft war: In der Stadt Eleusis soll die Göttin Demeter den Prinzen Triptolemos als ersten in der Kunst der Landwirtschaft unterwiesen haben, woraufhin dieser dann in einem geflügelten Streitwagen davoneilte, um diese Kunst dem Rest der Welt nahezubringen. Diese Geschichte, die Athen zu nichts weniger als der Wiege der Zivilisation macht, erzählte man wiederum in Drama, Kunst und Ritual. Bei der aparche mussten die Alliierten die „ersten Früchte" ihrer Getreideernte nach Eleusis schicken, um an diesen großherzigen Akt Demeters zu erinnern. Obwohl all diese Geschichten schon lange existierten, bevor Athen zur Großmacht wurde, schuf ihnen eben diese Macht ein neues und einträgliches

Athen wurde nicht nur von Athene begünstigt, sondern von allen Göttern. Ein in Athen besonders populärer Mythos erzählt von der Göttin Demeter, die den attischen Prinz Triptolemos (hier auf einem geflügelten Thron) beauftragt, die Kunst der Landwirtschaft in ganz Griechenland zu verbreiten. Mittels solcher Geschichten stilisierte sich Athen als Ausgangspunkt der Zivilisation und Mittelpunkt der Welt.

Athen kam an die Macht, weil es Persien besiegt hatte. Kein Grieche durfte diese Geschichte je vergessen. In Athen wurden unzählige Vasen produziert, auf denen heroische nackte Griechen oftmals fremdartig (und in den Augen der Griechen weibisch) gekleidete Barbaren besiegen.

Forum und ermöglichte ihre Verbreitung auf eine neue Weise – und das in einem Ausmaß, wie es zuvor unvorstellbar gewesen war.

In ähnlicher Art stellte man die Rolle Athens als Führer im Kampf gegen die Perser heraus. Immerhin war dieser Anspruch die Basis der attischen Überlegenheit. In den Händen Athens wurden die kriegerischen Auseinandersetzungen mit den Persern zu einem zweiten Trojanischen Krieg. Marathon wurde also zur perfekten Schlacht schlechthin stilisiert. Zahlreiche Denkmäler wurden in der Stadt und in ganz Griechenland aufgestellt, die dem Volk die Rolle Athens in den Kriegen vor Augen führen sollten. Und es ist sicher kein Zufall, dass eine der wenigen Tragödien, die auf einem historischen Ereignis basieren, den attischen Sieg bei der Schlacht von Salamis zum Thema hat. All dies brachte mit sich, dass man die Perser als fremde Rasse betrachtete, als einen Menschenschlag, der von Natur aus fehlerhaft war. Die klassische Kunst zeigte mit Vorliebe Anzeichen von Fremdartigkeit, seien es die Tätowierungen der Thraker, die Kahlheit der beschnittenen Ägypter oder die weibische Kleidung der Perser. Athen erfand das Konzept des „Barbaren" – was nur allzu ironisch erscheint, bedenkt man den „barbarischen" Beigeschmack so vieler seiner eigenen Einrichtungen (wie der Tributzahlungen).

All diese Aktivitäten sorgten für Aufsehen. Handwerker und Künstler strömten nach Athen, Getreide und Bauholz wurden massenhaft eingeführt. Die immer wohlhabendere attische Elite entwickelte einen Sinn dafür, sich durch Neuerungen von ihren Mitbürgern abzusondern. Talentierte Ausländer fanden in Athen

Der Parthenon: Schatzkammer Athens

Eines der beständigsten Vermächtnisse des Attischen Seebunds waren die groß angelegten Bauten, die Athen auf dem Höhepunkt seiner Macht errichtete. Sie sorgten dafür, dass Athens Berühmtheit noch lange andauerte, nachdem es selbst gefallen war. In jeder Beschreibung dieses Bauprogrammes muss der Parthenon einen Ehrenplatz einnehmen. Im Jahre 447 v. Chr. wurde mit dem Bau begonnen, und es dauerte 15 Jahre bis zu seiner Fertigstellung. Der Parthenon misst 69,50 m x 30,80 m, mit acht Säulen an jedem Ende und 17 Säulen an den Seiten. In seinem Zentrum stand eine 12 m hohe, elfenbeinerne Statue der Göttin Athene, mit über einer Tonne Gold belegt.

Dieses Bauwerk, das mehr als Schatzkammer denn als Tempel fungierte, ist beispielhaft für den klassischen Stil. Seine Größe, seine edle Erscheinung und die wohldurchdachte Skulpturendekoration sollten allesamt vermitteln, dass Athen eine Stadt war, die mit den wichtigsten panhellenischen Zentren wie Delphi oder Olympia auf einer Stufe stand. Ob seine Alliierten, deren Unterwerfung das Errichten solcher Bauten erlaubte, hier zustimmten, ist ein anderes Thema. Man darf vermuten, dass sie vom Parthenon weniger hingerissen waren als die Athener selbst. Doch selbst innerhalb Athens fanden solche Gebäude ihre Kritiker: „Athen wird verschönert wie eine Hure", beklagten sich manche. Und in gewisser Weise hatten sie auch Recht. Gebäude wie der Parthenon sind vernunftwidrige Projekte, Produkte der Sehnsucht, ja: Lust-Objekte.

„Zerstörte man Athen, so würde die schiere Größe seiner Ruinen die Nachwelt glauben machen, seine Macht sei doppelt so groß gewesen, wie sie wirklich ist.“

Thukydides

Über Jahrhunderte blieb der Parthenon größtenteils intakt, als prominentestes Gebäude auf der Akropolis von Athen. Zunächst in eine christliche Kirche verwandelt und später in eine Moschee, wurde er schließlich zum türkischen Schießpulver-Lager. Am 28. September 1687 entzündete eine Streubombe das Lager und fügte dem Gebäude ungeheuren Schaden zu. Zur Zeit läuft ein großes Bauprogramm, das helfen soll, so viel vom Gebäude wiederherzustellen, wie es seine Überreste erlauben.

Im Herzen Athens lag die Agora. Sie war Marktplatz, Treffpunkt und administratives Zentrum zugleich. Hier fand man Händler und Güter aus allen Teilen der Welt. In den Säulengängen und Pavillons diskutierte man ebenso über Philosophie wie über den Preis von Getreide.

zahlreiche Ventile für ihre Fertigkeiten, waren sie nun Lehrer, Musiker, Lyriker, Tragödiendichter oder auch nur semiprofessionelle Konversationspartner.

Natürlich darf man es sich nicht so vorstellen, dass all diese intellektuellen Anstrengungen das Ziel hatten, die Herrscherideologie zu unterstützen. Die attische Vormachtstellung war ein wichtiger Impuls für die kulturelle Entwicklung – durch Anpassung ebenso wie durch Widerstand. Kunst ist etwas anderes als Propaganda, und man muss nicht allzu tiefgründig forschen, um (insbesondere bei Kunstformen wie dem Drama) auf den Anspruch zu stoßen, die Übermacht Athens infrage zu stellen. Die Komödie war zu schlau, um sich vor den Karren Athens spannen zu lassen, und wies immer wieder auf seine unerwünschten Folgen und seine grotesken Züge hin. Und auch die Tragödie hatte, obgleich ihr Stoff üblicherweise in der mythischen Vergangenheit angesiedelt war, häufig Gewalt und Machtmissbrauch zum Thema, die allzu oft zum Tagesgeschäft gehörten. Doch ist der Effekt des Dramas trotz allem zweifelhaft. Der Komödiendichter Aristophanes, der zahlreiche Stücke zum Thema Frieden auf die Bühne brachte, scheint sein Publikum nie dazu gebracht zu haben, sich vom Krieg abzuwenden.

Athen und seine Opposition

Eine der wichtigsten Funktionen eines Reiches ist die Kontrolle und Verteilung von Ressourcen. Doch gibt es dabei automatisch Sieger und Verlierer. Vom Attischen Seebund konnten viele profitieren. Die armen Leute in Athen fanden Arbeitsplätze in der attischen Flotte, der Reichtum der Stadt zog Händler und Handwerker aus ganz Griechenland an, und auch Exporteure wie die Winzer von Chios machten gute Geschäfte. Auf dem Athener Markt fand man ägyptische Parfumverkäufer, libysche Getreidegroßhändler, phönizische Textilhersteller und thrakische Prinzen beim Stadtbummel. Wohlhabende Athener Bürger erkannten schnell das Potenzial, das die Hegemonialstrukturen ihnen boten, wenn es darum ging, den eigenen Grundbesitz zu erweitern, und viele scheinen große Ländereien in Übersee besessen zu haben. Doch waren alle diese Vorteile auch mit Kosten verbunden. Händler mussten eine Absatzsteuer zahlen, um die religiösen Kulte in Athen mitzufinanzieren. Ausländer, die in Athen wohnen wollten, mussten dem Staat Gebühren zahlen. Athen konnte geradezu habgierig erscheinen, wenn es um Ressourcen ging. Die Folgen, die dies für Thassos und seine Goldminen hatte, haben wir bereits gesehen. In ähnlicher Weise war Athen darauf aus, sich das beste Bauholz und Getreide zu sichern, selbst wenn seine Verbündeten dieser Mittel selbst in hohem Maße bedurften.

Das Leben unter attischer Vorherrschaft war für die Verbündeten also nicht immer leicht. Die Anwesenheit attischer Beamter in den Städten führte zu Spannungen.

Da sie nicht an die örtliche Gesetzgebung gebunden waren, war das Potenzial für Bestechung und Gesetzesverstöße enorm. Außerdem waren attische Beamte für ihre Trunksucht und dafür, die Frauen von ortsansässigen Prominenten zu verführen, berüchtigt. Regime, die die Unterstützung Athens genossen, verwendeten diese oftmals dazu, ihre eigenen Gegner zu verfolgen. Wenn die örtlichen Eliten anderer Stadtstaaten sich als untreu erwiesen, wurden dort oft demokratische Regime eingesetzt. Gegenseitige Schuldzuweisungen, blutige Auseinandersetzungen und Exilierung waren fast immer die Folge solcher Vorgänge.

Die gelegentliche, aber nicht wenig dramatische Einmischung in die Innenpolitik sorgte immer mehr für Unmut unter den Alliierten, genau wie die Enteignung von Land und die Einrichtung von Kolonien. Der berüchtigtste Fall dieser Art geschah nach der Revolte in der Stadt Mytilene auf der Insel von Lesbos im Jahre 428 v. Chr. Mytilene war ein wichtiger Verbündeter für Athen – und man nahm den Aufstand nicht auf die leichte Schulter.

Der Historiker Thukydides beschreibt, wie die Emotionen im Anschluss an diese Revolte hochkochten und Athen die Insel einnahm. Für ihn zeigte der Umgang mit Mytilene, wie unbarmherzig und berechnend die Athener ihre Herrschaft verteidigten. In der attischen Ratsversammlung herrschte der Wunsch nach Rache vor und man stimmte dafür, alle erwachsenen männlichen Bürger zu töten und alle Frauen und Kinder zu versklaven. Sofort wurde ein Schiff entsandt, um dem attischen Kommandant auf Lesbos diese Anordnungen zu überbringen. Doch gleich am nächsten Tag änderte die Ratsversammlung ihre Meinung, und man beschloss, nur die Rädelsführer der Revolte hinzurichten. Man entsandte Boten mit neuen Befehlen, die die vorherigen widerriefen. Thukydides berichtet, wie die zwei Triremen über die Ägäis fahren, die eine mit dem Todesurteil, die andere mit der Begnadigung. Die Mannschaft der zweiten Trireme ruderte ohne Essens- und Schlafpausen und erreichte Mytilene, als der attische Kommandant gerade dabei war, die Massenhinrichtung ausführen zu lassen. Die Mytilener wurden zwar verschont, aber selbst die attische „Milde“ war noch hart. Die Mytilener Flotte wurde von der attischen vereinnahmt, die Mauern der Stadt geschliffen, mehr als 1000 an der Revolte beteiligte Männer wurden hingerichtet und der größte Teil der Insel Lesbos beschlagnahmt.

Doch es gab nicht nur unter den Verbündeten Unmut gegenüber der attischen Herrschaft. Auch innerhalb Athens gab es Kritik. Als Athen begann, seine eigenen außenpolitischen Verbindungen zu entwickeln, betrat es ein Gebiet, das vorher die alleinige Domäne aristokratischer Elitefamilien gewesen war. Viele waren froh darüber und benutzten ihre familiären Verbindungen, um sich als Botschafter oder Generäle in Gebieten einsetzen zu lassen, mit denen sie über ihre Vorfahren verbunden waren. Doch nahm die Zahl derer zu, die der neuen Demokratie skeptisch gegenüberstanden.

Diese innere Opposition gegen die Athener Vormachtstellung erfuhr zahlreiche Ausprägungen. Meist äußerte sich diese Opposition nur in Worten, doch mitunter folgten auf diese auch Taten. Der bekannteste Vorfall städtischen Terrorismus in der Geschichte Athens scheint von eben dieser Opposition ausgegangen zu sein: Eines Morgens im Jahre 415 v. Chr. waren die beliebten Statuen des Gottes Hermes verstümmelt worden. Bei diesen markanten Statuen trug eine rechteckige Säule das Haupt des Gottes, darunter befanden sich männliche Geschlechtsorgane. Sie bestimmten das Stadtbild Athens, fanden sich an vielen Straßenkreuzungen und in der Nähe von Wohnhäusern. Die Verstümmelung brachte man mit der bevorstehenden Expedition nach Sizilien in Verbindung, dem Versuch, die attische Hegemonie auf den Westen auszuweiten. Da Hermes der Gott des Reisens war, war es naheliegend, in dem Anschlag

Fast an jeder Straßenecke oder -kreuzung in Athen stand wenigstens eines dieser markanten Wegzeichen, die „Hermen“ hießen und dem Gott Hermes geweiht waren. Sie waren typisch für Athen. Die „Verstümmelung“ vieler dieser Statuen im Jahre 415 v. Chr. sahen viele als Ausdruck des Protestes gegen die attische Expedition nach Syrakus an.

Seit dem 6. Jahrhundert v. Chr. war Korinth einer der Hauptrivalen Athens. Als wichtiges Handelszentrum kämpfte es aktiv gegen den steigenden Einfluss Athens in der Ägäis. Archäologen haben viel von der alten Stadt zutage gefördert, einschließlich des eindrucksvollen Apollon-Tempels, hinter dem man hier die zur Verteidigung höchst effektive Akropolis von Korinth sieht.

eine politische Protesttat, die sich gegen den militärischen Expansionsdrang Athens richtete, zu sehen.

Der Protest von Nicht-Athenern, die sich gegen die attische Herrschaft auflehnten, äußerte sich meist in Gewalt. Athenische Bürger, die in den alliierten Stadtstaaten lebten, wurden nicht selten tätlich angegriffen. Um dem entgegenzuwirken, wurde verfügt, dass jede Stadt, auf deren Grund und Boden ein Athener ermordet wurde, hohe Geldbußen zahlen musste. Natürlich ist es nicht verwunderlich, dass es zu solchen Übergriffen kam – in Städten, wo Aufstände unterdrückt und neue Regime installiert wurden. Dennoch ist es bezeichnend, dass wir Hinweise auf solche Übergriffe sogar in vermeintlich loyalen Gemeinden, wie derjenigen auf der Insel Chios, finden. Signifikanter als die zufälligen, sporadischen Gewalttaten waren groß angelegte Aufstände. Keiner von den großen Verbündeten Athens war gegen solche Aufstände gefeit, und oft geschahen sie mehr als einmal.

Krieg mit Sparta

Die kriegerischen Auseinandersetzungen mit Sparta und seinen Alliierten, für gewöhnlich „Peloponnesischer Krieg“ genannt, sind das wichtigste Ereignis in der Geschichte des Attischen Seebunds. Dieser Krieg, der mehr als 27 Jahre dauerte, entzweite Griechenland und führte schließlich zum Niedergang des Reiches, das Athen eingerichtet hatte.

Vielen schien es, als ob Athen seine Macht dadurch erlangt habe, dass es Sparta nach dem Ende der Perserkriege die Hegemonie über Griechenland gestohlen hatte. Athen mag behauptet haben, dass es nicht die angestammte Aufgabe Spartas war, die Griechen anzuführen, und dass seine Verbündeten ihm aus freien Stücken gefolgt waren, aber es ist unwahrscheinlich, dass man außerhalb Attikas viel auf solche Argumente gegeben hat. Mit Sicherheit betrachten die Spartaner die attische Expansion äußerst argwöhnisch. Dass sie zunächst nichts dagegen unternahmen, hat mehr mit der spartanischen Innenpolitik zu tun und mit der Abneigung Spartas, außerhalb der eigenen Grenzen militärisch aktiv zu werden, als damit, dass es mit Freuden zugesehen hätte, dass Athen die Kontrolle über die Ägäis übernahm. Die Perserkriege hatten lange genug gedauert, und die Spartaner wollten den Kampf gegen Persien nicht weiter fortsetzen. Die Eliten von Sparta mochten es nicht, dass die spartanischen Könige eine so enorme Macht innehatten, während sie auf einem Feldzug waren, und wollten ihre Anführer deshalb wieder nach Hause zurückrufen.

Außerdem waren die Spartaner äußerst vorsichtig, wenn es darum ging, ihr Land längere Zeit zu verlassen, da dies Aufstände unter den Heloten, ihren Leibeigenen, förderte. Sparta war zufrieden damit, den Peloponnesischen Bund anzuführen, eine Vereinigung von Staaten, die durch gegenseitige Verteidigungspakte miteinander verbunden waren. Diese Staaten mussten Sparta dahin folgen, wohin es sie führte. Doch wenn die Spartaner Dankbarkeit dafür erwartet hatten, Athen so einfach die Herrschaft über den Rest Griechenlands zu überlassen, lagen sie falsch. Im Laufe der ersten Hälfte des 5. Jahrhunderts v. Chr. beobachten wir, wie Athen Sparta und seinen Verbündeten, insbesondere den Staaten Korinth und Theben, ständig das Leben schwer macht.

Korinth war die andere große Macht auf der Peloponnes, und in vielerlei Hinsicht spürte es die Last der Vorherrschaft Athens stärker als Sparta. Athen ging Allianzen mit Korinths Rivalen ein. Es gefährdete das Gleichgewicht der Macht in der Region, indem es seinen Einfluss weiter in Richtung Westen ausbreitete. Zwischen 461 und 446 v. Chr. waren zwischen Korinth und Athen feindliche Aktionen sowohl diplomatischer als auch militärischer Art an der Tagesordnung.

Athen expandierte auch in Richtung Norden. Es scheint, dass man ernsthaft darüber nachdachte, sich auch auf dem Festland einen Einflussbereich zu schaffen, der demjenigen auf See gleichkam. Im Jahre 457 v. Chr. nahm Athen beispielsweise mehrere böotische Städte ein und ernannte sie zu tributpflichtigen Mitgliedern des Seebunds. Obwohl diese Städte später befreit wurden, konnte man an diesem Vorgehen ganz deutlich Athens Absichten in der Region ablesen. Der Vorfall sorgte zudem dafür, dass Athen sich auch noch Theben zum Feind machte.

Wie man sieht, ist dieser Zeitraum von 47 Jahren ab der Gründung des Attischen Seebunds vor allem durch zweierlei gekennzeichnet: einerseits die andauernde Expansion Athens und das Eintreiben von Tributzahlungen und Rohstoffen bei seinen Alliierten und andererseits eine Reihe von Streitigkeiten zwischen Athen und Mitgliedern des Peloponnesischen Bundes und seinen Verbündeten. Diese Streitigkeiten führten zu keinerlei Ergebnis und schufen lediglich ein Klima des Hasses.

Es mag verzeihlich sein, davon auszugehen, dass eine solche Situation letztlich nur in einem Krieg zwischen Athen und Sparta enden konnte. Dies war mit Sicherheit die Haltung des Historikers Thukydides, der den Konflikt schließlich aufzeichnete. Dennoch gibt es gute Gründe, anzunehmen, dass, als wirklich Krieg ausbrach, keine der Seiten sich vorstellen konnte, dass er länger als fünf Jahre dauern und sich auf Gebiete ausbreiten würde, die so weit entfernt waren wie Sizilien und Thrakien.

Die erste Phase des Peloponnesischen Krieges nennt man im Allgemeinen den „Archidamischen Krieg“, nach dem spartanischen König Archidamos II., der die

Einer der wichtigsten demokratischen Führer in Athen war der Staatsmann Perikles. Er hatte die Aufsicht über einen großen Teil des Bauprogramms, für das Athen berühmt war. Als begabter Redner und talentierter General war er der Architekt der attischen Verteidigungsmaßnahmen in der ersten Phase des Peloponnesischen Krieges. Leider starb er, als die Pest ausbrach, und Athen verlor seinen Anführer gerade dann, als es ihn am meisten brauchte.

Nicht nur Athen wollte an seine Siege im Peloponnesischen Krieg erinnern. Nach der spektakulären Niederlage Spartas bei Pylos errichteten die Einwohner von Messene, einem Alliierten Athens, diese Statue der Siegesgöttin Nike, um den Sieg über Sparta zu feiern. Eine Rekonstruktion dieser Statue zierte die Medaillen der Olympischen Spiele in Athen 2004.

spartanische Armee bei drei Einfällen in Attika anführte (431, 430 und 428 v. Chr.). Diese Phase kennzeichnen die alljährlichen Invasionen Attikas und die strikte Verweigerung Athens, mit Sparta in den offenen Kampf zu gehen. Diese Politik, die man dem Athener Staatsmann Perikles zuschreibt, beruhte auf dem Gedanken, dass Athen als „Insel" hinter seinen Mauern effektiv funktionieren konnte und sich mittels seines Hafens und seiner Vorherrschaft über die Ägäis versorgen konnte. Doch es konnte nicht ewig so weitergehen. Sparta war einen solch lang andauernden und zu nichts führenden Krieg nicht gewohnt, und Athen verfügte trotz seines Reichtums letzten Endes auch nicht über genügend Ressourcen, um diese Strategie für immer durchzuhalten. Zudem war das Leben auf der „Insel" Athen alles andere als idyllisch. Der enge Raum reichte für die Bevölkerung von Attika nicht aus. Die Situation war nicht nur ungemütlich, sondern geradezu ungesund. Eine Seuche brach aus und wütete in der Stadt – mit verheerenden Auswirkungen. Viele Einwohner starben, und die Stadt verlor viele prominente Söhne, namentlich Perikles, den Architekten der attischen Verteidigungsstrategie. Fast gleichzeitig kam es auf beiden Seiten zu einer Änderung in der Politik. Sparta beschloss, direkt die Ressourcen Athens anzugreifen, indem es seine Truppen in den Norden Griechenlands schickte, um dort Ärger anzuzetteln, der dann dafür sorgen sollte, dass der Transport von Getreide nach Athen behindert würde, so dass der Hunger die Bevölkerung schließlich aus den Mauern Athens treiben würde. Athen hingegen wollte Sparta zusetzen, indem es eine Reihe von Piratenüberfällen inszenierte und entlang der Küste Festungen errichten ließ. Beide Strategien waren äußerst erfolgreich. Die Spartaner, vom begabten Taktiker Brasidas angeführt, befreiten in Thrakien mehrere Städte von der Herrschaft Athens und fügten der Vorherrschaft Athens in der Region enormen Schaden zu. Auf der Peloponnes schaffte es der attische Kommandant Kleon indessen, ebenso sehr durch Glück wie durch Taktik, eine wichtige Abteilung der spartanischen Armee auf der Insel Sphakteria nahe Pylos gefangen zu nehmen. Kurioserweise hatten es also beide Seiten geschafft, im Versuch, die unentschiedene Situation mittels Taktik für sich zu entscheiden, ein neues und weitaus komplexeres Patt zu erschaffen.

Dass es zu keiner klaren Entscheidung kam, führte dazu, dass Sparta und Athen im Jahre 421 v. Chr. einen Friedensvertrag schlossen, der ihren Konflikt beenden sollte. Dieser sogenannte „Nikiasfrieden", benannt nach einem attischen Politiker, der bei den Verhandlungen eine wichtige Rolle spielte, erwies sich nicht als das geeignete Mittel, langfristige stabile Verhältnisse für Griechenland zu schaffen. Zum Beispiel waren weder Korinth noch Theben oder Megara bereit, sich an seine Fristen zu halten. Vor allem aber bot er keinen strukturellen Mechanismus, der Athens Machtstreben hätte eindämmen können.

Innerhalb weniger Jahre nach der Festlegung des Vertrags ist eine weitere Expansion Athens auszumachen, die wieder zu Problemen mit Sparta führte. Im Jahre 419 v. Chr. ging Athen eine Allianz mit Argos ein, einem Erzfeind Spartas. Im Jahre 416 v. Chr. versuchte Athen, die Insel Melos dazu zu zwingen, dem Attischen Seebund beizutreten, eine von Dorern besiedelte Insel und praktisch neutral. Als Melos sich weigerte, belagerte Athen die Stadt, und als Melos schließlich eingenommen wurde, zahlte es einen

Macht vs. Recht – das Massaker von Melos

Im Winter 416/415 v. Chr. tötete eine attische Streitmacht alle erwachsenen Männer auf der Insel Melos und verkaufte die Frauen und Kinder als Sklaven. Dank der literarischen Verarbeitung der Verhandlungen von Athenern und Meliern vor dem Massaker ist dieses Ereignis als Beispiel für intensiven Pragmatismus in die Geschichte eingegangen, der die auswärtigen Beziehungen Athens festigte.

Im Laufe der Verhandlungen brachte der attische Botschafter eine Reihe Argumente an, die es einem kalt den Rücken herunterlaufen lassen. Melos musste kapitulieren, nicht etwa, weil es eine Bedrohung für die attische Macht dargestellt hätte, sondern weil seine Unabhängigkeit Athen als schwach hätte dastehen lassen und seine Feinde auf den Plan gerufen hätte. Großreiche regierten durch Angst, sie könnten es sich nicht leisten, Ideale wie Gerechtigkeit oder Ethik aufrechtzuerhalten. In zwischenstaatlichen Beziehungen hätten Begriffe wie Ehre oder Schande keinen Platz, es ginge um Profit und Zweckdienlichkeit. Und darum wäre es eben einfach dumm, sich wie die Melier blinder Hoffnung hinzugeben – oder auf die Götter zu vertrauen.

Das anschließende Massaker an den Meliern scheint eine solche Sicht der Dinge zu bestätigen. Doch hatte der attische Botschafter wirklich Recht? Das Blut der Melier hat viele Diskussionen unter Fachleuten für internationale Beziehungen entfacht. Es ist eine Frage, die sich im Verlauf der Geschichte Regierungen aller Art haben stellen müssen – ob man sich besser zurückhält oder das Messer noch tiefer hineinstößt.

Athen tat niemals so, als wäre Krieg keine blutige und grausame Angelegenheit. Wenige Monate nach dem Gemetzel von Melos zeigte der Athener Tragödiendichter Euripides eine der großen literarischen Anklagen gegen die Brutalität des Krieges: die Troerinnen. Das Stück erzählt vom Morden und den Grausamkeiten, die die überlebenden Frauen nach der Niederlage Trojas ertragen mussten. Ihr schreckliches Schicksal spiegelt das der Frauen von Melos wider.

Auf der Höhe seiner Macht hatte Athen an die 200.000 Einwohner. Von diesen waren 60.000 erwachsene Athener Bürger. Dazu kamen zahlreiche Sklaven und Ausländer, die sich hier niedergelassen hatten. Nicht alle lebten in der Stadt. Viele Athener zogen die Dörfer im Umland Athens vor. Dennoch war es in Notzeiten möglich, dass die gesamte Bevölkerung Attikas innerhalb der Mauern Athens Schutz fand.

schrecklichen Preis für seine Weigerung, den Forderungen Athens nachzukommen [siehe Kasten]. Im Jahre 415 v. Chr. wollte Athen Sizilien unter seine Kontrolle bringen und sandte eine allzu ehrgeizige Expedition aus, die einen katastrophalen Ausgang hatte. Es war unvermeidbar, dass der Krieg weitergehen würde.

Der wichtigste Faktor in diesem zweiten Abschnitt des Krieges war, dass sowohl Athen als auch Sparta nun Persien umwarben. Beide Seiten begriffen, dass es des Eingreifens einer Supermacht wie Persien mit ihren wertvollen Ressourcen bedurfte, um eine Entscheidung herbeizuführen. Persien könnte Sparta eine Flotte bereitstellen, mittels derer es endlich der attischen Übermacht auf See etwas entgegenstellen konnte. Persiens Ressourcen wiederum könnten Athen in die Lage versetzen, sich über die spartanische Belagerung und die Taktik, die Nahrungsmittelversorgung Athens zu stören, keine Sorgen mehr machen zu müssen. Versuche, Persien zu umgarnen und auf die jeweilige Seite zu ziehen, hatte es vom ersten Augenblick des Krieges an gegeben. In dieser Phase des Krieges jedoch bekamen diese Versuche eine neue Qualität und Dringlichkeit. Schließlich schlug sich Persien auf Spartas Seite. Damit war Athens Schicksal besiegelt.

Persien stellte Sparta finanzielle Mittel zur Verfügung, um eine Flotte unter dem Befehl des Spartaners Lysander auszurüsten. Dass Sparta, eine traditionell zu Lande operierende Militärmacht, mit dem Meer experimentierte, zeigt, in welchem Maße der Konflikt Einfallsreichtum und die Bereitschaft zur Veränderung förderte. Es ist überhaupt ein Kennzeichen des Peloponnesischen Krieges, dass er ehrgeizigen Figuren wie Brasidas und Lysander die Möglichkeit bot, sich im spartanischen Staatsgebilde hervorzutun.

Natürlich wussten die Athener nicht, dass ihnen die Zeit davonlief, und so wehrten sie sich nach Kräften. Es machte die Perser geradezu wütend, wie lange die Spartaner brauchten, um Athen den Todesstoß zu versetzen. Bei den Arginusen, nahe Lesbos, besiegte die attische Flotte die Spartaner, und Letztere mussten mit persischem Geld eine neue Flotte bauen. Und doch hatten die Spartaner schließlich ihre Chance, in der

Schlacht von Aigos Potamoi im Jahre 404 v. Chr., indem sie es schafften, die attische Flotte zu überrumpeln, als deren Schiffe noch am Strand lagen. Nur neun Schiffe der Athener entkamen dem Massaker. Es war diese Niederlage, die das Schicksal Athens schließlich besiegelte. Athen wurde gezwungen, einen demütigenden Friedensvertrag zu unterzeichnen, den Lysander aushandelte und demgemäß seine Mauern niedergerissen wurden und eine brutale pro-spartanische Militärjunta, die sogenannten „Dreißig", eingesetzt wurde, um die Stadt zu regieren.

Der Zweite Attische Seebund

Macht erträgt kein Vakuum, Imperialismus kann süchtig machen. Wie auch immer man es zu erklären versucht, die Zeit nach der Niederlage Athens wurde keine der friedlichen Koexistenz voneinander unabhängiger Staaten, wie es Spartas Propaganda während des Krieges die Griechen glauben machen wollte. Stattdessen sehen wir drei Mächte, Sparta, Theben und Athen, die alle drei darum kämpfen, die griechische Welt zu beherrschen.

Spartas imperialistische Tendenz ist dabei eher überraschend. Vor Ausbruch des Krieges hatte sich die spartanische Außenpolitik dadurch ausgezeichnet, dass man sich nicht allzu weit von seinem traditionellen Machtzentrum auf dem Peloponnes entfernte. Jetzt aber schien der Krieg Spartas Sicht auf die Welt erweitert und einen neuen Ehrgeiz zutage gefördert zu haben.

Dieses Bestreben ließ die Spartaner sich von ihrem ehemaligen Verbündeten, dem persischen König Artaxerxes, abwenden. Sie unterstützten einen neuen Thronanwärter, und als dies scheiterte, erboten sie sich, gegen Persien in den Krieg zu ziehen, um die ionischen Städte, die sich unter persischer Herrschaft befanden, zu befreien. Dieses neue, prahlerische und expansionsfreudige Sparta tat sich schwer, Freunde zu gewinnen. Sparta zog sich nicht nur die Feindschaft Persiens zu, sondern verlor zudem die Unterstützung seiner alten Verbündeten Korinth und Theben.

Spartas Verrat ließ Persien sich nun wiederum Athen zuwenden. Es finanzierte den Wiederaufbau der Überreste der attischen Flotte, und diese Flotte, unter dem Befehl von Konon, einem Veteran der Schlacht von Aigos Potamoi, ging erfolgreich gegen die spartanische Flotte vor. Das oligarchische Regime der Dreißig hatte sich nur ein paar Jahre halten können. Nachdem Sparta aufgehört hatte, es zu unterstützen, war das Regime entfernt und die Demokratie wiederhergestellt worden. Athen schien sich von seinen Misserfolgen zu erholen. Und es kam schneller wieder auf die Beine, als es Persien lieb war. Die attische Flotte durchsegelte die Ägäis und trieb bei den Inselbewohnern und Gemeinden an der Küste Kleinasiens Geld und Vorräte ein.

Die Athener sorgten für Aufruhr im Persischen Reich, indem sie den König von Zypern, Euagoras I., einen Verbündeten der Perser, zur Rebellion anstifteten. Dieser neue Enthusiasmus Athens bedurfte einer Dämpfung. Und so schlossen sich die früheren Feinde Persien und Sparta einmal mehr zusammen, um ihren Rivalen in die Knie zu zwingen. Im Jahre 387 v. Chr. eroberten die Spartaner den Hellespont, und das gefährdete die Getreideversorgung Athens, was dieses schließlich an den Verhandlungstisch brachte; im Jahre 386 v. Chr. wurde ein Kompromiss geschlossen, der sogenannte „Königsfrieden". Es sollte nun in der ganzen griechischen Welt Frieden herrschen – zu dem Preis, dass es keine griechischen Bündnisse mehr geben würde: Alle griechischen Staaten sollten autonom sein.

Theoretisch hätte dies das Ende des attischen Expansionsdrangs sein müssen. In der Praxis aber scheint der Friedensvertrag ihn nur vorübergehend aufgehalten und Athen stattdessen dazu angespornt zu haben, sich Möglichkeiten auszudenken, ihn zu umgehen. Am Anfang wurde eine Reihe von bilateralen Verteidigungsbündnissen geschlossen, was der Königsfrieden nicht per se ausschloss. Aus diesen Vertragsbeziehungen entstand der Zweite Attische Seebund. Gegründet im Jahre 377 v. Chr. war das Bündnis von vorneherein als Opposition gegen die spartanische Übermacht gedacht. Der Anführer dieses neuen Seebunds war wieder Athen, und der Bund sollte finanziell durch „Beiträge" unterstützt werden.

Der Attische Seebund war wieder da. Oder doch nicht? Wir besitzen das Gründungsdokument dieses Bündnisses, eine interessante Lektüre. Ganz deutlich ist, dass die Alliierten ob des Risikos wussten, das es bedeutete, eine solche Verbindung mit Athen einzugehen. Im Dokument ist festgehalten, was als unakzeptables Verhalten seitens Athens anzusehen ist; es garantiert Autonomie; Tributzahlungen werden ausdrücklich verboten; Athen darf weder Garnisonen einrichten noch Gouverneure einsetzen; Athener Bürgern wird verboten, außerhalb Attikas Land zu besitzen; jeder Antrag, diese Bedingungen zu verändern, soll mit dem Tode bestraft werden; jeder Mitgliedsstaat des Bündnisses soll eine Stimme haben in der Bündnisversamm-

Es musste ein militärisches und diplomatisches Genie wie Philipp, der Vater Alexanders des Großen, kommen, um Athen zu besiegen und seine Vorherrschaft zu brechen. Er kam aus einem unruhigen Königreich im Norden und weitete seinen Einfluss auf das gesamte griechische Festland aus. Als brillanter Stratege brachte Philipp es fertig, nach und nach all seine Gegner zu bluffen, zu verwirren und schließlich zu besiegen. Seine Expansionspläne wurden erst aufgehalten, als er 335 v. Chr. einem Attentat zum Opfer fiel. Alexander führte sein Werk fort.

GEGENÜBER: Als Geburtsort der Demokratie und Ursprungsort großartiger Literatur und Kunst hat das klassische Athen nichts von seiner Faszination eingebüßt. Nach dem Fall des Ottomanischen Reiches und der Befreiung Griechenlands im 19. Jahrhundert wurde Athen wieder zur Pilgerstätte und zum touristischen Ziel. Auf den Stufen der Propyläen konnte man sich durchaus vorstellen, dass man in einer Stadt war, die einstmals eine „Schule für ganz Griechenland" war.

lung, und diese Versammlung soll die gleiche Amtsbefugnis besitzen wie die Bürgerschaft Athens. In einer symbolischen Geste wurde eine Stele mit einer Kopie dieser Urkunde in Athen neben der Statue des Zeus Eleutherios (wörtlich: „Zeus der Freiheit") aufgestellt. Die Urkunde des Zweiten Attischen Seebunds stellte ein attraktives Angebot dar, und es ist leicht nachvollziehbar, warum so viele Stadtstaaten darauf aus waren, beizutreten. Die Mitgliederzahl wird mit bis zu 70 angegeben, und viel weniger als 60 können es nicht gewesen sein.

Im Großen und Ganzen hielt sich Athen an die Absprachen, die in dieser Urkunde festgehalten sind. Und dafür gab es eine Reihe ganz pragmatischer Gründe: Athen war nicht annähernd so mächtig, wie es im Jahrhundert zuvor gewesen war. Der ständige Druck seitens Spartas (und später Thebens) bedeutete für Athen, dass es keine großen Zwistigkeiten unter den Alliierten riskieren konnte. Natürlich hielt dies Athen nicht davon ab, seine Position als Anführer des Bundes dazu zu benutzen, andere Stadtstaaten außerhalb des Seebunds zu drangsalieren oder sich Vorteile zu verschaffen, wann immer dies möglich war. Nachdem Athen Samos von der Herrschaft der Perser befreit hatte, gründete man dort z. B. schnell eine Reihe von Kolonien und vertrieb so die Samier praktisch von der Insel. In Sestos tötete man alle erwachsenen Männer und verkaufte den Rest der Bevölkerung in die Sklaverei. Spaltungstendenzen blieben weiterhin ein Problem. Keos versuchte, den Bund zu verlassen, und wurde gewaltsam „auf Linie" gebracht. Bei militärischen Notfällen wich Athen durchaus von den Regeln ab und stationierte Garnisonen an strategisch wichtigen Punkten – was natürlich nur dem Gemeinwohl dienen sollte. Inwieweit man Athen in dieser Periode noch als Unterdrücker wahrnahm, wird ganz verschieden gewesen sein, je nachdem, welchen Stadtstaat man gefragt hätte. Wahrscheinlich wäre die Antwort von Sestos und Samos eine ganz andere gewesen als die von einem Staat wie Tenedos, das bis zum Schluss ein loyales Mitglied des Bundes blieb. Bedeutsam ist hierbei wohl am ehesten, dass es darüber mehr verschiedene Meinungen gegeben haben wird, als es im 5. Jahrhundert der Fall gewesen war.

Der letztendliche Untergang des Attischen Seebunds war mehr auf den Einfluss anderer Mächte zurückzuführen als auf irgendeine Tat seitens Athens. Im Jahre 371 v. Chr. besiegte Theben Sparta in der Schlacht bei Leuktra, von der sich Sparta nie wirklich erholte. Und die aufstrebende Großmacht Theben war nicht bereit, Athen die Vorherrschaft über Griechenland zu überlassen. Es scheint, als ob Theben aktiv andere Staaten dazu angestachelt hat, sich gegen Athen zu erheben. Indessen fuhr Persien eine ganz ähnliche Taktik mit den Staaten, die nahe dem persischen Einflussbereich lagen. Im Jahre 357 v. Chr. trugen die Intrigen Früchte, und mehrere wichtige Staaten, namentlich Keos und Rhodos, versuchten, den Attischen Seebund zu verlassen. Dies führte zum sogenannten „Bundesgenossenkrieg", einem Krieg, der letztlich die Schwäche der attischen Position aufzeigte. Nach zwei Kriegsjahren hatte Athen nicht mehr die Mittel weiterzumachen und stellte es allen Verbündeten frei, den Bund zu verlassen.

Die letzte Großmacht, die die Bühne betrat, war Makedonien und dieses bereitete dem Attischen Seebund schließlich ein Ende. Der Aufstieg Philipps II. von Makedonien ist ein wunderbares Lehrstück in der Kunst der Diplomatie und Doppelzüngigkeit. Er spielte Theben und Athen gegeneinander aus, während er die ganze Zeit über seinen Einfluss in Richtung Süden und Osten erweiterte. Als er praktisch ganz Thessalien, Thrakien und den Chersones kontrollierte, war die Uhr für seine Feinde bereits abgelaufen. Theben und Athen verbündeten sich, um ihm Widerstand zu leisten, doch 338 v. Chr. wurden sie in der Schlacht von Chaironeia von seiner überlegenen Streitmacht überrannt. Dies markiert das Ende des attischen Imperialismus. Athen und seine Verbündeten wurden Teil von Philipps neuem Korinthischen Bund. Nach der Schlacht von Chaironeia ging Philipp, wie berichtet wird, zwischen den Toten spazieren. Als er sah, wie hoch sich die Leichen seiner Gegner auftürmten, weinte er um den Verlust solch tapferer Männer. Ein neues Weltreich war im Aufbruch begriffen. Um den Attischen Seebund hat, soweit wir wissen, außer Athen niemand geweint. Das Zeitalter eines neuen Imperiums hatte begonnen.

Kapitel 6

Die Reiche Alexanders und seiner Nachfolger

338–60 v. Chr.

So mächtig manche griechischen Stadtstaaten auch wurden, ihre Macht endete doch meist unweit ihrer eigenen Grenzen. Griechische Schriftsteller, wie Isokrates im 4. Jahrhundert v. Chr., warteten schon lange auf einen Anführer, der ganz Griechenland vereinen und in den Krieg gegen Persien führen würde. Als der makedonische König Philipp II. und sein Sohn Alexander der Große sich schließlich in den Verlauf der griechischen Geschichte einschalteten, wurde diese Hoffnung erfüllt – und dies in einer Art und Weise, wie es wohl niemand für möglich gehalten hatte. Alexanders Eroberungen veränderten nicht nur die Länder, die er eroberte – von Ägypten und dem Nahen Osten bis ins heutige Afghanistan –, sondern auch die Welt der Makedonen und Griechen, die er hinter sich ließ. Zur Zeit seines frühen Todes im Jahr 323 v. Chr. hatte er indes gerade erst begonnen, seine Herrschaft über das vormals persische Großreich zu festigen: Es gab zahllose Makedonen, die auf Macht und Reichtum aus waren, aber keiner war ein überzeugender Nachfolger für Alexanders Thron. Es dauerte ein halbes Jahrhundert, bis sich neue Dynastien herausbilden und behaupten konnten, die schließlich die „Nachfolgereiche" und den Hellenismus begründeten.

VORHERIGE SEITEN: Detail des sogenannten Alexander-Sarkophags. Dieser Sarkophag aus Sidon (Libanon), jetzt im Archäologischen Museum Istanbul, ist das Werk mehrerer griechischer Künstler vom Ende des 4. Jahrhunderts v. Chr. Das Relief der Vorderseite zeigt die Schlacht von Issos (333 v. Chr.), bei der Alexander die Armee des Perserkönigs Dareios III. besiegte.

RECHTS: Die „Venus von Milo" ist angeblich ein Werk des Alexander von Antiochia (Ende 2. Jahrhundert v. Chr.). Die Marmorstatue, 1820 auf der Insel Melos entdeckt, ist 2 Meter hoch, ihre Arme sind nie gefunden worden. Heute steht sie im Pariser Louvre.

Liste der Herrscher

338–328 v. Chr.	Alexander

ANTIGONIDEN VON MAKEDONIEN

306–301 v. Chr.	Antigonos I. Monophthalmos
306–283 v. Chr.	Demetrios I. Poliorketes
283–239 v. Chr.	Antigonos II. Gonatas
239–229 v. Chr.	Demetrios II.
229–221 v. Chr.	Antigonos III. Doson
221–179 v. Chr.	Philipp V. von Makedonien
179–168 v. Chr.	Perseus

SELEUKIDEN

305–281 v. Chr.	Seleukos I. Nikator
281–261 v. Chr.	Antiochos I. Soter
261–246 v. Chr.	Antiochos II. Theos
246–225 v. Chr.	Seleukos II. Kallinikos
225–223 v. Chr.	Seleukos III. Soter
223–187 v. Chr.	Antiochos III. der Große
187–175 v. Chr.	Seleukos IV. Philopator
175–164 v. Chr.	Antiochos IV. Epiphanes
163–162 v. Chr.	Antiochos V. Eupator
162–150 v. Chr.	Demetrios I. Soter
150–145 v. Chr.	Alexander Balas
145–142 v. Chr.	Antiochos VI. Epiphanes
138–129 v. Chr.	Antiochos VII. Sidetes
129–125 v. Chr.	Demetrios II. Nikator
126 v. Chr.	Kleopatra Thea
125–121 v. Chr.	Kleopatra Thea und Antiochos VIII. Grypos
125 v. Chr.	Seleukos V.
121–96 v. Chr.	Antiochos VIII. Grypos
115–96 v. Chr.	Antiochos IX. Kyzikenos
96–95 v. Chr.	Seleukos VI. Epiphanes Nikator
95–88 v. Chr.	Demetrios III. Philopator
95–83 v. Chr.	Antiochos X. Eusebes
95 v. Chr.	Antiochos XI. Philadelphos
94–84 v. Chr.	Philipp I. Philadelphos
87 v. Chr.	Antiochos XII. Dionysos
83–69 v. Chr.	(Tigranes von Armenien)
69–64 v. Chr.	Antiochos XIII. Asiatikos
65–64 v. Chr.	Philipp II.

ATTALIDEN VON PERGAMON

281–263 v. Chr.	Philetairos
263–241 v. Chr.	Eumenes I.
241–197 v. Chr.	Attalos I. Soter
197–159 v. Chr.	Eumenes II. Soter
159–138 v. Chr.	Attalos II.
138–133 v. Chr.	Attalos III.

PTOLEMÄER

304–283 v. Chr.	Ptolemaios I. Soter
283–246 v. Chr.	Ptolemaios II. Philadelphos
246–222 v. Chr.	Ptolemaios III. Euergetes I.
222–204 v. Chr.	Ptolemaios IV. Philopater
204–180 v. Chr.	Ptolemaios V. Epiphanes
180–145 v. Chr.	Ptolemaios VI. Philometor
145–144 v. Chr.	Ptolemaios VII. Neos Philopater
145–116 v. Chr.	Ptolemaios VIII. Euergetes II. Physkon
139–101 v. Chr.	Kleopatra III.
116–107 v. Chr.	Ptolemaios IX. Soter II.
107–88 v. Chr.	Ptolemaios X. Alexander
101–88 v. Chr.	Kleopatra Berenike III.
80–58 v. Chr.	Ptolemaios XII. Neos Dionysos
58–55 v. Chr.	Berenike IV.
55–51 v. Chr.	Ptolemaios XII.
51–47 v. Chr.	Ptolemaios XIII.
51–30 v. Chr.	Kleopatra VII. Philopator
47–44 v. Chr.	Ptolemaios XIV.
36–30 v. Chr.	Ptolemaios XV.

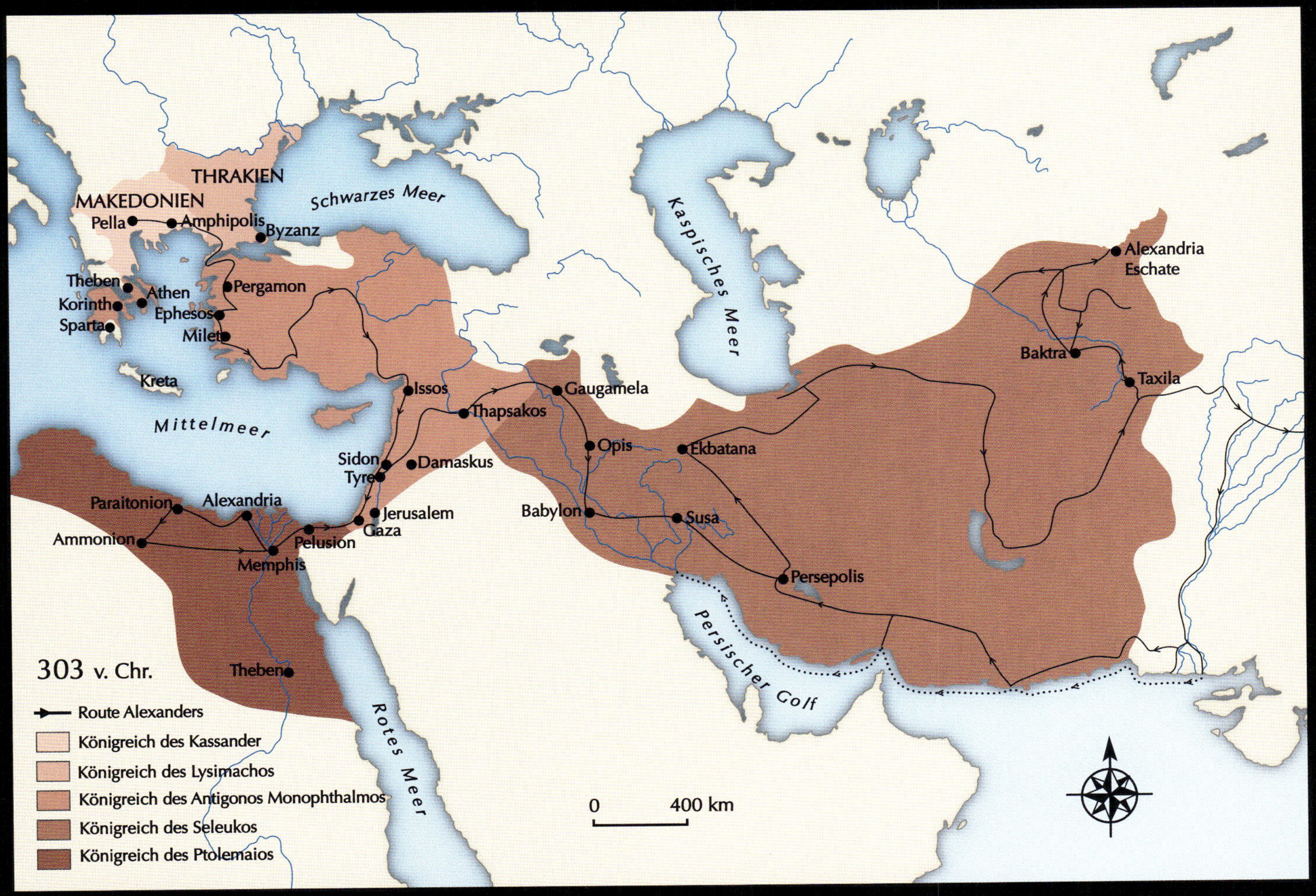

Philipp von Makedonien siegt bei Chaironeia
338 v. Chr.

Tod Philipps
336 v. Chr.

Alexander greift Persien an
334 v. Chr.

Dareios, persischer König, unterliegt in der Schlacht von Issos
333 v. Chr.

Gründung Alexandrias
332 v. Chr.

Überwältigender Sieg Alexanders in der Schlacht von Gaugamela
331 v. Chr.

Alexander erobert Nord-Indien
326 v. Chr.

Tod Alexanders in Babylon
323 v. Chr.

Sieg von Seleukos und Lysimachos bei Ipsos
301 v. Chr.

300 v. Chr.

Erster Syrischer Krieg zwischen Ptolemäern und Seleukiden
274–271 v. Chr.

Zweiter Syrischer Krieg
260–253 v. Chr.

Dritter Syrischer Krieg
246–241 v. Chr.

200 v. Chr.

Die Römer besiegen Philipp V. von Makedonien bei Kynoskephalai
197 v. Chr.

Die Römer besiegen Antiochos III. bei Magnesia
189 v. Chr.

Rom erobert Korinth
146 v. Chr.

100 v. Chr.

Schlacht von Actium
31 v. Chr.

Zeitenwende

Als Alexander der Große im Jahre 356 v. Chr. in Pella, der Hauptstadt des kleinen Königreichs Makedonien, zur Welt kam, begann eine neue Ära. Sein Vater, Philipp II., der neue Herrscher der Makedonen, war gerade dabei, die politische Landkarte der Ägäis für immer zu verändern. Innerhalb weniger Jahre stieß er bis zu den Thermopylen vor, dem Tor zur griechischen Welt. Kaum ein Jahrzehnt später war Makedonien de facto die Hegemonialmacht Griechenlands: Philipp schmiedete Allianzen mit diversen griechischen Stadtstaaten, isolierte Athen und unterwarf den gesamten Süden der Balkan-Halbinsel. Dennoch zeichnete sich auch hier noch kaum ab, welche wahrlich welterschütternden Veränderungen es mit sich bringen sollte, als Philipp im Jahre 336 v. Chr. ermordet wurde und Alexander an die Macht kam.

Von Philipp zu Alexander

Kein Herrscher hat die Welt des Altertums im selben Ausmaß verändert wie Alexander der Große. In den 13 kurzen Jahren seiner Regierung wurde das winzige Königreich Makedonien, am Rande des riesigen Persischen Reiches der Achämeniden gelegen, zur größten Macht, die die Welt je gesehen hatte. Ein neues Zeitalter hatte begonnen, das wir heute „Hellenismus" nennen; griechische Sprache, Kultur und Sitten traten ihren Siegeszug durch den gesamten Nahen Osten bis nach Zentralasien an. Als Alexander im Jahre 323 v. Chr. starb, hatte er seine Soldaten über den Hellespont und das Taurus-Gebirge geführt, durch die Wüste Libyens und die endlosen Steppen Mesopotamiens, über den Hindukusch bis nach Indien und durch die lebensbedrohliche Wüste von Gedrosian im heutigen Iran. Tausende waren gestorben oder waren aus ihren Häusern vertrieben worden, ihre Städte geplündert und ihre Besitztümer beschlagnahmt. Doch nach Alexanders Tod fiel sein Reich noch schneller auseinander, als es errichtet worden war. Eine Generation nach dem großen Eroberer teilte sich die hellenistische Welt in drei größere und eine Handvoll kleinere Königreiche auf, die alle um dasselbe kämpften: das Vermächtnis Alexanders, die universale Macht.

Die Eroberungen Alexanders wären ohne die von seinem Vater Philipp II. (359–336 v. Chr.) getroffenen Vorbereitungen unmöglich gewesen. Er war es, der für Makedonien die Vorherrschaft über Griechenland und den Balkan geschaffen hatte, und er hinterließ seinem Sohn nicht nur ein stabiles und vergrößertes Reich, sondern auch einen Auftrag: Im Kampf von Chaironeia 338 v. Chr. hatte Philipp jene Stadtstaaten besiegt, die sich unter der Führung Athens zusammengefunden hatten (s. Kapitel 5). Zwischen den Griechen – die hauptsächlich in Stadtstaaten lebten – und den Makedonen, die in einer Monarchie lebten, hatten starke Antipathien geherrscht. Die Griechen hielten die Makedonen ganz allgemein für Barbaren, auch wenn sie für die makedonische Königslinie eine Ausnahme machten und ihr erlaubten, an den griechischen Festen teilzunehmen. Nach seinem Sieg über die Griechen bei Chaironeia beschloss Philipp, die Griechen, anstatt ihre Stadtstaaten zu unterwerfen und in sein Königreich zu integrieren, unter der Schirmherrschaft des Korinthischen Bundes zu vereinen, wobei er gleichzeitig sicherstellte, dass der Bund ihn zu seinem Anführer machte.

Eine der ersten Entscheidungen des Bundes war eine Mobilmachung gegen das Persische Reich. Das offizielle Ziel dieses Feldzugs war Rache: Ungefähr 150 Jahre zuvor (s. Kapitel 5) hatten die Perser viele griechische Baudenkmäler zerstört, darunter die Akropolis von Athen, und in Griechenland viele wichtige Kunstwerke erbeutet. Der Feldzug gegen den Erzfeind kam dem Wunsch der griechischen Elite nach Rache nach und bildete so eine Basis für eine Zusammenarbeit zwischen den griechischen Städten, die von Philipp und dem makedonischen Königreich erobert worden waren. Das erklärt auch die zweite öffentliche Behauptung des Königs: Es war sein erklärtes Ziel, die griechischen Städte in Kleinasien (an der Westküste der heutigen Türkei) vom persischen Joch „zu befreien" – was auch immer „Freiheit" unter makedonischer Hegemonie zu bedeuten hatte.

Die makedonischen Generäle Parmenion und Attalos führten im Jahre 336 v. Chr. eine große Armee über den Hellespont, die schmale Meerenge zwischen Griechenland und Asien. Der Zeitpunkt dieses Wagnisses war gut gewählt, weil sowohl der persische Großkönig Artaxerxes III. Ochos als auch sein Nachfolger Arses in den Jahren 338/37 bzw. 336 v. Chr. ermordet worden waren. Die Dynastie der Achämeniden aus dem heutigen Iran, die über ein Reich vom Hindukusch bis an die Südgrenze Ägyptens geherrscht hatte, war dadurch in interne Streitigkeiten verwickelt (s. Kapitel 4). Aus diesen ging im Jahre 336 v. Chr. Dareios III. als neuer persischer König hervor, im Alter von ungefähr 45 Jahren – und sein Hauptanliegen war, notwendigerweise, die Konsolidierung seines Reiches.

Kurz nachdem der „Freiheits"-Feldzug begonnen hatte, fiel Philipp einem tödlichen Attentat zum Opfer. Ihm folgte der 20-jährige Alexander, der dritte makedonische König, der diesen Namen trug, auf den Thron. Philipp hatte zu seinem Sohn keine besonders enge Beziehung mehr gehabt, nachdem er seine zweite Frau Kleopatra geheiratet hatte. Der junge Mann war

Marmorporträt Alexanders des Großen, ca. 320 v. Chr. Dieses Fragment gehörte einst zu einem größeren Monument.

Alexander (mit Hut und Chlamys) und sein Freund Hephaistion (oder Krateros) bei der Löwenjagd. Dies ist ein Kieselmosaik aus dem Haus der Peristyle im griechischen Pella, ca. 320 v. Chr.

unter dem Einfluss seiner Mutter Olympias, einer Königstochter aus Epiros, und des griechischen Philosophen Aristoteles aufgewachsen, der bei Alexander großes Interesse an der griechischen Kultur geweckt hatte. Mit Aristoteles hatte er die Epen Homers gelesen, und er soll sein Leben lang eine Abschrift der Ilias unter seinem Kopfkissen gehabt haben. Die Identifizierung mit den homerischen Helden wurde zu einer wichtigen treibenden Kraft für den jungen makedonischen Prinzen, der sich selbst als Achilleus seiner Generation stilisierte.

Tetradrachme Philipps II., König von Makedonien, geprägt in Pella 354 v. Chr.

Den relativ glatten Übergang von Philipp zu sich selbst verdankte Alexander hauptsächlich den Generälen seines Vaters. Als er endlich König war, ließ der junge Mann viele seiner internen Rivalen und Feinde ermorden und etablierte so seine eigene Macht in Makedonien. Er schlug erfolgreich Unruhen an Makedoniens nördlichen und westlichen Grenzen nieder, die durch den Mord an Philipp und die anschließende Nachfolge-Krise provoziert worden waren: Illyrische und thrakische Stämme bereiteten sich auf eine Invasion Makedoniens vor, wurden aber in einem Feldzug besiegt, bei dem Alexander im Norden die Donau überschritt. Aus hellenischer Perspektive bildete dieser Fluss die Grenze der *oikoumene*, wie die Griechen die bewohnte, zivilisierte Welt nannten. Doch war dies nur die erste von mehreren Gelegenheiten, bei denen Alexander einen Fluss erreichte und durchquerte, der als das Ende der bekannten Welt angesehen wurde: Ähnliche Wendepunkte sollten der Fluss Oxos (heute Amudarja) in Zentralasien und der Hyphasis (heute Beas) in Indien sein. Diese Tat war, wie wir bei antiken Autoren lesen, durch Alexanders „inneren Drang“ motiviert – dasselbe Motiv, das seine Feldzüge gegen Persien kennzeichnete.

Als das Gerücht aufkam, Alexander sei im Kampf gefallen, verließ die einflussreiche griechische Stadt Theben den Korinthischen Bund und entledigte sich der makedonischen Garnison. Dies veranlasste Athen dazu, darauf hinzuweisen, die neue Ordnung, die Philipp der griechischen Welt auferlegt habe, werde von vielen Griechen nicht toleriert. Sie wollten lieber ihre Freiheit als einen ausländischen König, der ihnen Frieden garantierte.

Zur gleichen Zeit sandte der persische Großkönig großzügige Geldgeschenke an Politiker innerhalb Griechenlands, um die makedonische Hegemonie zu destabilisieren. Als Alexander reagierte, indem er im Jahre 335 v. Chr. die Stadt Theben bis auf die Grundmauern zerstörte, kam ihr keine andere griechische Stadt zu Hilfe. Stattdessen gratulierten die Mitglieder des Bundes Alexander zu seinem Sieg und nahmen die Zerstörung der Stadt hin. Erst im Jahre 316 v. Chr. wurde sie wiederaufgebaut. Obwohl der neue König jetzt in Amt und Würden war und im folgenden Jahr seinen Angriffskrieg gegen Persien beginnen konnte, offenbart diese Revolte, wie sehr das wachsende Reich von der Person Alexanders abhängig war.

Eroberung des Perser-Reiches

Im Frühjahr des Jahres 334 v. Chr. durchquerte eine große Armee, die aus 30.000 Fußsoldaten, 5000 berittenen Soldaten und 12.000 erfahrenen makedonischen Elitesoldaten bestand, den Hellespont. Wie bereits angemerkt, war es offiziell ein Rachefeldzug für die persische Zerstörung griechischer Tempel und Städte 150 Jahre zuvor. Dennoch hatten die griechischen Stadtstaaten an der Armee Alexanders nur geringen Anteil. Das zeigt, dass das Motiv der Rache für Griechenland kaum Alexanders größter Antrieb gewesen sein kann, als er in den Krieg zog. Warum er seinen Feldzug begann und was er aus seinen nachfolgenden Erfolgen gezogen haben kann, muss letztendlich Spekulation bleiben.

Wahrscheinlich dachte Alexander zu Beginn wirklich nur daran, die schon lange etablierten griechischen Städte Kleinasiens zu „befreien“. Selbst Alexander muss begriffen haben, dass solch eine Armee, wie erfahren sie auch sein mochte, nicht im Stande war, größere geopolitische Ziele zu verfolgen. Und der persische Großkönig, im weit entfernten Zentrum seines Reiches, betrachtete die kleine Armee von Makedonen und Griechen lediglich als Bedrohung für weit abgelegene Provinzen (oder Satrapien) seines Reiches; es war ein Problem, das seine Beteiligung nicht unmittelbar erforderte, und so delegierte er die Aufgabe, sich mit der Bedrohung durch Alexander zu befassen, an seine Satrapen (Statthalter) und den griechischen Admiral Memnon von Rhodos. Alexander, der sich – wie bei allen seinen militärischen Siegen – auf die Geschwindigkeit und Beweglichkeit seiner sarisai verlassen konnte, besiegte die Satrapen in der ersten großen Schlacht seines Feldzugs am Fluss Granikos und machte den Weg frei zur Grenze Syriens. Die griechischen Städte waren jetzt, ob sie wollten oder nicht, „befreit“ – genauso wie das große nichtgriechische Territorium, das sich jetzt unter makedonischer Herrschaft befand. Erst als Alexander das Taurus-Gebirge überwand, stellte

Persischer Reiter, Detail einer Kampfszene mit Griechen und Persern vom sogenannten Alexander-Sarkophag von Sidon, Libanon, 330–320 v. Chr. Heute wird er im Archäologischen Museum in Istanbul gezeigt.

sich ihm der persische Großkönig persönlich mit einer riesigen Armee am Golf von Issos entgegen – wo er von Alexander vernichtend besiegt wurde. Das berühmte Alexander-Mosaik aus Pompeji zeigt wahrscheinlich den entscheidenden Moment, als sich der persische Großkönig, von Alexander angegriffen, umwendet, um das Schlachtfeld zu verlassen. Dareios floh mit nur wenigen Soldaten über den Euphrat, während sein Feldlager (und damit seine Familie) vom makedonischen Eroberer eingenommen wurde. In Damaskus gelang es dem wichtigsten General Alexanders, Parmenion, Dareios' Kriegsschatz zu beschlagnahmen, was die vorausgegangenen Finanzprobleme der Makedonen behob.

Anstatt jedoch den persischen König über den Euphrat zu folgen und vollends zu besiegen, entschied sich Alexander dafür, südwärts zu ziehen, die Mittelmeerküste entlang bis nach Ägypten. Die Stadt Tyros, auf einer Insel vor der Küste des heutigen Libanons gelegen, begrüßte die Gesandten Alexanders, lehnte aber die Bitte des makedonischen Königs ab, im örtlichen Tempel des Melqart, des höchsten Gottes der phönizischen Stadt, ein Opfer darzubringen. Alexander belagerte die Inselstadt daraufhin; sie widerstand sieben Monate. Schließlich wurde die Stadt eingenommen, als Alexanders Ingenieure einen Damm zur Insel bauten. Inzwischen hatte der persische Großkönig begriffen, welch ernste Bedrohung der Makedone für sein Reich und seinen Thron darstellte, und er bat um Frieden, zu Bedingungen, die für Alexander höchst schmeichelhaft waren. Der Historiker Arrian, der schrieb, als das Römische Reich auf dem Höhepunkt seiner Macht stand, aber fast zeitgenössische Quellen verwendete, schreibt, dass Parmenion Alexander empfahl, die Bedingungen des persischen Königs zu akzeptieren; wäre er Alexander, so wäre er froh, den Krieg unter solchen Bedingungen beenden zu können. Doch sein Sinnen wurde auf geradezu königliche Art und Weise niedergeschmettert. Alexander erwiderte, er wäre ebenfalls froh, den Krieg beenden zu können, wenn er Parmenion wäre, aber weil er Alexander sei, werde er dies nicht tun. Er behauptete, dass alles Geld und alle Macht des Dareios ihm gebührten, und dass er, kurz gesagt, danach strebe, selbst König Persiens zu werden.

Dieser Ehrgeiz sollte einer der entscheidenden Faktoren bei seiner fortschreitenden Entfremdung von der makedonischen Elite werden. Fürs Erste jedoch war Alexander noch durch den überwältigenden Erfolg sei-

FOLGENDE SEITEN:
Das Alexander-Mosaik (ca. 100 v. Chr.) wurde im „Haus des Fauns" in Pompeji gefunden. Ob es die Schlacht von Issos (333 v. Chr.) darstellt oder die Schlacht von Gaugamela (331 v. Chr.), ist unsicher. In der Mitte, auf dem Streitwagen, sieht man den persischen Großkönig Dareios. Alexander ist auf der linken Seite zu sehen, auf seinem Pferd Bukepahlos, mit einer Brustplatte, die das Haupt der Medusa ziert.

Die Ruinen des Dorfes Aghurmi in Ägypten, wo der Orakeltempel der Siwa-Oase stand.

ner Feldzüge geschützt, und jetzt, wo die phönizisch-zyprische Flotte des persischen Königs keine Bedrohung mehr darstellte, marschierte er beinahe ungehindert weiter nach Ägypten. Dort besuchte er Memphis, die alte Hauptstadt, wo er Spiele nach griechischer Tradition veranstaltete und dem ägyptischen Gott Apis opferte, einer Gottheit, die in der Gestalt eines lebenden Stiers angebetet wurde. Hier erhaschen wir einen ersten Blick auf Alexanders immerwährendes Bestreben, griechische Traditionen mit denen des Nahen Ostens zu vereinigen. Nachdem er Memphis verlassen hatte, segelte er den westlichen Arm des Nils hinunter und gründete an der Küste des Deltas eine Stadt, die er nach sich selbst benannte: Alexandria. Im Tempel von Amun-Re in Siwa, einer Oase mitten in der libyschen Wüste, wurde öffentlich verkündet, er sei der Sohn des Zeus.

Das Orakel des Amun-Re in Siwa bestand seit mehreren Jahrhunderten. Griechen, die sich im 7. Jahrhundert v. Chr. im nahe gelegenen Kyrene niedergelassen hatten, hatten die Kunde vom Orakel weithin verbreitet und es mit ihrem eigenen höchsten Gott, Zeus, in Verbindung gebracht. Hier in Siwa gab Amun-Re mit einem Nicken zu verstehen, dass Alexander der neue Pharao sei. Was genau geschah, als Alexander das Heiligtum betrat, ist nicht bekannt. Kallisthenes, einer der frühsten Biografen Alexanders, der den König auf seinen Feldzügen begleitete, hat die Ereignisse beschrieben, doch ist davon nur ein Fragment erhalten, das recht kryptisch ist: „Deshalb steht das Orakel von Ammon, das früher sehr berühmt war, jetzt so gut wie verlassen da … Alexander war begierig auf den Ruhm, das Orakel besucht zu haben, weil er wusste, dass Perseus und Herakles zuvor hierhergekommen waren … Der Priester erlaubte allein dem König, den Tempel in seinem üblichen Gewand zu betreten, während sich die anderen umkleiden mussten … alle hörten das Orakel außerhalb des Tempels, außer Alexander, der sich im Inneren des Gebäudes befand … die Antworten wurde nicht wie in Delphi gegeben … in Worten, sondern hauptsächlich durch Nicken und durch Zeichen, wie Homer schreibt: ‚Der Sohn des Kronos nickte mit seinen dunklen Brauen', der Seher imitierte Zeus. Dies eine jedoch erzählte er dem König mit deutlichen Worten: ‚Dass er der Sohn von Zeus sei.'"

Das Kapitel Siwa war bestimmend für die zukünftige Herrschaft Alexanders; ab jetzt war seine göttliche Abstammung Teil seines offiziellen Images als Monarch. Jetzt, als Sohn des Zeus Ammon, bestand eine Barriere zwischen ihm und den anderen makedonischen Aristokraten, die zunächst kaum sichtbar war, aber dennoch entscheidend. Er war nun kein militärischer Anführer mehr, der von der Armee gewählt worden war, und nicht mehr durch makedonische Traditionen gebunden: Seine Herrschaft wurzelte nunmehr in einer theokratischen Tradition, die im Nahen Osten bereits seit mehreren Jahrtausende bestand. Und doch hatte sein Selbstbild als Gottessohn wahrscheinlich mehr Facetten, als es die „offizielle" Lesart offenbart: Für einen Mann, der mit griechischen Mythen aufgewachsen war, mussten die Ereignisse von Siwa bedeuten, dass er in einer Liga mit den Homerischen Helden spielte. Wie Achilleus hatte er jetzt selbst einen göttlichen Stammbaum, und zwar einen noch besseren: Während der Held, der den Trojaner Hektor besiegte, den relativ obskuren Meeresgott Nereus zum Großvater hatte, konnte er, Alexander, Zeus höchstpersönlich seinen Vater nennen. Und alles weist darauf hin, dass Alexander an seine heroische Mission wirklich glaubte.

Im Jahre 331 v. Chr. nahm der makedonische König, Führer des Korinthischen Bundes und ägyptischer Pharao, den Feldzug gegen den persischen Großkönig Dareios wieder auf. Alexander durchquerte den Euphrat und Tigris, kämpfte in Gaugamela gegen Dareios und besiegte ihn; seine Soldaten verkündeten, er sei nunmehr „König von Asien". Er marschierte in Babylon und Susa in die Residenzen des Großkönigs ein und nahm die unglaublichen Schätze des persischen Großkönigs an sich. Zu Beginn des Jahres 330 v. Chr. erreichte er schließlich Persepolis, einen der wichtigsten Wohnsitze des Großkönigs und religiöse Hauptstadt des Reiches. Nach einer kurzen Zeit, während der er versuchte, Anschluss an den örtlichen Adel zu finden, setzte er den königlichen Palast in Brand. Warum tat Alexander etwas anscheinend so Irrationales? Einige antike Autoren meinen, es sei ein Unfall gewesen, das Ergebnis einer nächtlichen Verwünschung durch eine Prostituierte, andere, es sei ein absichtliches politisches Signal gewesen. Die archäologischen Überreste offenbaren jedoch, dass es ganz eindeutig Brandstiftung war. Was für eine Bedeutung dieses Ereignis hatte, lässt sich daran ermessen, dass Alexander kurz darauf jene Kontingente seiner Armee entließ, die im Korinthischen Bund eingezogen worden waren; das weist darauf hin, dass die Zerstörung von Persepolis als Racheakt für die Zerstörung der Athener Akropolis durch die Perser im Jahre 480 v. Chr. gedacht war.

König von Asien

Auch wenn der „Rachefeldzug" jetzt abgeschlossen war, so war Dareios noch am Leben und weigerte sich, sich Alexander zu beugen. Alexander verfolgte Dareios durch den Osten des Reiches in die Gebirge des Hindukuschs. Doch nachdem Dareios von einem seiner eigenen Männer, dem Satrapen von Baktrien und Sogdien, Bessus, ermordet worden war, ergriff Alexander die Gelegenheit, sich ein neues ideologisches Gewand anzulegen – das des Rächers seines ehemaligen Feindes. Er war nun der legitime Erbe Dareios', was sich in seiner Ehrerbietung dem ermordeten König gegenüber widerspiegelte. Alexander war jetzt König Makedoniens, ägyptischer Pharao und Großkönig von Persien. Er sicherte seine Eroberungen, indem er Städte gründete, denen er seinen Namen gab, und indem er Militärkolonien für die graeco-makedonischen Soldaten baute. Als Nachfolger der persischen Großkönige war er auch bemüht, sich mit der traditionellen Elite des Persischen Reiches zu versöhnen und sie in sein imperiales System zu integrieren. Er führte eine Zeremonie ein, bei der jeder, der sich ihm näherte, zu Boden fallen musste wie ein Hund (kyon), was auf Griechisch als proskynesis bekannt wurde. Dies war eine persische Hofzeremonie, und die makedonischen Adligen freuten sich ganz und gar nicht darüber. Sie machten sich mehr und mehr Sorgen darüber, welche Richtung Alexanders Königsherrschaft einschlug. Auch Roxane, die Tochter eines sogdischen Stammesführers aus den Bergen nördlich von Afghanistan, heiratete er gemäß persischem Ritus. Sein Erbe, dessen Geburt man nun erwartete, würde ebenso den Westen wie den Osten beherrschen.

Der absolute Machtanspruch der persischen Herrscher war jedoch mit der traditionellen militärischen Monarchie nicht vereinbar. Alexander bewegte sich in den Fußstapfen der Großkönige und entfremdete sich so immer mehr von seinen engsten Vertrauten. Er ignorierte sie und setzte immer mehr Perser in den höheren Ämtern ein, so dass unter den Makedoniern, deren Position vorher unbestritten gewesen war, der Neid wuchs. Es wurde

Alexander der Große, als Pharao porträtiert. Kolossalstatue aus der Ptolemäerzeit in Karnak, Ägypten.

immer offensichtlicher, dass der Krieg, der als Rachefeldzug gegen die Perser begonnen hatte, nunmehr von einem Menschen geführt wurde, der immer mehr unter dem Einfluss persischer Kultur und Traditionen stand. Makedonier, die Alexander offen kritisierten, lebten jedoch nicht lange; entweder tötete er sie selbst oder er ließ sie ermorden. Im Jahre 327 v. Chr. planten sieben junge Adlige ein Attentat auf Alexander. Einer von ihnen, Hermolaos, gestand, als er des Hochverrats angeklagt wurde, und behauptete vor den Makedoniern, „dass er an einer Verschwörung gegen den Königs beteiligt war, weil es für einen freien Mann nicht mehr möglich war, dessen unverschämte Tyrannei zu ertragen". Auch der Sohn des makedonischen Generals Parmenion wurde hingerichtet. Das neue Reich Alexanders war nicht mehr makedonisch.

Im Alter von 25 Jahren hatte der Herrscher eines ehemals unbedeutenden Königreichs an der Peripherie des Persischen Reiches bereits die Welt verändert. Und doch war die Eroberung Persiens für ihn nicht genug – er besaß, wie die Quellen uns mitteilen, einen „inneren Drang", seine Eroberungen immer weiter fortzuführen, bis an die Grenzen der bekannten Welt. Sein Feldzug ging weiter Richtung Osten, und keine Macht, so schien es, war im Stande, ihn aufzuhalten. Er glaubte, dass er kurz davor war, Achilleus und Herakles zu übertreffen. Im Jahre 327 v. Chr. überquerte er den Chaiber-Pass nach Indien, auf den Spuren des Gottes Dionysos, dessen Reise nach Indien einen prominenten Platz in der griechischen Mythologie einnahm. Der Sohn des Zeus-Ammon durchquerte den Indus – wie im Falle der Donau eine angeblich unüberwindbare Grenze – und besiegte im letzten groß angelegten Kampf seines Feldzugs König Poros im Nordwesten Indiens, bevor er schließlich den Fluss Hyphasis (Beas) erreichte, der heute in der Grenzregion zwischen Pakistan und Indien liegt.

Alexander hoffte immer noch, den östlichen Ozean zu erreichen, den man zu seiner Zeit für das Ende der Welt hielt. Aber Kundschafter berichteten, es gebe östlich des Flusses nichts als endlose fruchtbare Ebenen und dahinter noch mehr Berge, die man überwinden müsse. Die Geduld der Soldaten war am Ende und Meuterei hing in der Luft: „Überall im Lager diskutierte man, die Gemäßigteren beklagten ihr Los, während andere resolut erklärten, dass sie Alexander nicht weiter folgen würden, auch wenn er selbst voranginge." In Arrians Wiedergabe der Ereignisse unternimmt Alexander einen letzten verzweifelten Versuch, sie wieder auf Linie zu bringen. Nachdem er die Länder auflistet, die sie zusammen besiegt hatten, fährt er fort:

„Wenn zudem der Indus durch unser Land fließt und der Hydaspes, der Akesines und der Hydraotes, was zögert ihr da noch, auch den Hyphasis und die Völker jenseits jenes Stroms eurem makedonischen Reich einzugliedern? Fürchtet ihr etwa, dass ihr, wenn ihr dort einmarschiert, immer neue Barbaren bekämpfen müsst?"

Seine Beschwörungen waren vergebens; die Soldaten wollten um jeden Preis nach Babylon zurückkehren. Alexander gab dem Druck nach und erklärte den Hyphasis (wie zehn Jahre zuvor die Donau) zur Grenze der *oikoumene*. Was darüber hinaus lag, war es nicht wert, erobert zu werden. Auf ihrem Weg zurück nach Babylon musste ein Großteil der Armee die Wüste von Gedrosien durchqueren, eine wasserlose, sonnenverbrannte Region im südlichen Iran, wo mehr Soldaten starben als in den Schlachten des Feldzugs. Nach Alexanders Ankunft in Susa im Jahre 324 v. Chr. wurde eine Massenehe angeordnet, um die Verbindung zwischen den Graeco-Makedoniern und den persischen Eliten zu konsolidieren: Der König selbst heiratete zwei persische Prinzessinnen, und 80 seiner wichtigsten Höflinge sahen sich gezwungen, persische Frauen zu heiraten, ebenso wie 10.000 seiner Soldaten. Das Ereignis trug zu einer weiteren Entfremdung der traditionalistischen griechischen und makedonischen Kreise bei. Eine Verordnung, dass die griechischen Städte jene Personen wieder aufnehmen mussten, die aus ihren Gemeinden verbannt worden waren, führte zu noch mehr Unruhe; die Verordnung war ein klarer Bruch der traditionellen Autonomie der griechischen Stadtstaaten und zeigte ganz offensichtlich, dass Alexander nur bereit war, die „Freiheit der Griechen" zu respektieren, solange es seinen Interessen diente. Viele Makedonier widersetzten sich auch der offenen Bitte des Königs, ihn als Gott zu verehren.

Als Alexander in Opis die makedonischen Veteranen durch Perser ersetzte, meuterten seine alten Soldaten; einerseits, weil sie nun Seite an Seite mit ihren ehemaligen Feinden kämpfen sollten, hauptsächlich aber, weil sie den Persern die makedonische Kampfkunst beibringen sollten. Dies bedeutete einen Verlust ihrer militärischen Überlegenheit, die einer der Gründe für ihren privilegierten Status gewesen war, der sie von anderen Untertanen in Alexanders Reich abhob. Der König hoffte, den Streit ruhig und schnell beizulegen, wie Arrian berichtet: „Alexander gab ein öffentliches Bankett, platzierte alle Makedonier um sich herum und neben sie Perser und sich selbst, und diejenigen um ihn herum tranken von derselben Schüssel und gossen dieselben Trankopfer aus, während die griechischen Seher und die [persischen] Magier zusammen die Zeremonie einleiteten. Alexander bat die Götter um verschiedene Segen und besonders darum, dass Makedonier und Perser als Partner in der Regierung harmonieren würden."

Alexanders Reich

Das Reich Alexanders, mit seiner Hauptstadt Babylon, umfasste drei völlig unterschiedliche Bereiche: das makedonische Königtum, das nahöstliche Großreich und den griechischen Bund (zumindest rein rechtlich) unabhängiger Stadtstaaten. Rechtlich gesehen war Alexander für seine makedonischen Soldaten nichts als ein primus inter pares. Für die Untertanen des ehemals persischen Reiches jedoch war er ein König mit fast unbegrenzter Macht, während er für die Griechen ein nur mit Widerwillen gewählter Anführer war. Im riesengroßen Gebiet des ehemaligen Perserreiches ließ der König die alte territoriale Einteilung zunächst unverändert, setzte aber als Satrapen makedonische Offiziere ein, während untergeordnete Beamte ihre Posten behalten durften. Nach dem Sieg über Dareios in Gaugamela im Oktober 331 v. Chr. änderte er seine Politik und gab Mitgliedern der lokalen Eliten die höchsten Posten – einschließlich dem des Satrapen. Es ist ganz offensichtlich, dass Alexander die Vision eines Reiches hatte, in welchem die ethnische und kulturelle Zugehörigkeit der herrschenden Klasse nur eine geringe (wenn überhaupt eine) Rolle spielte. Die theokratische Version der Monarchie, die er in Siwa kennengelernt hatte, und der autokratische Regierungsstil, den er von den Persern übernahm, schienen die passenden Werkzeuge für die Integration westlicher und nahöstlicher Elemente in die Struktur seines Reiches zu sein. Aber die wachsenden Ressentiments unter seinen eigenen makedonischen Militärs, die auf allen Ebenen sichtbar wurden, und die immer härter werdenden Reaktionen seitens Alexanders lassen bezweifeln, dass die universale Monarchie, an der Alexander arbeitete, jemals funktioniert hätte. Die makedonischen und nahöstlichen Regierungskonzepte ergänzten sich nicht, sondern schlossen sich geradezu gegenseitig aus, und die Bereitschaft der Graeco-Makedonier, den Eskapismus ihres Königs, der sich quasi für einen Gott hielt, zu tolerieren, hatte schon lange angefangen zu bröckeln, bevor die makedonische Phalanx in Opis den Aufstand probte. Als Alexander am 10. Juni 323 v. Chr. in Babylon im Alter von 33 Jahren starb, gewannen die zersetzenden Kräfte die Oberhand. Man fragte ihn auf seinem Sterbebett, wer von seinen Generälen sein Nachfolger werden sollte, und wie man erzählt, antwortete er: „Der Stärkste." Das Reich sollte auseinanderfallen.

Dekadrachme Alexanders des Großen, ca. 324 v. Chr. Dies ist die einzige erhaltene Darstellung Alexanders aus seiner Lebenszeit. Obgleich sein Name auf der Münze nicht auftaucht, nimmt man an, dass diese Münze Teil einer Serie war, die der König selbst hat herausgeben lassen.

Kopf Alexanders aus Marmor. Die Büste ist die Kopie eines idealisierenden Bildnisses von Alexanders Lieblingsbildhauer, Lysippos.

Stimmen eines Imperiums

Die Quellen zur Geschichte Alexanders und seiner Nachfolger sind relativ zahlreich. Zusätzlich zu den Berichten späterer Historiker der Antike gibt es eine Reihe Primärquellen, darunter Inschriften, Papyri und Münzen sowie archäologisches Material. Diese Quellen liefern uns einen direkten Blick auf die Zeit und erlauben es uns, die späteren Berichte zu bestätigen, zu korrigieren oder zu vervollständigen. Die meisten dieser Texte sind in Griechisch verfasst, der Hauptsprache des hellenistischen Nahen Ostens, die Aramäisch als Amtssprache ablöste. Dennoch starben die regionalen Sprachen nicht – man denke nur daran, dass Jesus Aramäisch sprach. Auf jeden Fall musste jeder Untertan eines hellenistischen Königs Griechisch können, der auf wirtschaftlichen oder gesellschaftlichen Erfolg aus war. Die Texte zeigen nicht nur die Perspektive des Eroberers, sondern auch die der Untertanen, auf Aramäisch, Ägyptisch oder sogar Griechisch.

„Welch großen und ehrenhaften Sieg hätten wir denn errungen, wären wir daheim in Makedonien geblieben und hätte es als genug erachtet, ohne uns anzustrengen, unser Heimatland zu verteidigen?“

Alexander tadelt seine meuternden Soldaten am Ufer des Hyphasis.

Alexander führt in Chios die Demokratie wieder ein; 332 v. Chr.:

Von König Alexander an [die] Einwohner von Chios.
Alle diejenigen, die von Chios verbannt worden sind, sollen zurückkehren, und die Regierungsform auf Chios soll demokratisch sein. Gesetzesschreiber sollen ausgewählt werden, die Gesetze schreiben und verbessern sollen, um sicherzustellen, dass einer demokratischen Verfassung und der Rückkehr der Exilanten nichts im Wege steht; die Ergebnisse der Verbesserungen oder Entwürfe sollen an Alexander weitergegeben werden. Die Einwohner von Chios sollen auf eigene Kosten zwanzig Triremen-Schiffe mit Mannschaften liefern, und diese sollen so lange segeln, wie der Rest der griechischen Seestreitkräfte uns auf See begleitet.“

Das Orakel des Töpfers – eine anti-griechische Prophezeiung aus Ägypten:

„Die Gürtel-Träger, die Typhonier, werden sich selbst zerstören ... Und dann wird der Agathos Daimon die Stadt aufgeben und nach Memphis gehen. Die Stadt, die gebaut werden wird als Stadt von Fremden [= Alexandria], wird leer sein. Und diese Dinge werden geschehen, wenn das Übel zu Ende ist, wenn in Ägypten die Fremden fallen werden wie das Laub von den Bäumen und die Stadt der Gürtel-Träger [= Alexandria] wird geleert werden wegen der Übel, die sie Ägypten angetan haben.“

„Während der Regierungszeit des Jünglings, der auf dem Thron seines Vaters erschienen ist, Herr der Kronen, glorreicher, der Ägypten gründete, fromm den Göttern gegenüber, ... Herr des 30 Jahre währenden Festes, so wie Hephaistos [Ptah] der Große, König wie Helios [Ra], der große König von Ober- und Unterägypten, ... lebendes Abbild des Zeus [Amun], ewig lebender Ptolemaios, von Ptah geliebt."

Teil der pharaonischen Titulatur Ptolemaios' V. vom Stein von Rosette.

Im Alten Testament prophezeit das Buch Daniel Aufstieg und Fall des Reiches Alexanders:

Und ein mächtiger König wird erscheinen [= Alexander der Große], und er wird mit großer Macht herrschen und nach Gutdünken handeln. Und sobald er erschienen ist, wird sein Reich zerstört und in alle vier Himmelsrichtungen aufgeteilt werden [= an die Diadochen]. Aber es wird nicht an seine Nachkommen gehen, noch wird es die Macht besitzen, mit welcher er selbst geherrscht hat; denn sein Reich wird zerstört und anderen zuteil werden.

Der Stein von Rosette, eine Stele aus dem Jahr 196 v. Chr., während Napoleons Expedition 1799 nahe der ägyptischen Stadt Rašid gefunden. Die dreisprachige Inschrift, die der britische Gelehrte Thomas Young und der französische Philologe Jean-François Champollion übersetzten, war der Schlüssel für das moderne Verständnis des altägyptischen Schriftsystems.

Alexanders Brief an den besiegten Großkönig Dareios:

„Deine Vorfahren [Xerxes und Dareios I.] überfielen Makedonien und den Rest Griechenlands und behandelten uns schlecht … Ich bin zum Oberbefehlshaber der Griechen ernannt worden und bin in Asien einmarschiert, um Rache an den Persern zu nehmen für ihre Aggressionen … Da ich im Kampf erst deine Generäle und Vizekönige besiegt habe und jetzt dich selbst und deine Truppen ... fühle ich mich verantwortlich für all deine Soldaten, die nicht auf dem Schlachtfeld gefallen sind, sondern zu mir kamen und um Schutz baten; sie sind aus freien Stücken bei mir und dienen in meiner Armee als Freiwillige. Du solltest mich also auch als König von Asien anerkennen und zu mir kommen."

Marmorbüste des Lysimachos (ca. 355–281 v. Chr.), eines makedonischen Generals, der nach Alexanders Tod König von Thrakien wurde.

Oktodrachme Ptolemaios' I. Ptolemaios, ein weiterer großer General Alexanders, gründete die Ptolemäer-Dynastie.

Kampf um Alexanders Erbe

Da Alexanders Macht auf seiner Rolle als König von Makedonien beruht hatte, fand die Versammlung der makedonischen Soldaten, sie seien autorisiert, den Nachfolgerkönig zu wählen. Zwei Männer waren durch ihre Abstammung qualifiziert: der Halbbruder Alexanders, Philipp Arrhidaios, der, wie es heißt, geisteskrank war, und das bislang ungeborene Kind der Roxane, das nach seinem Vater Alexander (IV.) heißen sollte. Doch weder diese beiden noch Alexanders Mutter Olympias oder Alexanders Frau Roxane sollten noch lange leben. Die Generäle nahmen die Angelegenheit selbst in die Hand: Sie teilten das Reich entlang der Grenzen der Satrapien auf, legten aber gleichzeitig alle ein Lippenbekenntnis ab, dass es nach wie vor ein vereinigtes Reich gebe, und bezeichneten sich selbst nur als Satrapen. Lysimachos erhielt Thrakien, Antigonos einen großen Teil Kleinasiens, Eumenes von Karien bekam Paphlagonien und Kappadokien und Ptolemaios Ägypten. Antipater sollte strategos (General) für Europa sein, das hauptsächlich aus Griechenland und Makedonien bestand, während die inoffizielle Herrschaft des gesamten Reiches an Alexanders ehemaligen Kavallerie-Anführer Alexander Perdikkas ging, der auch dafür verantwortlich gewesen war, die Satrapien zu verteilen. Er selbst übernahm die Verwaltung Asiens. Die ursprünglichen Provinzstatthalter, die Alexander hoch geschätzt hatte, verloren an Wichtigkeit, und die Idee von der universellen Monarchie wurde aufgegeben – spätestens als klar wurde, dass die meisten in Susa geschlossenen Ehen wieder aufgelöst worden waren.

Die Position der Satrapen zwischen Monarchie und theoretischer Unterordnung unter einen Hauptkönig führte zu Repräsentationsproblemen, die sich auf der „Satrapen-Stele" offenbaren, einem von ägyptischen Priestern aufgestellten Denkmal. Der Verwalter Ägyptens, Ptolemaios, hatte dem ägyptischen Tempel der Stadt Buto ein Stück Land geschenkt, und diese Spende wurde auf dem Denkmal in Hieroglyphen vermerkt. In der oberen Abteilung zeigt die Stele einen ägyptischen Pharao, der den Göttern von Buto opfert – ein Symbol für die Schenkung. Die Kartuschen des Königs – d. h. die Ringe, in denen der Name des Pharaos gewöhnlich ausbuchstabiert ist – sind leer, aber wir erfahren aus dem Text, dass der dargestellte König Pharao Alexander IV. ist und Ptolemaios selbst nur sein Statthalter. Jedoch ist der gesamte Text eine Lobrede auf die Taten des Statthalters, der gleichsam die Rolle des Pharaos einnimmt: Er ist es, der den Priestern von Buto das Land schenkt, nach dem Vorbild eines ägyptischen Königs namens Chabbasch. Dadurch, dass er die Aufgaben eines Pharaos übernahm, gab Ptolemaios der internen Strategie der „Ptolemäer"-Dynastie, die ihm folgte, die Richtung vor. Ihren ägyptischen Untertanen zeigten sich die Ptolemäer als Pharaonen, den Griechen und Makedoniern als hellenistische Könige. Die moderne Forschung bezeichnet dies als das „doppelte Antlitz" der ptolemäischen Herrschaft.

Im Sommer 306 v. Chr. hielt Antigonos schließlich eine Heeresversammlung ab, die ihn zum König ernannte. Insignie seiner neuen Macht war ein Diadem. Wenig später folgten ihm Seleukos, Lysimachos und Kassander, Herrscher von Griechenland und Makedonien: Das „Jahr der Könige" (306/5 v. Chr.) versetzte dem Gedanken an die Fortführung des Reiches Alexanders den Todesstoß. Zwei Jahre später wurde Alexander IV. hingerichtet.

Binnen nur einer Generation und nach unerfreulichen kriegerischen Auseinandersetzungen zwischen Alexanders ehemaligen Generälen etablierten und verstärkten die Diadochen (Nachfolger) allmählich ihre Kontrolle über ihre getrennten Königreiche. Der größte Teil des Alexander-Reiches wurde vom ehemaligen General Seleukos übernommen; sein Gebiet, das später das Seleukidische Reich wurde, bestand zum Großteil aus dem Territorium des ehemaligen Persischen Reiches, vom Binnenland Kleinasiens bis zur Grenze Indiens. Ptolemaios hatte seine Stellung in Ägypten behauptet, und die Machtbasis des Antigonos hatte sich von Kleinasien nach Makedonien verlagert. Das Reich Alexanders war zerfallen, doch in einem Gebiet, das sich vom Ionischen Meer bis zum Indus erstreckte, blieben makedonische Dynastien an der Macht. Strukturell hätten die so entstehenden Territorial-Königreiche (das ptolemäische Ägypten mit Teilen der Ägäis, der seleukidische Nahe Osten und das antigonidische Makedonien) und die kleineren Einheiten (das attalidische Pergamon, die Insel Rhodos und eine Handvoll weniger bedeutende kleine Königreiche in Kleinasien) kaum unterschiedlicher sein können. Im Westen blieben die griechischen Stadtstaaten, die poleis, die dominierende Form politischer Organisation. Und mit der Teilung des Alexander-Reiches und der Einrichtung der relativ schwachen Antigoniden-Dynastie in Makedonien wuchs ihr politischer Spielraum wieder.

Der Fall von Rhodos demonstriert, dass sogar relativ kleine politische Einheiten gegenüber viel größeren und stärkeren Territorialmächten ihre Unabhängigkeit aufrechterhalten konnten. Rhodos war im 4. Jahrhundert v. Chr. einer der Handelsknotenpunkte des östlichen Mittelmeers gewesen. Entscheidend für Rhodos' Reichtum war die Route, auf der Getreide von Ägypten nach Athen verschifft wurde und bei der Rhodos als Zwischenhändler fungierte. Im „Jahr der Könige", 306/5 v. Chr., versuchte Demetrius, der Sohn von Antigonos, die Unabhängigkeit von Rhodos zu beenden. Der Makedonier, der sich den Beinamen Poliorketes („der Belagerer") verdient hatte, steckte eine Menge Aufwand und Technologie in seinen Versuch, Rhodos zu besiegen, aber vergebens; durch seinen Sieg errang Rhodos den Respekt der gesamten hellenistischen Welt. Diejenigen, die die Insel besuchten, wurden vom Koloss von Rhodos begrüßt, einer über 30 Meter hohen Statue des Sonnengottes Helios, Schutzherr der Insel und Stadt Rhodos. Die Statue, vom Bildhauer Chares aus Lindos errichtet, wurde im Jahre 280 v. Chr. fertiggestellt: Bald schon zählte man sie zu den Sieben Weltwundern. Sie stand nur 53 Jahre, bis sie größtenteils durch ein enormes Erdbeben zerstört wurde. Und doch war der Koloss ein Symbol für Rhodos' Streben nach Freiheit, für seine Seemacht und den durch Handel angesammelten Reichtum: „Nicht nur über das Meer bauten sie ihn, sondern auch oben auf dem Land als ruhmvolles Licht der unversklavbaren Freiheit. Denn ihnen, die von Herakles abstammen, gehört die Herrschaft über Meer und Land." So lobt ein Epigramm aus der Anthologia Palatina, einer Sammlung griechischer Dichtung, den Koloss und seine freiheitsliebenden Erbauer.

Im vormals persischen Osten hatte das Wort „Freiheit" einen ganz anderen Klang. Hier bekräftigten die neuen Herrscher ihren Anspruch auf das Land mit der Behauptung, man habe das alte persische Territorium „mit dem Speer gewonnen". Das bedeutete in der Praxis, dass einheimische Grundbesitzer ihres Eigentums beraubt und durch griechische und makedonische Einwanderer ersetzt werden konnten. Alexandria in Ägypten wurde das Vorbild für eine ganze Welle neuer Kolonialstädte, die von Alexander und seinen Nachfol-

Das Große Theater von Pergamon in Kleinasien. Erbaut von den Attaliden-Königen von Pergamon im 3. Jahrhundert v. Chr., fasste es über 10.000 Zuschauer. Pergamon war die Hauptstadt des gleichnamigen Staates. Die Attaliden waren ab 190 v. Chr. enge Verbündete der Römer.

Der Horus-Tempel in Edfu wurde 236 v. Chr. von Ptolemaios III. gegründet, sein Bau jedoch erst 75 v. Chr. fertiggestellt. Das außergewöhnlich gut erhaltene Bauwerk ist ein imposantes Beispiel der Kontinuität in der Architektur im ptolemäischen Ägypten.

gern vor allem in Syrien und Mesopotamien, aber auch in so entfernten Gebieten wie Zentralasien gegründet wurden. Der Zulauf graeco-makedonischer Kolonisten nach Asien hielt im Laufe des 3. Jahrhunderts v. Chr. an. Das Konzept des „mit dem Speer gewonnenen" Territoriums, das Teile des Nahen Ostens in urbane Landschaften verwandelte, die durch poleis nach griechischem Vorbild beherrscht wurden, hatte seine intellektuellen Fürsprecher. Dazu zählten Philosophen wie Aristoteles und Redner wie Isokrates, der behauptet hatte, die Einwohner des Persischen Reiches seien geborene Sklaven und ihr Land ein legitimer Lohn für die griechischen Eroberer – eine Idee, die durch Alexanders Siege Realität geworden war.

Andererseits mussten sich die ausländischen Dynasten irgendwie mit den örtlichen Eliten einigen, auf die sie sich verlassen können mussten. In Ägypten profitierten die indigenen Tempel-Priesterschaften von der makedonischen Herrschaft, da sie nun wirtschaftlich unabhängiger wurden und große Heiligtümer wie Edfu in Auftrag geben konnten. Aber das Leben unter makedonischer Herrschaft veränderte auch die kulturellen Parameter der Gesellschaften des Nahen Ostens. Einige, wie die phönizischen Küstenstädte im heutigen Libanon, hatten mit der hellenischen Welt seit Jahrhunderten in Verbindung gestanden. Aber viele Einwohner des Binnenlands Syrien und Mesopotamiens kamen erst nach den Eroberungen Alexanders mit griechischer Kultur und Lebensart in Kontakt. Viele Mitglieder der örtlichen Eliten begannen die Eindringlinge in vielerlei Hinsicht nachzuahmen, während sie sich in anderen Bereichen weiterhin abgrenzten. Ein Beispiel für den Einfluss der politischen Änderungen auf eine der örtlichen Elite ist die jüdische Familie der Tobiaden im heutigen Jordanien. Seitdem die Juden im Jahre 538 v. Chr. aus dem babylonischen Exil zurückgekehrt waren, hatten Mitglieder dieser Familie als Regionalverwalter im Auftrag des persischen Großkönigs gedient – eine Position, die sie unter den Ptolemäern behielten. Alte Papyri offenbaren die enge Beziehung zwischen Tobia und dem König. Nachdem die Seleukiden im fünften Syrischen Krieg Syrien besiegten, spielten die Tobiaden weiterhin eine wichtige Rolle. In Irak-el-Amir ließ Syrkanos, ein Enkel des Tobias, einen großen Palast für sich bauen, der einem griechischen Tempel nachempfunden war und die heute verlorenen Paläste der Ptolemäer in Alexandria und der Seleukiden in Antiochia nachahmte. Das Bauwerk zeigt deutlich, wie örtliche Eliten sich allmählich selbst „hellenisierten".

Während die Ortsansässigen immer griechischer wurden, passten sich die makedonischen Dynastien immer mehr den örtlichen Gegebenheiten an, so dass sie sich noch mehr voneinander absonderten. Was sie dennoch einte, war die Wichtigkeit des Königtums, der Dynastie und des Charismas des Herrschers für den Zusammenhalt der hellenistischen Gesellschaften. Immer wieder mussten die hellenistischen Könige ihre Fähigkeit unter Beweis stellen, ihren Untertanen Sicherheit, Reichtum und Glück zu gewähren. Sie mussten großzügig sein, Glück haben und sich vor allem im Kampf durchsetzen können. Das Vorbild hierfür war, wenig überraschend, Alexander selbst, der diese Qualitäten in Hülle und Fülle besessen hatte. Entsprechend gaben sich die hellenistischen Monarchen selbst Ehrennamen wie „Retter" (*soter*), „Wohltäter" (*euergetes*) oder „Sieger" (*nikator*) – wenn auch, wie in den meisten Fällen, die Wirklichkeit doch ein wenig prosaischer war. Hellenistische Könige gewährten ihren Untertanen großzügige Vergnügungen. Die Prozessionen, die die ptolemäischen Herrscher in ihrer Hauptstadt Alexandria veranstalteten, waren legendär. In den 270er Jahren v. Chr. ehrte Ptolemaios II. seinen verstorbenen Vater mit einem Umzug, der alles übertraf, das die griechische Welt bis dahin gesehen hatte. Wagen mit überlebensgroßen Statuen von Alexander und Ptolemaios I. wurden begleitet von Verkörperungen der arête, der herrscherlichen Tugend, Götterstatuen und einer Statue mit goldenem Kranz, die die Stadt Korinth symbolisierte. Danach folgten Wagen „mit teuer gekleideten Frauen, die für jene Städte standen, die einmal den Persern unterworfen gewesen waren, in Ionien und anderswo in Asien und auf den Inseln. Sie alle trugen goldene Kränze". Die Zuschauer waren beeindruckt, aber die Staatskasse litt unter den exorbitanten Kosten.

Ein weiterer Nebeneffekt bei der Jagd nach Ruhm seitens der hellenistischen Herrscher war ihr immerwährender Drang, sich im Krieg zu behaupten. Generationen von seleukidischen Herrschern fühlten sich genötigt, Alexander zu imitieren, indem sie einen großen Feldzug (*anabasis*) führten, um Anspruch auf die östlichen Satrapien anzumelden. Doch all diesen Anstrengungen zum Trotz entfernten sich diese Provinzen immer mehr vom Zentrum der Macht. Noch verheerender war das andauernde Klima der Spannung zwischen den hellenistischen Mächten – und innerhalb der Dynastien; die Seleukiden und Ptolemäer führten allein sechsmal Krieg um Syrien, und die unbedeutenderen Königreiche Kleinasiens führten einen andauernden Zermürbungskrieg gegen das Seleukiden-Reich. Die antigonidischen Könige Makedoniens taten sich ebenfalls schwer, die Stadtstaaten auf dem griechischen Festland in Zaum zu halten. Sobald ein König das Vertrauen seiner Untertanen zu verraten schien, zeichnete sich ein dynastischer Konflikt ab. Trotz des riesigen Reichtums, besonders im Ptolemäer- und Seleukiden-Reich, waren diese Staatsgebilde äußerst instabil und anfällig dafür, sich finanziell zu übernehmen und in immerwährenden Kriegen aufzureiben.

Ruinen eines hellenistischen Palastes in Irak-el-Amir, Jordanien. Die Grundstruktur, von ca. 200 v. Chr., wurde für Hyrkanos von Jerusalem, einen berühmten Tobiaden, erbaut. Das Gebäude wird in den Werken des Flavius Josephus erwähnt.

Der „Reiter von Artemision“: Ein Junge, der ein Pferd reitet. Die Skulptur aus dem 2. Jahrhundert v. Chr. wurde in einem Stück in einem Schiffswrack am Kap Artemision vor der Insel Euböa gefunden. 1926 wurde sie von zwei Fischern unter Wasser entdeckt. Sie befindet sich heute im Archäologischen Nationalmuseum in Athen.

Hellenistische Kunst

Das Ende der Klassischen Periode und das Ersetzen der Stadtstaaten (poleis) durch große Territorialstaaten führte zu großen und widersprüchlichen Veränderungen in der Kunst. Neue Themen kamen auf – die Monarchen verwendeten Kunst in bisher nicht gekanntem Umfang zur Selbstdarstellung und brachten riesige Mittel für ihre Bauprogramme auf. Die Bevölkerungszahlen waren angewachsen und die soziale und kulturelle Umgebung der hellenistischen Städte war äußerst unterschiedlich. Der idealisierende Stil der klassischen Kunst machte individualisierenderen Formen der Darstellung Platz: Leid, Schmerz und Versagen erhielten ihren Platz in der Kunst.

Diese Tendenz veranschaulicht die Laokoon-Gruppe, eine Marmorskulptur zweier Jungen und ihres Vaters, die in tödlichem Kampf gegen Seeschlangen verstrickt sind. Der Vater ist der trojanische Priester Laokoon. Als die Griechen im Trojanischen Krieg den Trojanern den Frieden anboten und ihnen ein riesiges hölzernes Pferd zum Geschenk machten, warnte Laokoon seine Landsleute davor, ihnen zu vertrauen. Die Trojaner ignorierten jedoch seine Warnungen und fielen dem Betrug der Griechen zum Opfer. Als Laokoon dennoch seinen Speer auf das Pferd schleuderte, sandte Minerva Schlangen, um ihn und seine Söhne zu töten.

Das Bronzestandbild des „Reiters von Artemision“ stellt ein Kind dar, das ein Rennpferd reitet. Die Züge des Jungen sind erstaunlich realistisch und lebendig: Die vollen Lippen und das lockige Haar erinnern an afrikanische Physiognomie; vielleicht war er ein Sklave.

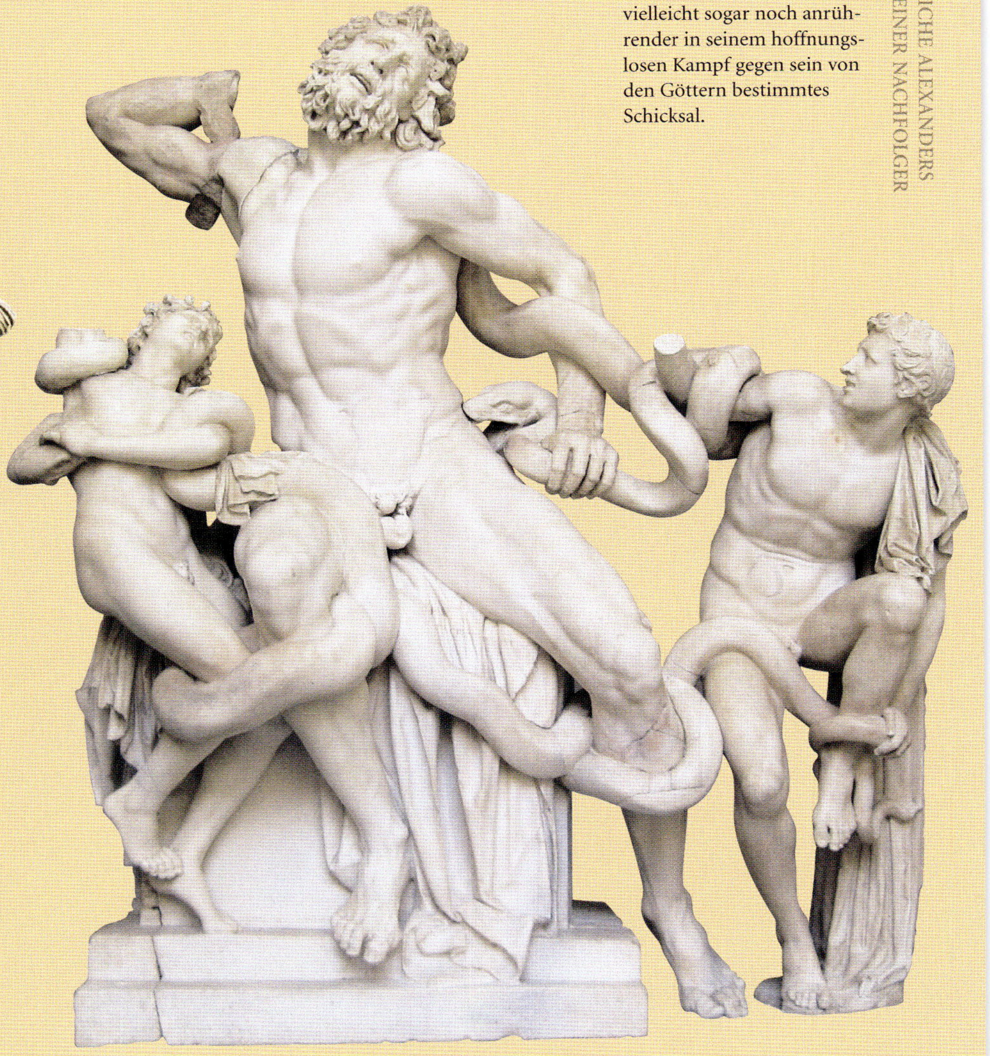

Laokoon und seine Söhne werden von Schlangen angegriffen. Nero fügte diese Statuengruppe seiner Sammlung in der Domus aurea („Goldenes Haus“) hinzu, dem kolossalen Palast, den er für sich selbst im Herzen Roms bauen ließ. Dort fand man sie im Jahre 1506, beinahe intakt: Nur Laokoons rechter Arm fehlte. Der Bildhauer Michelangelo ersetzte ihn durch einen emporgestreckten Arm, der eine Geste des Widerstands ausdrückte. 1957 fand man den Original-Arm. Ein bisschen weniger heroisch als in Michelangelos Vorstellung ist der „echte“ Laokoon vielleicht sogar noch anrührender in seinem hoffnungslosen Kampf gegen sein von den Göttern bestimmtes Schicksal.

Eine Plakette der Kybele, ca. 25 cm breit, aus Ai Khanoum in Afghanistan. Ausgrabungen haben hier eine griechische Stadt zutage gefördert; die westliche, die von Alexander und seinen Nachfolgern gegründet wurde.

„Clash of Civilisations"?

Wo Menschen sich bewegen, geraten auch Ideen in Bewegung. Selbstverständlich breiteten sich auch griechische Konzepte, Lebensweisen und Technologien aus, während die graeco-makedonischen Eroberer Asien durchschritten und sich in ihrer neuen Heimat in Syrien, Mesopotamien und Ägypten niederließen. Unser Verständnis vom Hellenismus im Osten wäre jedoch fehlerhaft, wenn wir uns den Kontakt zweier Kulturen als Einbahnstraße vorstellen würden. Beide Parteien lernten voneinander und übernahmen des anderen Erkenntnisse, wie man am Beispiel von Alexander in Siwa sieht. Womit die Griechen den Nahen Osten wirklich bereicherten, war ihr Modell der selbstverwalteten, autonomen Stadt, der polis, in der nicht Untertanen wohnten, sondern Bürger. Graeco-makedonische Kolonisten, viele von ihnen aus dem Dienst entlassene Soldaten, gründeten oder übernahmen Städte in so entfernten Gebieten wie Baktrien (im heutigen Afghanistan). Obwohl sie überall in der Minderheit waren, waren die Graeco-Makedonier meist das dominierende Element der Bevölkerung, wo auch immer sie sich niederließen. Andererseits hatte der Osten seine eigene urbane Tradition, die mindestens 3000 Jahre zurückreichte. Die meisten indigenen Städte im ehemaligen Perser-Reich bestanden eigentlich in unveränderter Form fort. Aber griechische Namen – die Einheimische annahmen – und einige politische Institutionen der Griechen fanden sich sogar in Städten wie Babylon und Uruk, im Herzen Mesopotamiens, wo sich nur wenige (falls überhaupt) Griechen niederließen.

Nirgends waren die Fallstricke des Kontakts verschiedener Kulturen greifbarer als in Jerusalem. Einst die Stadt des Salomon-Tempels, war es immer noch das religiöse Zentrums des Judentums, als ganz zu Beginn des 2. Jahrhunderts v. Chr. die Seleukiden den Ptolemäern im fünften Syrischen Krieg Palästina abnahmen. Eine wichtige Fraktion der Priester-Elite der Stadt, vom Hohepriester Jason angeführt, war ab den 170er Jahren v. Chr. durch und durch „hellenisiert" und versuchte, Jerusalem in eine griechische polis zu verwandeln. Das Buch der Makkabäer aus der hebräischen Bibel berichtet: „Und einige der Leute beschlossen, dies zu tun, und sie gingen zum König [Antiochos IV.]: Und er erlaubte ihnen, dies den Anordnungen der Ungläubigen gemäß zu tun. Und sie bauten einen Übungsplatz [ein Gymnasion] in Jerusalem gemäß den Gesetzen der Nationen." (Gymnasien hatten wie Theater und Stadion Signalwirkung für das „Griechischsein" einer Stadt.) Außerdem „entfernten sie ihre Zeichen der Beschneidung und wiesen den heiligen Vertrag zurück". Menelaos, der Jason durch Bestechung im Amt nachfolgte, ging ein Geschäft mit Antiochos ein und erlaubte dem Seleukiden-König – der finanziell angeschlagen war – mehr als einmal, den Tempelschatz zu plündern. Menelaos wurde dann durch seinen eigenen Vorgänger, Jason, aus dem Amt getrieben – eine Handlung, die Antiochos kaum dulden konnte. Er erließ, wie zu erwarten, eine Verordnung, die den Juden die Ausübung ihrer Religion verbot (167 v. Chr.), und provozierte so den Makkabäer-Aufstand, benannt nach der Priesterfamilie, die den Aufstand initiierte. Der Aufstand beendete praktisch die Seleukiden-Herrschaft in Judäa. Was auf den ersten Blick als Kulturkampf zwischen graeco-makedonischen Herrschern und jüdischen Untertanen erscheint, war eigentlich, sieht man genauer hin, ein innerjüdischer Konflikt, in den Antiochos hineingezogen wurde. Die „Hellenisierung" der Stadt Jerusalem war ein Projekt, das Teilen der jüdischen Elite wesentliche Vorteile verschaffen konnte. Leute wie Jason und Menelaos hofften, dadurch, dass sie Jerusalem in eine polis verwandelten, ihre soziale Hegemonie stärken zu können. Für dieses Ziel war es

essenziell, jüdische religiöse Traditionen aufzugeben, und Antiochos war ihr selbstverständlicher Verbündeter. Aber der Plan geriet außer Kontrolle, und die Makkabäer kamen an die Macht, de facto eine Priester-Dynastie.

Die größte griechische Stadt im hellenistischen Osten war Alexandria. Alexander der Große hatte diese seine eigene Stadt am westlichen Verlauf des Nils während seines Feldzugs in Ägypten gegründet und damit eine grundsätzliche Verschiebung der geopolitischen „Achse" Ägyptens zur Mittelmeerküste hin bewirkt. Die Planung der Stadt war wahrscheinlich die Arbeit des Deinokrates, der die Straßen schachbrettartig anlegte – nicht viel anders als im modernen Manhattan („hippodamisch" nennt man diese Art der Stadtplanung, nach dem Architekten Hippodamos von Milet). Ein Damm, „Heptastadion" genannt, verband die Stadt mit der Insel Pharos, wo Sostratos von Knidos einen riesigen Leuchtturm errichtete, der ebenfalls einfach „Pharos" genannt wurde. Später zählte man ihn zu den Sieben Weltwundern. Gemäß der bereits erwähnten „Satrapen-Stele" war es Ptolemaios I., der im Jahre 311 v. Chr. die Residenz des Königs von Memphis nach Alexandria verlegte. Bald wurde die Neugründung zur bevölkerungsreichsten Stadt des Altertums, die zudem über den größten Handelshafen verfügte. Mit seiner Bibliothek, die die Weisheit der gesamten antiken Welt enthielt, und dem museion, einer der Forschung und den Künsten gewidmeten Einrichtung, wurde Alexandria zu einem der wichtigsten kulturellen Zentren und stand an der Spitze von Literatur, Philosophie und Wissenschaft.

Als Ptolemaios I. die Satrapie Ägypten unter seine Kontrolle brachte, ließ er Alexanders Leichnam von Babylon nach Sakkara, dem Friedhof von Memphis, überführen. Sein Sohn, Ptolemaios II., transportierte diesen dann weiter nach Alexandria, begrub ihn in einer *sema* genannten Grabstätte und führte den Kult des Alexander-Ktistes ein. Der Kult eines *heros ktistes* („Gründer-Held") war eine Einrichtung, die Alexandria mit den meisten griechischen Städten teilte, besonders den neu gegründeten „Kolonien" an der Küste des Schwarzen Meeres und im Westen des Mittelmeers. Aber Alexander war mehr als ein heros: Ptolemaios machte ihn zum „Gründer-Gott" seines Reiches – mit einem eigenen Priester, der in der zeremoniellen Hier-

Rekonstruktion der ägyptischen Hauptstadt Alexandria. Der Pharos, eines der Sieben Weltwunder, wacht über die Einfahrt zum Hafen. An den Hafen angeschlossen – und heute unter Wasser – sind das Palastviertel und die hippodamisch angelegten Wohnviertel.

archie des ptolemäischen Ägyptens an zweiter Stelle kam (gleich nach dem König). Unter seiner Herrschaft geprägte Münzen porträtieren Alexander mit den Attributen von Dionysos, Amun und Zeus. Nach dem Tod von Ptolemaios Soter ließ Ptolemaios II. Philadelphus seinen Vater als Theos Soter („Gott-Erretter") anbeten, dem die Ptolemäischen Spiele gewidmet wurden. Der dynastische Kult erlaubte den Ptolemäern, sich ein Stück vom Charisma einzuverleiben, das Alexander als siegreicher König verkörperte. Unter Ptolemaios II. wurde schließlich auch das lebende Königspaar in den Herrscherkult einbezogen, eine Praxis, die die späteren Generationen von Königen übernahmen.

Alexandria war also eng mit der Dynastie, ihrem Kult und ihren Einrichtungen verbunden. Aber wie jede griechische polis hatte Alexandria ihr eigenes Stadtgesetz und ihre autonomen Institutionen: Beamte, Stadtrat und Volksversammlung. Doch war Alexandria keine völlig griechische Stadt: Griechen und Makedonier waren nur eine Minderheit in dieser multikulturellen Metropole der hellenistischen Welt und teilten sie sich mit anderen ethnischen Gruppen, die ebenfalls bedeutende Minderheiten bildeten, namentlich die Juden. Die große Mehrheit der Bevölkerung des Königreichs und wahrscheinlich auch der Alexandrias waren Ägypter. Ägypter, Juden und Graeco-Makedonier bildeten drei verschiedene Körperschaften innerhalb der Stadt, und alle waren darauf bedacht, ihre kulturellen Eigenheiten aufrechtzuerhalten. Doch nur Makedonier und Griechen genossen das volle Bürgerrecht.

Allerdings gab es keine hermetische Trennung: Ägypter konnten sich in die ptolemäische Gesellschaft einreihen, indem sie zur Armee gingen oder indem sie Griechisch lernten und in der Verwaltung arbeiteten. Zwischen den ethnischen Gruppen wurden Ehen eingegangen, religiöser Synkretismus (die Übernahme von Elementen einer fremden Religion in die eigene) war allgegenwärtig. Die Ägypter integrierten die makedonische Dynastie schnell in ihre eigenen kulturellen und politischen Strukturen. Die früheste Version des sogenannten Alexander-Romans, eine Kompilation populärer Erzählungen über das Leben Alexanders des Großen, berichtet, dass Alexander der Sohn Nektanebos' II. war, des letzten ägyptischen Pharaos, der von den Persern vertrieben worden war, als sie Ägypten im Jahre 342 v. Chr. zurückeroberten. Als Alexander Ägypten einnahm, erfüllte sich ein Orakel, das einst verkündet hatte, eines Tages werde ein verjüngter Nektanebos den Thron seiner Väter wieder in Besitz nehmen. Diese Erzählung hat ihren Ursprung zweifellos in einem hellenisierten Ägypten und sollte die ptolemäische Dynastie mit den alten Lokaltraditionen versöhnen. Ägyptische Einwohner Alexandrias beanspruchten den heroischen Gründer ihrer Stadt und des gesamten Königreichs für sich und bereiteten so den Boden für die Ortsansässigen, sich mit den makedonischen Eroberern zu identifizieren.

Neue Feldforschungen haben viel vom hellenistischen Alexandria zutage gefördert, das man bis vor wenigen Jahren für immer verloren glaubte. Große Teile der antiken Stadt, besonders das Palastviertel in der Nähe des Hafens, waren wahrscheinlich aufgrund einer Reihe von Erdbeben unter den Meeresspiegel gesunken. 1996 nahm es eine Mannschaft französischer Unterwasserarchäologen auf sich, das Palastviertel zu kartografieren. Ein großes Gebäude mit einer Promenade mit Kolonnaden, die auf der Insel Antirrhodos gestanden hatte, wurde als Königspalast der Ptolemäer identifiziert. Statuen und andere im Hafen gefundene Kunstwerke offenbaren, dass die makedonischen Herrscher ihre Wohnungen in einem ägyptisierten Stil gestaltet hatten, der sich auf die alten Traditionen des

Eine ptolemäische Gemme, eventuell eine Darstellung Ptolemaios' II. Philadelphos und seiner Ehefrau. Sie ist aus arabischem Onyx und stammt aus dem 3. Jahrhundert v. Chr.

Alexander der Große erkundet die Unterwasserwelt in einer Taucherglocke, die von einem Boot aus ins Wasser gelassen wird. Miniatur aus einem Manuskript des Alexanderromans, Frankreich, 1445.

Königreichs der Pharaonen berief. All dies weist darauf hin, dass sich Ptolemaios und seine Nachfolger am Nil tatsächlich zuhause fühlten, genauso, wie sie von vielen Einheimischen als legitime Erben der Pharaonen wahrgenommen wurden.

Das Ende des Hellenismus

Im Jahre 31 v. Chr., in der Seeschlacht von Actium, errang Marcus Agrippa, Admiral des Oktavian, einen entscheidenden Sieg über seinen Rivalen Mark Anton und Kleopatra, die Königin Ägyptens. Elf Monate später waren Mark Anton und Kleopatra tot und das ptolemäische Ägypten, das letzte der hellenistischen Reiche, von den Legionen Oktavians erobert. War dies das Ende des Hellenismus? Die Antwort ist: ja und nein. Ja, weil sich Rom als stärker erwiesen hatte als alle Monarchien, die aus dem Reich Alexanders hervorgegangen waren. Ihre intrinsische politische Instabilität, bedingt durch den charismatischen Charakter der monarchischen Herrschaft und das zerbrechliche Gleichgewicht der Macht zwischen ihnen, hatte sie zur leichten Beute für die expandierende römische Republik gemacht, trotz der immensen Ressourcen, über die die Herrscher verfügten. Der politischer Hellenismus war um 30 v. Chr. tot, dem Jahr, als Ägypten zur römischen Provinz wurde, aber sein Todeskampf hatte bereits Mitte des 2. Jahrhunderts v. Chr. begonnen, als die hellenistischen Monarchen immer abhängiger von Rom wurden.

Und doch überlebte der Hellenismus als kulturelles System, als Lebensstil und symbolischer Überbau für Kunst, Architektur und Stadtplanung sowie für Literatur, Philosophie und Religion. *Graecia capta ferum victorem cepit* – „Das besiegte Griechenland besiegte den grausamen Sieger" –, so setzte es der römische Dichter Horaz in Verse, der unter Augustus, dem Sieger von Actium, schrieb. Der Hellenismus lebte fort in den ungezählten Städten des Römischen Reiches, vom schottischen Clyde bis zum Euphrat in Mesopotamien; er lebte fort in der Selbstdarstellung der römischen Kaiser, in Gebäuden, Inschriften und Münzen; er lebte auch fort im Christentum, das in der Spätantike viele intellektuelle Errungenschaften des Altertums absorbierte. Das politische Vermächtnis von Alexander mag in ungeschickte Hände gefallen sein, aber das kulturelle Erbe des Hellenismus formte eine Welt, die sich vom Atlantik bis zum Indus erstreckte – und die Antike weit überdauerte.

Kapitel 7

Die Reiche der Parther und Sasaniden

247 v. Chr.–300 n. Chr.

Zu dem Zeitpunkt, als die sich abzeichnende Bedrohung durch die Perser das antike Griechenland überschattete, musste sich das weitaus mächtigere Römische Reich seinen Feinden im Osten stellen. Die parthische Dynastie erhob sich inmitten der Ruinen des Seleukidischen Reiches (des Erbes von Alexanders Eroberungsfeldzügen). Wie die Sasaniden nach ihnen, sahen sich die Parther als die „Könige der Könige“ – in der Realität waren sie die Anführer eines relativ lockeren Bundes verschiedener Völker. Ihre Dynastie wurde immer wieder durch interne Konflikte erschüttert. Sie erwarben sich jedoch einen ausgezeichneten Ruf in Bezug auf ihr militärisches Geschick und (wie die streitsüchtigeren Sasaniden) als Gegner des Römischen Reiches.

Liste der parthischen und sasanidischen Könige

Parther

238–211 v. Chr.	Arsakes I.
211–191 v. Chr.	Arsakes II.
191–176 v. Chr.	Phriapatios
176–171 v. Chr.	Phraates I.
171–138 v. Chr.	Mithradates I.
138–127 v. Chr.	Phraates II.
127–124 v. Chr.	Artabanos I.
123–88 v. Chr.	Mithradates II.
95–87 v. Chr.	Gotarzes I.
90–77 v. Chr.	Orodes I.
77–70 v. Chr.	Sinatrukes
70–57 v. Chr.	Phraates III.
57–54 v. Chr.	Mithradates III.
57–38 v. Chr.	Orodes II.
38–2 v. Chr.	Phraates IV.
2 v. Chr. –4 n. Chr.	Phraatakes
8–12 n. Chr.	Vonones I.
10–38 n. Chr.	Artabanos II.
40–45 n. Chr.	Vardanes I.
40–51 n. Chr.	Gotarzes II.
51 n. Chr.	Vonones II.
51–78 n. Chr.	Vologases I.
55–58 n. Chr.	Vardanes II.
78–105 n. Chr.	Pakoros II.
80–90 n. Chr.	Artabanos III.
105–147 n. Chr.	Vologases III.
109–129 n. Chr.	Osroes I.
116 n. Chr.	Parthamaspates
140 n. Chr.	Mithridates IV.
147–191 n. Chr.	Vologases IV.
190 n. Chr.	Osroes II.
191–208 n. Chr.	Vologases V.
208–228 n. Chr.	Vologases VI.
216–224 n. Chr.	Artabanos IV.

Sasaniden

224–241 n. Chr.	Ardaschir I.
241–272 n. Chr.	Schapur I.
272–273 n. Chr.	Hormizd I.
273–276 n. Chr.	Bahram I.
276–293 n. Chr.	Bahram II.
293 n. Chr.	Bahram III.
293–303 n. Chr.	Narseh

VORHERIGE SEITEN: Sasanidisches Relief aus Naqsh-I Rustam (Iran), dass den Sieg Schapurs über Valerian zeigt.

LINKS: Statue eines Adligen aus Hatra (Irak), der seine rechte Hand als Geste der Anbetung erhebt.

Überlieferter Zeitpunkt der Eroberung des Partherreiches durch Parner, Beginn des arsakidischen Zeitalters ca. 247 v. Chr.

200 v. Chr.

Umfangreiche Expansion des Partherreiches unter Mithridates I. 171–138 v. Chr.

100 v. Chr.

Erste Überquerung des Euphrat durch römische Truppen, Licinius Lucullus dringt in parthisches Territorium ein 69 v. Chr.

Schlacht von Carrhae (Harran): Crassus wird vernichtend geschlagen 53 v. Chr.

Mark Antons Feldzug gegen Parther endet mit Misserfolg 36 v. Chr.

Zeitenwende

100 n. Chr.

Feldzug des Trajan gegen die Parther 114–117 n. Chr.

Lucius Verus zieht gegen die Parther 162–166 n. Chr.

Septimius Severus erobert parthische Hauptstadt Ktesiphon 198 n. Chr.

200 n. Chr.

Artabanos IV., letzter König der Parther, wird besiegt; Beginn der Sasaniden-Herrschaft 224 n. Chr.

Erster Feldzug Schapurs gegen die Römer; Hatra wird zerstört ca. 240–244 n. Chr.

Gordian III. fällt in der Schlacht gegen die Sasaniden 244 n. Chr.

Zweiter Feldzug Schapurs, marschiert in Syrien ein und erobert Antiochia 252–253 n. Chr.

Odainathos von Palmyra besiegt Sasaniden am Orontes ca. 259/60 n. Chr.

Schapur I. besiegt Valerian, nimmt ihn gefangen (Schapurs dritter Feldzug) 260 n. Chr.

Roms mächtigster Feind waren nicht die Gallier oder Afrikaner, Briten oder Germanen: Nach ihrer ersten Begegnung im Jahr 92 v. Chr., als der römische General Sulla auf den parthischen Gesandten Orobazus traf, wurden die Parther und ihr „König der Könige" von römischen und griechischen Autoren schnell zum Hauptfeind erklärt. Im Laufe der folgenden 300 Jahre prallten die zwei Supermächte der Antike regelmäßig aufeinander. Vor allen Dingen Armenien, ein gebirgiges Gebiet nördlich von Syrien, berühmt für seine Pferdezucht und deshalb begehrtes Protektorat, gab immer wieder Anlass zu Streitigkeiten. Leider existieren so gut wie keine parthischen Texte und deshalb sind wir leider in hohem Maße von klassischen Textquellen abhängig und müssen das Parthische Reich vor allem durch die Augen seiner Feinde betrachten.

Die Parther, die ihre Ursprünge andernorts hatten, füllten letztendlich die Lücke, die die einstmals dominierenden Seleukiden in Mesopotamien hinterlassen hatten. Der Stamm der Parther, Teil des viel größeren nomadischen Bündnisses der Daha, zog vom

Steppengebiet östlich des Kaspischen Meeres in die Region Parthava im nordöstlichen Iran. Dieses Gebiet war seit Ende des 6. Jahrhunderts v. Chr. Provinz des achämenidischen Reiches. Die ursprüngliche Invasion der persischen Provinz Parthien durch die Parni unter ihrem Anführer Arsakes, nach dem das arsakidische Zeitalter und die arsakidische Dynastie benannt wurden, wird traditionell auf das Jahr 247 v. Chr. festgesetzt. Dieses Datum ist heutzutage jedoch äußerst umstritten. Im 2. Jahrtausend gelang es den arsakidischen Königen, im Besonderen Mithridates I. (171–139 v. Chr.), ihren Machtbereich durch ausgedehnte Feldzüge auf zahlreiche Gebiete auszudehnen, die jedoch ihre kulturellen Traditionen bewahren konnten und von eigenen Königen regiert wurden. Zu seiner Blütezeit erstreckte sich das parthische Königreich vom Euphrat bis zum Indus. In weniger als eineinhalb Jahrhunderten hatten sich die Arsakiden von Nomaden, die große Teile des östlichen Irans eroberten, in mächtige Herrscher verwandelt. Im Jahr 113 v. Chr. nahm Mithridates II. den alten persischen Titel „König der Könige" an und demonstrierte auf diese Weise voller Stolz seine Herrschaft über eine Reihe untergeordneter Könige. Jedoch machten diese Vasallenstaaten und die gelegentlichen Versuche ihrer Könige größere Unabhängigkeit zu erlangen, das Parthische Reich, hauptsächlich in Zeiten dynastischer Konflikte, für die das arsakidische Herrscherhaus besonders anfällig zu sein schien, äußerst verwundbar.

Beispielhaft für die instabilen Beziehungen zwischen der Hauptresidenz der arsakidischen Könige in Ktesiphon, am Tigris im südlichen Mesopotamien gelegen, und den Königreichen am Rande des Parthischen Reiches ist Hatra, eine Festung in Al Dschasira, der Steppe Obermesopotamiens. Bei dem Versuch Hatra zu erobern, erlitten die römischen Kaiser Trajan und Septimius Severus herbe Verluste, und die Festung erlangte traurige Berühmtheit. Die einzigen Ruinen der hoch entwickelten Kultur Hatras stammen aus dem späten 1. Jahrhundert n. Chr., als die Stadt von einer Reihe einheimischer „Herren" regiert wurde. Aber in der zweiten Hälfte des 2. Jahrhunderts n. Chr. wurde dieses System der Herrschaft durch ein Königshaus ersetzt, und die Herrscher Hatras waren fortan als „König", oder genauer, als „König Arabiens" und „König der Araber" bekannt. Es scheint, als ob die Parther die Entstehung eines neuen Königshauses innerhalb ihrer eigenen Grenzen tolerierten. Vielleicht waren sie aber auch einfach gezwungen, dies zu akzeptieren.

Die Erforschung parthischer Institutionen und typischer Elemente der „parthischen" Gesellschaft

GEGENÜBER: „Dexiosis"-(Händedruck-)Relief aus Arsameia am Nymphaios (Ost-Türkei), mit Antiochos I. von Kommagene und dem synkretistischen Gott Artagnes-Herakles-Ares. Kommagene war ein Königreich, das in den Jahrhunderten unmittelbar vor und nach dem Beginn unserer Zeitrechnung zwischen Rom und Parthien lag.

OBEN: Statue des Königs Sanatruq von Hatrene, ca. 170 v. Chr., die in einem der vielen Heiligtümer von Hatra gefunden wurde. Die Haartracht ist typisch für diese Region.

LINKS: Der sogenannte „Hellenistische Tempel" im Zentrum von Hatra. Südseite.

Dura-Europos

Dura-Europos, ursprünglich als eine seleukidische Festung am Euphrat gegründet, spielte schließlich ab Ende des 2. Jahrhunderts v. Chr. eine Schlüsselrolle als Zitadelle der Parther an ihrer Westgrenze. Die kleine Stadt blieb bis 165 n. Chr., als sie von der Streitmacht Lucius Verus' erobert wurde, unter arsakidischer Kontrolle. Es gibt überraschenderweise nur wenige Anzeichen „parthischer" Kultur aus den Jahrhunderten unter der Herrschaft des Königs der Könige. Die Verkehrssprachen waren Griechisch und ein aramäischer Dialekt – Spuren der parthischen Sprache finden sich kaum. Die Architektur der Wohnhäuser und Tempel dieser Zeit folgte den Vorbildern des antiken Nahen Ostens. Reliefs und Wandmalereien, die aufgrund der stilistischen Ähnlichkeit mit Skulpturen aus anderen Teilen des parthischen Imperiums heute häufig falsch als „parthische Kunst" bezeichnet werden, zeichnen sich durch eine Frontalität aus, die mit der kulturellen Entwicklung im parthischen Kernland nicht in Verbindung steht. Stattdessen scheint sie mit dem Eintreffen der Römer im Nahen Osten zusammenzuhängen. Sogar die griechischen Regierungsstrukturen der Stadt, die aus der Zeit vor den Parthern stammten, existierten weiter. Nur die Datumsangabe auf mehreren griechischen Papyri und Pergamenten, „das Jahr X nach der Berechnung des König der Könige", zeugt davon, dass Dura tatsächlich Teil der parthischen Welt war. Als die Arsakiden den neupersischen Sasaniden wichen, war

scheitert häufig an dem Mangel an Indizien. Die kleine Stadt am Euphrat Dura-Europos, die dank wichtiger und unschätzbarer archäologischer Funde als „das Pompeji der syrischen Wüste" bekannt wurde, ist hierfür beispielhaft. Trotz jahrelanger parthischer Okkupation finden sich nur wenige Zeugnisse der ehemaligen Besatzer. In Dura-Europos gibt es nur wenige schriftliche Belege der Parther und auch in der Architektur dominieren frühe nahöstliche Einflüsse.

Urkundliche Beweise aus Dura zeigen klar, dass die Parther keine bedeutenden Änderungen der vorherrschenden administrativen und gesellschaftlichen Strukturen vornahmen. Sie sprachen ihre eigene Sprache (Pahlavi), die Bevölkerung des Reiches sprach jedoch weiterhin vornehmlich Aramäisch, die offizielle Sprache der achämenidischen Administration, und Griechisch, die Verkehrssprache der hellenistischen Welt und später des Oströmischen Reiches. Es entsteht der Eindruck einer Dezentralisierung und eines ausgeprägten Opportunismus seitens der parthischen Herrscher. Ihr Reich gedieh durch den Handel und sowohl parthische als auch lokale Großhändler fungierten als Zwischenhändler zwischen der römischen Welt und dem Fernen Osten. Sie importierten farbenfrohe Textilien aus China und Indien und verkauften duftende Gewürze an das Königreich Charakene am Persischen Golf, von wo sie den Euphrat hinauffuhren und die gefährliche Wüste auf dem Weg nach Palmyra im Zentrum der syrischen Steppe durchquerten. Noch im 1. Jahrhundert n. Chr. beschrieb Plinius Palmyra als unabhängige Stadt, „da sie, durch die Natur von der Welt isoliert, ein eigenes Schicksal zwischen den zwei mächtigen Reichen Rom und Parthia zu tragen hat und im Fall eines Streites zwischen ihnen die Aufmerksamkeit beider Seiten auf sich zieht". Im 1. Jahrhundert n. Chr. erstellte Isidoros von Charax in griechischer Sprache eine Liste der Festungen und Zitadellen des Parthischen Reiches – einschließlich Dura-Europos. Obwohl das von ihm verfasste Werk, *Parthische Stationen*, zuweilen als eine Art Reisetagebuch entlang des parthischen Handelsweges aufgefasst wurde, ist es tatsächlich eine Beschreibung des alten Königsweges, die kleine Stadt schon seit langem eine römische Provinz. Die Sasaniden waren es schließlich auch, die das Ende der Stadt einläuteten. Die römischen Truppen, die Dura-Europos verteidigten, verstärkten die Mauern und füllten die angrenzenden Straßen und Häuser mit Sand und Trümmern, so dass die Wandgemälde dieser Gebäude, unter anderem die berühmte Synagoge und das christliche Baptisterium, für die Nachwelt in einem einzigartigen Zustand erhalten wurden. Trotz der Bemühungen die Stadt zu verteidigen durchbrachen die Sasaniden im Jahr 256 n. Chr. nach einer Belagerung die Mauern und die Stadt geriet bis zu ihrer zufälligen Wiederentdeckung durch britische Soldaten im Jahr 1920 unter dem Wüstensand in Vergessenheit.

Das „Tor von Palmyra" in der westlichen Stadtmauer von Dura-Europos (Syrien).

Ein spektakulärer Blick von der Zitadelle von Dura-Europos über den Euphrat in Richtung Norden.

der an erster Stelle administrativen und militärischen Zwecken diente.

Inwieweit die Parther ihren Herrschaftsbereich als Imperium verstanden, so wie die Römer es taten, bleibt unklar. Während die Römer letztendlich die Expansion ihres Reiches so weit wie möglich vorantrieben, scheinen die Parther ihr Reich eher als Ansammlung von Völkern verstanden zu haben, die sich, unabhängig von dem Grad ihrer Unabhängigkeit, dem König der Könige gegenüber verantworten mussten. Einige Forscher waren der Meinung, dass Parthien im Wesentlichen den hellenistischen Königreichen ähnelte, während andere die Ansicht des römischen Dichters Horaz teilten, dessen Ausspruch „Phraates sitzt wieder auf dem Thron des Kyros", eindeutig die Asarkiden als rechtmäßige Erben der Achämeniden bezeichnet. Das vielleicht dauerhafteste und in jedem Fall sichtbarste Vermächtnis der Parther war ihre Kleidung, die sich erheblich von der in Rom üblichen Toga oder Tunika unterschied. Das typisch parthische Gewand, das in den meisten Teilen der Levante üblich war, bestand aus den berühmten Pluderhosen, die häufig auf Skulpturen und Fresken zu sehen sind. Lokale Würdenträger in Städten wie Palmyra sind auf ein und demselben Denkmal sowohl in westlicher als auch östlicher Tracht abgebildet.

Frühe Konflikte zwischen Rom und Parthien

Die Geschichte zwischen Rom und Parthien begann im Jahr 92 v. Chr., als sich der römische General Sulla mit dem parthischen Gesandten Orobazus in Gegenwart des kappadokischen Adligen Ariobarzanes traf, für den der römische Kommandant als Schutzherr auftrat. Drei Stühle wurden bereitgestellt, und es heißt, Sulla hätte in der Mitte gesessen und eine Audienz gegeben. Weil er sich auf diese Art hatte behandeln lassen, ließ der König der Könige Orobazus nach seiner Rückkehr hinrichten. Als Sullas Militärtribun Lucius Licinius Lucullus im Jahr 69 v. Chr. im Zuge des dritten Mithridatischen Krieges, in dem Rom gegen den mächtigen König Mithridates VI. von Pontos und seinen Schwiegersohn Tigranes II. von Armenien kämpfte, der selbst parthische Gebiete annektiert hatte, in Territorien jenseits des Euphrats einfiel, wurde dieses Ereignis laut Plutarch als „der größte Sieg" bejubelt, „den die Sonne jemals gesehen hatte". Es war das erste Mal, dass römische Truppen den Euphrat überquerten.

Marmorbild von König Mithridates VI. von Pontus aus dem 1. Jahrhundert n. Chr. Er wird mit dem Löwenfell des Herakles dargestellt.

Nur 16 Jahre später, im Jahr 53 v. Chr., geschah das Undenkbare: Nicht weniger als sieben römische Legionen wurden in der Schlacht bei der für den Tempel des Mondgottes berühmten antiken Stadt Harran von den Parthern vernichtet. Der römische Feldherr Marcus Crassus, der sowohl für seine heimliche Allianz mit Julius Caesar und Pompeius Magnus, als auch aufgrund seines auf korrupte Weise erworbenen Vermögens bekannt geworden ist, geriet in eine Falle und verlor sein Leben auf dem Schlachtfeld. Ungefähr 20.000 seiner Soldaten sind mit ihm gestorben, weitere 10.000 wurden von den Parthern deportiert, zudem verloren die Römer zu ihrer Schande die Legionsadler. Crassus' Biograf, Plutarch, berichtet anschaulich vom schrecklichen Ende dieses bedeutenden Mannes. Der parthische Heerführer Sillaces soll – das Haupt Crassus' mit sich führend – den königlichen Hof genau zu dem Zeitpunkt erreicht haben, als in Euripides' Drama *Die Bakchen*, das in Gegenwart des Königs aufgeführt wurde, Agaue, die geisteskranke Mutter des Pentheus, König von Theben, dessen Kopf präsentierte. Auf ergreifende Weise beschreibt Plutarch, wie Crassus' Feldzug „wie eine Tragödie" zu Ende ging: „Während dem Schauspieler applaudiert wurde, stand Sillaces an der Tür des Bankettsaals, verbeugte sich tief und warf Crassus' Kopf in die Mitte des Publikums." Der letzte Akt im Leben des Feldherrn zeigt auch, dass die Parther Kenner der griechischen Tragödie waren und dem in antiken Quellen häufig vorherrschenden stereotypen Nimbus eines Volkes von „Barbaren" nicht entsprachen.

Die Wiederbeschaffung der von Crassus' Heer verlorenen Standarten war für die Römer von äußerster Wichtigkeit. Der Triumvir Mark Anton scheiterte im Jahr 36 v. Chr. als Erster beim Versuch die Legionsadler wiederzuerlangen. Erst als Kaiser Augustus von 22 bis 19 v. Chr. im Nahen Osten war, gelang es schließlich, die verloren Standarten wiederzubeschaffen. Er schrieb daraufhin in den *Res Gestae*, der postum veröffentlichten Aufzeichnungen seiner Verdienste und Ehrungen: „Ich zwang die Parther dazu, mir die Kriegsbeute und die Standarten dreier römischer Legionen zurückzugeben und um die Freundschaft des römischen Volkes zu bitten." Im Jahr 20 v. Chr. trafen die Römer eine diplomatische Vereinbarung mit dem parthischen König Phraates IV.: Augustus hatte Armenien unterworfen und ein loyales Mitglied des einheimischen Königshauses, das einstmals am römischen Hof residiert hatte, zum Herrscher gemacht. Augustus' Stiefsohn, der spätere Kaiser Tiberius, hatte den Feldzug gegen das armenische Königreich persönlich angeführt und den späteren König auf den armenischen Thron gebracht. Die Parther akzeptierten diese Veränderungen in Armenien unter der Voraussetzung, dass Rom versprach, nicht in Parthien einzumarschieren. Phraates IV. gab zudem die Legionsadler zurück, die Crassus in der Schlacht von Harran verloren hatte. Die Heimkehr der Standarten wurde in Rom als militärischer Sieg gefeiert, und das Ereignis wurde zu einem der Eckpfeiler der Ideologie des neuen Prinzipats. Der Dichter Horaz schrieb im *Carmen Saeculare*, das von Augustus speziell für die „Spiele des Jahrhunderts" in Auftrag gegeben worden war und Roms Eintritt in ein neues Zeitalter im Jahr 17 v. Chr. zelebrierte: „Jetzt fürchtet Parthien die mächtige Faust Roms, zu Land und auf dem Meer!" Zur Feier der Wiederbeschaffung der Legionsadler wurden Münzen mit knienden Parthern geprägt und auf dem Forum wurde ein Triumphbogen errichtet. Er existiert heute nicht mehr, ist uns jedoch von Bildern auf Münzen bekannt. Bei seiner Rückkehr aus dem Osten im Jahr 19 v. Chr. widmete der Senat Augustus die *Ara Pacis*, einen Altar. Die vielleicht berühmteste Darstellung der Heimkehr der Standarten befindet sich auf dem Kürass der Augustusstatue von Prima Porta, aus der Villa der Livia. Ein bärtiger Parther übergibt den Legionsadler einem römischen Soldaten (vielleicht Tiberius), während die Götter die Szene wohlwol-

lend betrachten – der Sonnengott Caelus in einer Quadriga, der das Himmelszelt ausbreitet, die göttlichen Zwillinge Apollo und Diana, die Verkörperungen der Morgendämmerung und des Taus, und die Erdgöttin Ceres mit einem Füllhorn als Symbol des Wohlstands.

Als die Rivalitäten in Armenien ungefähr 20 Jahre später wieder aufflammten, sandte Augustus seinen Enkel und Adoptivsohn Gaius Caesar in den Osten, wo sich der junge Kronprinz mit dem parthischen König Phraatakes, dem unehelichen Sohn von Phraates IV., auf einer Insel im Euphrat traf. Velleius Paterculus hinterließ in seinem Kompendium der römischen Geschichte einen Augenzeugenbericht: „Bei dem Treffen speiste der Parther zuerst mit Gaius am römischen Ufer und später aß Gaius mit dem König im Land des Feindes zu Abend." Der Euphrat diente abermals als symbolische Grenze zwischen beiden Reichen. Und trotz des von Velleius beschriebenen gegenseitigen Respekts wurden die Parther in Rom vollkommen anders dargestellt. Auch der Kürass einer postum errichteten Statue Gaius Caesars, er starb im Jahr 4 n. Chr. in Lykien, wurde mit den Häuptern bärtiger „Barbaren" verziert.

Spätere Konflikte zwischen Rom und Parthien

Die Angst vor den Arsakiden war in der römischen Gesellschaft nach wie vor präsent, auch wenn die militärische Stärke der Parther nach den 40er Jahren v. Chr. in Wirklichkeit kaum genügte, um Roms Herrschaft in den Ländern Syriens und Anatoliens zu bedrohen. Der große römische Historiker Tacitus beschreibt, wie der parthische König Artabanos II. „den

Bogen und Tor der Ulu Cami, Anatoliens größter Moschee, in Carrhae-Harran (Ost-Türkei), Standort des berühmten Mondtempels. An diesem Ort verloren die römischen Legionen im Jahr 53 v. Chr. ihre Standarten und Crassus sein Leben.

Stimmen eines Imperiums

Beinahe alle unsere literarischen Quellen über die Parther stammen von außerhalb ihres Imperiums, so dass die arsakidische Herrschaft durch die Augen ihrer römischen Nachbarn gesehen werden muss. Historiker wie Tacitus und Cassius Dio erhielten die Furcht vor der Macht der „Barbaren" an Roms Ostgrenze am Leben. Da die zweite Hälfte der parthischen Geschichte sehr viel besser dokumentiert ist als die der frühen Jahre, bleibt das exakte Gründungsdatum des Partherreiches im Unklaren. Die römischen Aufzeichnungen ändern sich in der ersten Hälfte des 3. Jahrhunderts n. Chr. mit dem Erscheinen der Sasaniden: Römische Autoren betonten die Aggressivität des neupersischen Reiches. Aus der Zeit der Regentschaft von Schapur I. stammt eine dreisprachige Inschrift, die über die Kriege zwischen den Sasaniden und den Römern berichtet. Darüber hinaus werden seine Taten auf einem prächtigen Relief dargestellt, dass die Erniedrigung römischer Kaiser zeigt.

„Auf einer Insel im Euphrat, mit einem jeweils gleich großen Gefolge an ihrer Seite, trafen sich Gaius und der junge und schöne König der Parther. Mit der römischen und parthischen Armee auf jeder Seite des Flusses trafen sich nicht nur die Anführer zweier Reiche, sondern der Menschheit. Ich hatte das große Glück, dies sehen zu dürfen."

Velleius Paterculus beschreibt ein Treffen zwischen dem römischen Kronprinzen und dem parthischen König.

Cassius Dio beschreibt in seiner Römischen Geschichte zu Beginn des 3. Jahrhunderts n. Chr., dass die Parther den Römern stets gewachsen waren:

„Sie sind wahrlich vorzügliche Krieger, ihr Ruhm ist jedoch größer als ihre Taten, denn sie haben nichts von den Römern gewinnen können, mussten aber Teile ihres eigenen Gebiets aufgeben. Und doch wurden sie nicht unterjocht und behaupten sich im Kampfe gegen uns."

Der sasanidische König der Könige, Schapur, beschreibt seine eigenen Errungenschaften in einer dreisprachigen Inschrift in Naqsh-I Rustam:

„Ich, der mazdaverehrende Gebieter Schapur, König der Könige, des Eran und Aneran, dessen Geschlecht von den Göttern ist, Sohn des mazdaverehrenden, göttlichen Ardaschir, König der Könige von Eran, dessen Geschlecht von den Göttern ist, Enkel des Königs Papak, bin Herr von Eranshahr und besitze diese Länder."

Das rätselhafte 13. Sibyllinische Orakel sagt Odaenathus' Sieg über Schapur vorher:

„Zu dieser Zeit werden zwei Männer, geschickte Kriegsherren, über die mächtigen Römer herrschen. Einer wird die Zahl 70 [Valerian] und einer die Zahl 3 [Gallienus] tragen. Dann wird ein stolzer Stier, der mit seinen Hufen in der Erde scharrt und mit seinen Hörnern Staub aufwühlt, einem dunkelhäutigen Reptil großes Leid bringen, das seinen schuppigen Leib im Sand windet. Aber er wird mit ihm untergehen … Dann wird einer kommen den die Sonne schickte [Odaenathus], ein mächtiger und schrecklicher Löwe, dem Flammen aus dem Maul schlagen. Dann wird er schamlos und wagemutig die größte Bestie vernichten – giftig, schrecklich und wild fauchend [Schapur].“

Der griechische Autor Heliodor berichtet von der Reaktion der römischen Soldaten im Angesicht des Feindes:

„Sogar von Ferne zogen der Prunk und das Auftreten der Perser alle Augen auf sich. Ihre Waffen aus Gold und Silber funkelten und flackerten wie Blitze in der Ebene, denn die Sonne war erst aufgegangen und schien auf die Gesichter der Perser, so dass ihre Rüstungen gleißten, und ihr prächtiger Glanz war noch in weiter Ferne zu sehen.“

„Eine große Schlacht wurde jenseits von Carrhae und Edessa zwischen uns und Kaiser Valerian geschlagen. Und wir nahmen ihn und auch die anderen Anführer ihrer Armee, den Prätorianerpräfekten, die Senatoren und Beamten mit unseren eigenen Händen gefangen. Wir nahmen sie alle gefangen und brachten sie nach Persis. Wir zerstörten und plünderten Syrien, Kilikien und Kappadokien und setzen die Länder in Brand.“

In der dreisprachigen Inschrift in Naqsh-I Rustam beschreibt Schapur seinen dritten Feldzug gegen Rom, bei dem er Kaiser Valerian gefangen nahm.

Dieses große in Stein gehauene Relief in Naqsh-I Rustam bildet Szenen aus den *Res Gestae Divi Saporis* ab: Die Entrichtung von Abgaben an Schapur durch Pillipus Arabs im Jahr 244 n. Chr. und die Gefangennahme von Valerian im Jahr 260 n. Chr.

alten und somit wehrlosen [Kaiser] Tiberius verachtete" und den Römern drohte, als er mit den „alten Grenzen der Perser und Makedonier prahlte, und sagte, dass er die Länder zurückerobern werde, über die Kyros und später Alexander einstmals herrschten". Der Senator Cassius Dio schildert die parthische Bewaffnung und Kriegsführung wie folgt:

„Die Parther benutzen keine Schilde, aber ihre Streitkräfte bestehen aus berittenen Bogenschützen und Pikenieren, größtenteils in voller Rüstung. Ihre Infanterie ist klein und besteht aus den schwächeren Männern; aber sogar diese sind alle Bogenschützen. Sie üben sich vom Knabenalter an, sowohl in der Reitkunst als auch im Bogenschießen."

Die Römer jedoch lernten nicht nur von den Fertigkeiten der parthischen Reiterei, es gelang ihnen auch viele andere Kampfkünste ihrer Gegner zu übernehmen, indem sie einheimische Truppen als Hilfseinheiten in ihre Legionen aufnahmen. Diese Einheiten, die weiterhin mit ihren eigenen Waffen kämpften, wurden häufig weit von ihrem Heimatland entfernt eingesetzt. Ein Beispiel für eine „Kavallerie-Einheit von Parthern und Arabern" *(ala Parthorum et Arabum)* findet sich auf einem Grabstein eines Offiziers aus dem 1. Jahrhundert n. Chr., der in Mainz gefunden wurde. Noch im 2. Jahrhundert n. Chr. versuchten römische Kaiser Ruhm im Krieg gegen die Parther zu erlangen. Trajan schuf eine Reihe neuer römischer Provinzen jenseits des Euphrats (von denen alle sofort nach seinem Tod aufgegeben wurden), und römische Münzprägungen zeigen, wie der Parthische König sein Diadem direkt von Trajan mit dem legendären Ausspruch REX PARTHIS DATUS („den Parthern ein König gegeben") erhält. Von 162 bis 166 n. Chr. übernahm der Mitkaiser Mark Aurels, Lucius Verus, das Kommando über einen Feldzug im Osten. Gerüchten zufolge überließ er jedoch das Kämpfen seinen Generälen, während er selbst ein luxuriöses Leben in den Städten des römischen Syrien genoss. Historische Berichte über die Kriege zwischen dem Westen und dem Osten scheinen, wie auch heutzutage üblich, für ein breiteres Publikum geschrieben worden zu sein. In einem Werk mit dem Titel *Wie man Geschichte schreiben soll* kritisierte der berühmte Satiriker Lukian von Samosata (früher die königliche Hauptstadt von Kommagene) die Art, in der unfähige Schriftsteller eilig mit Ungenauigkeiten angefüllte Bücher über den Parthischen Krieg von Verus veröffentlichten: „Jeder schreibt über Geschichte; mehr noch, wir sehen in ihnen sogar Thukydides, Herodot und Xenophon. Und doch denken die meisten von ihnen, dass sie für ihre Arbeit nicht mehr Wissen benötigen, als sie zum Gehen, Sehen oder Essen brauchen." Wie dem auch sei, Ktesiphon ist im Jahr 198 n. Chr. durch Septimius Severus erobert worden, der wie Trajan Mesopotamien zur Provinz machte und zu Ehren seines Sieges den Titel Parthicus Maximus annahm.

Der Aufstieg des Sasanidenreichs

Die römischen Feldzüge des 2. Jahrhunderts schwächten die Macht der Parther, die jedoch weiterhin Anlass zu Konflikten gaben. Zwar mag die Kombination aus römischer Bedrohung und dynastischen Konflikten nicht ausgereicht haben, um das Parthische Reich in die Knie zu zwingen – Aufruhr und Unabhängigkeitskämpfe in den Vasallenstaaten vermochten das Reich jedoch letztlich zu schädigen. Ungefähr 475 Jahre arsakidischer Herrschaft fanden im Jahr 224 n. Chr. ihr Ende, als sich der regionale Gouverneur Ardaschir (oder Artaxerxes, wie antike Quellen ihn nennen) gegen seine parthischen Herren erhob, Artabanos IV. besiegte und im Zuge dessen das neupersische Reich der Sasaniden gründete, benannt nach Ardaschirs Vorfahr Sasan. Die Römer sollten sich schon bald nach ihren parthischen Rivalen sehnen, denn die Sasaniden erwiesen sich als viel aggressiver und stärker als ihre Vorgänger an Roms Ostgrenze. Der junge Kaiser Severus Alexander sandte Briefe an den sasanidischen Herrscher, um „eine Invasion zu vermeiden und seine Erwartungen zu prüfen". In den Worten des Histori-

Der Partherschuss

Die Parther galten als äußerst geschickte berittene Bogenschützen. In seinem Bericht über die Schlacht von Harran im Jahr 53 v. Chr. beschreibt Plutarch, wie die Parther zu fliehen schienen und sich plötzlich auf ihren Pferden umdrehten, um ihre Pfeile auf die überraschten Verfolger zu schießen: „Die Parther schossen, während sie flohen, und waren darin tatsächlich geschickter als irgendjemand, abgesehen von den Skythen; dies ist sicherlich ein sehr geschicktes Manöver – zu kämpfen und sich zur gleichen Zeit um die eigene Sicherheit zu kümmern, so dass die Flucht nicht unehrenhaft ist“ (Plut., Crassus 24). Es ist offensichtlich, dass dieses Manöver großes Geschick von den Reitern erforderte. Da sie mit ihren Händen Pfeil und Bogen festhalten mussten, konnten sie die Tiere nur mithilfe ihrer Beine führen. Wandmalereien in Dura-Europos und Zeichnungen aus späteren Zeiten geben ein klares Bild ihrer Reitkunst. Der sogenannte „Partherschuss“ („Parthian shot“) hat sich im Englischen zum Ausdruck „parting shot“ gewandelt: eine letzte Beleidigung im Fortgehen. In seinem Werk *Hudibras* schreibt der satirische Dichter Samuel Butler im 17. Jahrhundert: „Kämpfend zieht ihr euch zurück und tötet wie ein Parther, mit dem Blick.“

Eine Keramiktafel mit dem Bildnis eines berittenen Bogenschützen, die sich heute im British Museum in London befindet, und die Zeichnung eines berittenen Bogenschützen, der den „Partherschuss“ vollführt.

kers Herodian, der selbst aus dem Nahen Osten stammte: „In diesen Briefen sagte er Artaxerxes, dass er innerhalb seiner eigenen Grenzen bleiben und jede Aggression vermeiden solle; er solle sich nicht, getäuscht von eitler Hoffnung, dazu verleiten lassen, einen großen Krieg heraufzubeschwören. Jeder solle mit dem zufrieden sein, das er bereits besaß …" Alexander glaubte, den Barbaren mit diesen Briefen überzeugen zu können, ruhig zu bleiben oder ihn, mit dem gleichen Ziel, zumindest zu verängstigen. Die Prosa des Kaisers verfehlte jedoch in jeglicher Hinsicht ihre gewünschte Wirkung.

Ardashirs Sohn, Schapur, folgte in der aggressiven Haltung seinem Vater und nutzte im 3. Jahrhundert n. Chr. die Krise des Römischen Reiches, als eine Reihe sogenannter Soldatenkaiser in rascher Folge die Macht übernahmen. Im Jahr 244 n. Chr. erlag der noch junge Kaiser Gordian III. seinen Verletzungen, die er sich in der verlorenen Schlacht in der Nähe von Ktesiphon zugezogen hatte, und wurde von seinem Prätorianerpräfekten Philippus Arabs, der im syrischen Hauran geboren wurde, beerbt. Dieser sah sich schließlich gezwungen, einen Friedensvertrag mit Schapur einzugehen. In einem zweiten Feldzug, im Jahr 252 n. Chr., überrannten die Armeen des Königs der Könige große Teile Syriens, einschließlich der Hauptstadt Antiochia, und im Jahr 260 geriet Kaiser Valerian in sasanidische Gefangenschaft. Er starb schließlich in einem persischen Gefängnis, nachdem er den Rest seines Lebens als Schapurs „lebendiger Hocker" gedient haben soll. Für den Apologeten Lactanz war der König der Könige offensichtlich ein Instrument der Strafe Gottes für den gottlosen Kaiser, und er beschreibt in seiner Schrift *Von den Todesarten der Verfolger* detailgetreu die Erniedrigungen, die Valerian über sich ergehen lassen musste: „Er verschwendete den Rest seiner Tage als gemeiner Sklave: Denn immer wenn Schapur … in seine Kutsche oder auf sein Pferd steigen wollte, befahl er dem Römer, sich zu bücken und seinen Rücken zu präsentieren; dann setzte er seinen Fuß auf Valerians Schultern und sagte mit einem vorwurfsvollen Lächeln: ‚Dies ist die Wahrheit, und nicht das, was die Römer auf ihren Tafeln und Wänden darstellen.'" Es existiert eine dreisprachige Inschrift dieses einzigartigen Verhaltens Schapurs, die in Pahlavischrift, im Mittelpersischen der Sasaniden und auf Griechisch verfasst wurde. Sie

Reliefs auf dem Sockel des Septimus-Severus-Bogens auf dem Forum Romanum. Der Bogen wurde zu Ehren der siegreichen Feldzüge des Kaisers in Mesopotamien errichtet (198/9 n. Chr.). Die Reliefs zeigen parthische Gefangene.

Sasanidisches Relief in Naqsh-I Rustam, das den höchsten Gott des Zoroastrismus, Ahura Mazda, zeigt, wie er dem König der Könige einen Ring als Zeichen der Königswürde übergibt. Unter den Hufen der Pferde liegen besiegte Feinde.

befindet sich in Naqsh-I Rustam, nördlich von Persepolis, wo die achämenidischen Könige ihre letzte Ruhe fanden. Wissenschaftler bezeichnen diese Inschrift, mit einem amüsanten Verweis auf die berühmten *Res Gestae* des Augustus, allgemein als die „Errungenschaften des göttlichen Schapur". Nachdem er sich selbst vorgestellt hat, berichtet Schapur aus neupersischer Perspektive von den aufeinanderfolgenden Kriegen: „Als wir unsere

Kamee, die die Gefangennahme des römischen Kaisers Valerian durch den sasanidischen Herrscher Schapur zeigt.

Position im Reich gefestigt hatten, zog Kaiser Gordian im ganzen römischen Reich eine Streitmacht aus Goten und Germanen zusammen und marschierte auf Babylonien, gegen das Reich der Perser und gegen uns. An der Grenze zu Babylonien, bei Misikhe, kam es zu einer großen Schlacht. Kaiser Gordian wurde getötet, und die römischen Legionen wurden vernichtet, und die Römer machten Philippus zum Kaiser. Dann kam Philippus zu uns, um zu verhandeln. Er gab uns fünfhunderttausend Dinar, um ihr Leben zu retten, und wurde unser Untertan." Es heißt, der zweite Feldzug Schapurs sei eine Reaktion auf eine weitere Lüge der Römer gewesen: „Und Caesar log wieder und lud in Armenien Schuld auf sich. Dann griffen wir das Römische Reich an und vernichteten in Barbalissos eine 60.000 Mann starke Armee, setzten Syrien sowie das Umland in Brand, zerstörten und plünderten es vollkommen." (Der dritte Feldzug, in dem Valerian gefangen genommen wurde, wird auf Seite 185 beschrieben.)

Zusätzlich zu diesem unbezahlbaren Bericht, verfügen wir über zwei weitere bildliche Darstellungen, die die drei Feldzüge Schapurs wiedergeben. Ein in den Felsen gemeißeltes Relief in Naqsh-I Rustam zeigt den siegreichen König der Könige mit zwei Personen, die im Allgemeinen für Philippus Arabs und Valerian gehalten werden. Einer der beiden scheint Schapur etwas zu geben, während der zweite daneben niederkniet. Ein ähnliches Relief in Bishapur zeigt den König der Könige zu Pferd mit drei römischen Kaisern: Gordian III. wird von Schapurs Pferd niedergetrampelt, Philippus Arabs wird als Bittsteller und Valerian als Gefangener dargestellt.

Die Tatsache, dass sowohl das Relief als auch die Inschrift in den Fels bei Naqsh-I Rustam gemeißelt wurden, wo sich die Grabstätten der achämenidischen Könige befinden, ist ein guter Hinweis darauf, wie sehr sich die Sasaniden als legitime Erben der „alten" Perser sahen. Dennoch muss die Sichtweise einiger römischer Historiker, nämlich dass die Sasaniden von Anfang an vorhatten, alle Länder des ehemaligen achämenidischen Reiches in Besitz zu nehmen, mit Vorsicht betrachtet werden. Inwieweit die Sasaniden einen Teil ihres Vermächtnisses mit den Arsakiden teilten, ist diskutabel, ihre Politik scheint jedoch sicherlich aggressiver und ihre religiöse Toleranz geringer gewesen zu sein.

Das berühmteste religiöse Opfer war der Prophet Mani, der Gründer einer gnostischen Weltreligion. Im Manichäismus standen sich die Mächte des Lichtes und die der Finsternis gegenüber. Diese Religion verband Elemente des Buddhismus, des Zoroastrismus und des Christentums. Mani, geboren gegen Ende der asarkidischen Herrschaft, ging nach Indien, als Ardaschir als erster sasanidischer König der Könige auf den Thron gestiegen war. Wahrscheinlich weigerte Ardaschir sich, ihn zu beschützen. Bei seiner Rückkehr ins sasanidische Reich fand Mani in Schapur einen Beschützer. Ein arabischer Schriftsteller aus dem 10. Jahrhundert beschreibt ihre erstes Treffen: „Der Manichäer sagte, dass, als Schapur Mani erblickte, auf dessen Schultern zwei Lichter zu sehen waren, die Laternen ähnelten. Schapur war beeindruckt und Mani wuchs in seinem Ansehen." Schapur mag im Manichäismus einen Weg gesehen haben, Elemente verschiedener kultureller Hintergründe zu einer Religion zu vereinigen. Auch bei Schapurs Nachfolger, Hormizd, der nur ein Jahr lang regierte, fand der Prophet Unter-

stützung. Als aber Vahram I. im Jahr 274 n. Chr. zum König der Könige wurde, änderte sich dies. Er stand unter dem Einfluss zoroastrischer Priester, deren Lebenswandel im direkten Gegensatz zu Manis Lehre stand (vor allem Askese, Verurteilung der persischen Jagd zum Zeitvertreib) und lehnte den Manichäismus von Anfang an ab. Mani wurde eingesperrt und schließlich hingerichtet.

Die aggressivere Politik und Militärstrategie der Sasaniden wird anhand der zahlreichen feindlichen Einfälle Schapurs ins römische Territorium deutlich. Die Furcht, die seine Soldaten ihren Gegnern einflößen konnten, wird von dem Schriftsteller Heliodor von Emesa (heute Homs in Syrien) beschrieben, der im neunten Buch seiner *Aethiopika* von dem Schrecken römischer Soldaten erzählt, als sie den Feind zum ersten Mal erblickten. Der Historiker Ammianus Marcellinus, der aus erster Hand vom erfolglosen Persienfeldzug des letzten heidnischen Kaisers, Julian Apostata, erfahren hatte, war ebenfalls voller Lob für die sasanidische Armee: „Ihre militärische Ausbildung und Disziplin und ihre stetigen Manöver- und Kampfübungen machen sie … sogar für große Armeen zu einem gefürchteten Gegner. Sie stützen sich insbesondere auf ihre Kavallerie, in der bedeutende Männer und der ganze Adel dienen. Ihre Infanteristen tragen Rüstungen wie Gladiatoren und folgen jedem Befehl wie Sklaven"

Palmyra im Kampf gegen die Sasaniden

Nach der Gefangennahme Valerians hatten innerhalb des Römischen Reiches wichtige Veränderungen stattgefunden. Sein Sohn Gallienus hatte den Palmyrer Odaenathus zu seinem offiziellen Vertreter im Nahen Osten gemacht. Er verlieh ihm den neuen Titel *corrector totius Orientis* und erhoffte sich dadurch Stabilität

Sasanidisches Relief in Bishapur, das die drei Siege Schapurs über römische Kaiser zeigt. Das Pferd des Königs der Könige steht auf Gordian III., der im Jahr 244 n. Chr. starb. Phillipus Arabs, der Nachfolger Gordians, kniet vor Schapur, als Zeichen seiner Verpflichtung Abgaben an die Sasaniden zu zahlen. Valerian, der im Jahr 260 n. Chr. lebend gefangen genommen wurde, steht links, Schapur hält ihn am Handgelenk. Dies war das erste Mal, dass ein römischer Kaiser in Gefangenschaft geriet; das Ergebnis: ein Machtvakuum im Osten.

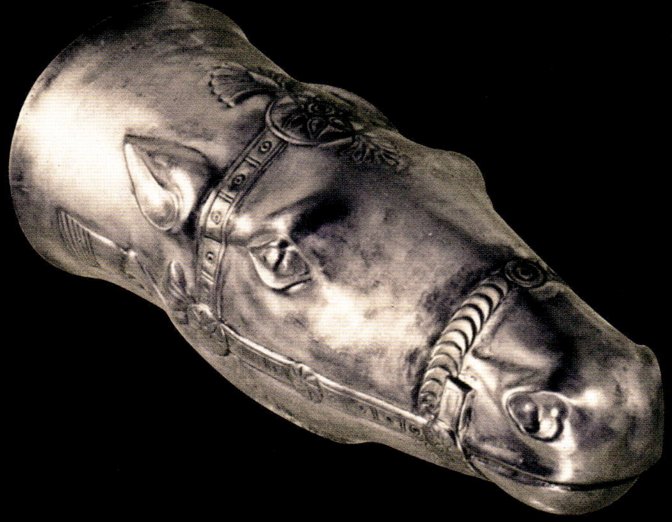

OBEN: Silbernes Trinkgefäß mit der Darstellung eines Pferdekopfes aus dem Iran. Es war wahrscheinlich Teil einer Jagdszene.

UNTEN LINKS: Sasanidischer Teller mit einer Jagdszene aus dem Iran, mit einer Glasur aus Quecksilber. Die Krone weist auf einen König aus dem 5. Jahrhindert hin; entweder Peroz oder Kavad I.

UNTEN RECHTS: Karaffe mit Tänzerinnen. Hergestellt im 6. oder 7. Jahrhundert im Iran.

GEGENÜBER: Silberteller mit einer Darstellung des sasanidischen Königs bei der Löwenjagd. Die Krone identifiziert ihn als Vahram V., auch bekannt als Vahram Gur (420–438), der für seine Jagdausflüge berühmt war.

Sasanidisches Silber

Die berühmtesten Stücke sasanidischer Kunst sind, abgesehen von den imposanten Felsreliefs in Naqsh-I Rustam und Bishapur, silberne Teller und Gefäße, Schüsseln, Schalen und Vasen. Viele dieser wunderschönen Artefakte wurden in den Randgebieten des sasanidischen Reiches gefunden; man nimmt an, dass der König der Könige sie als Geschenk an Vasallenkönige sandte (Beweise dafür finden sich auch in antiken Texten). Der König wird häufig beim Jagen gezeigt, wahrscheinlich um seine Unbesiegbarkeit und Tapferkeit zu demonstrieren, oft trägt er ein Reitkleid über der Hose und königliche Insignien. Diese Darstellung des Königs in voller Rüstung, mit Schwert oder Pfeil und Bogen, ist typisch für das 4. Jahrhundert und könnte mit der der Kontrolle der Silberproduktion in Zusammenhang stehen, die die Sasaniden ab der Regentschaft Schapurs II. (309–379) innehatten. Das Motiv des jagenden Königs der Könige kann, dank der kunstvoll gearbeiteten individuellen Krone eines jeden Herrschers, in der Regel einer bestimmten Person zugeordnet werden, da diese Kronen ebenfalls von Münzprägungen bekannt sind.

Palmyra, im Zentrum der syrischen Wüste gelegen, wurde im 2. Jahrhundert zu einer gewaltigen Karawanenstadt. Den Einwohnern Palmyras gelang es viele Jahre, die beiden Supermächte der Antike, Rom und Parthien, gegeneinander auszuspielen. Seit Beginn des 1. Jahrhunderts war Palmyra römische Provinz. Der Bogen wurde zu Ehren des Herrschers Odaenathus und seines Sohnes Herodian errichtet.

in dieser Region zu schaffen. Palmyra war ab dem 1. Jahrhundert n. Chr. als Provinz vollkommen in das Römische Reich integriert. Im Jahr 130 besuchte Kaiser Hadrian die Oase persönlich, und Anfang des 3. Jahrhunderts hatte Palmyra den renommierten Status einer römischen Kolonie erlangt. In den 250er Jahren profilierte sich Odaenathus als führender Bürger und hatte sogar als römischer Senator und schließlich als Konsul großen Erfolg. Gemäß einer nicht unbedingt zuverlässigen Quelle aus dem 6. Jahrhundert, dem kaiserlichen Diplomaten Petrus Patricius, hoffte Odaenathus, zur Zeit des zweiten sasanidischen Feldzuges ein Abkommen mit Schapur zu treffen. Laut der dreisprachigen Inschrift von Naqsh-I Rustam scheint Palmyra auch tatsächlich von den Plünderungen verschont geblieben sein. In einer berühmten Schlacht im Jahr 260 besiegte Odaenathus die Sasaniden zusammen mit seinem Sohn Herodian. Eine Inschrift auf einem Bogen in Palmyra beschreibt, wie der Sohn (und sicherlich auch sein Vater) nun den traditionellen Königstitel der größten Macht im Nahen Osten annahm: „Diese Statue wurde für Septimius Herodianus, König der Könige, errichtet, der nahe dem Orontes mit der Krone des Königreiches für seinen Sieg über die Perser gekrönt wurde.“ Gegen Ende des 4. Jahrhunderts beschrieb der römische Historiker Festus Odaenathus, der „eine Schar, bestehend aus syrischer Landbevölkerung, versammelt und einen mutigen Widerstand ins Leben gerufen hatte“, als Rächer Roms, dem es sogar gelungen war, Ktesiphon zu erobern.

Nach dem Sieg über Schapur betrachteten sich Odaenathus und sein Sohn als rechtmäßige Erben des sasanidischen Throns. Ein Mosaik, das erst vor kurzem in Palmyra entdeckt wurde, scheint die Geschichte zu bestätigen. Der Held der griechischen Mythologie Bellerophon wird, in parthische Hosen gekleidet, auf seinem geflügelten Pferd Pegasus beim Töten der Chimäre dargestellt. Zwei über ihm fliegende Adler, die einen Kranz tragen, symbolisieren den Sieg. Ein zweites Bildnis, eine anscheinend unschuldige Jagdszene, zeigt einen Reiter (gekleidet wie Bellerophon) im Kampf mit persischen Tigern, der wiederum von einem Adler mit einem Kranz begleitet wird. Dem Archäologen zufolge, der das Mosaik, das die griechische Mythologie mit lokalen ikonografischen Details verbindet, entdeckte, ist es eine Allegorie für den Sieg der Palmyrer über die Perser, der Odaenathus und Herodian den Titel „König der Könige" einbrachte. Nachdem der Vater und sein Sohn unter mysteriösen Umständen vorzeitig ums Leben gekommen waren, herrschte die Witwe des Odaenathus, Zenobia, stellvertretend für ihren minderjährigen Sohn Vaballathus und erweiterte das palmyrenische Königreich um große Teile des römischen Ostens. Es sollte nicht lange dauern, bis Kaiser Aurelius Zenobias Truppen besiegte und Palmyra wieder fest ins Römische Reich integrierte. Der Erfolg des Römischen Reiches an seiner Ostgrenze erlebte weiterhin Hoch- und Tiefpunkte, und der Vertrag mit den Sasaniden, der nach dem Sieg Kaiser Galerius' im Jahr 298/9 geschlossen wurde, bedeutete die größte Expansion römischen Territoriums über den Tigris hinaus. Das neupersische Reich ging schließlich einige Jahrhunderte später, im Anschluss an die Eroberung Mesopotamiens und Persiens durch die Araber, unter.

Kürzlich entdecktes Mosaik in Palmyra. Darstellung Bellerophons mit seinem geflügelten Pferd Pegasus im Kampf mit der Chimäre (mit einem Löwen-, Schlangen- und Ziegenkopf). Die Abbildung könnte eine Allegorie für Odaenathus' Sieg über die Sasaniden in der Schlacht am Orontes sein (ca. 259/60 n. Chr.). Der Reiter trägt eine untypische Uniform, bestehend aus „parthischen Hosen", und wird von zwei Adlern mit einem Lorbeerkranz gekrönt.

Kapitel 8

Das römische Kaiserreich

27 v. Chr.–476 n. Chr.

Für lange Zeit in der (abendländischen) Geschichte war das Römische Reich *das* Imperium schlechthin. Unzählige Nachfolger haben sich auf Rom berufen: von den Karolingern oder dem Heiligen Römischen Reich Deutscher Nation bis zu den Osmanen, den russischen Zaren oder den Gründervätern der Vereinigten Staaten. Teilweise hat dies mit seiner Größe und der Langlebigkeit seiner Macht zu tun: Klein angefangen, wurde Rom zunächst die vorherrschende Macht auf der italischen Halbinsel, bis es schließlich die gesamte Region um das Mittelmeer und darüber hinaus unterwarf, vom Hadrianswall bis an den Nil, von der Donau bis zur libyschen Wüste. Der andere Faktor sind Roms kulturschaffende Einflüsse. Anders als viele andere Reiche, zog Rom mit einer zivilisatorischen Mission in die Welt und assimilierte die Gottheiten der fremden Völker, die es unterwarf. Seine Kaiser kamen ebenso aus Spanien und Nordafrika wie aus Rom und Italien, und schließlich gewährte es allen Bewohnern seines Reiches die römische Staatsbürgerschaft. Gleichzeitig wurde der Apparat republikanischer Regierung, unter dem seine Macht zunächst angewachsen war, immer mehr zu einer bedeutungslosen Hülle, während sich die tatsächliche Macht zunehmend auf wenige autokratische Herrscher konzentrierte.

Liste der Kaiser

Julisch-claudische Dynastie

27 v.–14 n. Chr. Augustus
14–37 Tiberius
37–41 Caligula
41–54 Claudius
54–68 Nero

Bürgerkrieg von 69

68–69 Galba
69 Otho
69 Vitellius

Flavische Dynastie

69–79 Vespasian
79–81 Titus
81–96 Domitian

Adoptivkaiser und Antoninische Dynastie

96–98 Nerva
98–117 Trajan
117–38 Hadrian
138–61 Antoninus Pius
161–80 Mark Aurel
(161–69 mit Lucius Verus)
180–92 Commodus

Bürgerkrieg von 193

193 Pertinax
193 Didius Julianus

Severische Dynastie

193–211 Septimius Severus
211 Gaeta
211–7 Caracalla
217–18 Macrinus
218–22 Elagabal
222–35 Alexander Severus

Krise des 3. Jahrhunderts

235–38 Maximinus Thrax
238 Gordian I.
238 Gordian II.
238 Pupienus
238–44 Gordian III.
244–49 Philippus Arabs
249–51 Decius
251–53 Trebonianus Gallus
253 Aemilius Aemilianus
253–60 Valerian
253–68 Gallienus
260–69 Postumus
268 Claudius II.
268–71 Victorinus
269 Laelianus
269 Marius
270 Quintillus
270–75 Aurelian
271–74 Tetricus
275–76 Tacitus
276 Florianus
276–82 Probus
282–83 Carus
283–84 Numerius
283–85 Carinus

Spätes Römisches Reich

284–305 Diokletian
(286–305 mit Maximian)
305–06 Constantius I.
305–11 Galerius
306–07 Severus II.
306–12 Maxentius
310–13 Maximinus Daia
306–37 Konstantin
(308–24 mit Licinius)
337–40 Konstantin II.
337–50 Constans
337–61 Constantius II.
361–63 Julian
363–64 Jovian

Valentinianische Dynastie

364–78 Valens
/364–75 Valentinian
375–83 Gratian
375–92 Valentinian II.
392–94 Eugenius

Theodosianische Dynastie

379–95 Theodosius
395–408 Arcadius
395–423 Honorius
408–50 Theodosius II.
/423–25 Johannes
/425–55 Valentinian III.

Die letzten Kaiser

455 Petronius Maximus
455–56 Avitus
456–61 Majorian
461–65 Severus III.
467–72 Anthemius
472 Olybrius
473–74 Glycerius
474–75 Julius Nepos
475–76 Romulus Augustulus

VORHERIGE SEITE: Im Jahre 13 v. Chr. beschloss der Senat, einen kolossalen Altar zu errichten, zu Ehren des Friedens, den Augustus Rom und dem Römischen Reich gebracht hatte. Die sogenannte Ara Pacis Augusta wurde 9 v. Chr. vollendet. Das Hauptfries des Altars zeigt eine religiöse Prozession, im Zentrum: Augustus und seine Familie. Unten erkennt man die vier Hauptpriester (*flamines maiores*, links), gefolgt vom *flaminius lictor* (mit Axt) und Mitgliedern der Familie des Augustus.

Der Augustus von Primaporta. Diese Marmorstatue des ersten römischen Kaisers, Augustus, wurde in der Villa der Livia in Primaporta, nahe Rom, gefunden. Sie zeigt Augustus mit der Geste des siegreichen Imperators. Im Zentrum der Komposition, auf der Brustplatte, sieht man den parthischen König, wie er ein erbeutetes Feldzeichen zurückgibt, das er im Jahre 53 v. Chr. von Crassus erbeutet hatte.

200 v. Chr. – 100 v. Chr. – Zeitenwende – 100 n. Chr. – 200 n. Chr. – 300 n. Chr. – 400 n. Chr.

- Hannibal schlägt die römische Armee in Cannae 216 v. Chr.
- Rom siegt im Dritten und letzten Punischen Krieg 149–146 v. Chr.
- Caesar erobert Gallien 58–50 v. Chr.
- Bürgerkrieg: Caesar gegen Pompeius und den Senat 49–45 v. Chr.
- Mark Anton und Oktavian besiegen die Caesarmörder bei Philippi 42 v. Chr.
- Oktavian siegt über Mark Anton und Kleopatra in der großen Seeschlacht bei Actium 31 v. Chr.
- Der Senat verleiht Oktavian den Titel „Augustus", der damit effektiv der erste Kaiser wird 27 v. Chr.
- Drei Legionen fallen in der Varusschlacht 9 n. Chr.
- Claudische Invasion in Britannien 43
- Jüdischer Krieg 66–71
- Bürgerkrieg, Vespasian wird Kaiser 69
- Trajan führt Krieg in Dakien (heute: Rumänien) 101–102/105–106
- Bürgerkrieg, Septimius Severus kommt an die Macht 193–197
- Verleihung des Bürgerrechts an alle freien Einwohner des Reichs 212
- Diokletian teilt das Reich in Ost und West, mit je einem Kaiser 284
- Valens unterliegt den Goten bei Adrianopel 378
- Goten überfallen Rom 410
- Vandalen erobern Karthago 439
- Vandalen überfallen Rom 455
- Absetzung des letzten römischen Kaisers, Romulus Augustus 476

Büste des hochbetagten Trajan. Der aus Spanien stammende Kaiser eroberte Dakien, Arabien und Mesopotamien. Unter ihm hatte das Römische Reich seine größte Ausdehnung.

„Ihr habt wirklich den besten Beweis für das Sprichwort geliefert, dass die Erde die Mutter von allem ist und das universale Land aller Menschen. Jetzt ist es für den Griechen wie für den Barbaren, mit Besitz oder ohne, möglich, ganz einfach dorthin zu reisen, wohin er möchte, so als ob er von einem seiner eigenen Länder in ein weiteres reiste … Und was Homer gesagt hat: ‚Die Erde war gleichsam für alle da' – ihr habt es wahr gemacht, indem ihr die ganze bewohnte Welt vermessen habt, Brücken über Flüsse geschlagen habt, Verkehrsstraßen durch Berge geschnitten habt und in Wüsten Außenposten eingerichtet – schließlich, indem ihr überallhin eure Zivilisation gebracht habt, mit eurem Lebensstil und Recht und Ordnung … Und jetzt herrscht nirgends mehr das Bedürfnis, eine Beschreibung der Welt zu verfassen, noch die Gesetze der verschiedenen Völker aufzuzählen. Denn ihr seid zu der Menschheit universalen Geografen geworden – dadurch, dass ihr die Tore der Welt geöffnet und allen die Möglichkeit gegeben habt, Beobachter von allem zu sein. Indem ihr allen Menschen die gleichen Gesetze zugeteilt habt; indem ihr Praktiken unterbindet, von denen man früher vielleicht gerne gelesen hat, bei denen man aber nie wirklich hätte dabei sein wollen; indem ihr zwischen allen Völkern Eheschließungen erlaubt; und indem ihr die ganze bewohnte Welt wie einen einzigen Haushalt organisiert."

„Wie ein einziger Haushalt" – man hätte das riesengroße Reich, das sich vom schottischen Firth of Forth bis zum Nil, vom Atlantik bis zum Euphrat erstreckte, kaum prägnanter charakterisieren können, als Aelius Aristides es getan hat, ein Redner und Intellektueller des 2. Jahrhunderts n. Chr. In seiner „Rede auf Rom" (logos eis Rhomen), die er wahrscheinlich vor einem römischen Publikum unter Kaiser Hadrian (117–138 n. Chr.) gehalten hat, vergleicht Aristides, ein Grieche aus dem Nordwesten Kleinasiens, Rom mit anderen, ihm vorausgegangenen Großreichen; zunächst mit den Persern. Gerade dieser Vergleich geht für Rom besonders positiv aus, weil das Römische Reich eher auf Konsens aufgebaut sei denn auf Zwang und unterworfene Völker zu Teilhabern der imperialen Macht würden. Anders als das Achämenidische, Persische und Alexandrinische Reich hätten die Römer anderen Völkern vieles zu bieten. Für Aristides war „Römisches Reich" gleichbedeutend mit „Zivilisation".

Dies ist sicherlich ein äußerst idealistischer Blick auf die Macht Roms. Man muss bedenken: Als Redner ging es ihm darum, seinem Publikum zu gefallen und das Reich, dessen Zentrum die Stadt war, in der er permanenter Gast war, zu preisen. Dennoch ist dieses Bild, das Aristides konstruiert, nicht unbedingt von Grund auf falsch. Natürlich wurde die römische Hegemonie – wie jedes Reich in der Geschichte – gewaltsam gegründet. Doch war Roms Elite bemerkenswert kosmopolitisch, und als Rom zum Großreich wurde, war der Unterschied zwischen Römern und Nichtrömern kaum noch zu erkennen. Die Senatoren kamen aus den entferntesten Gegenden des Reiches. Trajan, der Kaiser, unter dem Aristides geboren wurde, war der erste römische Herrscher, der nicht aus Italien stammte: Seine Familie, die Ulpii, kam aus der römischen Kolonie Italica im heutigen Spanien. Und noch später bestiegen Männer, deren Muttersprache Punisch, Aramäisch oder Arabisch war, den Thron. Sie waren der lebende Beweis dafür, dass die Römer ihr Reich erfolgreich „romanisiert" hatten. Doch die Kehrseite dieser Romanisierung war unübersehbar: Während die nicht-römische, nicht-griechische (und somit „barbarische") Peripherie des Reiches immer römischer wurde, wurde Rom selbst um einiges „barbarischer".

Insofern sorgte Rom tatsächlich dafür, dass „die Erde gleichsam für alle da" war. Das Römische Reich schuf universale Rahmenbedingungen für Standards, Werte, Vorbilder, Gesetze und Kommunikationswege, die die Entfernungen zwischen Zentrum und Peripherie deutlich reduzierten. Die Römer gaben lokalen Eliten die Möglichkeit, die engen Ketten der Provinzialität zu sprengen und es in der Reichsaristokratie bis ganz nach oben zu schaffen. Dabei war es in der Frühzeit der römischen Geschichte ganz anders gewesen. Die römische Republik war genauso habgierig und darauf aus, sich an den eroberten Gebieten zu bereichern, wie jede andere expandierende Staatsmacht.

Im 2. Jahrhundert v. Chr. war die Rücksichtslosigkeit der römischen Steuereintreiber, Privatunternehmer, die im Auftrag des römischen Staates Geld aus den Provinzen herauspressten, im ganzen Mit-

Die Kaiserforen entlang der Via dei Fori Imperiali. Sie entstanden in verschiedenen Phasen ab dem 1. Jahrhundert n. Chr. als Werk der Kaiser Augustus, Vespasian, Nerva und Trajan und sind ein Zeichen kaiserlicher Generosität. Am anderen Ende des Gebäudekomplexes, heute UNESCO-Weltkulturerbe, sieht man das Kolosseum (oder Flavisches Amphitheater).

telmeerraum bekannt. Dass diese habgierige Republik sich in ein Reich verwandelte, das man, wenn nicht vorbildhaft, doch zumindest wohltätig nennen konnte, war vor allem das Verdienst eines Mannes: Augustus, dem ersten römischen Kaiser. Seine Alleinherrschaft (31 v. Chr.–14 n.Chr.) war ein Wendepunkt in der römischen Geschichte und wird ganz folgerichtig „Augusteische Schwelle" genannt.

Die „Augusteische Schwelle": vorher und nachher

In den Res Gestae, den autobiografischen Aufzeichnungen seiner Leistungen, vom Kaiser gegen Ende seines Lebens selbst verfasst, beschreibt Augustus den Moment, als sich die römische Republik in eine Monarchie verwandelte und er selbst von Gaius Julius Caesar (den Namen erbte er von seinem Adoptivvater),

Stimmen eines Imperiums

Die Römer hinterließen einen riesigen literarischen Schatz – weit mehr als jede andere antike Gesellschaft. Viel davon gibt Zeugnis von der imperialen Herrschaft ab: Historiker wie Tacitus, Sueton, Cassius Dio und Ammianus Marcellinus bieten Lebensbeschreibungen von Herrschern; Dichter wie Vergil, Horaz, Martial und Juvenal werfen Schlaglichter auf das Leben in der Hauptstadt; Philosophen wie Seneca schreiben über ethische Fragen und Moral; Redner wie Aelius Aristides und Dio Chrysostomus loben in gut gewählten Wörtern das Kaiserreich. Die Stimme der römischen Aristokratie und der romanisierten Eliten in den Städten der Provinzen ist klar und definiert: Römische Herrschaft ist gleichbedeutend mit Zivilisation, per definitionem legitim und endlos in Raum und Zeit. Die Stimmen anderer Fraktionen der Gesellschaft sind größtenteils verstummt. Und doch vernimmt man noch einige wenige, namentlich die der Juden.

„Dann führt Romulus den Stamm an.
Er wird die Mauern des Mars
Bauen und Roms Volk nach seinem Namen benennen.
Diesen nenne ich kein Ziel im Raum oder in der Zeit:
Die Herrschaft verleih ich ihm ohne Ende. Selbst Juno,
Die Schrecken verbreitet über Meer, Land und Himmel,
Wird sich besinnen und mit mir dann schützen
Das Volk Roms, Beherrscher der Welt, die Togaträger."

In Vergils Aeneis, einem Epos in 12 Büchern, verspricht Jupiter, der oberste Gott des römischen Pantheons, den Nachkommen des Helden Aeneas ewige Herrschaft.

Das Vergil-Mosaik aus Hadrumentum (heute: Sousse, Tunesien), aus dem 3. Jahrhundert n. Chr., zeigt in der Mitte den Dichter Vergil, eine Schriftrolle mit dem Text der Aeneis in der Hand. Ihm zur Seite befinden sich die Musen Klio (Geschichte) und Melpomene (Tragödie).

Sueton, der unter Trajan und Hadrian im kaiserlichen Sekretariat beschäftigt war, verfasste eine Reihe skurriler Biografien, von Julius Caesar bis Domitian. Hier beschreibt er den dritten Kaiser, Caligula:

„Er war sehr groß und überaus blass, mit einem unförmigen Körper … Seine Augen waren hohl, seine Stirn breit, sein Haar dünn und sein Kopf oben kahl, dafür war sein Körper behaart. Deshalb wurde es als Hochverrat angesehen, betrachtete man ihn von einem höher gelegenen Punkt aus, wenn er vorbeiging, oder man aus irgendeinem Grund einen Ziegenbock erwähnte."

Der Senator Tacitus schrieb zwei einflussreiche historische Werke, die die Geschichte des Großteils des 1. Jahrhunderts n. Chr. abdecken. In seinen Historiae kommentiert er den Niedergang der politischen Wichtigkeit der Hauptstadt und die Schlüsselrolle der Provinzlegionen bei der Inthronisierung eines neuen Kaisers:

„So willkommen der Tod Neros im Zuge der anfänglichen Euphorie auch schien: Nicht nur wurde er in Rom von den Senatoren, dem Volk und den Soldaten der Hauptstadt mit ganz unterschiedlichen Gefühlen aufgenommen, er hatte auch die Legionen und ihre Generäle in Aufregung versetzt; denn jetzt kam ein Geheimnis des Imperiums ans Tageslicht: dass ein Kaiser auch anderswo gemacht werden konnte als in Rom."

Die obere linke Ecke des Monumentum Ancyranum. Die zweisprachige Inschrift (Griechisch und Latein) aus Ancyra (heute: Ankara) ist die umfangreichste Quelle für den Text von Augustus' *Res Gestae.*

Der Historiker Cassius Dio (geboren 160 n. Chr.), der eine ***Geschichte Roms*** verfasste, schreibt eine kritische Bemerkung über Kaiser Trajan:

„[Trajan] pflegte zu sagen, dass er weitergekommen war als Alexander der Große, obwohl er die Kontrolle über das Territorium, das er erobert hatte, nicht halten konnte."

Roms Gegner unter den Juden sahen das Römische Reich als verbrecherische Vereinigung:

„‚Es haben ihn zerwühlt die wilden Säue, und die wilden Tiere haben ihn verderbt' (Psalmen 80: 14). Warum vergleicht die Bibel Rom mit einem Eber oder Schwein? So wie das Schwein seine spalthufigen Füße ausstreckt, wenn es sich hinlegt, als wolle es sagen: ‚Seht, ich bin koscher', stellt das üble Rom, das uns gewaltsam ausraubt, sein Rechtssystem zur Schau."

„Ich habe das Gebiet aller Provinzen des römischen Volkes vergrößert ... Die Provinzen von Gallien und Spanien und ebenso Germanien habe ich befriedet – das Gebiet, das der [atlantische] Ozean von Gades [heute: Cadiz] bis zur Mündung der Elbe umschließt. Die Alpen habe ich von der Gegend nahe der Adria bis zum Tyrrhenischen Meer befriedet, ohne mit einem Volk widerrechtlich Krieg zu führen."

Augustus hat seine Leistungen in den Res Gestae festgehalten, die auf zwei Bronzesäulen eingraviert waren, die im Jahre 14 n. Chr. in Rom aufgestellt wurden und als Kopie in der Wand eines römischen Tempels in Ankara überlebt haben.

divi filius, „Sohn des Vergöttlichten", zu Augustus, „der Ehrwürdige", wurde, zum alleinigen Herrscher der römischen Welt. Das geschah, als er in der Zeit seines 6. und 7. Konsulats (im Jahr 27 v. Chr.) seine außergewöhnlichen Mächte dem Senat und dem römischen Volk zurückgab. Im Gegenzug verlieh ihm der Senat, neben anderen Ehren, den Titel „Augustus". „Danach besaß ich den höchsten Rang *[auctoritas]*, aber ich verfügte über nicht mehr Macht als meine Kollegen in jedem beliebigen Magistratenamt."

Behauptete er. Doch wer war dieser Mann, der in Rom die Kaiserherrschaft einführte? Geboren als Gaius Octavius (obgleich heute bekannter unter dem Namen Oktavian), wurde er mit 18 Jahren auf einmal zu einer Schlüsselfigur in der römischen Politik: In seinem Testament hatte der große Julius Caesar, der durch Cassius und Brutus an den Iden des März (am 15. März) 44 v. Chr. ermordet wurde, Oktavian als seinen Haupterben eingesetzt und ihn adoptiert. Sobald Caesar vergöttlicht worden war, wurde Oktavian de facto zum Sohn eines Gottes. Er verwendete seinen Geburtsnamen nie wieder. Zusammen mit Caesars Namen erbte der junge Oktavian das Vermögen des Diktators und die Loyalität von dessen Legionen. Es folgten dreizehn lange Jahre der Unruhen und wechselnden Allianzen: Im Jahre 31 v. Chr. besiegte Oktavian seinen ehemaligen Verbündeten Mark Anton in der Seeschlacht von Actium. Er war nun der einzige Überlebende eines jahrhundertelangen Kampfes um die Macht, der den Adel, der Rom fast 500 Jahre lang regiert hatte, gespalten hatte. Aber Rom war für eine Monarchie noch nicht bereit. Julius Caesars offensichtlich monarchistische Ambitionen hatten ihn das Leben gekostet, und sein Adoptivsohn war entschlossen, nicht den gleichen Fehler zu begehen.

Trotz innerer Spannungen, die darauf hinausliefen, dass sich die römische Senatsaristokratie in verschiedene Fraktionen spaltete, war allen ihren Mitgliedern eines gemein: die Abneigung gegenüber der Monarchie. Nach dem Gründungsmythos der Republik hatte im Jahre 509 v. Chr. ein junger römischer Adliger mit Namen Brutus (angeblich ein Vorfahr des Caesar-Mörders) den letzten etruskischen König, Tarquinius Superbus, den die Quellen einmütig als ungeschickt und grausam zeichnen, gestürzt. Brutus ging als Befreier Roms in die Geschichte ein, und ab da

Die Gemma Augusta, eine Edelsteingemme aus arabischem Onyx (Anfang 1. Jahrhundert n. Chr.). Die obere Szene zeigt im Zentrum wahrscheinlich Augustus mit Roma und, zu seiner rechten Seite, der *oikoumene*, der Verkörperung der bewohnten Welt. Die untere Reihe zeigt ein Schlachtfeld nach einem Kampf an einer der nördlichen Grenzen Roms.

misstraute man der Monarchie als Staatsform. Auch noch im 1. Jahrhundert v. Chr. musste eine wiederbelebte Monarchie zwangsläufig jeder Legitimation entbehren.

Deshalb war die Form der Regierung, die Augustus einführte, auch keine Monarchie im eigentlichen Sinn. Die althergebrachten republikanischen Staatsinstitutionen wurden beibehalten, und das Prinzipat, wie man es nannte, war mehr als eine Monarchie „im Schafspelz": Augustus übernahm nicht die Ämter an sich, vielmehr übernahm er die Verantwortung für sie. Und die sichtbaren Ehren, die man ihm verlieh – den Lorbeerkranz, den goldenen *clipeus virtutis* („Schild der Tugend") und die *corona civica* („Bürgerkrone"), die man am Eingang seines Hauses befestigte –, wurzelten allesamt in der Tradition der Republik. Augustus konnte also behaupten, er habe die Republik „wiederhergestellt". Tatsächlich hatte er, indem er sich selbst das Etikett *princeps* („der Erste") gab, „den höchsten Rang", ohne jedoch mehr institutionelle Macht zu besitzen als seine Kollegen in den Magistraten.

Die römische Republik gab von der politischen Struktur her indes kaum weniger Rätsel auf als das Prinzipat. Der Geschichtsschreiber Polybius (ca. 200–140 v. Chr.), ein griechischer Politiker, der nach Rom deportiert worden war, bewunderte Roms Verfassungsmix mit seiner Balance zwischen monarchistischen, aristokratischen und demokratischen Elementen. Die Regierungsmacht verteilte sich auf das Volk (das in verschiedenen Versammlungen abstimmte), zwei Konsuln (die den Senat leiteten und in Kriegszeiten den Oberbefehl über die Armee innehatten) und den Senat (die Ratsversammlung ehemaliger Magistratsbeamter). In der Theorie konnte jeder römische Bürger den *cursus honorum* – die Hierarchie der öffentlichen Ämter – durchlaufen und Senator werden. Die soziale Mobilität innerhalb der Senatsaristokratie war jedoch weit geringer, als es auf den ersten Blick scheint. In der Praxis war der Zugang zum Senat größtenteils auf ein paar mächtige Familien beschränkt.

Die Einheit des Adels wurde zusätzlich durch eine Reihe Institutionen verstärkt, die zwar nicht Teil einer niedergeschriebenen Konstitution waren, doch nichtsdestoweniger sehr effektiv. Die Senatoren verband eine gegenseitige Solidarität (*amicitia*, „Freundschaft") oder Abneigung (*inimicita*, „Feindschaft"), die von einer Generation auf die nächste überging. Sie besaßen eine große Gefolgschaft, die im Gegenzug für ihre Loyalität

Ein Wandbild aus einer römischen Villa, dem Haus des Marcus Lucretius Fronto in Pompeji, fast 2000 Jahre lang bewahrt durch die Asche des Vesuvs.

Römisches Bürgerrecht

Inschrift der *Lex Coloniae Genetivae Juliae*, eines hispanischen Selbstverwaltungsgesetzes, erlassen wahrscheinlich von Julius Caesar im Jahre 44 v. Chr. Das Gesetz, von dem 1870 Fragmente entdeckt wurden, ist die Urkunde der Veteranenkolonie Urso im heutigen Andalusien.

Kaiser Caracalla (211–217 n. Chr.), Urheber der *Constitutio Antoniniana*, die im Jahre 212 allen freien Einwohnern des Römischen Reiches das Bürgerrecht verlieh.

Einer der Schlüsselfaktoren in der römischen Expansion war das Bürgerrecht. Während die griechischen Stadtstaaten peinlich genau darauf achteten, ihre Staatsgebilde „rein“ und exklusiv zu halten, erfand Rom verschiedene Kategorien des Bürgerrechts, das Verbündeten und Unterworfenen damit ganz flexibel verliehen werden konnte, ohne ihnen die Autonomie zu nehmen. Das Territorium des Römischen Reiches war ein Flickwerk von Gemeinden mit unterschiedlichem Rechtsstatus. Kolonien (*coloniae*) waren Ansiedlungen von römischen Bürgern und sozusagen kleine „Rom-Kopien“. Munizipien (*municipia*) waren selbstverwaltete Städte, die ihr eigenes Bürgerrecht behielten. In einigen Munizipien waren die Einwohner zugleich römische Bürger; in anderen, den Munizipien „latinischen Rechts“, besaßen die Einwohner eine Art Bürgerrecht zweiter Klasse, das das Wahlrecht ausschloss. Wiederum andere Städte waren vom Status her vollkommen indigen. Die verschiedenen Formen rechtlicher Stellung breiteten sich allmählich immer mehr in Italien aus, so dass das Konzept des Bürgerrechts bald nicht mehr viel mit seinen ursprünglichen ethnischen oder territorialen Implikationen zu tun hatte. Die Koexistenz verschiedener Formen lokaler Selbstverwaltung machte Rom praktisch zu einem Bündnis autonomer Städte, denen eine Vielzahl staatlicher Funktionen übertragen werden konnte. Langfristig zahlte sich diese Flexibilität aus, und zwar mit einem überwältigenden Effekt: Besiegte wurden zu Verbündeten (*socii*), Verbündete zu Römern (*cives Romani*). Die Zahl römischer Bürger – und damit die Armee, die sich aus Bürgern und Kontingenten der Verbündeten zusammensetzte – wuchs unvermindert an. Im Jahre 88 v. Chr. wurde schließlich die Lex Iulia verabschiedet, die allen freien Männern in Italien südlich des Flusses Po automatisch das römische Bürgerrecht verlieh. Das Gesetz setzte einem lange schwelenden Konflikt zwischen Rom und seinen Verbündeten ein Ende, die das volle Bürgerrecht eingefordert und schließlich dafür sogar einen Krieg angezettelt hatten. Während der Zeit des Kaiserreichs wurden viele weitere Menschen in den Provinzen zu römischen Bürgern, durch einzelne oder eine kollektive Verleihung des Bürgerrechts. Im Jahre 212 n. Chr. erweiterte Kaiser Caracalla das römische Bürgerrecht noch einmal, so dass es schließlich im Prinzip für alle freien männlichen Bewohner des Römischen Reiches galt.

den Schutz der Senatoren genoss (patrocinium). Mächtige Patrone konnten das Wahlverhalten ihrer Klienten leicht beeinflussen: Kandidaten wurden ebenso durch ihre eigenen Klienten unterstützt wie durch diejenigen ihrer politischen Verbündeten. Um den Wert ihres Patronats besonders herauszustellen, betonten die Aristokraten, deren Vermögen auf Grundbesitz gründete, gern, wie stolz sie auf ihre Vorfahren waren, und versuchten, durch deren Taten ihr eigenes Prestige zu erhöhen. Zudem wollte jeder Senator den Status seiner Familie durch eigene politische und militärische Leistungen aufwerten und sich so *dignitas* („Würde") verschaffen.

Obwohl das endemische Streben nach dignitas ein gewisses Konkurrenzdenken förderte, erwies sich der römische Adel als erstaunlich leistungsfähige politische Klasse. Innerhalb wenig mehr als einem Jahrhundert, zwischen dem ersten (264–241 v. Chr.) und dritten (149–146 v. Chr.) Punischen Krieg, machte er die Republik zu einer wahrhaft imperialen Macht und das Mittelmeer zum *mare nostrum* („unser Meer").

Um diesen Prozess nachzuvollziehen, muss man auf die Frühgeschichte Roms zurückschauen, bevor das Reich sich auszudehnen begann: Im 6. und 5. Jahrhundert v. Chr. war Rom kaum mehr als eine mittlere Großstadt mitten in Italien, die sich der Herrschaft der Etrusker entledigt hatte und eine enge, wenngleich nicht immer freundschaftliche Beziehung zu den anderen Städten in der Landschaft Latium pflegte. Rom hatte gerade seinen regionalen Hauptgegner, die etruskische Stadt Veii, besiegt (396 v. Chr.), als es eine entscheidende Schlacht gegen die Semnonen, einen umherwandernden gallischen Stamm, verlor und den Galliern unterlag (387 v. Chr.). Nur der Kapitol, einer der sieben Hügel Roms, hielt der Belagerung stand; die Stadt selbst wurde zerstört. Dieses Ereignis war entscheidend für die Entwicklung der politischen Haltung Roms – niemals mehr sollten Eindringlinge ein wehrloses Rom vorfinden. Von nun an waren Abwehr und Unterwerfung potenzieller Feinde die Hauptrichtlinie römischer Außenpolitik.

Um 300 v. Chr. hatten die Römer Mittelitalien schließlich fest im Griff. Sie hatten den etruskischen Städtebund zerschlagen (357–353 v. Chr.), einen Aufstand der Latiner niedergeschlagen (340-338 v. Chr.) und ihren Einflussbereich gegen die sabellischen Stämme in Süditalien verteidigt. Im Jahre 280 v. Chr. erstickte Rom die letzten Reste etruskischen Widerstands. Die Überlegenheit der Stadt wurde im selben Jahr kurzzeitig bedroht, als Pyrrhus von Epirus, ein griechischer Kriegsherr, den die Einwohner der süditalischen Stadt Tarentum herbeigerufen hatten, um sie in ihrem Krieg gegen Rom anzuführen, mit einer großen Armee in Italien einmarschierte und die Römer in einer Reihe von Kämpfen besiegte. Auf lange Sicht jedoch war Pyrrhus außerstande, aus seinen militärischen Erfolgen Nutzen zu ziehen, und er musste sich aus Italien zurückziehen. Er ließ den Süden der Appeninhalbinsel mit seiner griechischen Bevölkerung schutzlos zurück, und Roms Eroberungen schritten allmählich weiter voran, bis es um 265 v. Chr. ganz Italien vom Po bis zum Ionischen Meer kontrollierte.

Rom war in jenen Jahren nicht die einzige kriegerische Expansionsmacht im Mittelmeerraum. Was die Römer von ihren Rivalen jedoch unterschied, war der einzigartige Zusammenhalt ihrer Eliten, die in schwierigen Situationen sofort jedweden Streit beilegten und sich hinter ihre Anführer stellten. Vielleicht noch wichtiger für Roms Erfolg war jedoch die relative Großzügigkeit, mit der es sein Bürgerrecht vergab (siehe Kasten). Das Römische Reich wuchs unaufhörlich und damit seine militärischen Möglichkeiten. Als Rom den anderen großen Mächten seiner Zeit gegenübertrat – Karthago (ab 264 v. Chr.), Makedonien (215 v. Chr.) und schließlich den Seleukiden (192 v. Chr.) –, hatte es nicht nur eine der größten, sondern auch eine der erfahrensten Armeen der Welt. In beinahe jedem Jahr zwischen 326 und 267 v. Chr. hatten sich römische Legionäre im Kampf beweisen müssen.

Was die Republik jedoch nicht besaß, war eine Kriegsflotte. Nach der Eroberung der griechischen Städte in Süditalien war eine Expansion in Übersee der logische Schritt. Der nächstgelegene Angriffspunkt außerhalb des italischen Festlands war Sizilien – in wirtschaftlicher wie strategischer Hinsicht ein äußerst lohnendes Ziel. Hier kollidierten Roms Interessen unvermeidlich mit denjenigen Karthagos, der mächtigsten Seemacht jener Zeit. Um das punische Reich zu besiegen, mussten die Römer aus dem Nichts eine Flotte bauen und ihre Taktik dem Kampf zur See anpassen. Es ist erstaunlich, wie erfolgreich sie waren: Im Jahre 241 v. Chr. ergaben sich die Karthager und traten Sizilien an Rom ab. Die Insel wurde Roms erste Provinz: Die lateinische Begriff *provincia* stand für den Verwaltungsbezirk eines römischen Magistraten.

Ölgemälde von Giambattista Tiepolo (1672–1770), das den Triumph des Marius zeigt. Marius schuf durch seine Militärreformen die ultimative Römische Militärmaschinerie; dazu gehörte, dass zum ersten Mal Bürger, die kein Land besaßen, zum Kriegsdienst zugelassen wurden.

Kriegserträge

Die Kriege, die Rom in Übersee führte, waren hinsichtlich der Errichtung neuer Provinzen äußerst fruchtbar: Die Inseln Korsika und Sardinien wurden im Jahre 231 v. Chr. zu einer Provinz, das nördliche Italien jenseits des Pos im Jahre 203 v. Chr., Hispania im Jahre 197 v. Chr., Illyricum (das heutige Albanien) 167 v. Chr., Macedonia und Africa (das Territorium von Karthago) 146 v. Chr., Asia Minor (Kleinasien) und das südliche Gallien im Jahre 120 v. Chr. Zur Verteidigung und Verwaltung der neuen Provinzen brauchte man immer mehr Soldaten und Beamten. 133 v. Chr. hatte die römische Republik sich ein Reich geschaffen, aber der Einfluss, den dieses Reich auf die Republik hatte, war ambivalent. Riesige Territorien wurden zum *ager publicus* (öffentlichen Land) erklärt und von Mitgliedern der Senatsaristokratie besetzt, die in der Folge enormen Reichtum ansammelten, indem sie große Güter bewirtschaften ließen, die auf die Produktion von Getreide spezialisiert waren, das für den Verkauf bestimmt war. Gleichzeitig verarmten viele Kleinbauern, nicht zuletzt wegen der langen Dauer der Wehrpflicht, verloren ihre Ländereien und mussten nach Rom ziehen, wo so der Anteil an Armen in der Bevölkerung ständig wuchs.

Die Schere zwischen Arm und Reich klaffte immer schneller und immer weiter auseinander. Einzelne Aristokraten konnten der Versuchung nicht widerstehen, die wachsenden Unruhen für ihre eigenen Zwecke zu instrumentalisieren. Tiberius Gracchus, der einer der prominentesten Adelsfamilien angehörte, fand sich auf einmal als Vertreter der notleidenden Volksmassen wieder; er forderte die Verteilung von Land an die Armen und bahnte so den Weg für einen neuen, populistischen Stil in der Politik (133 v. Chr.). Zuerst erwies sich das senatorische Klassenbewusstsein als stärker als die Demagogie: Tiberius und sein Bruder Gaius, der ebenfalls nicht vor verfassungswidrigen Handlungen zurückschreckte, wurden von aufgebrachten Senatoren ermordet. Aber auf lange Sicht konnte die Aristokratie nicht verhindern, dass einzelne ihrer Mitglieder sich auf ihre Kosten einen Namen machten.

Gegen Ende des 2. Jahrhunderts v. Chr. wurde die Situation noch verschärft – durch Militärreformen, die von Gaius Marius, einem *homo novus* aus einer kleinen Stadt in Latium, initiiert wurden. Marius ließ zum ersten Mal Männer ohne Grundbesitz zum Wehrdienst zu, so dass Roms bisherige Armee – die Bürgerarmee, hauptsächlich rekrutiert aus dem Grundbesitz haltenden Mittelstand – in eine Berufsarmee umgewandelt wurde, die vom Kriegshandwerk lebte. Für diesen neuen Typ des Soldaten war der General weit mehr als nur ein Vorgesetzter. Die Hoffnungen der Legionäre auf einen Anteil an der Kriegsbeute und ihre Abfindung, die auf sie wartete, wenn sie – normalerweise nach 20 Dienstjahren – aus dem Dienst entlassen wurden, lagen bei ihrem Anführer: Ein neues, außerordentlich starkes Band der Solidarität wurde geschaffen. Auf lange Sicht erwies es sich als stärker als die Republik.

Innere Angelegenheiten und die Expansion des Reiches griffen immer mehr ineinander. Entsprechend war für den Aufstieg der einflussreichsten Männer der späten Republik ihr militärisches Können entscheidend: Marius, Sulla, Pompeius, Caesar – sie alle führten große Armeen an; zuerst gegen äußere Feinde und dann, in den Bürgerkriegen, gegen ihre römischen

Rivalen. Caesars Strategie, sich zunächst vom Senat das Mandat zu verschaffen, Gallien zu erobern, und dann dieses Mandat als Basis der eigenen Macht zu verwenden, war beispielhaft. Der gallische Krieg (58–50 v. Chr.) schweißte Heerführer und Armee zusammen und förderte die Loyalität. Caesar konnte sich auf seine Truppen hundertprozentig verlassen, als er mit ihnen in Norditalien den Rubikon überquerte (49 v. Chr.). Der Rubikon kennzeichnete die Grenze Italiens; hier mussten nach Rom zurückkehrende Armeen ihre Waffen niederlegen und die Heeresverbände auflösen, bevor sie das römische Stadtgebiet betreten durften. Caesar marschierte in Rom ein, verjagte in einem blutigen Bürgerkrieg seine Gegner, allen voran Pompeius, und verfolgte sie durch das gesamte Mittelmeer.

Mochte der Aufstieg von Militärs wie Caesar sich als fatal für die Republik erweisen – für die Bevölkerung in den Provinzen war er ein Segen. Als sich der konservative Senator und berühmte Redner Cicero im Prozess gegen Gaius Verres, einem korrupten römischen Statthalter auf Sizilien, auf die Seite von Verres' Opfern schlug (70 v. Chr.), war dies ein außergewöhnliches Beispiel politischer Unparteilichkeit. Heerführer wie Pompeius und Caesar fügten dem Imperium nicht nur große Territorien hinzu, sie fungierten auch als Zwischenhändler für die Einheimischen. Indem sie die durch und durch römischen Institutionen wie patrocinium und amicitia auf die Provinzen ausweiteten, schufen sie zum ersten Mal in der Geschichte Roms im Herzen des Reiches eine Lobby für die Peripherie. Beide Neuerungen, das neue Militär mit seinen Heerführern und die Beziehung von *patrocinium* zwischen

Rekonstruktionen römischer Soldaten. Von links nach rechts: ein Legionär, ein Zenturio und ein Bogenschütze.

Das Kolosseum

Die Arena des Kolosseums hat die Form einer Ellipse, bei einer Breite von 54 Metern und einer Länge von 86 Metern. Unter der Arena befand sich ein unterirdischer Irrgarten *(hypogaeum)* aus Tunneln, Kellern und Käfigen, von dem aus Männer und Tiere über ein hoch entwickeltes System von Rollen und Aufzügen zur Arena transportiert wurden.

Das Amphitheatrum Flavium in Rom war (und ist immer noch) das größte Amphitheater der gesamten römischen Welt. Es erhielt seinen Spitznamen „Kolosseum" von der gewaltigen Kolossalstatue Kaiser Neros, die bis zu dessen Tod 68 n. Chr. neben dem Forum Romanum stand. Gebaut unter Vespasian und eröffnet im Jahre 80 n. Chr. unter Titus, um den Ruhm der flavischen Dynastie zu mehren, fasste die riesige Ellipse 50.000 Menschen. Es gab kein Gebäude, das besser dem Zweck gedient hätte, die Kommunikation zwischen dem Kaiser und dem römischen Volk zu inszenieren. Die Menschenmassen wurden gemäß ihrem sozialen Rang auf den Marmorbänken der Galerien platziert; dem Kaiser und seinem Hofstaat war eine großzügig ausgestattete Loge vorbehalten, die garantierte, dass die Untertanen von überall im Gebäude aus freie Sicht auf den Herrscher hatten. Die Zuschauer wurden vor Sonne und Regen durch ein an über 140 Masten aufgespanntes Segel geschützt; 80 Eingänge führten zu den Galerien. Ein hoch entwi-

ckeltes System von Aufzügen und Flaschenzügen hob die Gladiatoren und Tiere vom *hypogaeum* aus empor in die Arena. Die Arena konnte sogar in einen künstlichen See umgewandelt werden, in welchem dann Seeschlachten inszeniert wurden. Die Spektakel hörten übrigens mit der Christianisierung Roms keineswegs auf: Obwohl das Kolosseum wiederholt durch Erdbeben beschädigt wurde, fanden sie noch weit bis ins 6. Jahrhundert n. Chr. statt.

Eroberer und Besiegtem, wurden von Augustus für allgemeingültig erklärt, als er an die Macht kam. Bevor er gen Osten aufbrach, um seinen Rivalen Mark Anton zu besiegen, forderte Augustus von allen männlichen Einwohnern der westlichen Provinzen, die er kontrollierte, einen Treueeid ein. Dieser Eid wurde später nach Osten erweitert, auch der besiegte Mark Anton musste ihn ablegen, und wurde die moralische Basis der *auctoritas*, auf die sich Augustus in seinen *Res Gestae* bezieht. In ähnlicher Weise „erbte" er Caesars Veteranen, zu denen er später die noch lebenden Truppen der Caesarmörder hinzufügte und noch später die Truppen des Mark Anton. Die Kontrolle der Armee war Augustus' größter Aktivposten, als in den Jahren nach Actium Roms politische Struktur umgewandelt wurde. Kein Senator konnte sich ernsthaft als Gegenkandidat einem Mann in den Weg stellen, dem alle Legionäre persönlich die Treue geschworen hatten und dessen Bildnis die Legionärs-Standarten zierte. Augustus sicherte sich zudem die Loyalität seiner Soldaten, indem er sich um ihre wirtschaftlichen Bedürfnisse kümmerte. Er richtete allein in Italien 28 Militärkolonien ein, um so sicherzustellen, dass die Veteranen das ihnen versprochene urbare Land erhielten. (Diese Praxis gab man später auf, und die Soldaten erhielten ihre Abfindung bar auf die Hand.) Die starken Verbindungen zum Militär bedeuteten effektiv, dass Augustus' Herrschaft unter dem Deckmantel des Prinzipats kaum mehr war als eine Militärdiktatur und gemäß den traditionellen und rechtlichen Grundsätzen der Republik rechtswidrig. Die neue Berufsarmee war einer der drei entscheidenden Interessenverbände, mit denen sich Augustus' Nachfolger auseinandersetzen mussten.

Pax Romana: Herrscher der Welt

Neben dem Militär hatten auch die Senatoren (die Repräsentanten der Führungselite der alten Republik) und die *plebs urbana* (die Einwohner der Stadt Rom) bei der Bildung des Prinzipats entscheidenden Anteil. Alle drei wandten sich mit den ihnen eigenen Sorgen und Erwartungen an den Kaiser. Der Kaiser wiederum verließ sich auf die Unterstützung jeder dieser Gruppen. Mangelhafte Kommunikation mit einer oder – noch schlimmer – mehrerer dieser Interessenverbände zog unweigerlich ernste Folgen für den Kaiser nach sich und bedeutete in der Endanalyse oftmals den politischen – und in der Folge dann oft auch physischen – Tod.

Die Arena für die Kommunikation mit der Masse war eine Arena im größten Teil des Wortsinns: das Amphitheater. Gladiatorenspiele in Rom waren weit mehr als eine blutige Form der Unterhaltung für die städtischen Massen. Die Arena war die Bühne, auf der sich der Kaiser mit dem Volk beschäftigen konnte – und das Volk sich mit ihm. Hier wurde sein öffentliches Image geschaffen, hier stellte man die Einheit zwischen dem Kaiser und den verschiedenen Schichten der römischen Gesellschaft (denen alle im Auditorium Sitze zugeteilt wurden) zur Schau. Die Arena, wo Gefangene ihren Tod fanden und wo Gladiatoren und Tiere blutrünstige Spektakel boten, war ein grausamer Ort im Herzen Roms, wohingegen die Galerie, in der die Zuschauer gemäß ihrer gesellschaftlichen Hierarchie platziert waren, alles zusammenfasste, was römisch war. Im Amphitheater trafen die Römer auf Ausgestoßene, die eine exotische und fremde Welt repräsentierten – das genaue Gegenteil von Ordnung, Frieden und Stabilität, für die ihr Reich stand. Die Menge sah genau zu, wie sich der Kaiser mit der seltsamen, grausamen Welt auseinandersetze, die sie in der Arena zu sehen bekamen. Der entscheidende Moment war immer, wenn ein Gladiator besiegt wurde und der Kaiser die Entscheidung fällen musste, ob jener leben oder sterben sollte. Eine unpopuläre Entscheidung kostete ihn unweigerlich das Ansehen beim Volk.

Auch die Kommunikation mit den Senatoren war eine sensible Angelegenheit. Der Adel, der jahrhundertelang die Republik regiert hatte, hatte ein starkes Gefühl der eigenen Überlegenheit und Exklusivität entwickelt. Augustus hatte es nicht gewagt, sich selbst als dominus der Senatoren einzusetzen, als er das Prinzipat schuf (ein Terminus, der im Alltagsleben allzu sehr mit der Sklavenhaltung assoziiert war), und ließ sich stattdessen princeps nennen. Vom Standpunkt der Senatsaristokratie gesehen, war der Kaiser einer von ihnen, und die Senatoren erwarteten, dass er mit ihnen auf gleicher Augenhöhe kommunizierte. Als Kaiser Domitian (81–96 n. Chr.) der Meinung war, sich über solche Konventionen hinwegsetzen zu müssen und aus dem Prinzipat eine wirkliche Monarchie zu machen, änderte er nicht zuletzt den Stil der gemeinsamen Bankette mit den Senatoren. In den Essälen seines neu erbauten Palasts auf dem Palatin sonderte sich Domitian (der erste Kaiser, der auf dem Titel dominus beharrte) sich physisch von seinen Gästen ab und machte so die enorme soziale Distanz zwischen dem Kaiser und den Senatoren sichtbar. Er überlebte nicht lange: Im Jahre 96 n. Chr. fiel er einem Anschlag zum Opfer, an dem eine Reihe Höflinge und Senatoren beteiligt

Ein Mosaik aus Nennig (Saarland) aus dem späten 2. oder frühen 3. Jahrhundert n. Chr., das einen Gladiatoren-Kampf zeigt.

war. Und seine Nachfolger beeilten sich, Domitians Reformen wieder rückgängig zu machen.

Bis 217 n. Chr., als der Prätorianerpräfekt Macrinus aus dem Ritterstand für kurze Zeit Kaiser war, wurden die Kaiser aus dem Senat rekrutiert. Da sich der Grundsatz dynastischer Nachfolge in Rom nie wirklich fest verankern ließ, konnte jeder Kaiser, der die Unterstützung des Senats verlor, theoretisch von jedem Senator herausgefordert werden. Von besonderer Wichtigkeit in diesem Spiel – und zudem sehr gefährlich für den herrschenden Kaiser – waren jene Senatoren, die Armeen befahlen, die entlang den entfernten Grenzen des Reiches stationiert waren. Wenn ein herrschender Kaiser beim Militär an Popularität einbüßte, bestimmten die Soldaten den Senator, der als ihr Kommandant fungierte, zum Gegenkaiser. Der Prätendent marschierte dann für gewöhnlich gegen Rom und traf seinen Gegner auf dem Schlachtfeld. Die erste von einer Reihe solcher Usurpationen ereignete sich, als Neros Regierung in Trümmern lag, im sogenannten „Vierkaiserjahr" (69 n. Chr.). Drei Generäle aus verschiedenen Ecken des Reiches versuchten, die Macht an sich zu reißen, doch alle scheiterten. Erst als Titus Flavius Vespasianus, ein erfolgreicher römischer Feld-

Relief vom Titus-Bogen, erbaut unter Domitian (81–96 n. Chr.). Das Relief zeigt den Triumph des Titus nach der Einnahme Jerusalems im Jüdischen Krieg (66–70 n. Chr.). Soldaten tragen Kultgegenstände aus dem Jerusalemer Tempel, am prominentesten ist die Menora, der siebenarmige Leuchter.

herr, der die jüdische Revolte in Palästina niedergeschlagen hatte, auf den Plan trat, kehrte in Rom wieder politische Stabilität ein. Hatte das Prinzipat in den relativ ruhigen ersten zwei Jahrhunderten nach der Zeitenwende gut funktioniert, wurden seine Fehler – eine ihm innewohnende Tendenz zu Usurpation und Bürgerkrieg – offenbar, sobald unruhigere Zeiten für das Reich begannen.

Im späten 2. und frühen 3. Jahrhundert musste sich das Prinzipat mehr denn je auf das Militär verlassen – Leidtragende waren die Senatoren. Im Vergleich zu den anderen Interessenverbänden verlor die Senatsaristokratie ganz wesentlich an Boden: Die Senatoren wurden aus den höchsten militärischen und Verwaltungsämtern hinausgedrängt. Statt ihrer wurden diese Posten nun von Mitgliedern des Ritterstandes eingenommen, die in der gesellschaftlichen Hierarchie unter den Senatoren standen, aber bei militärischen Angelegenheiten um einiges fähiger waren. Rom wurde zunehmend von äußeren Feinden bedroht, und die Kaiser reagierten, indem sie die Armee vergrößerten und effizienter machten. Doch die Verbesserung von Roms militärischer Macht machte sich deutlich im Staatsbudget bemerkbar. Außerdem konnte der Kaiser in einem Krieg mit mehreren Fronten nicht an allen Grenzen präsent sein. Deshalb wurden Offiziere ernannt, die als kaiserliche Stellvertreter große Grenzabschnitte und Heeresverbände kontrollierten. Die unter ihnen, die erfolgreich waren, marschierten dann mit ihren Truppen wiederum gegen den herrschenden Kaiser. Alle diese Faktoren trugen direkt oder indirekt dazu bei, dass die Regierungsmacht immer mehr geschwächt wurde: In den 50 Jahren zwischen dem Mord an Kaiser Severus Alexander (235) und dem Antritt von Diokletian (284) kamen und gingen nicht weniger als 17 Kaiser, nicht mitgezählt eine Reihe von Usurpatoren, die vom Senat nicht anerkannt wurden.

Militärische Anarchie

Diese „Soldatenkaiser" kämpften einen scheinbar hoffnungslosen Kampf gegen migrierende germanische Stämme an Donau und Rhein sowie gegen die Sasaniden im Osten, die im Jahre 224 den Platz der viel defensiver eingestellten Parther eingenommen hatten. Weder die Sasaniden noch die barbarischen Stämme waren in der Lage, römisches Territorium dauerhaft zu besetzen. Doch sie überrannten die Grenzprovinzen, überfielen und plünderten die dortigen Städte und verschwanden wieder, mit Beute beladen. Rom brauchte eine ganze Generation, um eine Strategie gegen die zweifache Bedrohung zu entwickeln, die wiederum eine Antwort auf die römische Expansion war: Der Fall des Partherreiches war vor allem die langfristige Folge wiederholter römischer Aggressionen im Osten. Die Bildung neuer und größerer germanischer Stämme war zumindest zum Teil eine Reaktion auf römische Feldzüge, Diplomatie und Handel: Römische Waren, Konzepte und Know-how kamen nach Germanien und germanische Stammesmitglieder schlossen sich der römischen Armee an – all das änderte die gesellschaftlichen Grundlagen entlang Donau und Rhein. Als Folge entstanden kompakte und äußerst mobile Gruppen, die ihren charismatischen Führern treu ergeben waren und sich als Nachkommen gemeinsamer Vorfahren sahen. Sie waren viel gefährlicher für Rom als die unbedeutenden Stammesgemeinschaften, die in den Tagen Caesars die Bühne beherrscht hatten. Um 260 n. Chr. hatten germanische Stämme Gallien und die Donau-Provinzen wiederholt überrannt, das Schwarze Meer überquert, Griechenland und Kleinasien verwüstet, und einige waren sogar in Italien eingefallen, bevor Kaiser Aurelian (270–275 n. Chr.) sie schließlich vertrieb.

Nicht weniger gefährlich für Rom waren die Ereignisse im Osten, wo die Sasaniden zuerst die Festung von Hatra im heutigen Irak einnahmen (240) und dann wiederholt in den Provinzen Mesopotamia und Syria einfielen, wo sie mit den Römern zwar aneinandergerieten, eine große Schlacht aber vermieden. Der direkte Konflikt zwischen Rom und den Sasaniden war nicht mehr zu vermeiden, als Kaiser Valerian (253–260) mit einer großen Armee an die Ostfront kam, um den persischen König Schapur I. (240–272) in die Enge zu treiben. Die Schlacht von Carrhae brachte eine katastrophale Niederlage für die Römer – zum ersten Mal in der römischen Geschichte wurde ein Kaiser vom Feind gefangen genommen. Valerians Armee wurde vernichtet, und die römischen Ostprovinzen waren de facto ohne Regierung. Als Aurelian im Jahre 270 an die Macht kam, schienen die Aussichten für den neuen Kaiser düster. Die Situation entlang der römischen Grenzen war trostlos, mit Germanen, die den Balkan, Griechenland, Kleinasien und sogar Italien überfielen, und in Gallien und im Osten waren Separatisten an der

Der Triumph des persischen Königs Schapur I. (241–270 n. Chr.) über den römischen Kaiser Valerian (253–260 n. Chr.), auf einem Felsrelief in Naqsh-I Rustam, in der Nähe von Persepolis im heutigen Iran. Die kniende Figur ist Kaiser Valerian, gefangen genommen nach der römischen Niederlage in Carrhae (260 n. Chr.).

Macht. Es war nur eine Frage der Zeit, bevor ein Usurpator kommen und Aurelian herausfordern würde. Die finanzielle Lage des Staates war äußerst angespannt. Und doch könnte der Eindruck einer universalen Krise falsch sein. Die „barbarischen" Invasionen betrafen nur relativ wenige Gebiete und nur selten befestigte Städte. Die Expansionspolitik des Sasanidischen Reiches war zum Stillstand gekommen. Und die wirtschaftlichen Bedingungen in den Provinzen waren keineswegs überall gleich schlecht. Im Gegenteil: Während einige der Kernprovinzen im westlichen Teil des Reiches – namentlich Italien und Gallien – langsam im Niedergang begriffen waren, florierten die Provinzen in Nordafrika, Syrien, Kleinasien und auf dem Balkan.

Romanisierung: Tradition gegen Tradition

Im ganzen Reich war die „Romanisierung" (im Großen und Ganzen) eine Erfolgsgeschichte. Die materiellen Aspekte der römischen Kultur – Luxusgüter, Architektur, Wasserversorgung und Abwassersysteme, Straßenbau und andere Kommunikationswege, das römische Bürgerrecht und der aufwendige Lebensstil der Eliten – waren genügend attraktiv für die Ortsansässigen (vor allem die unbedeutenden Aristokratien der Stämme und Städte), dass sie dankbar angenommen und übernommen wurden. Der Drang zur Romanisierung kam deshalb eher von der Peripherie denn aus dem Zentrum des Reiches: Die Einwohner selbst wetteiferten darum, wer am überzeugendsten seine neue römische Identität zur Schau stellen konnte. Rom musste seine Zivilisation also kaum jemandem aufdrängen. Doch römisch zu werden, bedeutete nicht, dass Griechen, Gallier, Syrer oder Nordafrikaner ihre eigenen Traditionen, Sitten und Überzeugungen aufgeben mussten – oder auch nur ihre Religion, die stattdessen für gewöhnlich mit der römischen Religion vereinigt wurde. Die Toleranz Roms erlaubte es einheimischen Bevölkerungen, ihre althergebrachten Traditionen in den weitergehenden Rahmen der römischen Kultur einzufügen.

Zeugnisse dieser Vereinigung verschiedener kultureller Traditionen finden sich überall, vom römischen Großbritannien bis zum römischen Ägypten, und zwar vor allem in der materiellen Kultur, denn literarische Zeugnisse aus der Peripherie des Reiches sind leider kaum erhalten; die Berichte von Tacitus über das zeitgenössische Großbritannien und Germanien sind seltene und wertvolle Ausnahmen. Kunstwerke wie in Gallien gefundene Apollo-Statuen, in denen das Bild des graeco-römischen Gottes mit dem örtlicher Gottheiten zusammenfließt, Darstellungen auf Familiengräbern in der libyschen Wüste und atemberaubende Wandgemälde aus Gebäuden der Stadt Dura-Europos im Nahen Osten sind als erfolglose Versuche missdeutet worden, mit römi-

Der Pont du Gard, ein römischer Aquädukt in Südgallien, 50 m hoch und 275 m lang. Er wurde wahrscheinlich im 1. Jahrhundert n. Chr. erbaut, um die Stadt Nemausus (Nimes) mit Wasser zu versorgen.

schen Modellen zu wetteifern. Die neuere Forschung neigt eher dazu, sie als komplizierte Ausdrücke einer „Hybrid"-Kultur zu betrachten, in der Elemente von beiden Traditionen verschmolzen sind. Aber auch das ist zweifelhaft: Die materielle Kultur der römischen Provinzen scheint eher darauf hinzuweisen, dass dort verschiedene Traditionen aufeinandertrafen und in Kontakt traten – vielleicht ähnlich der kreolischen Kultur in der Karibik, wo etwas völlig Neues anstelle einer Kreuzung bereits vorhandener Modelle entstand.

Insofern wurde das Reich zwar romanisiert, aber es wurde dadurch nicht unbedingt homogener als zuvor. In den Grenzzonen Westeuropas und des Nahen Ostens war dies besonders offensichtlich. Im Allgemeinen hört der politische und kulturelle Einflussbereich großer Reiche an einer Grenze nicht einfach auf – obgleich das Römische Reich eine klare Grenze hatte, den Limes –, sondern verläuft sich allmählich in der Peripherie. Eine der kulturellen Hauptströmungen des Mittelmeerraums, der Hellenismus, hatte überall im Nahen Osten Fuß gefasst, und zwar lange bevor die Römer dorthin kamen: Unzählige Griechen und Makedonier hatten sich im riesengroßen Gebiet zwischen Mittelmeer und Indus niedergelassen, seitdem Alexander das achämenidische Reich unterworfen hatte (s. Kapitel 6); und noch mehr Ortsansässige hatten denLebensstil der Eroberer angenommen. Im Zwielicht zwischen Ost und West existierten die verschiedenen Traditionen friedlich nebeneinander: Griechische poleis – die polis, das Modell der Stadt, die von ihren eigenen Bürgern regiert wurde, hatten die Griechen in der Archaischen Zeit (7.–6. Jahrhundert v. Chr.) überall im Mittelmeer verbreitet – entstanden neben indigenen Siedlungen, man sprach ebenso Griechisch wie Aramäisch, westliche und östliche Gottheiten wurden gleichzeitig verehrt, Kunsterzeugnisse nach griechischem Vorbild wurden zusammen mit den einheimischen hergestellt. Aus diesem östlichen Hellenismus entstand eine idiosynkratische kreolische Kultur, die weder „westlich" noch „östlich" war, sondern ganz eigentümliche Merkmale hatte und dennoch – trotz geringer regionaler Unterschiede – erstaunlich uniform aussah. Diese Wechselwirkung hörte nicht auf, als die Römer ankamen. Grenzüberschreitende Bande blieben im partho-römischen Nahen Osten bestehen, und sie wurden auch nicht schwächer, als die Sasaniden die Parther ablösten. Phänomene wie die Wandgemälde von Dura-Europos, der erstaunliche Aufstieg der Stadt Palmyra – die während des Machtvakuums nach Valerians Niederlage 260 n. Chr. einen kurzen, aber entscheidenden Auftritt auf der Bühne der Weltpolitik hatte – und die rätselhafte religiöse Komplexität von Orten wie Hatra kann man nur dann vollends verstehen, wenn man die kulturelle Ambiguität der syro-mesopotamischen Steppengrenze beachtet.

GANZ LINKS: Das sogenannte Fresko von Konon, ein Wandgemälde aus dem Tempel der Götter von Palmyra in Dura-Europos (Ende des 1. Jahrhunderts n. Chr.). Die Malerei zeigt wahrscheinlich den Mann, der die Wandgemälde des Heiligtums sponserte: Konon, mit kegelförmiger Kopfbedeckung, bei einer Opferhandlung.

FOLGENDE SEITEN: Der Hadrianswall im Winter.

Palmyra – Oasenstadt

Kaum ein anderer Ort verdeutlicht die Komplexität der Regierung des römischen Kaiserreichs besser als Palmyra, obwohl – oder vielleicht gerade weil? – die Stadt in der syrischen Wüste für die römische Welt in jeder Hinsicht außergewöhnlich war. Als uralte Ansiedlung, die wohl während der hellenistischen Zeit neu gegründet worden war, sammelte die Oasenstadt einen enormen Reichtum an, indem sie sich am expandierenden Fernhandel zwischen Rom und Süd- bzw. Ostasien beteiligte. Palmyra wurde Teil der römischen Provinz Syrien, erhielt sich aber einen ungewöhnlichen Grad an Autonomie. Die politisch und ökonomisch aktivsten Einwohner waren Mitglieder der Stammeseliten, die zwischen Steppe und Stadt hin- und herpendelten. Ihr Einfluss reichte bis weit ins Reich der Parther hinein. Im 3. Jahrhundert n. Chr. verschaffte sich Septimius Odaenathus, ein römischer Bürger, eine quasi-monarchische Position. Als Kaiser Valerian in Carrhae besiegt wurde, blieb er dessen Sohn, Gallienus, gegenüber loyal, organisierte den Widerstand neu, wehrte einen Angriff der Perser ab und verfolgte die Sasaniden bis weit in ihr eigenes Territorium hinein. Als Odaenathus unter mysteriösen Umständen ums Leben kam, nahm seine Witwe Zenobia seine Position ein. Obwohl dies Vorgehen vom palmyrischen Standpunkt aus durchaus berechtigt war, betrachteten die römischen Kaiser Zenobia dennoch als Usurpatorin. In weiser Voraussicht unterwarf Zenobia große Teile des römischen Nahen Ostens, bevor sie im Jahre 272 n. Chr. schließlich durch Kaiser Aurelian besiegt und gefangen genommen wurde.

OBEN: Tempel des Baal in Palmyra, ein weiteres Gebäude, das einen irreführend klassischen Eindruck macht: Der Tempel wurde 32 n. Chr. gewidmet und sah mit seinen korinthischen Säulen eindeutig westlich aus. Doch weisen mehrere Eigenschaften, wie das flache Dach und die Zinnen, darauf hin, dass das Heiligtum deutliche nahöstliche Kulteinflüsse aufnahm.

LINKS: Die Kolonnadenstraße von Palmyra. Die Hauptachse Palmyras, 1200 Meter lang, wurde im 2. Jahrhundert n. Chr. gebaut. Trotz ihres unverwechselbar „klassischen“ Aussehens, waren Straßen mit Kolonnaden eine exklusive Eigenheit der römischen Ostprovinzen.

Die Grenzen waren weit entfernt von Rom, aber die Einwohner der Hauptstadt bekamen ein Gefühl dafür, was dort geschah, als Varius Bassianus Avitus, ein junger Mann aus der syrischen Stadt Emesa, im Jahre 218 Kaiser wurde. Avitus, ein Nachkomme einer dortigen Priester-Dynastie, wurde später bekannt unter dem Namen der Gottheit seiner Vorfahren: Elagabal. Selbst als Priester ausgebildet, versuchte er, in Rom den syrischen Sonnengott einzuführen, wobei er auf heftigen Widerstand stieß. Seine Herrschaft polarisierte in der Hauptstadt und provozierte einen Kulturkampf, der sogar den Kaiserpalast entzweite. Der Versuch Elagabals, die römische Religion auf den Kopf zu stellen, schlug fehl, und der Kaiser wurde nach vier Jahren an der Macht ermordet. Aber während die meisten Zeitgenossen versuchten, diese Vorgänge lediglich als die Raserei eines weiteren verrückten Kaisers abzutun, machten einige daran die kulturellen Brüche fest, die begonnen hatten, das Reich zu spalten. Elagabal war erfolglos, aber er war das Menetekel, das verkündete, dass die große Tradition der graeco-römischen, „klassischen" Elitekultur nicht mehr der einzige Ausdruck von Identität im Römischen Reich jener Zeit war. Die römische Welt war vielleicht mehr als jemals zuvor „für alle da", aber sie war nicht mehr „ein einziger Haushalt", wie Aelius Aristides verkündet hatte.

Die Tetrarchen, im Markusdom, Venedig. Die Porphyr-Skulptur zeigt die vier Kaiser Diokletian, Maximian, Galerius und Constantius, sich in einer symbolischen Geste gegenseitiger Solidarität umarmend.

Die Spätantike: Rom am Ende?

Das Römische Reich hatte begonnen, an bestimmten Punkten an seinen Grenzen auseinanderzufallen, an denen Schwächen offenbar wurden und Schismata unvermeidlich waren: Die Bevölkerung spaltete sich zunehmend aufgrund religiöser, ethnischer und kultureller Kontraste; einzelne Teile des Reiches entglitten für gewisse Zeit vollkommen der Kontrolle der zentralen Regierung. Zuerst war dieser Prozess jedoch kaum sichtbar. Aurelian hatte es geschafft, die zwei abtrünnigen Reiche, die in Gallien und im Nahen Osten entstanden waren, wieder zu beseitigen. Als im Jahre 284 Diokletian an die Macht kam, brachte eine seiner ersten Amtshandlungen eine grundlegende Änderung im politisch-administrativen Staatsgefüge mit sich: 286 ernannte er seinen Offizierskollegen Maximian zum „Augustus" – so ab da der Titel der älteren Herrscher – und machte ihn damit ihn formell zum Mitregenten. Im Jahre 293 wurden noch zwei weitere Kaiser ernannt, Galerius und Konstantius, sie blieben ihnen aber in der Hierarchie untergeordnet. Als „*Caesares*" waren sie bestimmt, die Nachfolger der zwei „*Augusti*" zu werden, die nach ihrem 20. Herrschaftsjahr, im Jahr 305, abdankten. Ob Diokletian nun die hieraus resultierende Tetrarchie (Herrschaft vierer Männer) von vorneherein geplant hatte oder sie eine geniale Improvisation war – sie löste zwei der dringendsten Probleme Roms: Die Tetrarchie holte potenzielle Gegner in Diokletians Lager zurück und gab dem Reich so seine dringend benötigte politische Stabilität zurück, und sie vervierfachte die militärische und administrative Führung des Reiches, so dass die Kaiser nun dort anwesend sein konnten, wo man sie brauchte. Obwohl die von den Tetrarchen erlassenen Gesetze im Prinzip noch für sämtliche Provinzen gültig waren, war in der Praxis doch jeder der Kaiser für seinen eigenen Teil des Reiches verantwortlich.

Diokletian und seine Mit-Kaiser teilten den weit verbreiteten Glauben, dass die Probleme des Römischen Reiches daraus resultierten, dass sich die Beziehungen zwischen den Römern und ihren althergebrachten Göttern verschlechtert hatten. Um hier korrigierend einzugreifen, rückten die Augusti sich in die Nähe der olympischen Götter und nahmen die Titel Iovius (Diokletian) und Herculius (Maximian) an. Sie waren fest davon überzeugt, dass das allgemeine Wohlergehen dadurch wiederhergestellt werden konnte, dass die richtigen Götter verehrt würden. Während Religion in der Reichspolitik bisher kaum eine Rolle gespielt hatte – es war stets den einzelnen Städten anheim gestellt gewesen, wie sie damit umgingen –, rückte der Glaube nunmehr in den Fokus des Staates. Zum ersten Mal in der römischen Geschichte wurden Christen ihres Glaubens wegen systematisch verfolgt.

Obwohl die Tetrarchen das Reich erfolgreich stabilisierten, waren ihre Erfolge nicht von langer Dauer. Nach Diokletians Abdankung und Maximians und Constantius' Tod überlagerte der persönliche Ehrgeiz verschiedener Prätendenten die ausgeklügelte Machtstruktur der Tetrarchie und sorgte dafür, dass das System zusammenbrach und es zu einem weiteren Bürgerkrieg kam. Zudem waren die traditionellen Kulte, auf die Diokletian und seine Mitregenten ihre Herrschaft gestützt hatten, im Niedergang begriffen. Der Versuch, sie mit Gewalt wiederherzustellen, war zum Misserfolg verdammt. Konstantin, einem der Prätendenten, wurde dies nur allzu bewusst, als er im Jahre 312 an der Milvischen Brücke, einige Kilometer nördlich von Rom,

Die Schlacht an der Milvischen Brücke, in einem Gemälde von Pieter Lastmann (1613, Öl auf Leinwand, Kunsthalle Bremen). Das Bild zeigt den Zusammenbruch der Brücke und, zur linken, die Standarten Konstantins mit dem Kreuzsymbol.

seinem Rivalen Maxentius, Maximians Sohn, gegenüberstand. Die Legende erzählt, er habe vor der Schlacht eine Vision gehabt – eine Nachricht, die ihm mitteilte: *in hoc signo vinces* („in diesem Zeichen wirst du siegen"). Er sah am Himmel das Christus-Monogramm (die griechischen Buchstaben Chi und Rho) und ließ es seine Soldaten sofort auf ihren Legionärs-Standarten anbringen. Dies war ein politisch sehr günstiges Omen, da das Christentum im Laufe des vorhergehenden Jahrhunderts zahlreiche Mitläufer gewonnen hatte und nunmehr ein Faktor war, mit dem man rechnen musste. In der Schlacht triumphierte Konstantin, und beinahe über Nacht wurde aus dem illegalen Christentum die neue Staatsreligion.

Dies war ein schlauer Schachzug von Konstantin. Er führte die Christen wieder in die römische Gesellschaft zurück und behob schließlich das Problem der eigentlichen Unrechtmäßigkeit des Prinzipats. Indem er sein Schicksal mit dem allmächtigen Christen-Gott verknüpfte, schuf er eine mächtige, ja beinahe unerschöpfliche Quelle der Autorität für jeden herrschenden Monarchen. Der Kaiser war jetzt Stellvertreter Gottes auf Erden. Doch Konstantin und seine Nachfolger merkten bald, dass es auch seine Nachteile hatte, sich in die Angelegenheiten der Kirche einzumischen. In der frühen Kirche stritt man über theologische Probleme wie die Beziehung zwischen Gott, seinem Sohn und dem Heiligen Geist; modernen Beobachtern mag das trivial erscheinen, aber für die damaligen Menschen war es wert, dafür in den Krieg zu ziehen. Es ist kein Zufall, dass die Gräben, die sich auftaten, grob den kulturellen Schismata ähnelten, die bereits im 3. Jahrhundert sichtbar geworden waren: Die Abspaltung verschiedener Regionalkirchen, hauptsächlich in den Ostprovinzen, wurde zu einer der größten Belastungen für das Reich und führte (indirekt und auf längere Sicht) dazu, dass sich Syrien und Mesopotamien – das Gebiet des östlichen Hellenismus – im 7. Jahrhundert dem muslimischen Arabien anschlossen.

Unter Konstantin verlagerte sich der Schwerpunkt des Reiches unwiederbringlich in Richtung Osten. Im Jahre 326 wurde eine neue Hauptstadt gegründet, die den Namen des Kaisers trug: Konstantinopel, das alte Byzanz, von Beginn an eine christliche Hauptstadt, mit eigenem Senat und Magistraten. Hier waren der Kaiser und sein Hofstaat näher dran an den Ressourcen des wohlhabenden Ostens, und die Stadt kontrollierte die strategisch wichtige Meerenge der Dardanellen. Nach über eintausend Jahren war Rom nun erstmals nicht mehr das politische Zentrum des Reiches. Und mit ihm schwanden die alten Traditionen, für die es stand: Das Christentum (in seinen verschiedenen Ausprägungen) feierte einen beinahe vollständigen Triumph, und die alten Kulte lagen am Boden – auch wenn es einige wenige Nester des Widerstands gab, namentlich die Senatsaristokratie der alten Hauptstadt. Als Konstantins Neffe Julian im Jahre 361 alleiniger Kaiser wurde, versuchte er, die altrömische Religion zu reformieren und wiederherzustellen, indem er ihr die hierarchischen Strukturen der christlichen Kirche verpasste; doch er musste bald einsehen, dass er versucht hatte, einen Leichnam wiederzubeleben. Sein Versuch, das Rad der Geschichte zurückzudrehen, war vergebens: Der Kaiser wurde auf einem Feldzug gegen die Perser im Jahre 363 getötet, seine „heidnische Kirche" starb mit ihm. Der übereilte Rückzug seines Nachfolgers aus den Kampfhandlungen führte zu einer schweren Niederlage, und die Sasaniden besetzten die strategisch wichtige Stadt Nisibis in Mesopotamien.

Die Perser sollten jedoch nicht des Kaisers Hauptsorge bleiben. Die Bedrohung durch migrierende Stämme kehrte plötzlich und mit aller Macht zurück, als eine große Gruppe Goten auf der Flucht vor den Hunnen an der unteren Donau erschien und bat, sich als römische Verbündete (*foederati*) niederlassen zu dürfen. Obwohl die Römer solche Bitten für gewöhnlich abschlugen, wenn es sich um ganze Volksstämme handelte, machten sie in diesem Fall eine Ausnahme. Schon bald jedoch geriet die Situation außer Kontrolle – nicht zuletzt wegen der mangelhaften Verwaltung durch römische Beamte. Schließlich standen die Goten einer zahlenmäßig weit überlegenen römischen Armee unter dem Befehl von Kaiser Valens gegenüber, in der Nähe von Adrianopel in Thrakien. Für das Römische Reich endete die Schlacht in einer Katastrophe: Valens wurde getötet, die 20.000 Soldaten starke Armee vernichtet. Die römischen Legionen erholten sich nie vollständig von dieser Niederlage; in ihren Reihen gab es mehr und mehr Barbaren, die auch als römische Soldaten ihren eigenen Anführern die Treue hielten. Von hier an konnte man römische Armeen und bewaffnete germanische Stämme häufig kaum mehr voneinander unterscheiden.

Nach dem Tod Kaiser Theodosius' (383–95) wurde das Reich zwischen seinen zwei Söhnen aufgeteilt: Arcadius erhielt den griechischen Osten, Honorius den lateinischen Westen. Es war unvermeidbar, dass sich die zwei Hälften auseinanderlebten. Der stärkere Osten schaffte es, den größten Teil der wandernden Volksstämme nach Westen umzulenken, wo sich ihr Einfluss als verheerend erwies. Gelehrte streiten sich, ob die Stämme auf ein Reich im Todeskampf stießen, das durch innere Streitigkeiten und wirtschaftliche Krisen gebeutelt bereits am Boden lag, oder ob Rom auch an der Wende vom 4. auf das 5. Jahrhundert noch eine blühende politische Macht darstellte, die nur zufällig von Horden plündernder Barbaren überrannt wurde.

Wie dem auch sei, die nackten Tatsachen sind erschreckend: die Westgoten kamen nach Italien (401); die Vandalen, Sueben und Alanen überquerten den Rhein (406), von wo aus im Jahr zuvor römische Truppen nach Italien geschickt worden waren; die Westgoten eroberten und plünderten Rom (410); die Sueben, Burgunden, Westgoten und Vandalen richteten de facto autonome Königreiche in Gallien, Hispanien und Nordafrika ein (411–29); die Vandalen eroberten und plünderten Rom (455). Der Untergang des Westreiches dauerte lange und endete im Jahr 476, als der römische General Odoacer, selbst von germanischer Herkunft, den letzten Kaiser stürzte: Romulus („Augustulus"), der ironischerweise nach dem mythischen Gründer Roms benannt war.

War dies das Ende für Rom? In gewisser Hinsicht schon; in anderer wiederum ganz und gar nicht. Das weströmische Kaiserreich hörte zwar im Jahre 476 auf zu existieren, aber eine ganze Reihe Institutionen, die Rom ausmachten, blieben bestehen: der Senat, die Konsuln, die Prätorianergarde und viele andere Ämter. Es gab, rein physisch gesehen, weiterhin die Stadt Rom, die „ewige Stadt", die trotz vielerlei Gefahren – zahlreiche Angriffe von Feinden, Verkehrsprobleme und unfähige Politiker – bis zum heutigen Tag steht. Außerdem gab es die Kirche, die in kleinen und großen Städten eine Reihe administrativer Pflichten übernahm und mit ihren gut ausgebildeten Würdenträgern für kulturelle und spirituelle Kontinuität stand. Es gab das „zweite Rom", Konstantinopel, das zwar (in Sprache und Stil) immer griechischer wurde, aber sich dennoch seiner römischen Wurzeln sehr wohl bewusst war. Die Kaiser im Osten, die Herrscher des Reiches der *Rho-*

maioi, wie man es auf Griechisch nannte, gaben ihren Anspruch niemals völlig auf, auch den Westen zu beherrschen, bis Konstantinopel im Jahre 1453 schließlich fiel.

Und es gab nicht zuletzt die Idee eines Römischen Reiches, das sich einfach nur langsam veränderte. Auch nachdem Europa wieder in kleine national gesinnte Königreiche zerfallen war, erwies sich der Reichsgedanke als so stark, dass sich ehrgeizige Herrscher immer wieder von ihm inspirieren ließen. Dieser Gedanke implizierte, dass die Reichsmacht übertragbar war: Die translatio imperii war eine der dominantesten politischen Ideologien im Europa des Mittelalters und der frühen Neuzeit. Sie sorgte dafür, dass die Macht der Assyrer auf die Babylonier überging und von ihnen auf die Perser, die Griechen und schließlich auf die Römer. Wie die Reise weiterging, hängt vom Standpunkt des Betrachters ab: Otto von Freising, ein deutscher Bischof des 12. Jahrhunderts, sah die Langobarden, die Franken und das Heilige Römische Reich Deutscher Nation ganz selbstverständlich als Erben Roms an; der französische Dichter Chrétien de Tours, ein Zeitgenosse Ottos, betrachtete Frankreich als natürlichen Erben des Römischen Reiches; und Richard de Bury, ein britischer Intellektueller, Politiker und Kleriker des 14. Jahrhunderts, glaubte, dass es den Engländern vorbestimmt sei, die Nachfolge Roms anzutreten.

Konstantinopel war das „zweite Rom", Moskau (sein kultureller und religiöser Erbe) das „dritte Rom" und Washington war – in den Augen der Gründerväter von „Gottes eigenem Land" – ein „viertes Rom". Napoleon stilisierte sich als Reinkarnation der römischen Cäsaren. Und britische Denker wie John Robert Seeley und Charles Dilke, der Reformer, sahen Rom als Vorbild für das britische Empire an, das sie leidenschaftlich befürworteten. Die Faszination, die vom Römischen Reich ausgeht, dauert an: Ist sein Schicksal das Menetekel für die Großmächte späterer Zeiten, nicht zuletzt die Vereinigten Staaten? Dass es heute immer noch so relevant scheint, mag erklären, warum sich auch die Popularkultur immer noch mit dem alten Rom beschäftigt.

War das Jahr 476 dann wirklich das Ende für Rom? Bedenkt man den enormen Einfluss, den das Römische Reich seit jener Zeit auf die europäische Geschichte ausgeübt hat, will man eher glauben, das Gegenteil sei der Fall.

OBEN LINKS: Die Hagia Sophia, von Kaiser Justinian I. (527–565) erbaut und von den osmanischen Eroberern Konstantinopels 1453 in eine Moschee verwandelt.

OBEN RECHTS: Das Kapitol in Washington D. C., Sitz der Legislative (Senat und Repräsentantenhaus) der US-Regierung, das von William Thornton entworfen und 1811 vollendet wurde.

Kapitel 9

Die frühen Reiche in Südasien

323 v. Chr.–500 n. Chr.

Betrachtet man die moderne Geschichte Indiens, könnte man glauben, dass die verschiedenen antiken Reiche Südasiens das gemeinsame Ziel verfolgten, den riesigen und zugleich facettenreichen Subkontinent zu einem einzigen Reich zu vereinen und eine einheitliche Kultur zu schaffen. Die Unterschiede zwischen dem Maurya-, Kuschana- und Gupta-Reich sind jedoch bemerkenswert. Ihre Ursprünge sind verschieden, aber sie wurden von Königen derselben Dynastie regiert. Alle drei Reiche bedienten sich unterschiedlicher Methoden, um ihre Herrschaft auszuweiten und zu erhalten, und vertraten verschiedene Ideologien. Einige Könige setzten auf Gewalt, während andere den Buddhismus nutzten, um ihren Einflussbereich zu vergrößern.

Königsliste

Maurya-Herrscher	
321–297 v. Chr.	Chandragupta Maurya
297–272 v. Chr.	Bindusara
272–235 v. Chr.	Ashoka
235–221 v. Chr.	Dasaratha
221–185 v. Chr.	Brihadratha
Kuschana-Kaiser	
30–80 n. Chr.	Kujula Kadphises
80–105 n. Chr.	Vima Takto
105–127 n. Chr.	Vima Kadphises
127–147 n. Chr.	Kanishka
140–183 n. Chr.	Huvishka
191–225 n. Chr.	Vasudeva
Gupta-Kaiser	
319–335 n. Chr.	Chandragupta
335–375 n. Chr.	Samudragupta
380–413 n. Chr.	Chandragupta II.
414–454 n. Chr.	Kumaragupta
455–467 n. Chr.	Skandagupta

VORHERIGE SEITEN: Elfenbeinschnitzerei mit einer Jagdszene aus Bagram. Dargestellt sind zwei Bogenschützen auf einer langen Plattform, die Jagd auf zwei geflügelte Wesen machen. Die Männer tragen gekreuzte Gürtel als Zeichen ihrer Tapferkeit und Kampfkünste. Diese außergewöhnliche Darstellung gewährt uns einen unschätzbaren Einblick in die Mythologie des antiken Indien – von den mythischen Bestien bis hin zu der scheinbar schwebenden Plattform. Die Schnitzerei stellt im Vergleich zu Ashokas Edikten einen bedeutenden Wandel in der Propaganda dar.

LINKS: „Buddha predigt die Lehre". Diese in Sarnath gefundene Skulptur aus dem 5. Jahrhundert n. Chr. zeigt den sitzenden Buddha mit seinen Anhängern. Sie wurde aus dem gleichen Sandstein gefertigt, den Ashoka bereits 800 Jahre zuvor benutzt hatte. Sarnath war der Ort, an dem Buddha zuerst predigte, und ist nach wie vor ein wichtiges Pilgerziel.

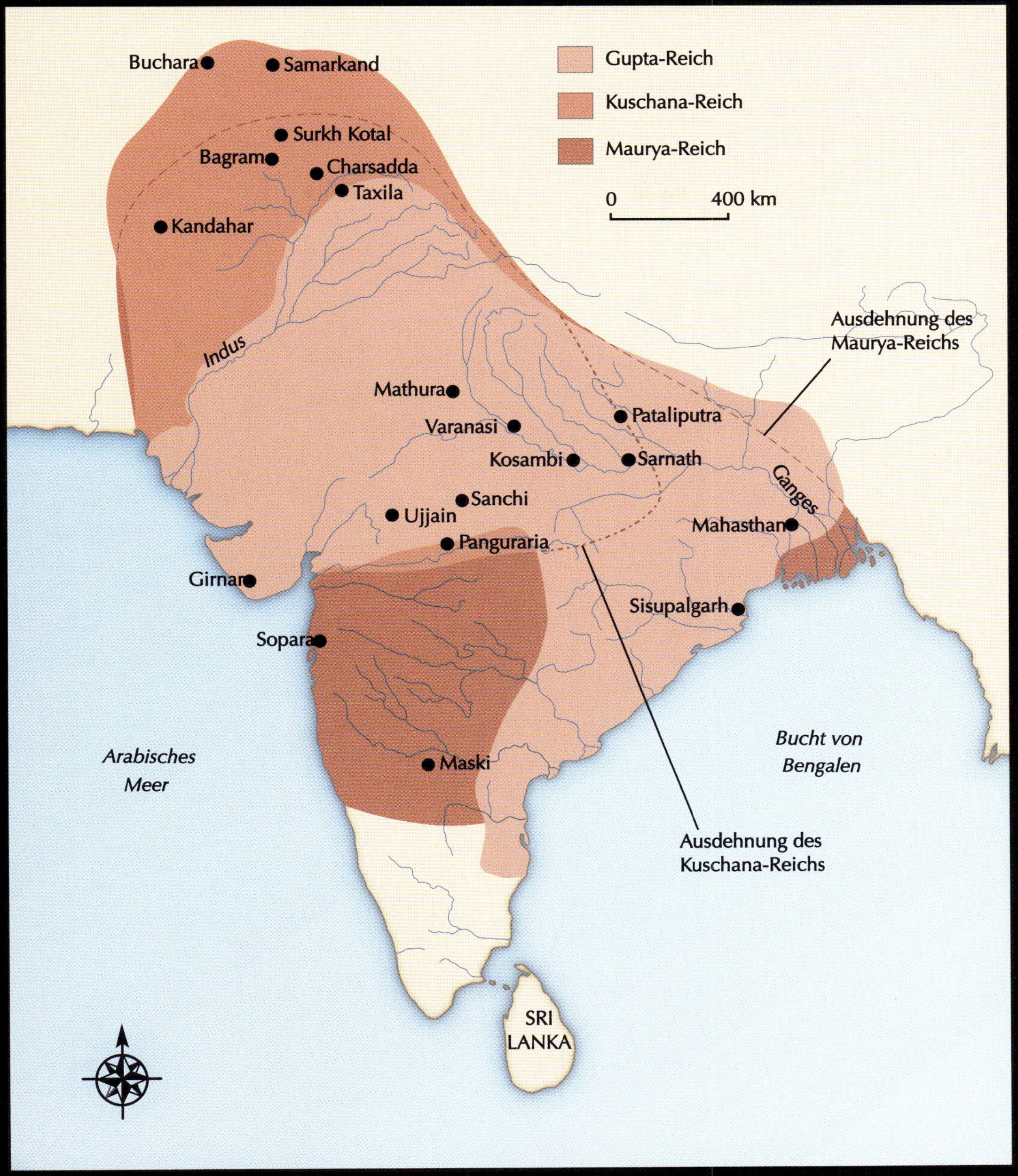

Annektierung Gandharas durch die Achämeniden
ca. 550 v. Chr.

Eroberungsfeldzug Alexanders des Großen
326 v. Chr.

Chandragupta Maurya gründet mauryanische Dynastie
321 v. Chr.

Aschoka besteigt den mauryanischen Thron
272 v. Chr.

Eroberung Kalingas, Aschoka konvertiert zum Buddhismus
265 v. Chr.

Zerfall des Maurya-Reiches und Entstehung der Sunga-Dynastie
185 v. Chr.

Kuschana-Reich entsteht in Baktrien und Sogdien
60 n. Chr.

Kaschana erweitert Herrschaftsgebiet unter Vima Kadphises bis ins Gangesdelta
105–127

Kuschana-Reich zerbricht unter Druck der Sasaniden
225

Aufstieg des Gupta-Reiches
280

Vereinigungsfeldzüge Chandraguptas II.
409

Invasion Nordindiens durch die Hephthaliten, Untergang des Gupta-Reiches
530

500 v. Chr. | 400 v. Chr. | 300 v. Chr. | 200 v. Chr. | 100 v. Chr. | Zeitenwende | 100 n. Chr. | 200 n. Chr. | 300 n. Chr. | 400 n. Chr. | 500 n. Chr.

Bei dem Begriff „Imperium" im Zusammenhang mit Indien denken viele an die angloindischen bürgerlichen und militärischen Hierarchien, die Großbritanniens „Kronjuwel" der Kolonialherrschaft zugrunde lagen. Diese Hierarchien wurden anlässlich der Krönung jedes britischen Herrschers verfestigt, besonders aber als George V. sich am 12. Dezember 1911 vor 80.000 Menschen auf der Durbar in Delhi zum Kaiser von Indien krönen ließ. Als Kaisar-i-Hind wurde George Herrscher über 315 Millionen Untertanen und mehr als 5 Millionen Quadratkilometer Land, die sich von Persien im Westen und China im Norden bis nach Birma im Osten erstreckten.

Britisch-Indien schien zwar eine gleichförmige Struktur zu haben, war jedoch in der Realität ein Mosaik aus direkt verwalteten Provinzen, Verwaltungsbereichen, die größtenteils von Stammesältesten geführt wurden, und mehr als 500 Fürstentümern. Vizekönige hatten deshalb nicht nur mit Gouverneuren, Nabobs, Maharadschas, Nizams, Mehtars, Rajas, Badshahs und Walis innerhalb eines jeden Gebietes zu kämpfen, sondern auch mit ungenauen Grenzen, die sie mit einer Reihe anderer Herrscher wie dem Schah Persiens, dem Emir Afghanistans sowie dem theokratischen Dalai-Lama Tibets teilten. Die Schwierigkeiten, unter denen Indien gegen Ende des 19. und Anfang des 20. Jahrhunderts zu leiden hatte, sind beispielhaft für die Probleme der ersten Reiche in dieser Region, die in einer Zeit entstanden, in die historische Aufzeichnungen und Inschriften nur begrenzte Einsicht gewähren, so dass sie mithilfe der Archäologie erforscht werden müssen. Dieser Vergleich verdeutlicht auch die Problematik, Bevölkerungsgruppen unterschiedlicher geografischer Herkunft, die eine unterschiedlich ausgeprägte Integration auf sozialem, wirtschaftlichem und ideologischem Niveau mitbringen, in Bezug auf das Zentrum des Reiches zu kontrollieren.

Der Kader der Archäologen und Historiker Britisch-Indiens war darauf erpicht, die imperiale Vorgeschichte zu erforschen, und sah die früheste Entstehung von Staaten im Ganges-Tal und der nordwestlich gelegenen Indus-Region als Ergebnis der imperialen Konzepte und Technologien, die Soldaten und Verwaltungsbeamte aus dem Westen mitgebracht hatten. Sir John Marshall, der in den Jahren von 1902 bis 1928 Generaldirektor des Archaeological Survey of India war, sah bei seinen Ausgrabungen in der Stadt Taxila in Punjab klare Beweise für persische und hellenistische Einflüsse. Sir Mortimer Wheeler, einer seiner Nachfolger im Amt des Generaldirektors, suchte und fand ähnliche Beweise eines frühen persischen Fundaments in der Zitadelle Bala Hissar bei Charsadda im Tal von Peschawar. Wheeler war nicht nur der Überzeugung, dass diese Siedlungen ursprünglich Vorposten des Persischen Reiches waren, er war außerdem der Ansicht, dass vor dem Zusammenbruch des Persischen Reiches durch den Angriff Alexanders eine Migration von Handwerkern in Richtung Osten stattgefunden hat, die die im Entstehen begriffenen Staaten des Ganges mit Arbeitskräften versorgten. Neuere Forschungen beleuchten die einzigartigen südasiatischen Charakteristika der Staaten und Reiche der Region und sehen in den Schriften von Wheeler und anderen frühen europäischen Wissenschaftlern eine absichtliche Herabwertung der Errungenschaften der eingeborenen Bevölkerung. Tatsächlich verwiesen sie auf eine kulturelle Stagnation, um die britische Herrschaft zu legitimieren. Es ist am Ende nicht zu leugnen, dass die Entwicklung Südasiens durch zwei starke Kräfte beeinflusst wurde: Zusammenschluss und Teilung. Dieses Kapitel ist den drei frühsten Versuchen gewidmet, verschiedene geopolitische Entitäten über große Weiten Südasiens zu verschmelzen. Die Zeit, in der die ersten imperialen Strukturen, die den Kurs der Geschichte Südasiens 2000 Jahre lang prägten, durch das Maurya-, Kuschana- und Gupta-Reich etabliert wurden, betrachten viele als „Goldene Zeitalter" Indiens.

Das Maurya-Reich

Das Maurya-Reich, das oft als erstes Beispiel eines vereinigten Indien gesehen wird, entstand im 4. Jahrhundert v. Chr. nach vernichtenden Kämpfen zwischen verschiedenen Königreichen im Ganges-Tal. Der Gründer, Chandragupta Maurya, nutzte das Macht-Vakuum, das sich durch die Abwesenheit Alexander des Großen ergeben hatte, riss die Herrschaft über das Königreich Magadha an sich und ernannte sich im Jahr 321 v. Chr. selbst zum König. Chandragupta Maurya vereinigte das eindrucksvolle Herrschaftsgebiet, das sich vom Hindukusch im Westen bis zum Brahmaputra-Delta im Osten und von den Vorgebirgen des Himalajas im Norden bis zum Dekkan-Plateau im Süden erstreckte, zu einem der größten Reiche im frühen Südasien.

GEGENÜBER: Diese Terrakotta-Tafel aus in Uttar Pradesh zeigt Krishna im Kampf mit dem Dämonen Keshi (in Pferdegestalt). Auf das Gupta-Zeitalter datiert, demonstriert sie die Tradition des Geschichtenerzählens in der hinduistischen Literatur. Der Leichnam am unteren Rand gibt einen Hinweis auf den Sieger des Kampfes. Die Tafel zeugt von der wachsenden Bedeutung des Hinduismus in einer vormals buddhistisch geprägten Region.

Die Didarganj Yaksi ist eine freistehende Skulptur und hält einen Fliegenwedel in einer Hand. Sie wurde 1917 an den Ufern des Ganges entdeckt und wird auf das mauryanische Zeitalter datiert. Sie besteht aus dem gleichen Sandstein wie Ashokas Säulen. Es bleibt unklar, ob sie der Mittelpunkt eines Schreins war oder einer mächtigeren Gottheit beigeordnet.

Stimmen eines Imperiums

Als Sanskrit im Laufe des 18. Jahrhunderts als indoeuropäische Sprache identifiziert wurde, führte dies zu einer Flut von Übersetzungen früher indischer Texte, da Wissenschaftler versuchten, Verbindungen zwischen Europa und dem antiken Indien herzustellen. Diese Übersetzungen waren häufig grundlegend für unser Verständnis der politischen und sozialen Strukturen dieser frühen Reiche. Dazu trugen im Besonderen die Edikte Ashokas und die Fülle der Gupta-Literatur bei. Dieses Wissen wurde durch griechische, römische und chinesische Berichte von Diplomaten, Soldaten und Pilgern ergänzt, die die Region bereist hatten. Die archäologischen Erkenntnisse standen häufig im Konflikt mit diesen Texten, die heutzutage wie idealisierte Vorstellungen des Lebens im antiken Indien erscheinen. Dies hat die Begeisterung des modernen Indien für dieses vermeintlich goldene Zeitalter des Subkontinents jedoch nicht geschmälert.

„Das Wohlergehen des Staates hängt von einer Politik ab, die Interventionen und öffentliches Handeln vermeidet … Fortschritt wird durch die Errichtung von Festungen, Bewässerungsanlagen, Handelswegen, neuen Siedlungen, neuen Minen und die Erschließung von Wäldern zur wirtschaftlichen Nutzung und Haltung von Elefanten erreicht. Alles, was den Feind daran hindert voranzukommen, kann als eigener Fortschritt gewertet werden."

Aus dem *Arthashastra* (6.2.1–3 … 7.1.20–22), einer politischen Abhandlung von Chandragupta Mauryas Premierminister über die Plichten eines Königs.

Der römische Philosoph Arrian, Autor der *Indike* aus dem 1. Jahrhundert n. Chr., beschreibt das Ausmaß der mauryanischen Hauptstadt Pataliputra. Der Großteil von Arrians Schriften basiert auf früheren Werken, hauptsächlich denen des seleukidischen Botschafters am mauryanischen Hof, Megasthenes.

„Die größte Stadt in Indien trägt den Namen Palimbothra [Pataliputra] und liegt im Herrschaftsgebiet des Prasians, wo sich der Ganges und der Erannoboas vereinen … Megasthenes sagt weiterhin, dass sich der bewohnte Teil der Stadt auf jeder Seite über 80 Stadien erstreckte und seine Breite 15 Stadien betrug. Ein Graben von 6 Plethren Breite und 60 Kubiten Tiefe umgab die Stadt. Ihre Mauern zählten 570 Türme und 64 Tore."

13. Felsedikt

„Im achten Jahr seiner von den Göttern geweihten Regentschaft eroberte König Piyadass [Ashoka] die Stadt Kalinga. 150.000 Menschen wurden deportiert und 100.000 wurden getötet und viele mehr gingen zugrunde … Bei der Eroberung Kalingas fühlte der von den Göttern geliebte König Reue, denn bei der Eroberung eines unabhängigen Landes bereitet ihm das Schlachten, der Tod und die Vertreibung großen Kummer, der schwer auf seiner Seele liegt … Der von den Göttern geliebte König hält den Sieg durch Dharma für den größten Sieg … [Er] hat diesen Sieg an all seinen Grenzen und bis zu 600 Yojanas [ca. 2400 km], wo der griechische König Antiochos regiert, und darüber hinaus errungen … wo vier Könige mit dem Namen Ptolemäus, Antigonos, Magas und Alexander herrschen."

Hiuan-Tsang, ein chinesischer Pilger, der im Jahr 650 n. Chr. durch Nordindien reiste, berichtet über das indische Kastensystem:

„Die Kasten sind in vier Klassen unterteilt. Zu der ersten gehören die Brahmanen, die reinsten Männer. Sie befolgen die Lehren der Religion: Lebe ein reines Leben und befolge die wahren Prinzipien. Die zweite ist die der Kshatriya, die königliche Kaste. Diese Männer sind seit langer Zeit die herrschende Klasse. Sie widmen sich der Mildtätigkeit und Barmherzigkeit. Die dritte wird Vaisyas genannt. Dies ist die Klasse der Händler. Sie widmen sich dem Handel und erstreben Profit, sowohl in ihrer Heimat als auch darüber hinaus. Die vierte ist die Sudra, die Kaste der Bauern. Sie widmen sich dem Ackerbau, der Aussaat und der Ernte."

„So spricht der von den Göttern geliebte König Piyadassi [Ashoka]: Dharma ist gut. Und was Dharma? Es hat nur wenige Fehler und ist voller guter Taten, Gnade, Barmherzigkeit, Wahrhaftigkeit und Reinheit."

Chandraguptas Enkel, Ashoka, verkündete seine Philosophie mittels in Fels gemeißelter oder auf Säulen eingravierter Edikte, die im ganzen Maurya-Reich errichtet wurden.

Die Ashoka-Säule in Lauriya-Nandangarh ist 12 Meter hoch, auf ihrer Spitze thront ein Löwe. Sie wurde im Jahr 244 v. Chr. errichtet. Auf der Säule befinden sich sechs Edikte, der Baum im Hintergrund ist eine heilige Pappel-Feige (auch: Buddhabaum).

Literatur, Kunst und Architektur im Maurya-Reich

Unsere Kenntnisse über das Maurya-Reich stammen aus einer geringen Anzahl von Textquellen. Hierzu gehören das *Arthashastra*, die Schriften der Megasthenes und die Inschriften von Ashoka Maurya. Das *Arthashastra* ist eine politische Abhandlung, die, so wird weithin angenommen, von Kautalya, dem Ministerpräsidenten Chandraguptas, verfasst worden ist. Es stammt aus dem 4. Jahrhundert v. Chr., den prägenden Jahren des Maurya-Reiches, und war keinesfalls ein rein theoretisches Werk. Die darin enthaltenen Thesen werden in vielen Fällen von den Aufzeichnungen des Megasthenes, eines seleukidischen Botschafters am Hof von Maurya, unterstützt. Letztendlich sind viele Aspekte der räumlichen, ethnischen und administrativen Charakteristiken des Reiches anhand der Edikte, die von Chandraguptas Enkel Ashoka auf Felsen und Säulen verewigt wurden, rekonstruiert worden.

Das *Arthashastra* beschreibt die ideale Struktur eines Königreichs und gibt uns in Bezug auf die politische, militärische und wirtschaftliche Strategie während des 4. Jahrhunderts eine einmalige Einsicht in die Philosophie des Maurya-Reiches. Kautalya war der Ansicht, dass alle benachbarten Königreiche Feinde waren, dass aber entfernte Länder potenzielle Verbündete darstellten. Diese Kategorisierung folgend, war er der Meinung, dass starke Königreiche zu den „Feinden" gezählt werden müssten und schwache Königreiche nur dazu dienten „ausgerottet" zu werden. Königreiche, die sich mit internen Problemen konfrontiert sahen, bezeichnete er als „verwundbar". Diese prägende Philosophie des Reiches verlangte von den wohlhabenden Königreichen, wie zum Beispiel dem Maurya-Reich, ihre Herrschaft über die Schwachen durch eine Kombination aus Feldzügen und verdeckten Maßnahmen zu erweitern. Die schnelle Expansion des Maurya-Reiches über das nördliche Indien legt nahe, dass das *Arthashastra* keinen bloßen theoretischen Ansatz darstellte, sondern als Grundlage der Ideologie des Reiches diente. Es gab auch Ratschläge in Bezug auf die Organisation und Administration einer neuen Provinz, nachdem diese erobert worden war. Es empfahl, einen Prinzen oder ein Mitglied der königlichen Familie zum Gouverneur zu ernennen, warnte aber zugleich davor, dass Prinzen eine Gefahr darstellen könnten, da der Konkurrenzkampf untereinander zu Kriegen um die Thronfolge führen konnte – was sich zum Beispiel bei der Thronbesteigung Ashokas im Jahr 272 v. Chr. bewahrheitete, bei der viel Blut vergossen wurde.

Nachdem er die Bedrohung seiner Herrschaft durch die Eliminierung seiner Brüder beseitigt hatte, plante Ashoka den letzten unabhängigen Staat des nördlichen Indien, Kalinga, zu annektieren. Als Vizekönig von Taxila auf diese Aufgabe vorbereitet, führte Ashoka einen brutalen Feldzug, bei dem 100.000 Menschen den Tod fanden und 150.000 deportiert wurden. Entsetzt über das Leid, das er verursacht hatte, weigerte sich Ashoka der Philosophie Kautilayas weiterhin zu folgen und hielt sich fortan an die buddhistisch ausgerichtete Philosophie des Dharmas, die Gewalt ablehnte. Ashoka war jedoch keineswegs politisch naiv, was durch den Erfolg der gewaltlosen Expansion seines Herrschaftsgebiets bis nach Sri Lanka, wo sein Sohn den Hof zum Buddhismus bekehrte, bezeugt wird. Ashokas Verordnungen belegen, dass er Missionare zu seinen hellenistischen Nachbarn entsandte; die Ausbreitung des Buddhismus ins zentrale und östliche Asien gelang allerdings erst unter der Herrschaft der Kuschanen.

Es sind nur wenige Beispiele mauryanischer Kunst oder Architektur erhalten geblieben. Denkmäler wurden in späteren Zeiten häufig umgebaut, die Überreste deuten jedoch auf einen zentralisierten, imposanten Baustil hin. Der Ikonoklasmus zeitgenössischer, heterodoxer Traditionen gibt zwar Aufschluss über mauryanische Kunst, jedoch verfügen wir über keinerlei Darstellungen der Mauryaner selbst, und die bemerkenswertesten Überreste sind die Säulen, auf denen Ashokas Edikte verewigt wurden. Die polierten Sandstein-Säulen geben eine kurze Zusammenfassung seiner Philosophie und wurden größtenteils in Chunar am Ganges aufgestellt. An ihrer Spitze befinden sich Kapitelle, die Elefanten, Stiere, Löwen und Pferde darstellen. Sie erinnern an persische Säulen, und ein rechteckiger, von Säulen getragener Saal, der bei Ausgrabungen in der Nähe der mauryanischen Hauptstadt, Pataliputra, gefunden wurde, weist Ähnlichkei-

Die Edikte Ashokas wurden in Shahbaz Gahri in zwei große Felsblöcke gemeißelt. Sie waren für vorbeikommende Händler, Pilger und Soldaten gedacht und berichten vom Dharma. Die Darstellungen sollten lokale Bevölkerungsgruppen in ein gemeinsames soziales, kulturelles und rituelles Netz einbinden und auf diese Weise „mauryanisieren".

Der Dharmarajika-Stupa in Taxila wurde ursprünglich vom mauryanischen Kaiser Ashoka im 3. Jahrhundert v. Chr. aus Kalksteinblöcken auf buddhistischen Relikten errichtet. Er befand sich 3 km außerhalb der mauryanischen Provinzhauptstadt und diente den Mönchen der Stadt als Rückzugspunkt. Bereits 100 Jahre nach seiner Errichtung war der vom König erbaute Stupa von einem Ring privater Stupas umgeben. Dies demonstriert die Kurzlebigkeit der Herrschaft in den Randgebieten des Reiches.

ten mit einem persischen Apadama (ein von Säulen getragener Thronsaal) auf. Die imposante Konstruktion überragt die rechteckig gemauerten Handelshäuser von Bhita, deren Wohnräume um einen Innenhof herum errichtet wurden. Buddhistische Denkmäler der Mauryaner sind im Gegensatz dazu in sehr viel größerer Zahl erhalten. Dazu gehören u. a. Ashokas große steinerne Stupas (erdhügelartige Denkmäler, die buddhistische Reliquien beherbergen) in Sanchi und Taxila. Sie wurden auf Relikten des Buddhas und seiner Jünger oder an geschichtlich ereignisreichen Orten erbaut. Der Bau dieser etwa 10 Meter hohen Hügel war für das Reich mit erheblichen Kosten verbunden. Weniger gut erhalten sind die kleineren Altarnischen, die, wie der kleine Schrein in Sarnath, wo Siddhartha Gautama direkt nach seiner Erleuchtung seine erste Predigt hielt, häufig in der Nähe zu finden sind.

Die sozialen und politischen Strukturen des Maurya-Reiches

Ashoka regierte zur Blütezeit des Maurya-Reiches, das zu dieser Zeit einen Großteil des indischen Subkontinents unter einer einzelnen politischen Herrschaft vereinte. Historiker der Antike haben anhand der spärlichen Quellen vermutet, dass das mauryanische Imperium ein stark zentralisiertes Reich war, das von Pataliputra, dem heutigen Patna, aus regiert wurde und dessen Regierung aus einem Rat von Ministern und vom Kaiser ernannten Gouverneuren bestand. Diese Annahme wird durch die überragende Größe der Hauptstadt Pataliputra (1350 ha) und das kolossale Ausmaß der hölzernen Verteidigungsanlagen unterstützt. Zudem gab es eine Reihe befestigter Landeshauptstädte wie Taxila, Ujjain, Tosali, Sisupalgarh, Maski, Mahasthangarh und Suvarnagiri sowie Hauptstädte von Unterprovinzen wie Bhita, im Rang gefolgt von anderen Kleinstädten und Dörfern. Administrative Einrichtungen, Münzanstalten und Märkte waren wahrscheinlich den ranghöheren Städten vorbehalten, während die Städte und Dörfer niedrigerer Ordnung rein landwirtschaftlich ausgerichtet waren.

Trotz der Übereinstimmungen zwischen archäologischen Erkenntnissen und dem *Arthashastra* vertreten einige moderne Wissenschaftler die These, dass die Zentralisierung des Maurya-Reiches überbewertet wird, und bemerken, dass das mauryanische Reich nur über ein wenig entwickeltes Nachrichtennetz verfügte und dass alle Landeshauptstädte bereits vor der mauryanischen Hegemonie gegründet worden waren. Dies soll jedoch nicht die mauryanische Vorherrschaft über ein großes Gebiet in Frage stellen, sondern darauf hindeuten, dass das Reich nicht notwendigerweise einheitlich verwaltet wurde oder vollkommen zentralisiert war. Smith hat beispielsweise angedeutet, dass Ashokas Edikte eher zur Verbreitung einer Ideologie dienten, als einen politischen Herrschaftsanspruch zu manifestieren, und dass die Mauryanen viel eher einen Völkerbund mit gemeinsamen sozialen, rituellen und kulturellen Banden koordinierten, nicht aber ein zentralisiertes Reich regierten.

DER GROSSE STUPA VON SANCHI

In Sanchi, einem kleinen Dorf in Zentral-Indien, liegt einer der größten Schätze der Maurya-Dynastie, der „Große Stupa". Er ist einer der 84.000 Stupas, die Kaiser Ashoka im 3. Jahrhundert v. Chr. hat errichten lassen . Er hat einen Durchmesser von 20 Metern und ist 8 Meter hoch. Im 2. Jahrhundert v. Chr. wurde der Stupa zerstört und daraufhin in doppelter Größe wiedererrichtet. Zusätzlich wurde ein dreistufiger Schirm, bekannt als Chattra, auf seiner abgeflachten Spitze platziert. Dieser Schirm repräsentiert die drei Juwelen des Buddhismus: den Buddha, das Gesetz und die Gemeinschaft der Erwachten. Im 1. Jahrhundert v. Chr. wurde eine Steinbalustrade mit vier kolossalen Toren angebaut, die in ihrer Ausrichtung den vier Himmelsrichtungen entsprechen. Diese „Toranas" erreichten eine Höhe von 10 Metern. Sie wurden mit Symbolen wie leeren Thronen, Fußabdrücken und Schirmen, die die Anwesenheit Buddhas repräsentieren, kunstvoll verziert. Szenen aus dem Leben Buddhas, die mit Darstellungen alltäglicher Ereignisse kombiniert werden, symbolisieren seine Bedeutung im Leben der Menschen. Diese Verzierungen wurden durch Spenden im Austausch für spirituelle Dienste bezahlt, außerdem konnten die Spender ihre Lieblingsgeschichte zusammen mit ihrem Namen eingravieren lassen. Buddha selbst wurde jedoch nie als Person dargestellt, da die menschliche Form für seinen Geist als zu beschränkt galt. Am Ende des 1. Jahrhunderts v. Chr. war der Große Stupa das größte buddhistische Monument in Indien.

Die eingemeißelte Verzierung am Nordtor des großen Stupa.

Ashokas berühmtes Löwenkapitell in Sarnath, dem Ort, an dem Buddha zum ersten Mal predigte. Die vier Löwen verkünden dem Universum die Lehren Buddhas; sie werden von einem Elefanten, einem Löwen, einem Pferd und einem Stier auf einem Ring unterhalb des Kapitells, der das Rad des Dharmas darstellt, gestützt. Die umgedrehte Lotusblüte erinnert stark an achämenidische Kapitelle.

Goldener Stater von Vima Kadphises mit einer Darstellung des Kaisers auf einem Hocker. Sein Bildnis ist von einer griechischen Schrift umgeben, die ihn als *Basileus* bzw. König bezeichnet. Die Rückseite der Münze zeigt die indische Gottheit Shiva und ist damit Zeichen seiner Herrschaft über Indien. Ein Stier mit einer Inschrift sowie einer Offenbarung Shivas erklärt Vima Kadphises zum Herrscher über die Welt.

Der Niedergang des Maurya-Reiches und sein Vermächtnis

Die von der mauryanischen Dynastie auferlegte Integration begann im 2. Jahrhundert v. Chr. Schwächen zu zeigen. Königreiche, die vor der mauryanischen Überlegenheit kapituliert hatten, besannen sich auf ihre Identität, und die hellenistischen Herrscher Afghanistans expandierten in Richtung Süden. Die Ereignisse erreichten ihren Höhepunkt, als Pusyamitra Sunga, Oberbefehlshaber der mauryanischen Armee, den Enkel von Ashoka ermordete und eine neue Dynastie begründete. Nach dem Bruch mit kulturellen und ideologischen Banden beschränkte sich der neu gegründete Staat Sunga zunehmend auf das Kernland am Ganges.

Das mauryanische Reich war der erste belegte Versuch, die ungleichen Völkergruppen lokaler Königreiche in einem Bündnis aus Königreichen, Fürstentümern und Dynastien unter einer zentralisierten Regierung zu vereinen. Ob die Mauryaner über ein Reich in der modernen Bedeutung des Terminus herrschten, ist diskutabel. Ihr kultureller Einfluss jedoch erstreckte sich, insbesondere entlang der Handelswege, über ein weites Gebiet. Kautilayas Strategie brutaler Eroberungsfeldzüge wurde im 3. Jahrhundert v. Chr. durch Ashoka beendet, der die Expansion des Reiches mithilfe des Buddhismus vorantrieb. Durch die buddhistische Missionierung der angrenzenden Gebiete erwarb Ashoka einen viel größeren Einfluss in Südasien als sein Großvater. Seine Methode, verschiedene Religionen, Sprachen und ethnische Identitäten zu einer Einheit zu verschmelzen, bleibt ein Vorbild für die Herrscher Südasiens, und so ist es kein Zufall, dass Indien im Zuge der Loslösung vom britischen Imperium eine der Säulen Ashokas als nationales Wahrzeichen wählte.

Die Kuschanen

Der Aufstieg des Kuschana-Reiches wird durch eine Verschiebung der Machtverhältnisse vom Ganges-Tal in den Nordwesten Südasiens gekennzeichnet. Zentralasien und der indische Subkontinent wurden als politisches Gebilde miteinander verbunden. Diese Veränderung spiegelt sich auch in der Entstehung eines veränderten sozialen, politischen und wirtschaftlichen Systems wider. Im 2. Jahrhundert n. Chr. dehnte die Dynastie der Kuschanen unter Vima Kadphises ihr Herrschaftsgebiet ausgehend vom angestammten Gebiet in Zentralasien über die Region aus und konnte sich bis 375 behaupten. Die Kuschanen waren ein nomadischer Stamm, der sich nach der Vertreibung aus seiner Heimat Baktrien im heutigen Afghanistan niedergelassen hatte. Durch ihre Expansion in die Kaschmir-Region entwickelten sie sich vor dem 2. Jahrhundert n. Chr. zum Puffer zwischen den zwei alten Supermächten Rom (Kapitel 8) und Han (Kapitel 10).

Es war dieses einzigartige Vakuum zwischen den mächtigsten Reichen der antiken Welt, das es den Kuschanen erlaubte, sich auszubreiten und die Kontrolle über die wichtigste Handelsstraße zwischen den zwei Reichen, die berühmte Seidenstraße, zu erlangen. Sie errichteten befestigte Stützpunkte in Dalverzin-tepe in Usbekistan und Bagram in Afghanistan und waren so in der Lage Abgaben für vorbeifahrende Händler zu erheben. In einer Vorratskammer in Bagram wurden große Mengen römischer Glas- und Metall- sowie chinesischer Lackarbeiten gefunden. Verziertes Elfenbein vom Ganges, das ebenfalls in der Vorratskammer gefunden wurde, ist ein Beweis für die Kontrolle über die Handelswege nach Südasien, die die Kuschanen von ihren Zentren in Mathura am Jamuna-Fluss, Sirsukh im Tal von Taxila und Peschawar am Chaiber-Pass ausübten.

Kuschanische Kunst, Architektur und Literatur

Viele Jahre wurde die Geschichte der Kuschanen anhand von Münzen oder indirekten Verweisen in der chinesischen Literatur rekonstruiert. Das änderte sich im Jahr 1993 mit der Entdeckung einer Inschrift in Rabatak in Afghanistan, die den Kenntnisstand revolutionierte. In baktrischer Sprache verfasst, beinhaltet die Inschrift eine Liste aller Könige sowie eine Liste der Provinzstädte der Kuschanen im nördlichen Indien, einschließlich Kausambi und Pataliputra. Der Inhalt der Inschrift wird durch Dokumente und Briefe bestätigt, die bei ungesetzlichen Plünderungen entdeckt worden sind und detaillierte Auskunft über den Landbesitz in einem großen Gebiet entlang der Seidenstraße, vom nördlichen Pakistan bis zur Turfan-Oase im Westen Chinas, geben. Die weite Verbreitung und allgemeine Verwendung der baktrischen Schrift verdeutlicht den Einfluss der Sprache, die unter der Herrschaft der Kuschanen gedieh und als Lingua Franca von Verwaltungsbeamten und reisenden Händlern gleichermaßen verwendet wurde.

Im Gegensatz zu den Mauryanen, die zumeist bereits vorhandene Städte nutzten, errichteten die Kuschanen viele neue Zitadellen, wie das Beispiel des Taxila-Tals zeigt. Die alte hellenistische Stadt Sirkap

Der kuschanische Zeremonienkomplex in Surkh Hotal in Afghanistan wurde von Kanishka Mitte des 2. Jahrhunderts n. Chr. auf einem felsigen Hang erbaut. Bevor eine Treppe aus Steinen und Ziegeln errichtet wurde, die von einem Brunnen am Fuß des Hanges hinauf zu einer Kuppe führt, wurden große Terrassen in den Felshang gehauen. Beim Aufstieg passierten die Gläubigen Terrassenmauern mit Inschriften, die an die Weihung des Tempels erinnerten. Am Ende der Treppe befand sich ein von Säulen getragener Feuertempel mit lebensgroßen Herrscherstatuen.

wurde zugunsten von Sirsukh, einer in der Nähe errichteten neuen Siedlung, aufgegeben. Die Stadt umfasste ein Gebiet von 1370 m x 1000 m und wurde von einer 5,50 m starken Mauer umschlossen, die durch eine abgerundete Berme verstärkt war. Der Grundriss der Stadt und die abgerundeten Verteidigungsmauern sind ein Zeichen für die starken Verbindungen zur militärischen Architektur Zentralasiens. Die fehlenden Belagerungsdepots innerhalb der Mauern weisen darauf hin, dass Sirsukh eine mobile Kampftruppe beherbergte, die die Kontrolle über ein großes Gebiet aufrechterhalten konnte. Ähnliche Konzepte wurden auch in Bagram und Dalverzin-tepe entdeckt.

Die Errichtung befestigter Bollwerke ist ein Zeichen dafür, dass die Kuschanen über ein potenziell feindliches Gebiet herrschten, und es ist anzunehmen, dass Geschwindigkeit und Beweglichkeit es ihnen erlaubten, die Schlüsselpositionen der Handelsnetze entlang der Seidenstraße zu kontrollieren. Die Han, zentralasiatische Fürsten, Römer und Parther führten einen steten Kampf um die Kontrolle dieses Handelswegs. Die Kuschanen etablierten sich als Zwischenhändler, und dieses interkontinentale Handelsnetz erleichterte nicht nur den Transport von Waren, sondern auch den Austausch von Kunst, Architektur, Religion und Philosophie.

Die Kuschanen förderten regionale, religiöse Kulte und versuchten nicht, dem Reich eine einheitliche Religion aufzuzwingen. Vima Kadphises' Sohn, Kanishka (ca. 127–147), ließ im afghanischen Surkh Kotal einen Zeremonienkomplex mit Statuen dynastischer Herrscher und einem Feuertempel errichten. Zudem stiftete er einen buddhistischen Stupa im südlich von Peshawar gelegenen Shahji-Dheri. Münzprägungen zeigen den Herrscher überdies mit der hellenistischen Gottheit Helios, der iranischen Gottheit Adsho und dem Buddha, deren Identitäten von griechischen Schriften bestätigt werden. Gerade während der Regentschaft Kanishkas lässt sich ein dramatischer Anstieg in der Anzahl buddhistischer Klöster verzeichnen, von denen einige neu gegründet und andere an bedeutenden Orten erbaut wurden.

Diese Pluralität in Bezug auf die Religion ist auch Bestandteil der kuschanischen Kunst. Während die mauryanische Kunst größtenteils ikonoklastisch war, konzentrierte sich die Kunst der Kuschanen auf das Individuum, und es ist kein Zufall, dass der Gandhara- und Mathura-Stil sich in dieser Zeit entwickelt haben.

Elfenbein aus Bagram

OBEN: Eine Darstellung von vier Frauen aus Elfenbein. Es existiert eine große Anzahl von Frauendarstellungen aus Bagram, oft als Paar oder in Gruppen, die Szenen des Müßiggangs und der Erholung zeigen. Wissenschaftler haben vermutet, dass es sich aufgrund der fehlenden Männerdarstellungen um Szenen aus Frauenunterkünften handelt.

GEGENÜBER: Elfenbeinschnitzerei zweier Frauen unter eine Balustrade. Sie tragen gestreifte Dhotis, aufwendige Frisuren und Schmuck. Die Schnitzerei ist typisch für die Gandhara-Region und unterstreicht die Bedeutung südasiatischer Einflüsse auf das Kuschana-Reich im Vergleich zu den hellenistischen Reichen.

Im Jahre 1937 leitete Joseph Hackin eine Expedition nach Bagram, einer der antiken Städte entlang des afghanischen Abschnitts der Seidenstraße. Als er zwei zugemauerte Vorratskammern ausgrub, entdeckte der erstaunte Archäologe eine ganze Kammer voll von Artefakten, die aus ganz verschiedenen Gegenden stammten – von einem Ende der Seidenstraßezum anderen. Der Schatz zeigte die wirtschaftliche Macht Bagrams: griechisch-römische Bronzen (darunter eine Silen-Maske), bemalte Glasbehälter aus Ägypten, chinesische Lackschnitzereien sowie Beschläge, Figuren und Plaketten aus indischem Elfenbein.

Dachte man zunächst an den geheimen Schatz eines Kuschana-Königs, ist man heute der Ansicht, dass dies der Lagerraum eines Großhändlers oder Beamten war, der einerseits den Reichtum der Waren demonstriert, die durch das Kuschana-Gebiet flossen, andererseits Kuschanas Position als Zentrum des Handels zwischen Ost und West. Ausgrabungen deuten darauf hin, dass die Stadt im 1. Jahrtausend v. Chr. gegründet wurde, im 5. Jahrhundert v. Chr. durch die Achämeniden erobert und 323 v. Chr. durch Alexander den Großen. Im Jahre 305 v. Chr. wurde sie an das Maurya-Reich eingetauscht, und nach dem Zusammenbruch des Reiches mit mehreren indo-griechischen Königreichen vereinigt, bevor sie zur Sommer-Hauptstadt des Kuschana-Reiches wurde. Nach Einfällen der Sasaniden gab man die Stadt im Jahre 241 auf.

Die in Bagram gefundenen Elfenbein-Schnitzarbeiten sind weltweit einmalig und bieten einen einmaligen Einblick in eine antike Handwerkskunst. Das Arbeiten mit Elfenbein hat eine lange Tradition im frühgeschichtlichen Südasien. Man hat Beispiele davon in Bagram und Taxila im Nordwesten ausgegraben, in Patna, Kasuambi und Hastinapura im Ganges-Tal und in Anuradhapura/Sri Lanka. Schriftzeugnisse deuten an, dass die antike Stadt Benares (Varanasi) über eine Straße verfügte, die komplett den Elfenbeinschnitzern vorbehalten war. Und sogar in Pompeji hat man eine Elfenbeinfigurine gefunden, deren Inschrift andeutet, dass sie in oder um Bagram oder Taxila angefertigt wurde. Beim Vesuvausbruch 79 n. Chr. begraben, beweist sie, wie weit die Handelsverbindungen des Kuschana-Reiches reichten.

Goldmünze Kanishkas mit einer Darstellung des Kaisers, der neben einem Altar steht. Er trägt eine kaiserliche Tiara und einen langen Umhang. In der linken Hand hält er eine Standarte, während er mit der rechten ein Opfer darbringt. Das Bildnis wird von einer griechischen Schrift umrandet, die seinen Namen und den Titel „König der Könige" birgt.

Diese freistehende Statue Kanishkas zeigt das typische lange Gewand der Kuschanen. Eigenartigerweise wird der König, der als starker Förderer des Buddhismus gilt, in einer eindeutig kriegerischen Pose, mit gespreizten Beinen dargestellt: Er hält eine Keule und ein Schwert. Trotz des fehlenden Kopfes strahlt die Figur herrschaftliche Autorität und Präsenz aus. Die kurze Inschrift, die ihn als den „Großkönig, König der Könige, Sohn Gottes" ausweist, ist beinahe überflüssig.

Als Mathura, ein ursprünglich wichtiges Zentrum des Jainismus, zur Hauptstadt des Südens ernannt wurde, errichteten die Kuschanen buddhistische Schreine und Stupas. Die Kuschanen waren für die Herstellung von Buddha- und Bodhisattva-Skulpturen weithin bekannt und fertigten zudem eine lebensgroße Statue von Kanishka, ausgestattet mit Schwert und zeremonieller Keule, an. Sogar im buddhistischen Kernland förderten die Kuschanen regionale Kulte, wie der imposante Naga- oder Schlangen-Schrein in Sonkh, 22,5 km südlich von Mathura, beweist. Der Schrein verkörpert das Bestreben der Kuschanen, verschiedene regionale Bevölkerungsgruppen in ihr Imperium einzubeziehen.

Die soziale und politische Struktur des Kuschana-Reiches

Die Kuschanen waren Meister darin, sich regionale Kulte und Traditionen zunutze zu machen – so ließ sich Kujula Kadphises beispielsweise als Augustus auf einem kurulischen Stuhl darstellen. Dies hat zur Folge, dass unser Verständnis ihrer sozialen und politischen Struktur erschwert wird. Die Mathura-Statue seines Sohns Kanishka trägt die Inschrift „Großkönig, König der Könige, Sohn Gottes", und man nimmt an, dass die Kuschanen das südasiatische Konzept eines allmächtigen Herrschers oder Chakravartin übernommen haben. Die Rabatak-Inschrift gibt darüber Aufschluss, dass lokale Beamte wie der Ashtwalg Nukunzuk und der Karalrang Shafar bei der Verwaltung des Reiches behilflich waren. Aus chinesischen Aufzeichnungen geht hervor, dass in Randgebieten wie Kashgar regionale Herrscher eingesetzt und in der Nähe gefährdeter Pässe Verträge mit unbedeutenden Herrschern geschlossen wurden, so zum Beispiel mit den Radschas von Odi oder Swat. Im Unterschied zum mauryanischen System, das von einer einzigen Hauptstadt aus regierte, kontrollierten die Kuschanen ihr Reich, das viele verschiedene Ethnien, Religionen und Sprachen vereinigte und sich über zwei grundverschiedene Regionen erstreckte, über eine Vielzahl von Hauptstädten. Es gab eine Sommerhauptstadt in Bagram, eine Winterhauptstadt in Mathura und eine Hauptstadt für die Übergangszeiten in Peschawar, dadurch waren die kuschanischen Herrscher im Stande, sich im Laufe des Jahres zwischen Zentral- und Südasien zu bewegen. Durch die Verlegung der kaiserlichen Machtbasis von Norden nach Süden gelang es ihnen, die ungleichen Regionen des Reiches zu vereinigen. Einzelne Städte wurden dabei entweder von Vizekönigen oder Gouverneuren regiert. Die Kombination früherer persischer und hellenistischer Traditionen mit dem Konzept des Gottkönigtums erhöhte die Flexibilität der kuschanischen Kaiser beim Regieren des Reiches.

Der Niedergang des Kuschana-Reiches und sein Vermächtnis

Nach dem Tod Vasudevas (191–225), des letzten kuschanischen Großkönigs, wurde das Reich in Ost und West geteilt. 15 Jahre nach der Thronbesteigung des sasanidischen Königs Ardaschir, der den parthischen König besiegt und die sasanidische Dynastie in Persien gegründet hatte, hatten die Sasaniden bereits einen Großteil der Westhälfte des Kuschana-Reichs erobert. Um 270 n. Chr. eroberte Ardaschirs Sohn Schapur I. die Hauptstädte Peschawar und Taxila. Das Gebiet am Ganges verloren die Kuschanen gegen Ende des 3. Jahrhunderts n. Chr. Den kuschanischen Königen blieb ein kleines Gebiet in Zentralasien. Sie waren jedoch praktisch nur noch Vasallen des neu entstehenden Reiches. Die Dynastie überlebte bis zum 5. Jahrhundert n. Chr., als sie von den Hephthaliten besiegt wurde, die das nördliche Indien ins Chaos stürzen sollten.

Den Kuschanen war es gelungen, Zentral- und Südasien zu vereinen. Sie respektierten und förderten regionale Traditionen und schufen einen sicheren Verkehrsweg vom Oxus bis zum Ganges. Die kuschanischen Regierungsmethoden waren zwar nicht revolutionär (tatsächlich kopierten und imitierten sie persische, hellenistische und indische Herrschaftsmodelle), ihre Kombination jedoch war einzigartig. Münzprägungen, religiöse Toleranz oder ihre ikonischen Darstellungen Südasiens sind Belege dieser Kombination. Angetrieben durch den Handel mit Luxusgütern zwischen Ost und West, waren sie auch die ersten, die offizielle Winter- und Sommerhauptstädte gründeten – ein System, das von späteren Reichen übernommen wurde, die sich bemühten, die ungleichen Bevölkerungsgruppen Südasiens und die Gebirgsregionen im Norden zu vereinen. Mit Ausnahme einer deutlich militärischen und klösterlichen Architektur sowie ikonischen Prägungen haben die Kuschanen aufgrund ihrer Strategie, regionale Bräuche und Traditionen zu übernehmen, nur wenig Einfluss auf die moderne Gesellschaft Südasiens ausgeübt. Das Maurya- und das Gupta-Reich haben hingegen sehr viel deutlichere Spuren hinterlassen. Allerdings war es den Kuschanen gelungen, den Buddhismus entlang der Seidenstraße nach Zentralasien, China und darüber hinaus zu verbreiten. Dieser neue Zweig des Buddhismus, der Mahayana-Buddhismus, unterschied sich vom traditionellen Theravada-Buddhismus Südasiens und stand unter dem Einfluss hellenistischer und persischer Konzepte. Die Ausbreitung des Mahayana-Buddhismus sollte großen Einfluss auf die spätere Entwicklung ostasiatischer Herrscherdynastien haben, die das Reich der Kuschanen überlebten und ersetzten.

Das Gupta-Reich

Mit dem Niedergang der Kuschanen im Nordwesten zerfiel ihr indisches Reich in unbedeutende Herrschaftsgebiete, die von Maharadschas und Rajas regiert wurden. Einer dieser unbedeutenden Prinzen war Chandragupta, der eine Tochter des Licchavi-Stamms heiratete und das Königreich Magadha als Mitgift erhielt. Chandragupta und sein Sohn, Samudragupta (335–75 n. Chr.), belebten den kuschanischen Titel des „Großkönigs der Könige" oder „Maharajadhiraja" wieder. Im 4. Jahrhundert führten sie eine Reihe von militärischen Feldzügen, erweiterten ihre Vorherrschaft über die alten Königreiche am Ganges und erzwangen von den Staaten im Süden die Zahlung von Abgaben. Samudragupta wurde von einem Nachkommen als „der Vernichter aller Könige, … dessen Ruhm sogar den Wassern der vier Ozeane bekannt war" bezeichnet. Sein Herrschaftsgebiet beschränkte sich jedoch in Wirklichkeit auf das Stromgebiet des Ganges und auf einige unterworfene Königreiche entlang der indischen Ostküste.

Unter Chandragupta II. erweiterte das Gupta-Reich zwischen 388 und 409 sein Herrschaftsgebiet durch eine Reihe von Feldzügen um das nördliche Indien, vom Persischen Golf bis zum Golf von Bengalen. Diese militärische Strategie ging mit einer politischen Strategie einher. Durch die Heirat von Chandraguptas II. Tochter mit Rudrasena II., König des Vakataka-Stamms, wurden die Grenzen im Süden gesichert. Um seine Macht im Westen zu konsolidieren, ernannte Chandragupta II. Ujjain zur zweiten Hauptstadt und sicherte die Handelswege zu den kurz zuvor eroberten Häfen an der Westküste des Indischen Ozeans. Diese Häfen, Ahle, Chaul, Kalyan und Cambay, dienten dem Export von Gewürzen (z. B. Pfeffer),

Goldmünze mit dem Bildnis Chandraguptas, der durch seine Heirat in den Licchavi-Klan an die Macht kam und den Titel „Großkönig der Könige" wiederbelebte.

Die Fassade und der Grundriss der Höhle 26 in Ajanta. Diese in den Fels gehauene Höhle formt eine Chaitya-Griha oder Stupakapelle, die durch eine Eingangshalle betreten wurde, die von viereckigen Säulen getragen wurde, die mittlerweile eingebrochen sind. Vier Eingänge führten in eine hufeisenförmige Kammer. Die gewölbte Decke und das von Säulen getragene Heiligtum wurden durch ein zentrales Chaitya (Fenster) erhellt und waren auf einen Stupa am Ende der Kammer ausgerichtet. Die Pilger und Aufseher, die den Stupa umrundeten, schöpften von den Felsbildern an den Wänden Kraft. Sie zeigen Buddha, der trotz eines Angriffs der Armee der Mara ununterbrochen meditiert.

GEGENÜBER: Dieses Sandsteinrelief zeigt Vishnu im Schlaf auf der Schlange Shesha während der zyklischen Vernichtung und Wiedergeburt der Welt. Darüber befinden sich die Götter Karttikeya, Indram Shiva und Parvati. Vishnu ist umringt von Höflingen. Das Relief wurde in dem Vishnu-Tempel in Deogarh, im indischen Bundesstaat Madhya Pradesh, gefunden. Dieser aus Stein gebaute Tempel ist einer der ältesten des Landes. Er wurde im Gupta-Zeitalter errichtet und folgt der Tendenz, Heiligtümer für einzelne Gottheiten zu errichten; im Gegensatz zu den mehreren Göttern gewidmeten Pantheons.

FOLGENDE SEITEN: Dieses Fresko aus dem 5. Jahrhundert aus Höhle 17 in Ajanta zeigt eine Szene aus einem der vorigen Leben des Buddha. Als Prinz Visvantara verzichtet er mit seiner Familie auf das privilegierte Leben im Palast, um die Leiden seines Vaters und seines Volkes zu lindern. Das Fresko wurde von einem Adligen mit der Unterstützung des Vasallenkönigs Harisena in Auftrag gegeben. Es stellt den Prunk und die Abläufe des höfischen Lebens ebenso wie die komplexen Beziehungen zwischen Brahmanen, Buddhisten und ihren Gönnern dar.

Sandelholz, Perlen, Halbedelsteinen, Indigo und Kräutern in den Mittelmeerraum und nach Westasien. Im Gegenzug importierte man Pferde aus Arabien, Elfenbein aus Äthiopien und Waren aus so weit entfernten Orten wie Madagaskar und Sansibar. An der Ostküste dienten die Häfen wie Tamralipti, Ghantashala und Kadura dem ebenso regen Handel mit China und Südostasien.

Kunst, Architektur und Literatur der Gupta

Das Zeitalter der Gupta, in dem die Bestrebungen nach einer zentralisierten sozioökonomischen und religiösen Integration nach dem Vorbild Ashokas ihr Ende fanden, wird auch das „Klassische Zeitalter Indiens“ genannt und ist für seine Hinwendung zur Kunst, Architektur und Sanskrit-Dichtung berühmt. Das Zentrum lag in der alten mauryanischen Hauptstadt Pataliputra, und am Ende der Gupta-Herrschaft erlebten hinduistische Kulte und die Feudalherrschaft im vornehmlich buddhistischen Nordindien eine Renaissance. Diese Wiederbelebung unterschied sich deutlich von den kuschanischen Münzprägungen mit hinduistischen Gottheiten. Die Gupta errichteten Tempel, unterstützten die Brahmanen durch Landschenkungen und führten vedische Opferrituale wie das Ashvamedha wieder ein. Dieser alte Ritus erlaubte es dem König, ein Opferpferd freizulassen und das Gebiet, das es innerhalb eines Jahres durchstreifte, für sich zu beanspruchen. Die Vereinigung des Herrschaftsgebiets durch vedische Opferrituale festigte die Präsenz eines neuen Königs der Könige in Südasien, und sein Hof bekräftigte diesen Rang. Die Renaissance der vedischen Religion ging mit einem Wiederaufleben der Sanskrit-Literatur einher und der Hof Chandraguptas wurde für seine neun „Edelsteine“ bzw. Hofdichter bewundert. Zu ihnen gehörte der Dramatiker Kalidasa, auch wenn das Kamasutra, das ebenfalls aus dieser Zeit stammt, heutzutage mehr Beachtung findet. Das Kamasutra ist sehr viel mehr als ein simples Erotiklehrbuch. Es enthält die starren Verhaltensnormen, die das Leben am Gupta-Hof regelten. Textquellen belegen die Errichtung hinduistischer Tempel im ganzen Herrschaftsgebiet, von denen allerdings nur wenige erhalten sind. Viele ihrer buddhistischen Monumente haben die Zeiten jedoch überdauert. Dazu gehören sowohl die Höhlenschreine und Klöster der Vakataka in Ajanta, deren Fresken über das Leben von Prinzen und armen Leuten berichten, als auch die großen Stupas in Sarnath und die staatliche Universität in Nalanda.

Die Gesellschaft der Gupta und ihr Niedergang

Der Regierungssitz der Gupta-Kaiser oder Maharajadhirajas war die Haupstadt Pataliputra. Inschriften beweisen die Anwesenheit von Militär- und Sicherheitsberatern sowie Brahmanen und Dichtern am Hof des Kaisers. Hinweise auf die soziale und politische Struktur des Reichs sind in großer Zahl erhalten geblieben. Diese Aufzeichnungen sind keine Staatsarchive, sondern Berichte über staatliche Landzuteilungen, die auf Kupferteller graviert wurden. Sie geben Aufschluss über die Aufteilung des Kernlands in mehrere Regionen und Verwaltungseinheiten, an deren Spitze ein Bhukti, eine Provinz, stand. Die Provinz wurde wiederum in Bezirke bzw. Pradesha und Bezirke in Dörfer und Städte unterteilt, in denen Ratsversammlungen an Entscheidungen beteiligt wurden. Die Kupferteller verdeutlichen die Strategie der Gupta, religiöse, militärische und administrative Dienste mit Land zu belohnen, um so eine feudalherrschaftliche Beziehung zwischen dem Herrscherhaus und den Grundbesitzern herzustellen.

Kumaragupta (414–54) war der letzte unbestrittene Gupta-Herrscher, aber schon die letzten Jahre seiner Herrschaft waren von innerer Instabilität und dem zunehmenden Machtgewinn des Pushyamitra-Klans gekennzeichnet. Die Bedrohung des Kernlandes am Ganges war schlussendlich so groß, dass Kumaraguptas Sohn, Skandagupta, die Aufgabe zufiel, das Land zu befrieden. Eine Inschrift in Bhitari besagt, dass Skandagupta sich vornahm, „das verlorene Vermögen seiner Familie wiederzuerlangen“. Er kehrte siegreich nach Pataliputra zurück, wobei er seine Füße auf den besiegten König „wie auf einem „Schemel“ stellte. Nach dem Tod seines Vaters erhoben Skandaguptas ältere Brüder Anspruch auf den Thron und obwohl er im Jahr 455 als Sieger hervorging, war seine Herrschaft konstant bedroht. Die Inschrift auf der Bhitari-Säule erzählt davon, dass er sich „an einem Kampf gegen die Hunnen beteiligte“ – die hephthalitische Bedrohung der Stabilität des Gupta-Staates war äußerst real.

Der Schutzring aus Vasallenkönigen kapitulierte jedoch schon im Jahr 467, 30 Jahre nach dem Tod Skandaguptas, und die Hephthaliten konnte ins Gangesdelta eindringen. Durch den Einbruch der Abgabenzahlungen und die Destabilisierung des überregionalen Handels brach das Gupta-Reich in der Mitte des 6. Jahrhunderts schließlich zusammen, und das folgende Machtvakuum wurde von zahlreichen unbedeutenden Herrschern gefüllt. Buddhistische Pilger aus China waren Zeugen des

daraus resultierenden Chaos. Der Mönch Xuanzang hält fest, dass „die Städte und Dörfer verlassen sind … und in Trümmern liegen … Sie werden von wilden Sträuchern überwuchert und von vollkommener Einsamkeit erfüllt". Erst dem aufkommenden Islam gelang es, den Subkontinent erneut zu verneinen.

Trotz der geringeren Ausdehnung im Vergleich zum Maurya- oder Kuschana-Reich brachte das Gupta-Zeitalter einen radikalen Politikwechsel mit sich. Nach den gescheiterten Bemühungen der Mauryanen und Kuschanen das Reich zu zentralisieren wurde ein neues Modell entwickelt, in dem Vasallenstaaten das von Gouverneuren regierte Kernland umschlossen. So wie die Kuschanen schlugen sie aus den wachsenden internationalen Handelswegen Kapital und bemühten sich, alte Traditionen aufrechtzuerhalten und wiederzubeleben, indem sie nicht nur hinduistische Einrichtungen, sondern auch buddhistische, jainistische sowie andere lokale Traditionen förderten. Dieses fragile politische Gleichgewicht und die Religionsfreiheit waren die Ursache dafür, dass Kunst und Literatur in vielen Regionen mit unterschiedlichen kulturellen Hintergründen gedeihen konnten. Während das Maurya-Reich als das erste vereinte indische Reich angesehen wird und als Ursprung des modernen Indien gilt, wird das Gupta-Reich als die Blütezeit des Subkontinents betrachtet. Häufig als „Goldenes Zeitalter" bezeichnet, ist die Gupta-Herrschaft für viele Inder eine Ära in der Kunst, Literatur, Architektur, Religion, Musik und Dichtung in einem einzigen, von Hindus regierten, vereinigten Staat gediehen.

Die frühen Reiche Südasiens

Die Beschaffenheit der indischen „Imperien" war einzigartig. Die Phasen der Verschmelzung und Teilung zeugen von einem steten Streben nach einer einheitlichen und zugleich tragfähigen Struktur politischer Herrschaft und religiöser Protektion. Das Maurya-Reich war dezentralisiert und seine Ideologie oder Dharma wurde mittels regionaler Hochburgen verbreitet. Die Kuschanen, die regionalen Unterschieden bemerkenswert tolerant gegenüberstanden, waren überaus geschickt darin, bereits existente religiöse Traditionen innerhalb ihrer Grenzen zu assimilieren. Diese Toleranz oder vielleicht auch scharfsinnige politische Strategie zeigt sich besonders auf kuschanischen Münzen, auf denen häufig Abbilder hellenistischer, persischer und südasiatischer Gottheiten auf den gegenüberliegenden Seiten derselben Münze gefunden werden können. Das Gupta-Reich kommt der modernen Definition eines Reiches wahrscheinlich am nächsten. Es basierte fest auf der Beziehung zwischen einem Reichskern und Vasallenstaaten – eine Lösung, die auch die Mogule für sich in Anspruch nahmen. Und doch gelang es erst den Briten im 18. Jahrhundert den gesamten Subkontinent unter einer einzigen Regierung zu vereinen, die allerdings eines feinen Netzes politischer Verbindungen zwischen Maharadschas, Nawabs und Stammesälteren bedurfte und gelegentlich mit brutaler Gewalt durchgesetzt werden musste.

Die Bestrebungen früher britischer Gelehrter, Britisch-Indien als natürlichen Nachfolger der indischen Reiche darzustellen, und die Bemühungen der Gelehrten in der Zeit nach der Unabhängigkeit, die indische Geschichte als eine der Einheit und des Zusammenhalts zu porträtieren, haben das Bild eines indischen Reiches gezeichnet, das sich durch statische und regressive Charakteristiken auszeichnet. Dieses Kapitel hat gezeigt, dass das Gegenteil der Fall ist und dass die historischen Reiche Südasiens mit verschiedenen Kombinationen von Ideologie, religiöser Praxis und Verwaltungsorganisation experimentierten, um den Subkontinent dauerhaft zu einen.

Das Bamiyan-Tal liegt 150 km nordwestlich von Kabul in Afghanistan. Bis vor kurzem befanden sich dort zwei der größten Buddhadarstellungen der antiken Welt. Die größere der in den Fels gehauenen Statuen war 53 Meter hoch und stand neben einer kleineren, 35 Meter hohen Figur. Sie standen an der Seidenstraße zwischen Balkh und Taxila und waren ein Zeichen der Verbreitung des Buddhismus durch die Kuschana in Zentralasien.

Kapitel 10

Die frühen Reiche in China

221 v. Chr.–220 n. Chr.

Die chinesischen Reiche Qin und Han kann man mit denen von Rom und Persien vergleichen. Zum Zeitpunkt seiner größten Ausdehnung erstreckte sich der Einflussbereich der Han-Dynastie über mehr als 3000 Kilometer, von Korea bis Zentralasien und von der Inneren Mongolei bis in die Tropen. Der Ehrgeiz von Qin war dagegen grenzenlos: Kontrolle über das Leben seiner Untertanen, ausgeübt durch eine Armee von Beamten, die einen strengen Code von Gesetzen und Richtlinien anwendeten und darauf angewiesen waren, ständig über alles und jeden informiert zu sein. All dies hing davon ab, dass eine einzige (offizielle) Sprache verwendet wurde, die überall im Reich mit einer Standardschrift geschrieben wurde. Aber die strikte Diktatur in Qin war sinn- und zwecklos: Ihre Untertanen wurden zum Aufstand getrieben und zerstörten sie kurz nach dem Tod des Ersten Kaisers. Die Han-Dynastie übernahm zwar viele Elemente des bürokratischen Staates Qin, wendete die absolutistische Diktatur der Qin-Dynastie aber nie im gesamten Reich an. Die meisten Kaiser regierten ineffektiv, und die Bürokratie funktionierte beinahe von selbst. Und doch überdauerte die Han-Dynastie mit Ach und Krach 400 Jahre und hinterließ als Vermächtnis die Überzeugung, dass die chinesische Welt einer einzelnen obersten Autorität unterstehen sollte.

VORHERIGE SEITEN: Diese Terrakotta-Infanteristen (in voller Rüstung) waren, aufgestellt in Viererreihen, das Herz der Armee, die den Ersten Kaiser der Qin-Dynastie nach seinem Tod beschützen sollte. Man fand sie östlich vom Grabmal des Kaisers vergraben, in der Nähe der modernen Stadt Xi'an. Modell standen seine eigenen Soldaten – die ebenso grausame wie effiziente Kriegsmaschinerie, die ihm half, China zu erobern.

Die Kaiser der Dynastien Qin und Han

Die Regierungsdaten folgen der chinesischen Konvention, die Regierungszeit vom ersten Neujahrstag nach dem Tod des vorherigen Kaisers an zu datieren. Regierungen von sehr kurzer Dauer sind fortgelassen worden.

Qin-Dynastie	
221–210 v. Chr.	Qin Shihuangdi, Erster Kaiser von Qin
209–207 v. Chr.	Qin Erhuangdi, Zweiter Kaiser von Qin
Westliche oder frühere Han-Dynastie	
206/2–195 v. Chr.	Gaozu oder Gaodi (Liu Bang)
194–188 v. Chr.	Huidi
187–180 v. Chr.	Kaiserin Lü
179–157 v. Chr.	Wendi
156–141 v. Chr.	Jingdi
140–87 v. Chr.	Wudi
86–74 v. Chr.	Zhaodi
73–49 v. Chr.	Xuandi
48–33 v. Chr.	Yuandi
32–7 v. Chr.	Chengdi
6–1 v. Chr.	Aidi
1–5 n. Chr.	Pingdi
Xin-Dynastie	
9–23 n. Chr.	Wang Mang
Östliche oder spätere Han-Dynastie	
25–57 n. Chr.	Guangwudi
58–75 n. Chr.	Mingdi
76–88 n. Chr.	Zhangdi
89–105 n. Chr.	Hedi
107–125 n. Chr.	Andi
126–144 n. Chr.	Shundi
147–167 n. Chr.	Huandi
168–189 n. Chr.	Lingdi
190–220 n. Chr.	Xiandi

Kniender Bogenschütze aus Terrakotta, aus Grube 2 der begrabenen Armee des Ersten Kaisers von Qin, mit ein wenig von dem Pigment, mit dem er einmal hell bemalt war. Qin war ein Kriegs-Staat, in dem die Bedürfnisse des Militärs an erster Stelle standen. Nach dem Gesetz von Qin konnte man für zahlreiche geringe Straftaten zum Wehrdienst eingezogen werden.

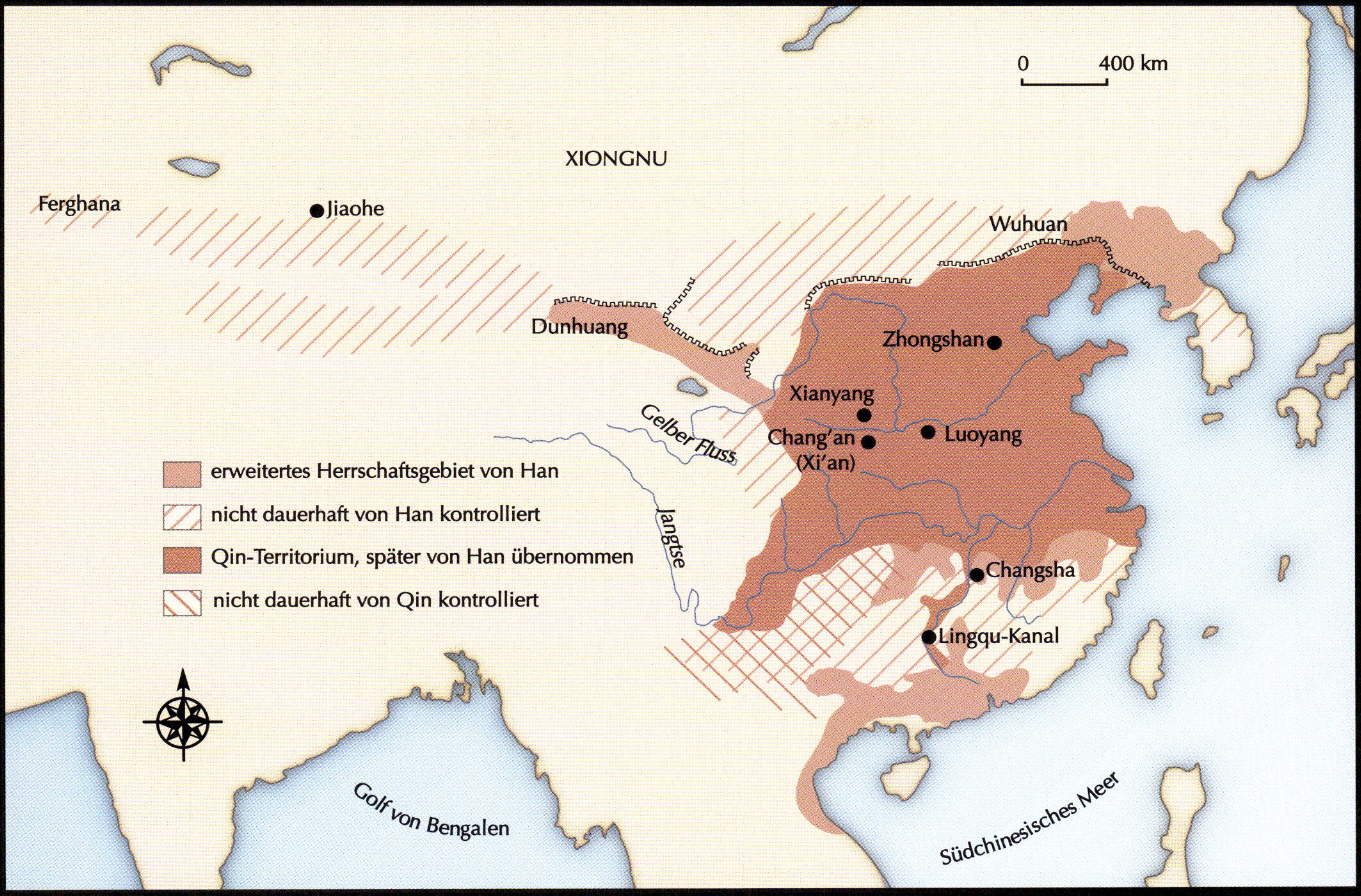

200 v. Chr. – 100 v. Chr. – Zeitenwende – 100 n. Chr. – 200 n. Chr.

Ying Zheng, späterer Erster Kaiser, wird König von Qin 247 v. Chr.

Ying Zheng ernennt sich zum Ersten Kaiser, nach Eroberung andere chinesischer Staaten 221 v. Chr.

Aufstände in besetzten Gebieten beenden Herrschaft von Qin 209–206 v. Chr.

Liu Bang gewinnt Bürgerkriege nach Qin-Herrschaft, wird Kaiser von Han 202 v. Chr.

Vasallenkönige von Han verlieren Macht nach gescheitertem Aufstand 154 v. Chr.

Massive Angriffe der Han gegen Xiongnu an der Nordgrenze 127–119 v. Chr.

Eroberungen durch Han im heutigen Xinjiang und Zentralasien 108–90 v. Chr.

Der Shanyu (Khan) von Xiongnu akzeptiert Vorherrschaft von Han 51 v. Chr.

Ende der westlichen Han-Dynastie; Wang Mang ernennt sich zum Kaiser der Xin-Dynastie 8 n. Chr.

Aufstände beenden Wang Mang-Regime 17–23 n. Chr.

Liu Xiu (Kaiser Guangwudi) führt Han-Dynastie fort (östliche Han-Dynastie) 25 n. Chr.

Macht der Han-Dynastie in Xinjiang wiederhergestellt 91–101 n. Chr.

Beginn der Widerstandskämpfe der Qiang-Völker im Westen des Reiches 107 n. Chr.

Erbitterte Kämpfe zwischen Hofeunuchen und Beamten ab 166 n. Chr.

Verbindlicher Text der fünf konfuzianischen Klassiker in Luoyang in Stein gemeißelt 175 n. Chr.

Aufstand der gelben Turbane 184 n. Chr.

Warlord Dong Zhuo zerstört Hauptstadt Louyang 190 n. Chr.

Letzter Kaiser der Han-Dynastie abgesetzt 220 n. Chr.

Die Reiche von Qin und Han waren groß. Obwohl sich ihre Territorialgrenzen immer wieder änderten und teilweise durch kaum definiertes Gelände verliefen, erstreckten sie sich nie auf weniger als 1600 km von Ost nach West und von Nord nach Süd. Sie waren dicht bevölkert: Im Jahre 2 n. Chr. verzeichnete die Han-Regierung fast 60 Mio. Untertanen in ihren Büchern. Mit Ausnahme einiger Grenzen und unzugänglicher Gebiete wurden diese Millionen Einwohner durch eine zentrale Bürokratie verwaltet, die ihnen eine einzelne Schriftsprache und einen hohen kulturellen Standard auferlegte – und die mehr Kontrolle über das Leben der Menschen hatte als jeder große europäische Staat vor dem 18. Jahrhundert. In vielen Bereichen waren sie Rom weit voraus. Qin und Han setzten die Standards für die chinesischen Regimes der nächsten 2000 Jahre.

Das Reich Qin, 221 v. Chr. gegründet, sollte eigentlich für immer andauern, ging aber bereits nach 15 Jahren unter – das war nicht lange genug, als dass es in jenen Teilen Chinas, die noch nicht lange Teil des Königreichs von Qin waren, zu anhaltenden Veränderungen gekommen wäre. Aber die totalitäre bürokratische Diktatur, die den Staat Qin seit Mitte des 4. Jahrhunderts v. Chr. als Kriegsmacht so wirksam gemacht hatte, überlebte das Qin-Reich. Sie gab dem Han-Regime, das aus Qin hervorging, das Werkzeug an die Hand, ein Reich zu errichten, das so lange bestand, dass man, als es im Jahre 220 n. Chr. unterging, die Zeit vor dem Reich Han als Altertum wahrnahm. 221 v. Chr. hatte der König von Qin geglaubt, er habe die chinesische Welt verändert. In den neun Jahren zuvor hatten seine Soldaten – das lebende Äquivalent der eindrucksvollen Terrakotta-Armee, die er begraben ließ, um seine Grabstätte zu schützen – alle anderen Staaten Chinas in einer Reihe von Blitzkriegen zerstört. Nach mehr als 500 Jahren, während derer Kriege und Drohungen zwischen den konkurrierenden chinesischen Staaten an der Tagesordnung waren, hatte er die Chinesen zwangsvereinigt, und jetzt wollte er einen entsprechend glanzvollen Titel führen. Er wählte *huangdi*, was nicht nur „Kaiser" bedeutet (so die übliche Übersetzung), sondern zugleich „Gott". Er war der „Erste Kaiser", sein Nachfolger sollte der „Zweite Kaiser" sein und so weiter – bis zum „Zehntausendsten Kaiser". Seine neue Ordnung erwies sich jedoch bald als Wahnvorstellung, ebenso wie sein Glaube an die eigene Unsterblichkeit, dem er seine letzten Jahre widmete. Elf Jahre später war er tot, und nach vier weiteren Jahren war das Reich Qin verschwunden.

Liu Bang, der Gründer der Han-Dynastie, schloss sich nach dem Tod des Ersten Kaisers dem Aufruhr gegen Qin an – als Beamter einer unbedeutenden Regionalverwaltung. Durch Fähigkeit und Glück war er am Ende der Bürgerkriege, die Qin folgten, obenauf und wurde im Jahre 202 v. Chr. Kaiser. Er hatte keinen großen Plan zur Veränderung der Welt, sondern improvisierte, um schnelle Lösungen für überwältigende Problemen zu finden. Und doch schafften er und seine Erben es rechtzeitig, ein unsicheres Regime in ein stabiles zu verwandeln. Das Reich Han, das das Regierungsmodell von Qin zugleich verwarf und weiterführte, war von Dauer. Nachdem Wang Mang im Jahre 8 n. Chr. die Han- durch seine eigene Xin-Dynastie ersetzte, kam der Widerstand gegen seine Herrschaft aus den Reihen der armen Bauern. Diejenigen aber, die dann ein neues Regime einrichteten, taten dies wieder unter dem Banner von Han. Eine neue Han-Dynastie wurde geschaffen, die für weitere 200 Jahren andauern sollte.

Aufstieg und Fall von Qin

Qin begann als ein armer und rückwärtsgewandter Staat am Rand der chinesischen Welt. Seine Anführer hatten

die Flucht der ehemals höchsten chinesischen Herrscher, bekannt als Westliche Zhou, aus dem Wei-Tal im Jahre 771 v. Chr. vertuscht, den größten Teil des Tals für sich selbst beansprucht und waren als chinesischer Staat anerkannt worden. Durch die Beschaffenheit der Landschaft war das Wei-Tal nach Osten hin gut vor Rivalen geschützt, trotzdem hatte Qin mehr als 400 Jahre lang in den Kriegen um Chinas Kerngebiet, die chinesische Nordebene, in der zweiten Reihe gekämpft, weil es keinen direkten Zugang dazu hatte. Es blieb in seinem Wandel hinter den zentralen chinesischen Staaten zurück.

All das änderte sich Mitte des 4. Jahrhunderts v. Chr. Zwischen 356 und 340 v. Chr. führte Qin-Herzog Xiao drastische Reformen durch, um seinen Staat zu stärken und die Gesellschaft zu schwächen. Die Reformen wurden initiiert und durchgeführt von Shang Yang, einem politischen Berater, der aus dem Osten nach Qin gekommen war. Haushalte wurden in Gruppen von je fünf und zehn Mitgliedern organisiert, wobei bei jedem Verbrechen, das ein einzelnes Mitglied begangen hatte, alle Mitglieder zur Rechenschaft gezogen wurden. Die Erbaristokratie wurde durch ein System ersetzt, in dem nur aufsteigen konnte, wer dem Staat in Landwirtschaft und Krieg diente. An die Stelle der Feudalherrschaft traten Staatsbeamte. Frauen und Kinder von „Faulenzern“ und Händlern wurden versklavt. Jeder Kommentar über die Reformen, sogar deren Lob, stand unter Strafe.

Diese und andere Veränderungen gaben dem Staat direkte Kontrolle über seine gesamte Bevölkerung und ließen ihn zu einer furchterregenden militärischen Macht werden. Qin verwendete harte Maßnahmen, um seine Untertanen dazu zu zwingen, seinen Interessen zu dienen. Obwohl Shang Yangs Methoden nach dessen Tod ein wenig gemildert wurden, blieben sie doch in ihren Grundprinzipien bestehen. Sie funktionierten. Qin wurde stärker, drängte seine Nachbarn im Osten weiter zurück und unternahm kühne Vorstöße in Richtung Süden. Im Jahre 316 v. Chr. nahm Qin das Sechuan-Bassin ein und 278 v. Chr. die Hauptstadt von Yangtse, Chu. Qin war diplomatisch und militärisch rücksichtslos und erlangte so die strategische Kontrolle über die reiche chinesische Nordebene. 260 v. Chr. begrub die Armee von Qin angeblich 400.000 Soldaten, die sich ergeben hatten, bei lebendigem Leib. Doch war diese Grausamkeit stets berechnend: Qin verschlang Territorien nicht schneller, als es sie absorbieren konnte.

Den Wachtürmen entlang der nördlichen Grenzen von Qin und Han kam im Verteidigungssystem eine Schlüsselposition zu. Diese Türme von Han in Gansu haben selbst ihre Mauer überdauert. Diese Festungen standen immer in Sichtweite voneinander und meldeten Aktivitäten der Xiongnu – bei Nacht mittels Funkfeuern, am Tag mittels Rauchzeichen. Einige haben ausführliche Berichte über das Soldatenleben während der Han-Dynastie hinterlassen.

GEGENÜBER: Diese Modell-Speerträger aus einer Grabstätte der westlichen Han-Dynastie sind viel kleiner und gröber als die überlebensgroßen Krieger des Ersten Kaisers. Die gemalten Tonfigürchen hielten wahrscheinlich Holzschilder in der linken Hand.

Die begrabene Welt des Ersten Kaisers

Nachdem der Erste Kaiser von Qin größere Kontrolle über seine Untertanen erreicht hatte als jeder andere chinesische Herrscher vor ihm, verschwendete er Leben und Mittel, um Unsterblichkeit zu erlangen. Als dieser Plan scheiterte und er im Alter von 49 Jahren starb, hatte er bereits einen riesengroßen unterirdischen Palastkomplex von beispielloser Größe errichten lassen (Schätzungen nach war er mehr als 49 km² groß), in welchem er nach seinem Tod in der Geisterwelt leben und sie beherrschen wollte. Mit dem Bau hatte man begonnen, als er als 12-Jähriger König von Qin wurde, und in der Folge wurden 700.000 Arbeiter gezwungen, daran zu arbeiten. Obwohl der künstliche Hügel, unter dem er begraben wurde, noch ausgegraben werden muss, haben einige der Gruben um diesen Hügel herum eine lebensgroße Armee aus Ton sowie Modelle von Zivilbeamten und Dienern zutage gefördert. Wenn das Mausoleum geöffnet wird, werden wir wissen, ob es darin wirklich die legendären Flüsse aus Quecksilber gibt, die die Flüsse Chinas symbolisieren, von denen der Historiker Sima Qian aus der Han-Zeit erzählt.

GEGNÜBER: Dieser Infanterist in seiner Rüstung aus Eisenplatten war einer der ungefähr 6000 Terrakotta-Soldaten, alle ein wenig überlebensgroß, die man in einer riesigen Grube östlich des Mausoleums gefunden hat. Die Soldaten waren mit Armbrüsten, Pfeilspitzen und Schwertern bewaffnet. Offiziere fuhren auf Streitwagen. Eine in der Nähe liegende Grube enthielt etwa 90 Streitwagen und mehr als 100 Reiter, dazu Armbrustschützen, eine dritte Grube eine Kommandantur.

LINKS: 1980 fanden Archäologen in der Nähe des Mausoleums fein ausgearbeitete Modelle aus vergoldeter Bronze, die zwei Fahrzeuge des Kaisers im Maßstab 1:2 darstellen. Einer war ein leichter, schneller Kampfwagen mit Armbrüsten und Pfeilen neben dem Fahrer, eventuell für den Kaiser bestimmt , der sie auf seinen postumen Jagdausflügen verwenden wollte. Der andere war ein größerer, geschlossener Wagen, für die Reise.

LINKS: Eine Grube in der Nähe der Grabstätte enthielt Jongleure aus Terrakotta und diesen Kraftmenschen, der mehrere von ihnen getragen haben könnte, während sie jonglierten. Eine andere Grube enthielt elegante Wasservögel aus Bronze und Terrakotta-Musikanten.

GANZ LINKS: Der aufgeschüttete Grabhügel des Ersten Kaisers harrt noch der Ausgrabung.

Die Schreibpinsel der Zivilbeamten waren für die Qin-Diktatur ebenso essenziell wie die Schwerter und Armbrüste ihrer Armee. Mittels schriftlicher Aufzeichnungen und eines ständigen Informationsflusses wurden alle Untertanen unter staatlicher Kontrolle gehalten. Diesen Bürokraten, dessen Rang durch Hut und Kleidung angezeigt wird, hat man in einer Grube gefunden, die dem unterirdischen Palast des Kaisers näher ist als die begrabene Armee.

Dieser schrittweise Ansatz änderte sich, als der zukünftige Erste Kaiser im Jahre 238 v. Chr. volljährig wurde und als König von Qin seine volle Macht in Anspruch nahm. Sein Ehrgeiz und seine Eitelkeit kannten keine Grenzen, wie aus Inschriften hervorgeht, die voll des Lobes für seine Leistungen um das Reich sind. Nach den Eroberungen wurde den neuen Untertanen die harte Qin-Diktatur aufgezwungen. Der Erste Kaiser verwendete seine Macht nicht nur, um dem gesamten Reich vereinheitlichte Gesetze, Regelungen, Gewichts- und Längenmaße sowie eine Einheitsschrift aufzuerlegen, er ließ seine Untertanen außerdem an gewaltigen Projekten arbeiten. Die größten Projekte waren der Krieg an der nördlichen Grenze und Bau, Bemannung und Versorgung der Großen Mauer. Dazu brauchte man gewaltige Mengen an Rekruten aus dem ganzen Reich. Von der Hauptstadt Xianyang aus wurde ein ganzes Netz befestigter Straßen gebaut. Hunderttausende Familien wurden zwangsumgesiedelt. 700.000 Arbeiter mussten ein Mausoleum bauen. Die Strenge der Qin-Herrschaft erdrückte sich schließlich selbst. Im Jahre 209 v. Chr. kam es in allen neu eroberten Territorien zum Aufruhr, und örtlich rekrutierte niedrige Beamte benutzten ihre Kenntnisse des Systems, um es zu Fall zu bringen.

Die Qin-Diktatur hatte sich auf ihre Bürokratie verlassen, in der jedes Amt präzise definierte Aufgaben hatte, die aufs i-Tüpfelchen genau zu erfüllen waren. Dabei hatte kein Beamter einen sicheren Posten. Er konnte entlassen oder für Misserfolge bestraft werden. Unter den Terrakotta-Figuren, die im Grabkomplex des Ersten Kaisers gefunden wurden, befinden sich einige zivile Beamte. Sie sehen nicht so eindrucksvoll aus wie die Soldaten, aber mit ihren Schreibfedern waren sie ebenso wichtig für die Konsolidierung der Macht von Qin wie die Armee. Die Beamten führten über jeden ausführlich Buch, so dass niemand den Anforderungen des Staates entkommen konnte. Sie meldeten sogar, wie sich der Niederschlag auf die Getreideernte auswirkte, und hielten den Umfang von Zugtieren in ihren Aufzeichnungen fest, so dass man ihre Halter, je nachdem, belohnen oder bestrafen konnte. Die Informations-Diktatur von Qin wurde von Han fortgesetzt.

Ein Netz von Gesetzen und Richtlinien legte dar, was Beamte und Bürger tun mussten bzw. nicht tun durften. Wenn jemand eine strafbare Handlung beging, mussten Gesetzesbeamte genau herausfinden, was geschehen war, und dann nach Vorschrift die passende Strafe anwenden. Es gab Regelwerke darüber, wie man ein Verbrechen untersuchte, Verdächtige befragte und einen Bericht darüber schrieb. Mündliche Stellungnahmen mussten niedergeschrieben und in der entsprechenden Akte abgelegt werden. Wenn in einer Stellungnahme etwas falsch schien, musste der Verdächtige erneut befragt und aufgefordert werden, etwaige Diskrepanzen zu erklären. Folter war nur als letzter Ausweg anzuwenden, weil unter Zwang abgegebene Erklärungen als unzuverlässig galten; der Gebrauch von Folter musste in der Akte festgehalten werden. Untersuchungsbeamte konnten dafür bestraft werden, nicht die Wahrheit herausgefunden zu haben. Die Rechtskultur von Qin bekräftigte, wie entschlossen der Staat war, alles über jeden zu wissen. Das Rechtssystem war eines der wichtigsten Vermächtnisse von Qin. Mit geringen Änderungen, wie z. B. der Minderung der schlimmsten Strafen, fuhr Han fort, diese Gesetze anzuwenden.

Liu Bang schloss sich dem Aufruhr gegen Qin als niedriger Beamter an und ging aus den sieben folgenden Jahren Chaos und Bürgerkrieg im Jahre 202 v. Chr. als erster Kaiser der neuen Han-Dynastie hervor. Er kam aus dem Nichts an die Macht, weil er wusste, wie man in der Krise eine schnelle Lösung findet. Er war einer, der zupackte, hatte sogar etwas von einem Gauner, aber er war vor allem ein hellsichtiger politischer Realist, der wusste, wie man sich aus Schwierigkeiten herausboxte und Koalitionen schuf. Obwohl selbst kein Soldat, konnte er mit Generälen umgehen. Als seine Armee im Jahre 206 v. Chr. das ehemaligen Kernland von Qin übernahm, hielt er sie bei der Stange und sie funktionierten. Seine Leute erbeuteten militärische Karten und die zentralen Datenbanken von Qin und stellten die örtliche Bürokratie in den Dienst seines neuen Regimes. Die Staatsmaschinerie des vorkaiserlichen Qins gab ihm eine feste Machtbasis, die es ihm ermöglichte, aus den Bürgerkriegen, die dem Ende von Qin folgten, als Sieger hervorzugehen und Kaiser von Han zu werden.

Außer dem Kernland von Qin, das er gut unter Kontrolle hatte, stand sein Reich von Anfang an auf wackeligen Beinen. Er hatte nicht die Mittel für eine direkte Herrschaft über ganz China. So hielt er seine Versprechen an die Verbündeten in den Bürgerkriegen ein und setzte sie als Vasallen-Könige ein, und als sie sich gegen ihn erhoben, zerstörte er sie und ersetzte sie durch Mitglieder der Liu-Familie. Das führte zu Rebellionen unter seinen Nachfolgern; dennoch hatte Han Zeit, sich zu konsolidieren. Keiner der Aufstände war erfolgreich. Unter den Nachfolgern wurde die Kaiserherrschaft über

Im Jahre 227 v. Chr. sandte der Staat Yan Jing Ke mit dem Kopf eines abtrünnigen Generals von Qin in einem Kasten (Mitte unten) und einer Karte vom Territorium von Yan zur Hauptstadt von Qin. Dies war der Köder, der dafür sorgen sollte, dass man Jing Ke weit genug zum König von Qin, dem zukünftigen Ersten Kaiser, vordringen lassen würde, so dass er diesen mit einem vergifteten Dolch töten konnte. Als es dem König (rechts) gelang, sich loszureißen, warf Jing Ke, dem der königliche Arzt den Weg (links) versperrte, seinen Dolch, der aber in einem Pfeiler steckenblieb. Das missglückte Attentat wurde mehr als 260 Jahre später in diesem Steinbasrelief verewigt.

das Reich ausgeweitet, Vasallen-Könige und Marquisat verloren den größten Teil ihrer Macht. Ein Problem jedoch, das nie gelöst wurde, war die nördliche Grenze.

Kaiser und Beamte

Theoretisch wurde Han von einem allmächtigen Kaiser regiert. Die Gründer beider Han-Dynastien verstanden, wie die Welt funktionierte und wussten ihre Macht einzusetzen. In Zeiten des Chaos tauchten sie aus dem Nichts auf und mussten Realisten sein, um sich gewaltsam den Thron einzuverleiben. Liu Bangs Witwe, Lü Zhi, war seine ganze Karriere hindurch seine energische, realistische Partnerin gewesen. Von seinem Tod 195 v. Chr. bis zu ihrem 15 Jahre später war sie Alleinherrscherin, erst als Regentin für ihren Sohn und nach dessen Tod als regierende Kaiserin. Das verletzte zwar die traditionelle Rolle der Frau, aber immerhin war sie sie eine Mitbegründerin der Han-Dynastie gewesen. Als sie aber versuchte, die Übernahme des Liu-Familienregimes durch ihre eigene Familie, Lü, zu arrangieren, ging sie zu weit. Sie hatte sich zu viele Feinde gemacht: Nachdem sie gestorben war, tötete man alle Lü. Nach den Dynastie-Gründern waren nur wenige Kaiser einflussreich; einige wurden nur deshalb ausgesucht, weil sie kleine Kinder waren, die andere Regenten als Vormund hatten. Fast alle vormodernen chinesischen Historiker von Qin und Han haben ihre Aufmerksamkeit zumeist auf den Kaiserhof, die Zentralregierung und die mächtigsten Regionalherrscher gerichtet. Ihre Berichte zeigen Schwächen im dynastischen System, die man eigentlich für tödlich halten sollte. Eine dieser Schwächen war das Fehlen einer Nachfolgeregelung für den Thron, z. B. dass der Erstgeborene neuer Kaiser würde. Eine andere damit zusammenhängende Schwäche war, dass die Ehefrau eines Kaisers nicht notwendigerweise dieselben Interessen verfolgte wie das Herrscherhaus, bis der Kaiser tot war und ihr Sohn ihm nachfolgte. Die höherstehenden Ehefrauen eines erwachsenen Kaisers wollten alle einen Sohn und potenziellen Erben zur Welt bringen. Das führte zu Machtkämpfen. Es gibt Geschichten von Kaiserinnen, die versuchten, ihre Rivalinnen und deren Söhne zu beseitigen. Wenn eine Palastfrau Mutter eines (potenziellen) Kaisers war, nutzte sie oft ihre Position aus, um ihre eigenen Verwandten zu befördern. Eine Kaiserwitwe konnte mit männlichen Verwandten und ihr vertrauten Beamten zusammenarbeiten, um einen Sohn oder einen formbaren jungen Mann eines kaiserlichen Clans als Kaiser auszuwählen und ihm so eine lange Regierungszeit verschaffen. Die Familien konkurrierender Palastfrauen kämpften in den Straßen oder Gerichtssälen manchmal bis zum Tod. Als Höhepunkt kaiserlicher Macht eines Angeheirateten ging das Jahr 8 n. Chr. in die Geschichte ein, als Wang Mang (45 v. Chr.–23 n. Chr.) die westliche Han-Dynastie durch seine eigene Xin-(„Neue“)Dynastie ersetzte. Sein Leben und sein Regime endeten 15 Jahre später in Massenaufständen. Doch trotz all dieser Probleme funktionierte die Regierungsmaschinerie in der Hauptstadt wie in den Provinzen auch weiterhin.

Ein Kaiser der westlichen Han, der alles andere als ineffektiv war, war Liu Che, bekannt als Kaiser Wudi, der im Jahre 141 v. Chr. als ungefähr 15-jähriger Junge den Thron bestieg und bis zu seinem Tod im Jahre 87 v. Chr. herrschte. Seine Regierung war bei Weitem die längste beider Han-Dynastien und zudem war er ein energischer Kaiser, der vorankommen wollte. Er stellte Männer und Mittel für Kriege mit den Xiongnu, einem Staat in Zentral- und Südasien, bereit. Doch regelmäßige Steuern und Aushebungen reichten für diese Kriege nicht aus. Der Staat musste Eisen- und Salz-Monopole schaffen und eine Alkoholsteuer einführen.

GEGENÜBER: Ein moderner mongolischer Reiter, der vom Fest des Goldenen Adlers zurückkehrt, einem zweitägigen Wettkampf der Adlerjäger in der westlichen Mongolei.

Stimmen des Imperiums

Das meiste über die Welten der Qin- und Han-Dynastie wissen wir durch die Werke der Historiker, die sich hauptsächlich auf offizielle und Familienakten stützten. Der einflussreichste von ihnen war Sima Qian, der auch alle anderen mündlichen oder schriftlichen Quellen herangezogen hat, die er finden konnte. Er berichtet sowohl von der Qin-Propaganda als auch vom geschäftsmäßigen Denken, das hier zitiert wird. Bei ihm finden wir auch einen wahrscheinlich fiktionalisierten Bericht von einer Hofkonferenz im Jahre 81 v. Chr., der uns an großen und grundsätzlichen Debatten über die Außen- und Innenpolitik der Han-Dynastie teilhaben lässt. Im 11. Jahrhundert übernahm ein von Sima Guang geleitetes Forscherteam zahlreiche Qin- und Han-zeitliche Quellen sorgfältig in die relevanten Teile des „Zizhi Tongjian" („Universaler Zeitspiegel zur Hilfe der Regierung"), eine umfassende, zuverlässige und unschätzbare annalistische Geschichte der chinesischen Welt von 403 v. Chr. bis 957 n. Chr. Seit Mitte des 20. Jahrhunderts sind eine Reihe Originaldokumente aus der Qin- und Han-Zeit aufgetaucht, darunter die Rechtshandbücher, aus denen hier Auszüge vorgestellt werden.

„Überall unter dem Himmel sind Herzen und Willen eins. Waffen und Rüstung werden standardisiert; alle schreiben in derselben Schrift … Die geistige Kraft des erhabenen Kaisers bewahrt die vier Viertel, zerschlägt Aufruhr und entwurzelt das Übel, bringt Vorteil und Wohlstand. Alles gedeiht in Hülle und Fülle, weil er in Übereinstimmung mit den Jahreszeiten regiert."

Exzerpt aus dem Selbstlob des Qin-Regimes in einer Inschrift aus dem Jahre 219 v. Chr.

Ein Handbuch für Methoden zur Strafverfolgung wurde einem Qin-Justizbeamten mit in den Sarg gelegt. Alle Verhöre mussten mitgeschrieben werden. Folter war möglich, aber zu vermeiden, weil sie keine verlässlichen Resultate erzielte.

„Bei der Untersuchung von Strafsachen sollen schriftliche Aufzeichnungen der Aufklärung dienen. Man finde die Wahrheit heraus, ohne den Verdächtigen zu schlagen. Schläge sind eine niedere [Methode]. Furcht [vor Folter] kann zum Versagen führen [an die Wahrheit zu kommen]."

Das folgende Beispiel strafrechtlicher Logik stammt aus einem frühen Han-zeitlichen Gesetzbuch, das 1983 ausgegraben wurde:

„Wenn die Strafe für ein Vergehen das Tätowieren ist, soll demjenigen, der bereits tätowiert ist, die Nase abgeschnitten werden. Demjenigen, dem bereits die Nase abgeschnitten worden ist, soll der linke Fuß amputiert werden. Demjenigen, dem bereits der linke Fuß amputiert worden ist, soll der rechte Fuß amputiert werden. Derjenige, dem bereits der rechte Fuß amputiert worden ist, soll kastriert werden."

Ein Kommentar des Historikers Sima Qian, der etwa 100 v. Chr. schrieb, über den Reichtum:

„Das Volk demütigt sich im Angesicht derer, die zehnmal reicher sind als sie selbst, fürchtet die, die hundertmal reicher sind, arbeitet für die, die tausendmal reicher sind, und wird von denen versklavt, die zehntausendmal reicher sind. So stehen die Dinge. Um als Armer reich zu werden, ist das Handwerk besser als die Landwirtschaft und der Handel besser als das Handwerk. Am Markttor herumzustehen ist besser als feine Stickereiarbeiten. Mit anderen Worten: Handel bringt den Armen Reichtum."

Wie das Zizhi Tongjian berichtet, gelang dem Warlord Dong Zhuo im Jahre 190 n. Chr. die vollkommene Zerstörung Luoyangs, der Hauptstadt der östlichen Han-Dynastie:

„Dong Zhuo trieb die Mitglieder aller reichen Haushalte zusammen, ließ sie unter Strafanklage hinrichten und beschlagnahmte ihr Eigentum. Eine nicht näher zu beziffernde Anzahl an Menschen starb. Die Millionen überlebender Gemeinbürger wurden allesamt gezwungen, nach Chang'an zu gehen. Vorwärtsgetrieben von Infanteristen und Reitern, trampelten sie einander zu Tode, verhungerten und wurden ausgeraubt. Berge von Leichnamen füllten die Straßen … Nicht ein Huhn oder Hund blieb am Leben.“

„Jede Familie hat Pferde für den Krieg und gute Bögen, und jeder Mann kann sie benutzen. In einer Krise müssen sie lediglich ihre Bögen bespannen und ihre Pferde besteigen; keine Vorräte bewahren und dort, wo sie leben, Korn bereithalten … und Flüsse und Gras als Kornkammern und Lagerhäuser benutzen. Es braucht nur einen Wink mit der Befehls-Fahne, damit alle gehorchen.“

Eine Strategiekonferenz im Jahre 81 n. Chr. am Hofe des Kaisers Zhaodi diskutierte, wie man mit den mächtigen nördlichen Nachbarn von Han, den Xiongnu, umgehen sollte. Die Partei, die gegen Krieg war, behauptete, dass die Xiongnu im Kampf unschlagbar waren.

Sein Aktivismus beanspruchte den Staat und die Gesellschaft auf unerträgliche Weise. Schwache Kaiser fügten mitunter weniger Schaden zu.

Die folgende Han-Dynastie, später bekannt als östliche Han-Dynastie, weil sie Luoyang zu ihrer Hauptstadt machte, präsentierte sich als Wiederherstellung der früheren oder westlichen Han in Chang'an. Obwohl sie sich von der westlichen Han-Dynastie in einigen wichtigen Punkten unterschied, waren auch ihre Kaiser nach dem Gründer ziemlich ineffektiv. Das Problem der übermächtigen Familien der Kaisermütter bestand weiter. Eine weitere Gruppe, die sich nun mehr hervortat als unter der westlichen Han-Dynastie, waren die Palasteunuchen. Sie konnten Kaisern und Kaiserinnen, die unter ihrem Einfluss erzogen worden waren, sehr nützlich sein. Anders als Palastdamen und „intakte" Männer konnten sie sich zwischen dem Harem und der Außenwelt frei bewegen. Besonders im letzten Jahrhundert der Herrschaft von Han gab es häufige und bisweilen blutige Konflikte zwischen den Eunuchen und der regulären Bürokratie.

Alle diese Probleme lassen die erstaunliche Leistung des Staates Han vergessen, die darin bestand, ein dermaßen großes Reich so lange Zeit zusammenzuhalten und eine chinesische Identität zu schaffen, die von Dauer war. Hier erwies sich das Vermächtnis der Qin-Regierung als dauerhaft und effektiv. Während konkurrierende Cliquen um die Kontrolle des Palastes und der Hauptregierungsbüros kämpften, funktionierte die Maschinerie der Provinz- und Kommunalverwaltung nach wie vor hhervorragend. Bevölkerungsregister wurden geführt, Steuern erhoben und Arbeiter rekrutiert und das Strafrecht wurde durchgesetzt. Das Reich Han war ein Triumph der Bürokratie. Die alltäglichen Verwaltungsdokumente der Grenzgarnisonen von Han an der Großen Mauer, die im Sand von Gansu die Zeiten überdauert haben, zeigen, wie Regierungsangestellte Akten über die Soldaten führten, über ihre Leistungen

Bemalte Reiter aus Ton, etwa ein Drittel lebensgroß, von einer Armee von über 500. Sie wurden in Gruben in der Nähe der Grabstätten zweier Spitzenbeamter in Yangjiawan gefunden, nahe dem kaiserlichen Mausoleum des Gründers der Han-Dynastie nördlich der Hauptstadt von Chang'an. Diese Reiter ritten noch ohne Steigbügel.

im Bogenschießen, ihre Gesundheit, Truppenbewegungen und vieles mehr. Die Aktenmenge war so groß, dass sie jede moderne Armee vor Schwierigkeiten stellen würde. Bis zur Mitte des Han-Reiches wurden Männer zum Wehrdienst einberufen. Wie viel Mühe die Bürokratie sich mit ihren Aufzeichnungen und Bilanzen gab, kann man ermessen, wenn man sich die Friedhöfe für Verurteilte ansieht, die starben, als sie die Mauern der Ost-Hauptstadt von Han, Luoyang, errichteten. Bei den meisten Körpern fand man ein Stück Ziegel, auf dem vermutlich formlos Name, Todesdatum, Herkunftsort und Führungszeugnis des Toten eingeritzt worden sind, damit die verantwortlichen Beamten beweisen konnten, wohin die Männer verschwunden waren, die in ihren Akten fehlten.

Sogar als Magnaten mehr und mehr Kontrolle in der Kommunalverwaltung gewannen, indem sie ihre Günstlinge einstellten, waren die Beamten doch immer noch Beamte von Han. Nur in den letzten Jahrzehnten der Dynastie ließ man es zu, dass sich außerhalb der faktischen oder nominellen Kontrolle des Staates Formen der sozialen Organisation entwickelten, wie zum Beispiel der Kult der „Fünf Scheffel Reis" im Südwesten. Und die bürokratischen Methoden von Han wurden allesamt unter seinen Nachfolgestaaten fortgesetzt.

Fronten

Das Herrschaftsgebiet des Ersten Qin-Kaisers war eher klein im Vergleich zu dem, über das die östliche Han-Dynastie über 400 Jahre später die Kontrolle verlor. Am Anfang erstreckte sich das China des Qin-Reiches vom südlichen Liaoning im Norden bis zum nördlichen Shanxi und Shaanxi. Im Nordwesten schloss es das östliche Gansu ein, aber nicht das heutige Lanzhou. Im Südwesten blieb seine direkte Herrschaft auf das fruchtbare Sechuan-Becken zwischen Chengdu und Chongqing beschränkt. Nur einige Gebiete südlich des Jangtse gehörten zur chinesischen Welt, namentlich die Ebenen und Seen entlang der südlichen Nebenflüsse des Jangtse und die Regionen um Nanjing, Suzhou und Hangzhou. Qin schaffte sich einen Binnenweg entlang der „Wundersamer Kanal" (Ling Qu) bezeichneten Wasserstraße, die die Flüsse in der Nähe von Guilin zum heutigem Guangdong verband. Es konnte aber so weit im Süden keine dauerhafte chinesische Präsenz zu etablieren. Die große Mehrheit der Qin-Bevölkerung lebte in der chinesischen Nordebene sowie in den Tälern der Flüsse Wei, Fenn und Luo, die in den Gelben Fluss mündeten. Die nördliche Grenze bereitete den Reichen Qin und Han große Sorgen, weil dort die Xiongnu, Reitervölker der nördlichen Steppe, für ganz Nordchina eine militärische Bedrohung darstellten. Im 1. Jahrtausend v. Chr. hatte sich in den Steppen Eurasiens ein nomadischer Pastoralismus entwickelt – man lebte von den Tieren, die man mit sich führte, um Weideland für sie zu finden. Einige Nomadenvölker legten riesige Entfernungen zurück, auf den Steppen vom Schwarzen Meer bis in die Gebiete nördlich von China.

Einige der 1800 bemalten Terrakotta-Infanteristen und 100 Musiker aus denselben Gruben wie die Reiter auf der gegenüberliegenden Seite. Die Infanterie machte den Hauptteil der Armeen von Qin und Han aus. Man nimmt an, dass die Beamten, die sie schützen, Zhou Bo und sein Sohn Zhou Yafu waren, die unter den frühen Kaisern von Han im Krieg gute Dienste geleistet hatten.

Gut erhaltene Körper in Xiongnu- und prä-Xiongnu-Grabstätten in der Mongolei und Ost-Russland tragen sowohl „mongolische" als auch „kaukasische" Züge.

Mit den aggressiven Feldzügen von 214 v. Chr. vertrieb die Qin-Dynastie die Xiongnu aus dem Ordos (in der heutigen Inneren Mongolei), besiedelte beide Seiten des Gelben Flusses und richtete Garnisonen ein. Die erste Große Mauer wurde errichtet, vom heutigen östlichen Gansu bis an die Küste, wo sie mit den nördlichen Mauern früherer chinesischer Staaten verbunden wurde. Die immense Zahl an Menschenleben, die die Politik von Qin forderte, trug das Ihre zum Hass bei, den das Regime in seinen Untertanen schürte. Als Antwort auf diese Politik schwangen sich aber auch die Xiongnu nun selbst zur Militärmacht auf, zu einem politisch-militärischen Bündnis unter einem Führer, der den Titel Chanyu führte. Das Bündnis setzte sich aus vielen verschiedenen ethnischen oder Stammesgruppen zusammen und war eher ein politisches denn ein ethnisches Etikett.

Im Jahre 209 v. Chr., als die Qin-Dynastie durch weit verbreitete Aufstände geschwächt wurde, eroberten die Xiongnu das Ordos-Plateau zurück. Unter dem zweiten Chanyu, Modun, der seinen eigenen Vater umgebracht hatte, besiegten sie ihre Ostnachbarn und vertrieben die Yuezhi, ein Volk mit indo-europäischer Sprache, aus dem westlichen Gansu. Im Jahre 200 v. Chr. entkam der Gründer von Han nur knapp einer Gefangennahme durch die Xiongnu innerhalb der eigenen Grenzen, nahe dem heutigen Datong im nördlichem Shanxi. Die Abwesenheit natürlicher Barrieren entlang des größten Teils der Grenze bedeutete für die Xiongnu, dass sie sich aussuchen konnten, wo sie ihre Kavallerie konzentrieren wollten, um weiterhin wirksam nach China vorzustoßen. Sie lebten sowohl nördlich als auch südlich der Wüste Gobi, die die Weiden der Inneren Mongolei von denen der Mongolischen Republik trennt. Das verlieh ihnen einen strategischen Vorteil und ermöglichte es ihnen, ihre Familien und Herden weit von der Grenze und chinesischen Gegenangriffen fernzuhalten.

Die Steppen der Inneren Mongolei stellten für Qin und Han ein Dilemma dar. Wenn sie ihre Verteidigungslinie weit genug nach Norden verlagerten, um die Xiongnu davon abzuhalten, sie für sich zu beanspruchen, mussten sie astronomische Kosten dafür einkalkulieren, Garnisonen zu versorgen, die am Ende langer Überlandversorgungswege lagen. Doch wenn die chinesische Verteidigungslinie weit genug südlich lag, um eine günstige Versorgung zu gewährleisten, war sie offen für Angriffe durch die Xiongnu und andere, die auf frischen Pferden ritten, die sie auf den Weiden gut gefüttert hatten. Zu den wenigen Optionen für Qin und Han gehörten eine passive Verteidigung bzw. die Strategie der Großen Mauer, des Weiteren Gegenangriffe und Präventivschläge, um Herden und Familien der Xiongnu nördlich der Wüste zu vernichten, außerdem das Säen von Zwietracht unter den Xiongnu (mittels umfangreicher Bestechungsgelder) oder eine Kombination zweier oder mehrerer dieser Methoden. All diese Alternativen wurden angewandt und alle waren teuer. Der Staat musste stark sein, damit das Volk die Kosten aufbrachte.

Die ersten 60 Jahre der Han-Dynastie (vielleicht auch länger) beherrschten die Xiongnu den Norden und fielen immer wieder bis weit nach China ein. Die Xiongnu erweiterten ihren Einflussbereich bis nach Xinjiang und verbündeten sich mit dem Volk von Qiang (im heutigen Qinghai, südlichen Gansu und nordwestlichen Sechuan). Han versuchte sich von den Xiongnu freizukaufen und scheiterte – bis zur Regierungszeit Kaiser Wudis (141–87 v. Chr.). Von 126 bis 117 v. Chr. griff Wudi immer wieder an. Die verheerendsten Feldzüge waren gut koordinierte Schläge an mehreren Punkten entlang der Grenze zum nördlichen Kernland der Xiongnu in den Jahren 121 und 119 v. Chr., wobei Menschen und Tiere getötet wurden. Kaiser Wudi richtete die alten Grenzposten wieder ein und zwang Kolonisten, in den umkämpften Gebieten zu siedeln. Diese Kriege waren von unerträglichen Verlusten auf beiden Seiten be-

Dieses fliegende Pferd aus Bronze, das mit einem Huf auf eine Schwalbe tritt, wurde in einer Han-Grabstätte des 2. Jahrhunderts n. Chr. in Gansu gefunden. Feine Rassepferde aus dem Gebiet westlich der Gebirge Tianshan und Pamir, die viel besseres Futter benötigten als Chinas eigene kleinere, zähere Pferde, wurden von den Han-Kaisern hoch geschätzt, die einiges an Menschenleben und Vermögen aufbrachten, um sie zu bekommen.

stimmt. Im Zuge der allgemeinen Erschöpfung folgte eine verhältnismäßig friedliche Zeitspanne, bis Wudi im Jahre 101 v. Chr. eine neue Reihe von Angriffskriegen begann, die bis zu seinem Tod im Jahre 87 v. Chr. andauerten.

Über Organisation und Alltagsleben in den Grenz-Garnisonen gibt es viel Quellenmaterial, in Form von Dokumenten, die entlang der Großen Mauer gefunden wurden. Mit der Zeit entwickelte Han eine Strategie, die Xiongnu gegeneinander aufzuwiegeln und andere Steppenvölker dazu zu veranlassen, die Nord-Xiongnu zu vertreiben. Dies bedeutete jedoch nur einen scheinbaren Triumph. Den südlichen Xiongnu erlaubte man, die Weiden in den Grenzgebieten wiederzubesetzen, und Han zog sich aus weiten Teilen der nördlichen Regionen Shanxi und Shaanxi zurück. Die Folgen waren katastrophal: Ganze Generationen der Süd-Xiongnu erfuhren, wie China im Inneren funktionierte. Innerhalb eines Jahrhunderts nach dem Fall von Han sollten sie Luoyang einnehmen und eine ganze chinesische Dynastie zerstören – dies war der Anfang von beinahe drei Jahrhunderten, während derer sich Nordchina unter barbarischer Herrschaft befand. Die Eliminierung der Nord-Xiongnu schaffte ein Machtvakuum im Norden, das bald von Steppenvölkern wie den Xianbei und Wuhuan ausgefüllt wurde, die ihrerseits Schwierigkeiten verursachten.

Die Ängste, die die Xiongnu auslösten, trieben die Han-Dynastie dazu, ihre Macht und ihren Einfluss bis nach Zentralasien, die „Westlichen Regionen", zu erweitern. Als strategischen Schachzug gegen die - Xiongnu schickte man einen Gesandten, Zhang Qian, auf eine gefährliche Mission nach Westen, bis weit nach Zentralasien hinein, der sich mit früheren Opfern der Xiongnu, den Yuezhi, in Verbindung zu setzen, die jetzt westlich des Tianshan-Gebirges siedelten, und eine strategische Allianz gegen den gemeinsamen Feind einzugehen hatte. Zhang kehrte ungefähr 126 v. Chr. zurück; er hatte zehn Jahre in Xiongnu-Gefangenschaft verbracht und kein Bündnis mit den Yuezhi zustande gebracht. Aber er konnte eine Menge detaillierter Informationen über die sesshaften und die nomadischen Völker liefern, die im Gebiet des heutigen Xinjiang und seiner westlichen Nachbarstaaten von Kasachstan bis Afghanistan lebten. Das war von grundlegender Wichtigkeit für die weiteren Bewegungen der Han-Dynastie. Sie besiedelte und ummauerte die Länder, die die Xiongnu Kaiser Wudi abgenommen hatten, von den Yuezhi im Gansu-Korridor bis ganz nach Dunhuang, um „den Xiongnu den rechten Arm abzuschneiden" und sie daran zu hindern, weiterhin mit den Qiang des Tibet-Qinghai-Hochlands Allianzen zu bilden. Das gab Han Zugang zur Tarim-Ebene. Die Einwohner dieses riesigen Gebiets hatten größtenteils kaukasische Züge, sprachen indoeuropäische Sprachen und lebten in weit voneinander entfernten Oasen.

Mehr als 200 Jahre kämpften Han und die Xiongnu nun um die Vorherrschaft in Xinjiang. Die westliche Han-Dynastie machte einige sensationelle, aber kurzlebige militärische Eroberungen jenseits des Tianshan-Gebirges, einschließlich Ferghana im heutigen Usbekistan. Für einen Großteil dieser Zeit brachte Han auch die kleinen Oasen-Staaten des Tarim-Tals, die ein Gebiet kontrollierten, das größtenteils aus Wüste besteht,

Die Stadt, die auf Chinesisch Jiaohe heißt, „Verbundene Flüsse", und auf einer Landzunge am Zusammenlauf zweier Flüsse liegt, war die Hauptstadt des nicht-chinesischen Staates Jushi (Turpan), an der einzig gangbaren Route zwischen den Weiden der Xiongnu nördlich des Tianshan-Gebirges und den Oasen des Tarim-Bassins im Süden. Sowohl Han als auch die Xiongnu unternahmen große Anstrengungen, um sie unter ihre Kontrolle zu bringen.

Großgrundbesitzer des 1. bis 3. Jahrhunderts n. Chr. ließen ihre Grabstätten mit Bildern vom Leben auf ihren Landgütern ausschmücken. Eine von Ochsen gezogene Maschine, wie sie hier in einer Wandmalerei zu sehen ist, war ein Zeichen von Reichtum.

GEGENÜBER OBEN: Die ländlichen Magnaten der Zeit der östlichen Han-Dynastie hatten das Bedürfnis, ihre befestigten Herrenhäuser von mehrstöckigen Türmen aus bewachen zu lassen. In ihren Grabstätten findet man häufig Keramikmodelle solcher Türme.

unter ihre direkte oder indirekte Herrschaft. Dennoch schafften es diese Staaten, ihre eigene Identität beizubehalten, auch wenn sie chinesische Elemente in ihre Kultur, die auch iranische und indische Einflüsse verzeichnete, mit aufnahmen. Ihre Herrscher zogen ihren eigenen Nutzen aus der Macht von Han und dessen Verbindungen und wurden nicht von China absorbiert. Am Ende besiegte man die Xiongnu, aber Han konnte die Kosten, das Land zu besetzen, nicht aufbringen. Der Kontakt mit China riss jedoch nicht ab, nachdem Han das Gebiet wieder verlassen hatte, und der Handel mit den westlichen Regionen sollte auf China großen Einfluss ausüben und vor allem die Einführung des Buddhismus bewirken.

Die Beziehungen zu den Qiang und anderen Völkern des östlichen Tibet-Qinghai-Plateaus waren nicht besser als die zu den Xiongnu, besonders zur Zeit der östlichen Han-Dynastie. Die Qiang schlugen die Chinesen und holten sich große Gebiete des Nordwestens zurück. Nach Nordosten erweiterte Han als Teil seiner groß angelegten Strategie, den Xiongnu Einhalt zu gebieten, seine Macht bis ins südliche Liaoning und ins nördliche Korea.

Die südliche Grenze bot fruchtbares Land und viel bessere Gelegenheiten zur Expansion. Das gebirgige Terrain südlich des Jangtses teilte die zahlreichen Völker, die in den Tälern und Hochebenen lebten. Die südlichen Völker kämpften verbissen, um ihre Länder zu schützen, wie sie es noch bis ins 19. Jahrhundert tun sollten, aber sie konnten die Existenz des Reiches nicht bedrohen.

Die Kolonisation des Südens war von der Qin-Dynastie begonnen worden, die bis nach Guangdong und im Südwesten bis zu den Ländern südlich von Sechuan Kommunikationsverbindungen eingerichtet hatte. Unter Han passierte einiges mehr. Kaiser Wudis Expansionskriege südlich des Jangtses führten zu einer bedeutsamen Vergrößerung Chinas. In manchen Gegenden wurden die dortigen Völker unterworfen, in die Berge abgedrängt oder, wenn sie sich widersetzten, getötet. Anderswo ließ man sie in Frieden. Einige Herrscher gaben sich den Anschein, sich Han unterzuordnen, behielten aber in Wirklichkeit ihre Unabhängigkeit. Noch in den südlichsten Provinzen des heutigen China wie auch in Teilen des nördlichen Vietnam gab es vereinzelt Regionen, die von Han kontrolliert wurden – sie waren aber nicht besonders groß. Fujian blieb beinahe unberührt. Manchmal wurden lokale Kulturen zerstört und ihre Völker entwurzelt, so zum Beispiel die von Yue, die gewaltsam in Gebiete nördlich des Jangtses abgedrängt wurden.

Als die Herrschaft der Han-Dynastie am Ende war, hatte sich das Zentrum der chinesischen Welt in Richtung Süden verlagert. Viele der nördlichen und westlichen Grenzgebiete hatte man an nicht-chinesische Völker verloren. Das zentralasiatische Reich in Xinjiang und darüber hinaus, das man zwischen ca. 110 v. Chr. und 150 n. Chr. immer wieder gewonnen und verloren hatte, war am Ende der Dynastie verschwunden. Im Süden hingegen sollte die Vergrößerung Chinas entlang den Flusstälern dauerhaft sein.

Gesellschaft und Wirtschaft

Die große Mehrheit der Bevölkerung lebte von der Landwirtschaft. Hauptnahrungsmittel im Norden waren verschiedene Arten von Hirse, die sich mit ihrem relativ niedrigen Wasserbedarf außerhalb der sommerlichen Regenzeit gut für den hier verbreiteten Trockenfeldbau eigneten. Im feuchteren Klima des Südens war Reis das Grundnahrungsmittel. Hirse und Reis hatte man in China bereits mindestens 7000 Jahre vor Qin und Han angebaut. Die, die es sich leisten konnten, aßen Weizen.

In den 300 Jahren vor der Han-Dynastie hatten Bauern ihr bis dahin größtenteils neolithisches Werkzeug (Holz, Schale, Stein und Knochen) gegen Werkzeuge aus Eisen eingetauscht und ihre landwirtschaftlichen Erträge so außerordentlich vergrößern können. Ohne diese landwirtschaftliche Revolution hätten all die Veränderungen in der chinesischen Welt, die vom 5. Jahrhundert v. Chr. bis zum Ende der Han-Dynastie stattfanden, wie das Wachstum von Bevölkerung, Staatsmacht, Warenproduktion, Handel, Städten und Armeen, nie stattgefunden. Die Entwicklungen in der Landwirtschaft gingen auch in der Han-Dynastie noch weiter. Obwohl es unmöglich ist, dies genau nachzuvollziehen, gibt es doch Anzeichen dafür, dass die Zahl ochsengezogener Pflüge, Sämaschinen und anderer von Tieren angetriebener Geräte während der Han-Dynastie stieg, auch wenn der größte Teil der Landwirtschaft wahrscheinlich immer noch auf Hacken, Sicheln und anderes Handwerkszeug angewiesen war. Gelegentliche Angaben weisen darauf hin, dass das Verhältnis Ertrag/Saatgut üblicherweise um 10:1 lag, ein viel höherer Ertrag, als ihn z. B. ein römischer Bauer erwarten konnte.

Die Bauern produzierten auch Hülsenfrüchte, die Hauptproteinquelle neben dem Getreide, und viele Arten von Obst und Gemüse. Fleisch war ein Luxus Weniger. Vor den barbarischen Invasionen, die der Han-Dynastie folgten, gehörten Milchprodukte nicht zum chinesischen Speiseplan. Während die Männer das Getreide anbauten, fütterten die Frauen Seidenraupen mit Maulbeerblättern, wickelten Seide von ihren Kokons ab und spannen sie zu Fäden. Sie verarbeiteten auch Hanf, die in China vor der Einführung von Baumwolle hauptsächlich für die Herstellung von Kleidung verwendete Pflanzenfaser, und webten Tuch aus Hanf und Seide. Während einige Bauernfamilien ihr eigenes Land bestellten, verdingten sich andere als Landarbeiter. Im Laufe der Han-Dynastie (und besonders der östlichen Han-Dynastie) gab es eine langanhaltende Tendenz, dass einige Familien zu lokalen Magnaten aufstiegen, die über eine große Anzahl Pächter, Leibeigener oder Sklaven verfügten, die von ihnen abhängig waren. Die bisherige Strategie, führende Clans zu entwurzeln und ins Einzugsgebiet der Hauptstadt oder an die Grenzen umzusiedeln, wurde aufgegeben. Grabstätten der östlichen Han-Dynastie zeigen, wie die herrschaftliche Wirtschaft funktionierte und wie einflussreiche Familien nach dem Tod auf ihren Landgütern weiterleben wollten. Wandgemälde und Basreliefs zeigen alle möglichen Arten der Landarbeit und Freizeitvergnügungen wie Festgelage, Musik und Jagd. Daneben finden sich Keramikmodelle von Getreidespeichern, Fischteichen, Maschinen zur Getreideverarbeitung und ummauerten Herrenhäusern, geschützt durch hohe pagodenartige Wachtürme, manche mit Bogenschützen als Wachposten darauf.

Immer mehr Menschen bebauten die Ebenen, die der Schlamm fruchtbar gemacht hatte, den der Gelbe Fluss und andere nordchinesische Flüsse über Millionen von Jahren aus den Bergen herunter mit sich geführt hatten. Wenn er sich selbst überlassen bleibt, steigt das Flussbett des Gelben Flusses Jahr für Jahr an, bis er seinen Verlauf ändert. Seit der Han-Zeit gab es wiederholte Anstrengungen, den Fluss einzudämmen, die seinen Wasserstand schließlich über das Niveau der Ebene anhoben und die unvermeidbaren Überschwemmungen noch schlimmer werden ließen – am verheerendsten im Jahre 11 n. Chr., als der Fluss seinen Verlauf zum Meer änderte. Außer dort, wo die Kommunikation unzureichend war, war die Landwirtschaft ein fester Bestandteil der unter Qin und Han immer weiter wachsenden Wirtschaft. Befestigte Städte waren in erster Linie Sitz der Staatsbeamten, aber sie waren zugleich auch wirtschaftliche Zentren und

Diese Wandmalerei in einer Grabstätte in der Nähe Luoyangs, der Hauptstadt der östlichen Han-Dynastie, zeigt Edelmänner, deren Hüte und lange Kleider ihre hohe sozialpolitische Stellung kennzeichnen. Dies war eine Zeit, als die Kunst der Konversation zu einem wichtigen Faktor wurde, um in der gebildeten Elite soziales Prestige zu erlangen.

Die innersten Särge der Frau und des jüngeren Mannes waren beide mit bemalten Seidenbannern bedeckt. Sie scheinen die Seele der Verstorbenen geleitet zu haben, wenn sie den schwierigen Aufstieg von der sterblichen Welt bis nach oben in den Himmel (hier dargestellt durch Vogel, Sonne und Halbmond) antraten. Dieses Banner stammt vom Sarg des Mannes.

Die Marquise von Mawangdui

Die ersten 60 Jahre ihrer Herrschaft hindurch ließ die Hauptregierung von Han einen Großteil des Ostens und Südens des Reiches von Vasallen beherrschen. Einige dieser Königreiche waren ebenso groß wie reich. Das Königreich Changsha erstreckte sich über den größten Teil vom heutigen südlichen Zentralchina. Hier herrschte der König wiederum mittels eigener Beamten und Vasallen, die von seinem Erbkanzler, dem Marquis von Dai, angeführt wurden. 1972–1974 wurden in Mawangdui im heutigen Changsha die Grabstätten des ersten Marquis, seiner Frau und eines Mannes von ungefähr 30 Jahren, wahrscheinlich ihres Sohns, geöffnet. Die Marquise war die letzte der drei, als sie im Alter von ungefähr 50 Jahren einige Zeit nach 186 v. Chr. begraben wurde. Luftversiegelt verpackt in fünf Schichten innerer und äußerer Särge, war ihr Körper so gut erhalten, dass das Fleisch noch elastisch war. Ihre Grabbeigaben, einschließlich des Essens, der Textilwaren und Lackschnitzereien, waren allesamt in erstaunlich gutem Zustand. Unter den Funden beim jüngeren Mann befanden sich lange verlorene philosophische Abhandlungen und frühe Texte des Laotse. All dies erzählt uns viel über das Leben und Denken der südlichen Aristokratie im 2. Jahrhundert v. Chr.

Bevor sie nach der Han-Zeit durch das feinere Porzellan ersetzt wurden, waren Lackschnitzereien das bevorzugte Material für das Ess- und Trinkgeschirr der Aristokratie. Zum Tafelgeschirr aus den Gräbern von Mawangdui gehören ein Teller und ein Wasserkrug, mit dem man die Finger der Tischgäste reinigte.

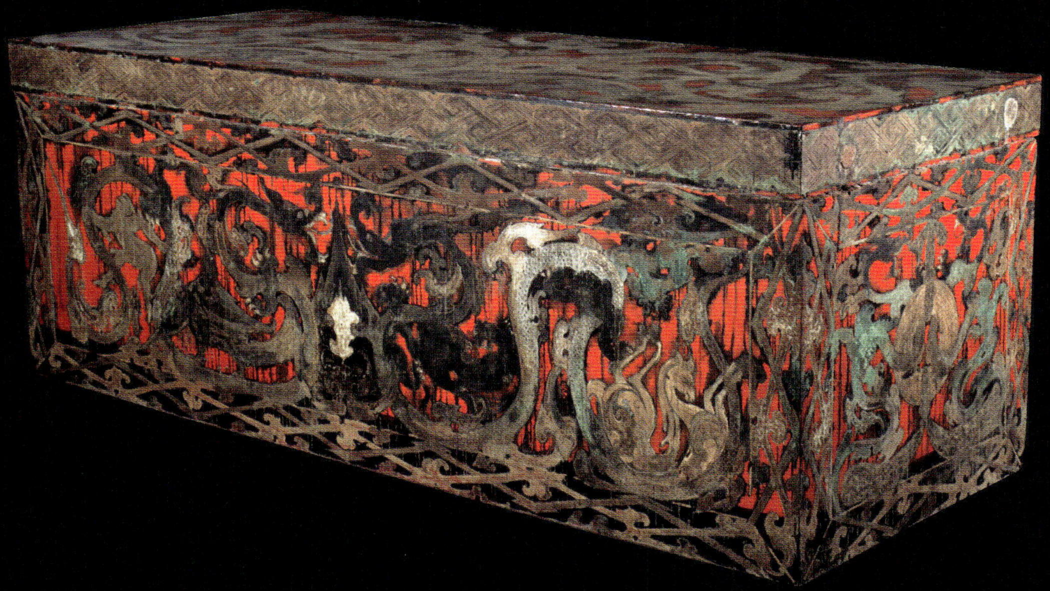

LINKS: Abgesehen von den massiven äußeren Särgen waren alle inneren Särge mit Lackschnitzereien versehen; die Arbeiten werden komplizierter, je näher man dem Körper kommt. Diese Tradition reichte mehrere Jahrhunderte nach Zentralchina zurück, wo man die Bäume anbaute, aus denen der Gummilack gewonnen wurde.

Dieser Abklatsch eines Basreliefs in einer Han-zeitlichen Grabstätte verbindet die Fantasiewelt, hier durch das mythische Biest Qilin (unten links) und darüber die Fenghuang-Vögel symbolisiert, mit dem Alltagsleben in einem Herrenhaus: Eine Frau arbeitet an einem Webstuhl, während sich andere Leute um Weinfässer kümmern oder Waren zum Markt bringen. Ein gut gefüllter Waffenständer deutet eine der Szene zugrundeliegende Unsicherheit an.

in Handelsnetze eingebunden, die Großhändlern und Produzenten in Friedenszeiten gute Geschäfte ermöglichten. Die größten Städte waren Chang'an (Xi'an), Hauptstadt der westlichen Han-Dynastie, und Luoyang, das als Hauptstadt der östlichen Han-Dynastie wiederaufgebaut wurde. Den größten Teil des Stadtgebiets von Chang'an und einen großen Teil von Luoyang nahmen riesige Palastkomplexe ein, dennoch florierte auch der Handel. Ein Traktat über die Vermehrung von Reichtum, um 100 v. Chr. von Sima Qian verfasst, feiert die Reichtümer, die erfolgreiche Geschäftsmänner und -frauen anhäuften und die ihnen einen aufwendigen Lebensstil ermöglichten, wobei er einen lockeren Umgang mit dem Eigeninteresse verteidigt. Obwohl sich der größte Teil des Handels vor Ort abspielte, gab es doch einige hochwertige Waren, die die Investition lohnten, sie auf weit entfernten Märkten anzubieten. Abgesehen von den Produzenten profitierten auch viele andere Menschen vom Handel, aber nicht alle waren zufrieden. Etwa 250 Jahre nach Sima Qian prangert der sauertöpfische Konfuzianer Wang Fu an, was er in Luoyang vorfindet: Horden von Parasiten, die Geld machen, indem sie von der ehrlichen Arbeit der Bauern leben. Er vertritt die allgemeine konfuzianische Ansicht von der Wirtschaft als Nullsummenspiel, wozu die Großhändler wenig beitrugen. Großhändler genossen einen geringeren sozialen Status als Beamte, Gelehrte und Grundbesitzer und besaßen keine legitime politische Stimme. Während der gesamten Qin- und Han-Zeit war ein hohes Amt für einen gehobenen sozialen Status notwendig; das galt selbst für die großen Magnaten auf dem Land.

Der Handel förderte viele technologische Entwicklungen, von Eisen und Stahl für Werkzeuge und Waffen bis hin zu Getreide verarbeitenden Maschinen und Webstühlen, die komplizierte Brokatstoffe weben konnten. Die Medizin machte ebenfalls große Fortschritte. Die feinen aus Lack geschnitzten Schalen, die man in Grabstätten aus der frühen Han-Dynastie findet, wurden in späterer Zeit durch Porzellan ersetzt.

Kultur und Werte unter Qin und Han

Zu den Misserfolgen des Ersten Kaisers der Qin-Dynastie gehörte sein Versuch, das allzu freie Gedankengut des 5. bis 3. Jahrhunderts v. Chr. zu unterdrücken. Die Verwaltungsordnung von Qin ging ihm nicht weit genug und so wurde der Bevölkerung (mit Ausnahme einiger weniger vom Staat kontrollierter Spezialisten) im Jahre 214 v. Chr. jeglicher Besitz von Büchern, außer praktischen Handbüchern und Gesetzeswerken, unter Strafe untersagt. Im darauffolgenden Jahr ließ er etwa 460 Gelehrte, die ihre Stimme gegen ihn erhoben hatten, lebendig begraben. Dennoch war das Qin-Regime in den wenigen ihm noch verbleibenden Jahren nicht im Stande, alle Ausgaben verbotener Büchern zu verbrennen oder alle zu töten, die sie auswendig gelernt hatten.

Im ersten Jahrhundert der Han-Dynastie wurden viele philosophische Schulen wiederbelebt, die vor Qin existiert hatten, und es gab lebhafte Konkurrenz zwischen ihnen. Soweit die schriftlichen Aufzeichnungen zurückreichen, waren Politik und Gesellschaftsordnung die Hauptsorgen der chinesischen Denker. Die Grundsätze der Qin-Herrschaft, namentlich der starke Staat, der das Volk durch unentrinnbare Gesetze kontrollierte und einen Großteil ihrer Arbeitskraft absorbierte (genannt „Legalismus"), beeinflussten weiterhin die Regierung. Während sie zunächst in etwas abgemilderter Form angewendet wurden, kehrte Kaiser Wudi zu massiven Steuererhebungen und Einberufungen zurück, um seine Kriege zu finanzieren, und die Minister sprachen sich voller Bewunderung offen für den Legalismus aus. Das Straf- und Verwaltungsrecht von Qin wurde mit minimalen Änderungen fortgesetzt, viele Han-Beamte machten Karriere in der Strafverfolgung. Zum Legalismus gehörte auch die Bürokratie, in der der Herrscher nach Lust und Laune über jeden Beamten verfügen konnte, der belohnt oder bestraft wurde, je nachdem, wie gut er seiner Arbeitsplatzbeschreibung entsprach; sie war ein fundamentaler Bestandteil der Han-Regierung.

Bei den ersten Herrschern der Han-Dynastie waren die minimalistische Regierungsform des mythischen Gelben Kaisers des Altertums und der neuere, wenn auch zwielichtige Laotse, in Mode. Die Ansicht, dass es das Beste für den Staat sei, wenn der Herrscher so wenig wie möglich eingriff, schien äußerst verlockend in einem Reich, das sich von Jahrzehnten zerstörerischer Kriege erholen musste. Einen anderen Ansatz in der Politik verfolgten die Mohisten, eine Sekte, die sich schon lange gegen die Extravaganzen der Herrscher ausgesprochen hatte. Man versuchte sie in der Han-Zeit wiederzubeleben, und ihre Anwesenheit ist für eine Hofkonferenz über Grenzpolitik im Jahre 81 v. Chr. bezeugt, doch wenig später verschwinden sie von der Bildfläche.

Während der Han-Dynastie unternahm man große Anstrengungen, Bücher aller Art aus der Zeit vor Qin wiederzufinden oder zu restaurieren. Abgesehen von einigen frühen Texten, die erst in den vergangenen Jahrzehnten von Archäologen wiederentdeckt worden sind, sind alle Bücher, die die Qin-Zeit überlebt haben, in der Han-Dynastie neu herausgegeben worden. Sima Qian, dessen universales Geschichtswerk seit mehr als 2000 Jahren großen Einfluss auf unser Bild der Zeit vor Qin, der Qin- und der frühen Han-Zeit hat, war ein großer Anthologe und ein hervorragender Schriftsteller. Im Jahre 99 v. Chr. wurde er strafkastriert und widmete sich fortan der Vollendung der großen Geschichte Chinas und der in China bekannten Welt vom Altertum bis zu seiner eigenen Zeit, ein von seinem Vater begonnenes Projekt. „Shiji" („Aufzeichnungen des Astronomen und Historikers" – das Amt, das er innehatte, verband diese beiden Funktionen) spiegelt wider, wie intellektuell lebendig die frühe Han-Zeit war. Sima Qian stellt viele verschiedene Meinungen dar und lässt die von ihm beschriebenen Personen so oft wie möglich ihre eigenen Worte verwenden. Dabei benutzt er eine Vielzahl von Formaten. Eine Folge von Kapiteln fasst amtliche Aufzeichnungen in annalistischer Form zusammen, einiges wird in monografischer Form abgehandelt, Referenzmaterial stellt er in Form von Tabellen zusammen, die man überspringen kann, wenn man die Informationen nicht benötigt. Der größte Teil des Buches besteht aus lebhaften Biografien historischer Figuren, von weisen Männern bis hin zu ausländischen Verbrechern. Überlebende Texte seiner Quellen zeigen, dass er sie ziemlich wahrheitsgemäß darstellt; einige seiner besten Geschichten muss er jedoch nach Hörensagen aufgeschrieben haben. Sima Qian ordnet sein Werk nicht einer bestimmten Ideologie unter. „Shiji" zeigt die Schriftkultur der Han-Dynastie auf ihrem Höhepunkt. Obwohl seine Form von späteren Historikern kopiert wurde, hat man seine Energie und die Meinungsvielfalt in seinem Werk nie wieder erreicht.

Die philosophische Schule, die unter der Han-Herrschaft die größten Triumphe feierte, ging in ihren Wurzeln auf Konfuzius (ca. 551–479 v. Chr.) zurück, einen Ru-Gelehrten. Die Schule von Ru verwendete Texte aus der vergangenen Zhou-Dynastie, um die Söhne der Aristokratie zu erziehen. Konfuzius war ein so charismatischer und überzeugender Lehrer und Interpret der Klassiker gewesen, dass seine Studenten und deren spätere Anhänger die Schule von Ru „konfuzianisierten". Wenige Ru-Gelehrte waren ihren Herrschern von Nutzen gewesen, die verzweifelt versuchten, in der mörderischen internationalen Konkurrenz des 4. und 3. Jahrhunderts v. Chr. ihre Staaten zu stärken. Die Qin-Dynastie hatte ihnen feindlich gegenübergestanden, und das lange bevor der Erste Kaiser von Qin herrschte, der sie schließlich sogar verfolgte. Nach der Qin-Dynastie wurde seine Feindschaft für die Konfuzianer zu einem Aktivposten, die sichtlich Freude

Dieses Paar winziger Bronzeleoparden mit vergoldeten Mustern und stechenden Augen aus Halbedelsteinen stammt aus den Grabbeigaben der Königin Dou Wan. In den Hügeln von Zhongshan lebten echte Leoparden.

UNTEN: Die Totenhülle der Königin Dou Wan bestand aus 2156 Jadeplaketten, die mit einer Goldschnur zusammengehalten wurden. Innerhalb der Hülle waren ihre Körperöffnungen mit Jadestöpseln abgedichtet, zudem war ihr Sarg mit Jadescheiben bedeckt. Die Totenhülle ihres Mannes war sogar noch aufwendiger. Jade (bzw. Nephrit) schätzte man in China aufgrund seiner Härte und seiner glänzenden, zerbrechlichen Schönheit schon lange und mehr als alle anderen Steine. Wu Hung behauptet, dass die Jadehüllen das Fleisch des sterblichen Körpers weniger erhalten, als ihn vielmehr durch einen unvergänglichen Körper ersetzen sollten, um Unsterblichkeit zu erlangen.

Die Jade-Königin

Die Han waren besessen von den Konzepten der Unsterblichkeit und des Respekts der Kinder gegenüber ihren Eltern, was dazu führte, dass ihre Gräber mit großzügigen und exquisiten Grabbeigaben gefüllt wurden. Grabstätten waren Statussymbole und visueller Ausdruck von Tugend und Reichtum. Der Erste Kaiser setzte den Trend, unterirdische Armeen in Gruben außerhalb der Grabstätte zu deponieren, ein Trend, der mehr als einhundert Jahre andauerte (obwohl viele nicht so weit gingen wie er und sich mit Miniaturfiguren zufrieden gaben – nicht einer lebensgroßen Terrakotta-Armee, wie er sie in Auftrag gab).

Im 1. Jahrhundert v. Chr. wurden die Feldgräber durch überirdische Steindenkmäler ersetzt, mit qualitätvollen Waren im Grab selbst. Grabstätten wurden so entworfen, dass sie aussahen, als könne man darin wohnen – mit aufgemalten Fenstern, Türen und Dachziegeln; dies spiegelte die zunehmend um sich greifende Überzeugung wider, der Tod sei bloß eine Erweiterung der irdischen Existenz.

Diese Öllampe aus vergoldeter Bronze in der Form einer knienden Dienerin ist ebenso praktisch wie elegant und stammt aus der Grabstätte der Königin Dou Wan. Die breite Basis verleiht Stabilität; an dem kleinen Griff konnte man den Schirm bewegen, so dass das Licht genau dorthin traf, wo man es benötigte; im breiten rechten Ärmel der Frau konnte man Ruß sammeln, und er verringerte zudem die Gefahr, dass die Flamme den Behang entzündete.

daran hatten, sich gegenüber der Qin-Herrschaft moralisch überlegen zu fühlen und sie zu tadeln.

Sobald das Reich von Han seine Herrschaft gefestigt hatte, gewannen die Konfuzianer noch mehr Oberwasser. Da die Han-Dynastie die praktischen Vorteile der legalistisch-bürokratischen Diktatur und Gesetze genoss, sah ein scharfsinniger Herrscher Vorteile darin, sie durch das konfuzianische Modell einer geordneten, auf Familienstrukturen aufbauenden Gesellschaft, in der jeder wusste, wo sein Platz war, abzudämpfen. Durch die Jahrhunderte der Han-Dynastie hindurch bedeutete Erziehung hauptsächlich, die Klassiker zu lesen, denn diese legten (in der Interpretation der Konfuzianer) den Menschen dar, wie sie sich verhalten sollten. Zukünftigen Beamten vermittelten sie Pflichtbewusstsein gegenüber ihren Vorgesetzten und ihren Untergebenen. Einen guten konfuzianischen Beamter trieben nicht allein die Hoffnung auf Belohnung und die Angst vor Strafe an; man erwartete genauso von ihm, dass er ein Gewissen hatte und das Richtige um dessen selbst willen tat. Ein Ehrenmann zu sein – das Ziel aller guten Konfuzianer –, war eine Sache des Verhaltens, nicht der edlen Abstammung. Als Parvenüs waren die frühen Kaiser der Han-Dynastie äußerst empfänglich für die Ratschläge der Konfuzianisten, wie sie sich in die große Tradition der chinesischen Könige einreihen konnten, die Tausende von Jahren zurückging – auch wenn sie in Wirklichkeit die Erben von Qin waren.

Kaiser Wudi, der vor allem als Legalist im Stil der Qin-Herrscher handelte, tat mehr als alle seine Vorgänger dafür, den Konfuzianismus zu fördern und in die Nähe einer Staatsideologie zu rücken. Viele seiner Beamten wurden gemäß ihrer Kenntnisse der Klassiker oder ihres vermeintlich konfuzianischen Verhaltens ausgewählt. Wang Mang rechtfertigte viele seiner Strategien, indem er sich auf konfuzianische Klassiker berief. Während der östlichen Han-Dynastie schließlich waren dem Staat die Klassiker so wichtig, dass er verbindliche Textfassungen in Stein meißeln und in Luoyang zeigen ließ, so dass es über die Richtigkeit einzelner Formulierungen keinen Disput mehr geben konnte, denn um den Text einiger Klassiker gab es heftige Auseinandersetzungen. Einige Gelehrte konnten ihre bevorzugten Textfassungen bis hin zu Versionen zurückverfolgen, die noch in der alten prä-Qin-Schrift verfasst waren. Andere bevorzugten Texte, die in der neuen Han-Schrift aus dem Gedächtnis niedergeschrieben worden waren. Alle Gruppen bezichtigten einander, die alten Texte für politische Zwecke zu manipulieren. Abseits solcher Probleme diente die konfuzianische Tradition im Großen und Ganzen dazu, einen gemäßigten Konservatismus zu vertreten, der die herrschende Gesellschaftsordnung aufrechterhielt und die Grundversorgung des Volkes sicherte. Zudem ermutigte er nicht gerade zu originärem Denken.

Die Hauptstadt Luoyang war auch Standort der kaiserlichen Universität der östlichen Han-Dynastie, Nachfolger der kleineren, von Wudi gegründeten Universität der westlichen Han-Dynastie. Dort unterrichteten Spezialisten für die einzelnen Klassiker Tausende von Studenten aus dem ganzen Reich, die eine klassische Ausbildung als Grundstein der Beamtenlaufbahn ansahen. In den erbitterten Kämpfen des 2. Jahrhunderts n. Chr., bei denen einige Karriere-Beamte sich gegen Mitglieder

Während der Jahrhunderte der Han-Dynastie wurde der Konfuzianismus zur vorherrschenden Kulturtradition. Dieser Abklatsch aus einem Wu-Familienschrein in Shandong aus dem 2. Jahrhundert n. Chr. zeigt Zilu, einen der wichtigsten Schüler des Konfuzius.

und Eunuchen des Kaiserhauses erhoben, unterstützten Studenten die konfuzianisch eingestellten Beamten und beteiligten sich an massiven Studentenprotesten, vielleicht den frühesten der Geschichte. Die enge Beziehung zwischen Staat, konfuzianischen Werten und Beamtentum, das sich in der Han-Dynastie herausbildete, sollte für den Rest der chinesischen Dynastie-Geschichte weitergehen.

Obwohl die konfuzianische Tradition bestimmte Rituale verlangte, die die soziale und natürliche Ordnung symbolisieren, darunter Opfer für den Himmel und die Vorfahren, war der Konfuzianismus keine theistische Religion; er beinhaltete auch keine persönliche Beziehung zu einer Gottheit. Und doch gab es klar definierte Glaubenssysteme in der Han-Zeit, die die Hilfe von Gottheiten zur Sicherung der Transzendenz anboten, wie aus den Dekorationen und dem Mobiliar der Grabstätten aus der Han-Dynastie ersichtlich ist, in denen sich diese Gottheiten um den Verstorbenen kümmern. Ein Kult war der der Unsterblichkeit verleihenden Königinmutter des Westens. Zu Beginn des Jahres 3 v. Chr. gab es großen Aufruhr in ganz China, als ihre Anhänger sich auf ihre Ankunft vorbereiteten – sie wurden enttäuscht. Eine Gruppe, die sich bemühte, magische Kräfte zu erlangen, die einen schließlich unsterblich machen sollten, war der Daoismus. Die daoistische Suche nach Unsterblichkeit schloss körperliche Übungen für richtiges Atmen mit ein – eine auf Seide gemalte Übersicht mit Übungen wurde in einer Grabstätte des 2. Jahrhunderts v. Chr. gefunden – und sexuelle Techniken, die die Lebenskraft im Körper aufbauen sollten. Aber war das Ganze nun eine Religion? Ein zweifellos religiöser Kult, der während der östlichen Han-Dynastie tödlich geschwächt wurde, war der Weg des Großen Friedens, der seinen Anhängern Vergebung der Sünden, soziale Unterstützung und das Versprechen einer neuen Welt für die Geretteten bot. Diese hochorganisierte Sekte bereitete im Jahr 184 n. Chr. koordinierte Aufstände im gesamten östlichen China vor. Die Rebellen wurden „gelbe Turbane" genannt, weil die Tücher um ihre Häupter die Farbe des neuen Himmels hatten, der die irdische Welt ablösen sollte. Die Armeen von Han konnten sie nicht besiegen; statt ihrer taten dies jeweils ortsansässige Magnaten mit ihren Privatarmeen, die danach jedoch um die Vorherrschaft im Reich weiterkämpften. Von da an bis zum formellen Ende der Dynastie im Jahre 220 n. Chr. waren die Kaiser von Han nur noch Marionetten von Warlords.

Der Buddhismus erreichte China vor dem 1. Jahrhundert n. Chr. Dies geschah wahrscheinlich infolge des Kontakts mit Zentral-, West- und Südasien nach dem Eingreifen von Han in Xinjiang. Die wenigen Erwähnungen davon in Berichten aus der östlichen Han-Dynastie deuten darauf hin, dass er zunächst ein privater und wenig verbreiteter Kult war. Erst durch die Unordnung, die auf den Fall von Han folgte, änderte sich die geistige Landschaft Chinas. Unter Qin und Han gab es zwei wichtige Veränderungen, die die Schriftkultur betrafen, die sie übernommen hatten: die Einführung einer einheitlichen Schrift und die Erfindung des Papiers. Da ein großes Reich nur mittels schriftlicher Dokumente verwaltet werden konnte, war es notwendig, dass alle Schriftstücke in derselben Schrift verfasst waren. Die Qin-Dynastie verfügte, dass ihre eigene chinesische Schrift die vielen unterschiedlichen Schriften der vormaligen Einzelstaaten ersetzte. Die Standardschrift von Han war der modernen chinesischen Schrift viel ähnlicher. Sobald während der östlichen Han-Dynastie die Technik perfektioniert worden war, einen Brei aus Gemüsefasern in Blätter eines leichten, flexiblen Schreibmaterials zu verwandeln, erwies sich Papier als viel günstiger als die vorher verwendeten Bündel von Holz- oder Bambus-Streifen. Papier machte den physischen Prozess des Schreibens schneller und einfacher. Die Freiheit, die der Pinsel auf dem Papier genoss, ermöglichte erst die höchste visuelle Kunstform Chinas: die Kalligrafie. Mit dem Ende der östlichen Han-Dynastie war China zu einer Papierkultur geworden.

Grabstätten der östlichen Han-Dynastie in Sechuan sind häufig mit Ziegeln ummauert, die Alltagsszenen aus den Landgütern zeigen. Auf diesem aus Dejang sieht man die Arbeit auf Reisfeldern, die von niedrigen Erdwällen eingefasst sind, um das Wasser darin zu halten, und neben ihnen Maulbeerbäume.

Weiterführende Literatur

Ägypten – das Neue Reich

Baines, J. E. und J. Malek, Cultural Atlas of Ancient Egypt (Oxford 2004).

Decker, W., Pharao und Sport (Mainz 2006).

Dodson, A. M. und D. Hilton, The Complete Royal Families (London 2004).

Gardiner, A. H., The Kadesh Inscriptions of Ramesses II (Oxford 1960).

Grimal, N., A History of Ancient Egypt (Oxford 1992).

Häsel, M., Domination and Resistance. Egyptian Military Activity in the Southern Levant, c. 1300–1185 BC (Leiden 1998).

Höveler-Müller, M., Am Anfang war Ägypten. Die Geschichte der pharaonischen Hochkultur von der Frühzeit bis zum Ende des Neuen Reiches ca. 4000–1070 v. Chr. (Mainz 2005).

Kemp, B. J., Ancient Egypt. Anatomy of a Civilisation (London 1989).

Kitchen, K. A., Pharaoh Triumphant. The Life and Times of Ramesses II, King of Egypt (3. Aufl., Warminster 1985).

Kozloff, A. und B. M. Bryan, Egypt's Dazzling Sun. Amenhotep III and His World (Cleveland 1992).

Leahy, M. A., Libya and Egypt, c. 1300–750 BC (London 1990).

Manley, W. P., The Penguin Historical Atlas of Ancient Egypt (London 1996).

Manley, W. P., Seventy Great Mysteries of Ancient Egypt (London 2003; dt.: Die siebzig großen Geheimnisse des alten Ägyptens, München 2003).

Moran, W. L., The Amarna Letters (Baltimore and London 1992).

Morkot, R. G. The Black Pharaohs. Egypt's Nubian Rulers (London 2000).

Murnane, W., The Road to Kadesh. A Historial Interpretation of the Battle Reliefs of King Sety I at Karnak (durchges. Aufl., Chicago 1990).

Mysliwiec, K., The Twilight of Ancient Egypt (New York 2000).

O'Connor, D., Ancient Nubia. Egypt's Rival in Africa (Philadelphia 1993).

Redford, D. B., Egypt, Canaan and Israel in Ancient Times (Princeton 1992).

Reeves, N., Akhenaten. Egypt's false prophet (Neuaufl., London 2005; dt.: Echnaton. Ägyptens falscher Prophet, Mainz 2002).

Reeves, N., The Complete Tutankhamun (durchges. Aufl., London 2006).

Romer, J., Ancient Lives. The Story of the Pharaohs' Tombmakers (London 1984/2003).

Sandars, N., The Sea Peoples. Warriors of the Eastern Mediterranean (durchges. Aufl., London 1985).

Shaw, I. M. E., The Oxford History of Ancient Egypt (Oxford 2000).

Wilkinson, R. H., The Complete Temples of Ancient Egypt (London 2000; dt.: Die Welt der Tempel im alten Ägypten, Stuttgart 2005).

Wilkinson, T., Lives of the ancient Egyptians (London 2007; dt.: Who is who im alten Ägypten, Mainz 2008).

Das Hethitische Reich

Akurgal, E., The Art of the Hittites (London 1962).

Beal, R. H., The Organisation of the Hittite Military (Heidelberg 1992).

Beckman, G. M., Hittite Diplomatic Texts (2. Aufl., Atlanta 1999).

Beckman, G. M., Beal, R. und G. McMahon (Hrsg.), Hittites Studies in Honor of Harry A Hoffner Jr (Winona Lake 2003).

Bryce, T. R., Life and Society in the Hittite World (Oxford 2002).

Bryce, T. R., Letters of the Great Kings of the Ancient Near East (London & New York 2003).

Bryce, T. R., The Kingdom of the Hittites (Neuaufl., Oxford 2005).

Chavalas, M. W. (Hrsg.), The Ancient Near East (Oxford 2006).

Freu, J. und M. Mayozer, Des origines à la fin de l'ancien royaume hittite. Les Hittites et leur histoire (Paris 2007).

Gurney, O. R., „The Hittite Empire", in: M. T. Larsen (Hrsg.), Power and Propaganda (Kopenhagen 1979), S. 151–65.

Gurney, O. R., The Hittites (durchges. Aufl., London 1990; dt.: Die Hethiter, Dresden 1969).

Hoffner, H. A., The Laws of the Hittites. A Critical Edition (Leiden & New York 1997).

Hoffner, H. A. und G. M. Beckman (Hrsg.), Kaniššuwar. A Tribute to Hans Güterbock on his Seventy-Fifth Birthday (Chicago 1986).

Kitchen, K. A., Pharaoh Triumphant. The Life and Times of Ramesses II (Warminster 1982).

Klengel, H., Geschichte des Hethitischen Reiches (Leiden 1999).

Klengel, H., Hattuschili und Ramses. Hethiter und Ägypter – ihr langer Weg zum Frieden (Mainz 2002).

Klock-Fontanille, I., Les Hittites (Paris 1998).

Koch, H., Königreiche im alten Vorderen Orient (Mainz 2006).

Macqueen, J. G., The Hittites and their Contemporaries in Asia Minor (London 1986).

Macqueen, J. G., „The History of Anatolia and of the Hittite Empire. An Overview", in: J. M. Sasson (Hrsg.), Civilizations of the Ancient Near East (Bd. 2, New York 1995), S. 1085–1105.

Roux, G. und J. Renger, Irak in der Antike (Mainz 2005).

Singer, I., „New Evidence on the End of the Hittite Empire", in: E. D. Oren (Hrsg.), The Sea Peoples and their World. A Reassessment (Philadelphia 2000), S. 21–33.

Van den Hout, T., „Khattushili III, King of the Hittites", in: J. M. Sasson (Hrsg.), Civilizations of the Ancient Near East (Bd. 2, New York 1995), S. 1107–20.

Yener, K. A. und H. A. Hoffner (Hrsg.), Recent Developments in Hittite Archaeology and History, Papers in Memory of Hans G. Güterbock (Winona Lake 2002).

Die Reiche von Assyrien und Babylonien

Bahrani, Z., Rituals of War. The Body and Violence in Mesopotamia (Cambridge, MA 2008).

Boardman, J. (Hrsg.), The Assyrian and Babylonian empires and other States of the Near East, from the Eighth to the Sixth Centuries BC (Cambridge Ancient History, 2. Aufl., Bd. 3, Teil 2) (Cambridge & New York 1991).

Curtis, J. E. und J. E. Reade (Hrsg.), Art and Empire. Treasures from Assyria in the British Museum (New York 1995).

Joannès, F., The Age of Empires. Mesopotamia in the First Millennium (Edinburgh 2004).

Kuhrt, A., The Ancient Near East (Bd. 2, London & New York 2005).

Larsen, M. T. (Hrsg.), Power and Propaganda (Copenhagen 1979).

Nunn, A., Alltag im alten Orient (Mainz 2006).

Oates, J. und D. Nimrud. An Assyrian Imperial City Revealed (London 2001).

Parpola, S. und R. M. Whiting (Hrsg.), Assyria 1995 (Helsinki 1997).

Porter, B. N. Images, Power, and Politics. Figurative Aspects of Esarhaddon's Babylonian Policy (Philadelphia 1993).

Reade, J. Assyrian Sculpture (Cambridge, MA 1999).

Saggs, H. W. F., The Might that was Assyria (London 1984).

Van De Mieroop, M. A History of the Ancient Near East, ca. 3000–323 BC (2. Aufl., Oxford 2007).

Wiseman, D. J., Nebuchadnezzar and Babylon (Oxford & New York 1985).

Das Erste Persische Reich

Allen, L., The Persian Empire (London 2005).

Boardman, J., Persia and the West. An Archaeological Investigation of the Genesis of Achaemenid Persian Art (London 2000; dt.: Die Perser und der Westen. Eine archäologische Untersuchung zur Entwicklung der Achämenidischen Kunst, Mainz 2003).

Briant, P., From Cyrus to Alexander. A History of the Persian Empire (Winona Lake 2002).

Brosius, P., The Persian Empire from Cyrus II to Artaxerxes I (Lactor 16, Cambridge 2000).

Cawkwell, G., The Greek Wars. The Failure of Persia (Oxford 2005).

Cook, J. M., The Persian Empire (London 1983).

Curtis, J. und N. Tallis (Hrsg.), Forgotten Empire. The World of Ancient Persia (London 2005).

Dandamanev, M. A., A political history of the Achaemenid Empire (Leiden 1989).

Dandamanev, M. A. und V. G. Lukonin, The culture and social institutions of ancient Iran (Cambridge 1989).

Drews, R., The Greek Accounts of Eastern History (Cambridge, MA 1973).

Dusinberre, E. R. M., Aspects of Empire in Achaemenid Sardis (Cambridge 2003).

Farrokh, K., Shadows in the Desert. Ancient Persia at War (Oxford 2007).

Fried, L. S., The Priest and the Great King. Temple-Palace Relations in the Persian Empire (Winona Lake 2004).

Frye, R. N., The Heritage of Persia (London 1962).

Gershevitch, I., The Cambridge History of Iran, Vol. 2: The Median and Achaemenian Periods (Cambridge 1985).

Hall, E., Inventing the Barbarian. Greek Self-Definition through Tragedy (Oxford 1989).

Harper, P. O., Aruz, J. und F. Tallon (Hrsg.), The Royal City of Susa. Ancient Near Eastern Treasures in the Louvre (New York 1992).

Harrison, T., Greeks and Barbarians (Edinburgh 2002).

Koch, H., Es kündet Dareios der König ... Vom Leben im persischen Großreich (2. Aufl., Mainz 1996).

Koch, H., Frauen und Schlangen. Geheimnisvolle Kultur der Elamer in Alt-Iran (Mainz 2007).

Kuhrt, A., The Persian Empire. A Corpus of Sources from the Achaemenid Period (2 Bd., London 2007).

Mackey, S., The Iranians. Persia, Islam and the Soul of a Nation (New York 1996).

Malkin, I., Ancient Perceptions of Greek Ethnicity (Cambridge, MA 2001).

Matheson, S. A., Persia. An Archaeological Guide (London 1972).

Miller, M., Athens and Persia in the Fifth Century BC. A study in cultural reciprocity (Cambridge 1997).

Olmstead, A. T., History of the Persian Empire (Chicago 1948).

Roisman, J., Brill's Companion to Alexander the Great (Leiden 2003).

Root, M. C., The King and Kingship in Achaemenid Art. Essays on the Creation of an Iconography of Empire (Leiden 1979).

Sancisi-Weerdenburg, H., „The Fifth Oriental Monarchy and Hellenocentrism", in: H. Sancisi-Weerdenburg and A. Kuhrt (Hrsg.), Achaemenid History, Vol. II: The Greek Sources (Leiden 1987), S. 117–31.

Tuplin, C. (Hrsg.), Persian Responses. Political and Cultural Interaction with(in) the Achaemenid Empire (Swansea 2007).

Wiesehöfer, J., Ancient Persian from 550 BC to 650 AD (London & New York 1996; dt.: Das antike Persien, Düsseldorf 2005).

Wilber, D. N., Persepolis. The archaeology of Parsa, seat of the Persian Kings (Princeton 1969).

Der Attische Seebund

Boedeker, D. und K. A. Raaflaub (Hrsg.), Democracy, Empire and the Arts in Fifth-Century Athens (Cambridge, MA 1998).

Camp II, J. McK. und C. A. Mauzy (Hrsg.), Die Agora von Athen. Neue Perspektiven für eine archäologische Stätte (dt. und engl., Mainz 2009).

Cargill, J., The Second Athenian League (Berkeley & Los Angeles 1981).

Finley, M. I., „The fifth-century Athenian empire. A balance sheet", in: P. D. A. Garnsey und C. R. Whittaker (Hrsg.), Imperialism in the Ancient World (Cambridge 1978).

Hornblower, S., The Greek World, 479–323 BC (3. Aufl., London 2002).

Hurwit, J. M., The Athenian Acropolis. History, Mythology and Archaeology from the Neolithic Era to the Present (Cambridge 1998).

Kagan, D., The Peloponnesian War (New York 2003).

Low, P., Interstate Relations in Classical Greece (Cambridge 2007).

Meiggs, R., The Athenian Empire (Oxford 1972).

Neils, J., The Parthenon. From Antiquity to the Present (Cambridge 2005).

Parker, R., Athenian Religion. A History (Oxford 1996).

Samons, L. J., Empire of the Owl. Athenian Imperial Finance (Stuttgart 2000).

Die Reiche Alexanders und seiner Nachfolger

Bengtson, H., Die hellenistische Weltkultur (Stuttgart 1988).

Bowman, A. K., Egypt after the Pharaohs. 332 BC–AD 642. From Alexander to the Arab Conquest (2. Aufl., Berkeley 1996).

Cartledge, P., Alexander the Great. The Hunt for a New Past (Woodstock 2004).

Chamoux, F., La civilisation hellénistique (Paris 1981).

Droysen, J. G., Geschichte Alexanders des Großen (Geschichte des Hellenismus, Bd. 1) (Darmstadt 1998).
Droysen, J. G., Geschichte der Diadochen (Geschichte des Hellenismus, Bd. 2) (Darmstadt 1998).
Droysen, J. G., Geschichte der Epigonen, Geschichte des Hellenismus, Bd. 3) (Darmstadt 1998).
Erskine, A. (Hrsg.), A Companion to the Hellenistic World (Malden, MA 2003).
Gehrke, H-J., Geschichte des Hellenismus (2. Aufl., München 1995).
Grimm, G., Alexandria. Die erste Königsstadt der hellenistischen Welt (Mainz 1998).
Gruen. E. S., The Hellenistic world and the coming of Rome (Berkeley 1984).
Huss, W., Ägypten in hellenistischer Zeit. 332–30 v. Chr (München 2001).
Pfrommer, M., Alexander. Auf den Spuren eines Mythos (2. Aufl., Mainz 2009).
Pfrommer, M., Alexandria. Im Schatten der Pyramiden (Mainz 1999).
Préaux, C., Le monde hellénistique. La Grèce et l'Orient de la mort d'Alexandre à la conquête romaine de la Grèce (323–146 av. J.-C.) (Paris 1978).
Sherwin-White, S. M. und A. Kuhrt, From Samarkhand to Sardis. A new approach to the Seleucid empire (London 1993).
Walbank, F. W., The Hellenistic World (3. Aufl., London 1992; dt.: Die hellenistische Welt, München 2002).
Weber, G. (Hrsg.), Kulturgeschichte des Hellenismus. Von Alexander dem Großen bis Kleopatra (Stuttgart 2007).

Die Reiche der Parther und Sasaniden

Butcher, K., Roman Syria and the Near East (London 2003).
Colledge, M., The Parthians (London 1967).
Colledge, M., Parthian Art (London 1977).
Curtis, J. E. (Hrsg.), Mesopotamia and Iran in the Parthian and Sassanian Periods (London 2000).
Dabrowa, E. (Hrsg.), Ancient Iran and the Mediterranean World. Proceedings of an International Conference in Honour of Professor Józef Wolski (Krakau 1998).
Dignas, B. und E. Winter, Rome and Persia in Late Antiquity. Neighbours and Rivals (Cambridge 2007).
Dirven, L., „The Palmyrenes of Dura-Europos. A Study of Religious Interaction in Roman Syria", in: M. H. Dodgeon und S. N. C. Lieu (Hrsg.), The Roman Eastern Frontier and the Persian Wars (AD 226–363) (Leiden 1991).
Edwell, P., Between Rome and Persia. The Middle Euphrates, Mesopotamia and Palmyra Under Roman Control (London 2007).
Errington, E. und V. S. Curtis, From Persepolis to the Punjab. Exploring Ancient Iran (London 2007).
Hopkins, C., The Discovery of Dura-Europos, hrsg. v. B. Goldman (New Haven & London 1979).
Isaac, B., The Limits of Empire. The Roman Army in the East (durchges. Aufl., Oxford 1992).
Kennedy, D. und D. Riley, Rome's Desert Frontier from the Air (London 1990).
Lepper, F. A., Trajan's Parthian War (London 1948).
Lerouge, C., L'image des Parthes dans le monde gréco-romain. Du début du 1er siècle av. J.-C. jusqu'à la fin du Haut-Empire romain (Stuttgart 2007).
Millar, F., The Roman Near East, 31 BC–AD 337 (Cambridge, MA 1993).
Sarkhosh Curtis, V. und S. Stewart (Hrsg.), The Age of the Parthians (London 2007).
Sartre, M., The Middle East under Rome (Cambridge, MA 2005).
Wiesehöfer, J. (Hrsg.), Das Partherreich und seine Zeugnisse (Stuttgart 1998).
Wiesehöfer, J., Das frühe Persien. Geschichte eines antiken Weltreichs (3., durchges. Aufl., München 2006).
Wolski, J., L'empire des Arsacides (Lovanni 1993).
Yarshater, E. (Hrsg.), The Cambridge History of Iran. The Seleucid, Parthian and Sasanid Periods III.1–2 (Cambridge 1983).

Das römische Kaiserreich

Bechert, T., Die Provinzen des Römischen Reiches. Einführung und Überblick (Mainz 1998).
Birley, A., Hadrian. The restless emperor (London 1997; dt.: Hadrian. Der rastlose Kaiser, Mainz 2006).
Cameron, A., The Later Roman Empire, AD 284–430 (Cambridge, MA 1993).
Eck, W., Augustus und seine Zeit (4., durchges. Aufl., München ,2006).
Goodman, M., The Roman World, 44 BC–AD 180 (London 1997).
Grenzen des römischen Imperiums (Mainz 2006).
Gruen, E. S., The Hellenistic World and the Coming of Rome (Berkeley 1984).
Harris, W. V., War and Imperialism in Republican Rome. 327–70 BC (Oxford 1979).
Heather, P. J., The Fall of the Roman Empire. A New History (London 2006).
Jones, A. H. M., The Greek City from Alexander to Justinian (Oxford 1940).
Kloft, H., Die Wirtschaft des Imperium Romanum (Mainz 2006).
Matyszak, P. und J. Berry, Lives of the Romans (London 2008; dt.: Who is who im alten Rom, Mainz 2009).
Millar, F., The emperor in the Roman world (31 BC–AD 337) (New York 1977).
Millar, F., The Roman Near East. 31 BC–AD 337 (Cambridge, MA 1993).
Nünnerich-Asmus, A. (Hrsg.), Traian. Ein Kaiser der Superlative am Beginn einer Umbruchzeit? (Mainz 2002).
Potter, D. S., The Roman Empire at Bay, AD 180–395 (London 2004).
Schmidt-Colinet, A., Palmyra. Kulturbegegnung im Grenzbereich (2. Aufl., Mainz 2009).
Scott, S. und J. Webster (Hrsg.), Roman imperialism and provincial art (Cambridge 2003).
Sherwin-White, A. N., The Roman Citizenship (2. Aufl., Oxford 1973).
Sommer, M., Römische Geschichte II. Rom und sein Imperium in der Kaiserzeit (Stuttgart 2009).
Treggiari, S., Roman social history (London 2002).
Ward-Perkins, J. B., The fall of Rome and the end of civilization (Oxford 2005; dt.: Der Untergang des Römischen Reiches und das Ende der Zivilisation, Stuttgart 2007).
Wells, C. M., The Roman Empire (2. Aufl., London 1992; dt.: Das Römische Reich, München 1994).
Woolf, G., Becoming Roman. The origins of provincial civilization in Gaul (Cambridge 1998).

Die frühen Reiche in Südasien

Agrawal, D. P., The Archaeology of India (London 1982).
Allchin, F. R. (Hrsg.), The Archaeology of Early Historic South Asia. The emergence of cities and states (Cambridge 1995).

Coningham, R. A. E., „The archaeology of Buddhism“, in: T. Insoll (Hrsg.), Archaeology and World Religion (London 2001), S. 61–95.
Coningham, R. A. E., „South Asia. From early villages to Buddhism“, in: C. Scarre (Hrsg.), The Human Past (London 2006), S. 518–551.
Coningham, R. A. E. und I. Ali (Hrsg.), Charsadda. The British-Pakistani Excavations at the Bala Hisar (Oxford 2007).
Coningham, R. A. E., P. Gunawardhana, M. J. Manuel, G. Adikari, M. Katugampola, R. L. Young, A. Schmidt, K. Krishnan, I. Simpson, G. McDonnell and C. Batt, „The state of theocracy. Defining an early medieval hinterland in Sri Lanka“, Antiquity 81, S. 1–21.
Coninngham, R. A. E und M. J. Manuel, „Warfare in Ancient South Asia“, in: P. de Souza (Hrsg.), The Ancient World at War (London 2008), S. 229–242.
Dani, A. H. und V. M. Masson (Hrsg.), History of Civilisations of Central Asia, Vol. 1: The dawn of civilisation. Earliest times to 700 BC (Paris 1992).
Harmatta, J., B. N. Puri und G. F. Etemadi, History of Civilisations of Central Asia, Vol. 2: The development of sedentary and nomadic civilisations. 700 BC to 250 AD (Paris 1994).
Kulke, H. und D. Rothermund, Geschichte Indiens (Stuttgart 1982).
Kunst- und Ausstellungshalle der BRD, Bonn (Hrsg.), Gandhara. Das buddhistische Erbe Pakistans. Legenden, Klöster und Paradiese (Mainz 2008).
Marshall, J. H., Taxila. An illustrated account of archaeological excavations (Cambridge 1951).
Morrison, K. D., „Trade, urbanism and agricultural expansion. Buddhist monastic institutions and the state in the Early Historic Western Deccan“, World Archaeology 27, S. 203–221.
Rangarajan, L. N. (Übers.), Kautilya, The Arthasastra (Neu Delhi 1992).
Raychaudri, H., Political History of Ancient India (Calcutta 1972).
Rosenheim, B., Die Welt des Buddha. Frühe Stätten Buddhistischer Kunst in Indien (Mainz 2006).
Seneviratne, S., „The Mauryan state“, in: H. J. M. Claessen und P. Skalnik (Hrsg.), The Early State (Den Haag 1978).
Thapar, R., Asoka and the Decline of the Mauryas (New Delhi 1963).
Trautmann, T. R., Kautilya and the Arthasastra. A statistical investigation of the authorship and evolution of the text (Leiden 1971).
Wheeler, R. E. M., Charsada. A Metropolis of the North-West Frontier, being a report on the excavations of 1958 (London 1962).

Die frühen Reiche in China

Balazs, E., „Political philosophy and social crisis at the end of the Han dynasty“, in: Arthur F. Wright (Hrsg.), Chinese civilization and bureaucracy. Variations on a theme (Übers. H. M. Wright) (New Haven 1964).
Bodde, D., China's first unifier. A study of the Ch'in dynasty as seen in the life of Li Ssu (Leiden 1938, Reprint Hong Kong 1967).
de Bary, W. T. und I. Bloom (Hrsg.), Sources of Chinese tradition (2. Aufl., Bd. 1, New York 1999), S. 225–374.
de Crespigny, R., Northern frontier. The policies and strategy of the Later Han empire (Canberra 1984).
Di Cosmo, N., Ancient China and its enemies. The rise of nomadic power in East Asian history (Cambridge & New York 2002).
Hulsewé, A. F. P., Remnants of Ch'in law. An annotated translation of the Ch'in legal and administrative rules of the 3rd century B.C., discovered in Yün-meng Prefecture, Hu-pei Province, in 1975 (Leiden 1985).
Hulsewé, A. F. P. (mit einer Einführung von M. A. N. Loewe), China in central Asia. The early stage, 125 BC–AD 23. An annotated translation of chapters 61 and 96 of the History of the Former Han dynasty (Leiden 1979).
Kunst- und Ausstellungshalle der BRD, Bonn (Hrsg.), Xi'an. Kaiserliche Macht im Jenseits. Grabfunde und Tempelschätze aus Chinas alter Hauptstadt (Mainz 2006).
Kunst- und Ausstellungshalle der BRD, Bonn (Hrsg.), Xi'an. Unter der gelben Erde (Mainz 2007).
Lewis, M. E., The Early Chinese Empires. Qin and Han (Cambridge, MA 2007).
Loewe, M., A biographical dictionary of the Qin, Former Han and Xin periods (221 BC–AD 24) (Leiden 2000).
Loewe, M., Crisis and conflict in Han China, 104 BC to AD 9 (London 1974, Neuaufl. 2005).
Loewe, M., Everyday life in early imperial China during the Han period, 202 BC–AD 220 (London & New York 1968).
Loewe, M., Records of Han administration (Cambridge 1967).
Portal, J. (Hrsg.), The First Emperor. China's terracotta army (London 2007).
Twitchett, D. und M. Loewe (Hrsg.), The Cambridge history of China, Vol. 1: The Ch'in and Han empires, 221 BC–AD 220 (Cambridge 1986).
Wang Zhongshu, Han civilization, trans. by Chang Kwang-chih and others (New Haven & London 1982).
Watson, B. (Übers.), Records of the Grand Historian. Qin dynasty by Sima Qian (Hong Kong & New York 1993).
Watson, B. (Übers.), Records of the Grand Historian. Han dynasty by Sima Qian, 2 Bd. (Hong Kong & New York 1993).
Yang Hsienyi und G. Yang (Übers.), Selections from Records of the Historian by Szuma Ch'ien (Peking 1979).

Über die Autoren

Thomas Harrison ist Professor für Alte Geschichte und Klassische Archäologie und Leiter des Fachbereichs Archäologie, Altertumswissenschaft und Ägyptologie der University of Liverpool. Zu seinen Veröffentlichungen zählen *Divinity and History. The Religion of Herodotus* (2000), *The Emptiness of Asia: Aeschylus'* Persians *and the History of the Fifth Century* (2000) und als Herausgeber *Greeks and Barbarians* (2002) und *The Edinburgh Companion to Ancient Greece and Rome* (2006) (mit Ed Bispham und Brian A. Sparkes).

Alastair Blanshard ist Senior Lecturer im Fachbereich Altertumswissenschaft und Alte Geschichte an der University of Sydney und Autor von *Herkules. Aus dem Leben eines Helden* (dt. 2006) u. a. Neben dem Mythos beschäftigt er sich mit attischer Gesetzgebung, Epigraphie, Sexualität im alten Griechenland und Antikerezeption. Im Moment arbeitet er an einem Projekt über das Nachleben griechisch-römischer Erotika in der westlichen Kultur.

Trevor Bryce ist Historiker mit Spezialgebiet Naher Osten und hat zahlreiche Schriften im Feld der Altertums- und Nahost-Wissenschaften veröffentlicht. Er ist Honorary Research Consultant der University of Queensland, Australien, und wurde mit der Australian Centenary Medal for Service to Australian Society and the Humanities im Feld Geschichte ausgezeichnet. Zu seinen Veröffentlichungen zählen *The Kingdom of the Hittites* (2005) und *The Trojans and their Neighbours* (2006).

Robin Coningham ist Pro-Vice-Chancellor und Professor für Archäologie des frühen Mittelalters an der Durham University. Er war Leiter zahlreicher Ausgrabungen in Südasien, u. a. in Anuradhapura/Sri Lanka und dem Bala Hisar von Charsadda/Pakistan, und hat sieben UNESCO-Missionen in der Region geleitet. Zu seinen Veröffentlichungen gehören Arbeiten zu Anuradhapura (1999, 2006), Charsadda (2007), der Archäologie des Buddhismus (2001) und den Ursprüngen des Ostindienhandels (2002), daneben zwei Kapitel in *The Archaeology of Early Historic South Asia* (hrsg. von R. Allchin, 1995). Momentan forscht er über das Hinterland von Anuradhapura und führt ein Survey- und Ausgrabungs-Programm auf dem iranischen Zentralplateau durch.

W. J. F. Jenner ist Professorial Research Associate am Fachbereich für Orient- und Afrikawissenschaften der University of London. Seit 45 Jahren schreibt er über Geschichte und Kultur Chinas. Zu seinen Büchern gehören *Memories of Loyang, The tyranny of history: the roots of China's crisis* (1976), *Chinesische Erzähler der letzten Jahrzehnte* (dt. 1982) sowie zahlreiche Übersetzungen.

Ted Kaizer ist Senior Lecturer für Kultur und Geschichte des alten Rom an der Durham University. Sein Spezialgebiet ist die Sozial- und Religionsgeschichte des Nahen Osten in der späthellenistischen und römischen Zeit. Er ist Autor von *The Religious Life of Palmyra* (2002).

Lloyd Llewellyn Jones ist Dozent für Alte Geschichte an der Edinburgh University, Spezialgebiete: Geschichte, Kultur und Gesellschaft Griechenlands und des achämenidischen Iran sowie das Bild Persiens im alten Griechenland. Er ist Autor von *Aphrodite's Tortoise: the Veiled Woman of Ancient Greece* (2002) und *Ctesias' History of Persia: Tales of the Orient* (2009, mit James Robson) sowie zahlreicher Artikel. Lloyd hat Studienreisen im Iran geleitet und dort Dokumentarfilme gedreht. Momentan arbeitet er über den Harem im Nahen Osten der Antike.

Bill Manley ist Senior Curator für Ägyptische Schriften am schottischen Nationalmuseum und Honorary Research Fellow der University of Liverpool. Zu seinen Büchern gehören *The Penguin Historical Atlas of Ancient Egypt* (1996), *Hieroglyphen: Entziffern, lesen, verstehen* (dt. 2003, mit Mark Collier) und *Die siebzig großen Geheimnisse des alten Ägyptens* (dt. 2003). In jüngster Zeit hat er an Veröffentlichungen zu den Pharaonensärgen mitgearbeitet und an einer archäologischen Expedition nach Mo'alla/Ägypten teilgenommen.

Mark Manuel ist Postdoctoral Research Associate im Fachbereich Archäologie an der Durham University. In seiner Dissertation hat er sich mit der sozialen und politischen Organisation der Indus-Tal-Tradition auseinandergesetzt. Er arbeitet momentan an Projekten in Sri Lanka und dem Iran.

Michael Sommer ist Dozent für Alte Geschichte an der University of Liverpool. Er hat zahlreiche Schriften zur phönizischen Geschichte, Wirtschaft und Kultur sowie über das Römische Reich veröffentlicht. Zu seinen jüngsten Veröffentlichungen zählen *Die Arminiusschlacht. Spurensuche im Teutoburger Wald* (2009), *Rom. Geschichte der Ewigen Stadt* (2008, mit Volker Reinhardt), *Römische Geschichte II. Rom und sein Imperium in der Kaiserzeit* (2009) und *Der römische Orient. Zwischen Mittelmeer und Tigris* (2006).

Marc Van De Mieroop ist Professor für Geschichte des alten Orient und Ordinarius des Fachbereichs Geschichte an der Columbia University, New York. Zu seinen Veröffentlichungen zählen *Cuneiform Texts and the Writing of History* (1999), *A History of the Ancient Near East, ca. 3000–323 BC* (2007) und *The Eastern Mediterranean in the Age of Ramesses II* (2007).

Zitatnachweis

S. 24 „Warum mache … mir?“ Tafel Kairo 41790, 1.3. **S. 25** „Avaris wurde … Sklaven.“ *Inschrift am Grab des Ahmose-Saibana*, Sp. 13 14. **S. 26** „Jahr 23 … konnte.“ *Annalen Thutmosis‘ III. aus Karnak*, Sek. 1, Sp. 84–86. **S. 26** „Auf eine Kupferplatte … beten zu lassen.“ *Stele von Armant* S.443, 11. 3–5. **S. 27** „Bezüglich des Goldes … haben.“ *Amarna-Archiv* Tafel EA 3, 11.36–43. **S. 27** „Seht, Pihanate … Bevollmächtigten.“ *Amarna-Archiv* Tafel EA 60, 11.19–32. **S. 27** „Ich habe … zurückbringt.“ Thutmosis, Papyrus Turin 1972, 11.4–10. **S. 28** „Sollte je … haben.“ Stein-Inschrift in Hagar el-Merwa. **S. 31** „Wir werden … wünscht.“ *Stele Boston* MFA 23.733, 1.24. **S. 34** „Sagt Neb-maat-Ra … sein.“ Tafel EA 17, 11.1 10. **S. 34** „Dem König, … Herren.“ Tafel EA 60, 11.1 9. **S. 52** „Einst war … Meeres.“ *Verkündigung des Telipinu*, Sek. 1–3. **S. 52** „Was habt ihr … der Hattier!“ *Mursili II., Gebet an die Sonnengöttin*, Sek. *6–7* (nach Goetze). **S. 52** „Ich marschierte … ihnen.“ *Annalen Hattušilis I.*, Sek. 10. **S. 53** „Ich wäre … Untertanen.“ *Mursili II., Annalen seines 4. Jahres*, Sek. 26, Sp. IV, 27–33. **S. 53** „Warum habt … Wohlan!“ *Belagerung von Urshu*, 10–21 (nach Gurney). **S. 53** „Dann ließ er … bringen.“ *Ramessidische Inschriften* (nach Kitchen). **S. 53** „Es ist ein wichtiger … mit ihr begehren.“ *Vertrag zwischen Šuppiluliuma und Huqqana, Sek. 25* (nach Beckman). **S. 53** „Als ich zum König … nicht getan.“ *Brief von Hattušili III. an Adadnirari von Assyrien, Sek. 4.* **S. 62** „Militärische Expansion … Babylon.“ Nach O. R. Gurney.**S. 92** „Und wie der Herr … Volk des Landes.“ 2 *Kön* 25.10–14. **S. 92** „Mit der Unterstützung … ebenbürtig.“ Assurnasirpal. **S. 93** „Der König … verdursten!“ *Korrespondenz des Esarhaddon* (nach Reynolds). **S. 93** „Vor den Toren … ließ ich entstehen.“ Nebukadnezar II. (nach Langdon). **S. 93** „Meine Hände … nach Assyrien.“ Assurbanipal (nach Onasch). **S. 106–107** Nach Marius Brosius *The Persian Empire from Cyrus II to Artaxerxes I* (2000), Lactor 16, Cambridge. **S. 130** „Ich schelte … lassen.“ Thukydides *Bell. Pelop.* 4.61. **S. 130** „Ich habe … Stärke.“ Thukydides *Bell. Pelop.* 3.37. **S. 131** „Unsere Stadt … ganz Griechenland.“ Thukydides *Bell. Pelop.* 2.39 40. **S. 131** „Noch vor der … einverleiben.“ Plutarch *Alcibiades* 17. **S. 131** „Was die Verbündeten … Schichten.“ Ps.-Xenophon *Const. Ath.* 14. **S. 131** „Zum großen König … Ochsen aus dem Ofen.“ Aristophanes *Ach.* 65–69. **S. 137** „Zerstörte man … wirklich ist.“ Thukydides *Bell. Pelop.* 1.10.2. **S. 162** „Welch großen … verteidigen?“ Arrian *Anab. Alex.* 26. **S. 162** „Von König … See begleitet.“ Nach R. S. Bagnall und S. Derow, Historical Sources in Translation: The Hellenistic Period (Malden, MA 2004). **S. 162** „Die Gürtel-Träger … haben.“ *Oxyrhynchus Papyri* XXII 2332, 28–32. **S. 163** „Während der Regierungszeit … geliebt.“ *Stein von Rosette*, nach R. S. Bagnall und S. Derow, Historical Sources in Translation. The Hellenistic Period (Malden, MA 2004). **S. 163** „Und ein mächtiger … werden.“ *Daniel* 9.2–4. **S. 163** „Deine Vorfahren … kommen.“ Arrian *Anab. Alex.* 2.14. 4–7. **S. 184** „Auf einer Insel … zu dürfen.“ Velleius Paterculus *Hist. Rom.* 2.101.1–3 (nach Loeb). **S. 184** „Sie sind … gegen uns.“ Cassius Dio *Hist. Rom.* 40.14.4 (nach Loeb). **S. 184** „Ich, der … Länder.“ *Res Gestae Divi Saporis* Z. 1–2 des griech. Textes (nach Frye). **S. 185** „Zu dieser … [Schapur].“ *13. Sibyll. Or.* 155–169 (nach Lieu). **S. 185** „Sogar von Ferne … zu sehen.“ Heliodor *Hist. Aeth.* 9.14 (nach Reardon). **S. 185** „Eine große Schlacht … Brand.“ *Res Gestae Divi Saporis* Z. 24–26 des griech. Textes (nach Lieu). **S. 202** „Dann führt … Togaträger.“ Vergil *Aen.* 1.275–282. **S. 202** „Er war sehr … erwähnte.“ Sueton *Cal.* 50. **S. 203** „So willkommen … Rom.“ Tacitus *Hist.* 1.4. **S. 203** „[Trajan] pflegte … konnte.“ Cassius Dio *Hist. Rom.* 68.29. **S. 203** „„Es haben ihn … Schau.“ *Bereshit Rabbah* 65.1. **S. 203** „Ich habe das Gebiet … führen.“ Augustus *Res Gestae.* **S. 232** „Das Wohlergehen … werden.“ Kautilya *Arthasastra* 6.2.1–3/7.1.20–22. **S. 232** „Die größte Stadt … Tore.“ Arrian *Ind.* (nach Brunt). **S. 232** „Im achten Jahr … herrschen.“ Ashoka *13. Hauptfelsenedikt.* **S. 233** „Die Kasten … Ernte.“ Nach Hiuan-Tsang *Beschreibung Indiens durch den chinesischen Buddhistenpilger Hiuan-Tsang.* **S. 233** „So spricht … Reinheit.“ Asoka *2. Säulenedikt.* **S. 260** „Überall unter … regiert.“ Nach Zhonghua shuju (Hrsg.), Sima Guang. Zi zhi tong jian (Peking 1959), S. 245. **S. 260** „Bei der Untersuchung … kommen].“ Nach Shuihudi Qin mu zhu jian zhengli xiaozu, Shuihudi zhu jian (Peking 1978), S. 245–6. **S. 260** „Das Volk … Reichtum.“ Nach Zhonghua shuju (Hrsg.), Sima Guang. Zi zhi tong jian (Peking 1959), S. 3274. **S. 261** „Dong Zhuo … Leben.“ Nach Zhonghua shuju (Hrsg.), Sima Guang. Zi zhi tong jian (Peking 1956), S. 1912. **S. 261** „Jede Familie … gehorchen.“ Nach Yang Kuan, Yan tie lun jiaozhu, ding ben (Peking 1992), S. 543.

Abbildungsnachweis

o: oben; u: unten; m: Mitte; l: links; r:rechts

Karten gezeichnet von Drazen Tomic
© Thames and Hudson Ltd., London

1 Bridgeman Art Library/Getty Images; 2–3 Chris Bradley/Axiom Photographic Agency/Getty Images; 6 Dreamworks/Universal/Kobal Collection; 7 Peter Macdiarmid/Getty Images; 8 (Ägypten) Ägyptisches Museum, Kairo; 8 (Hethiter) Dagli Orti/Museum of Anatolian Civilizations, Ankara/The Art Archive; 8 (Assyrien & Babylonien) Bridgeman Art Library/Getty Images; 8 (Persien) Dagli Orti/Musée du Louvre, Paris/The Art Archive; 8 (Athen) Musei e Gallerie Pontificie, Vatican; 9 (Alexander) Akropolis-Museum, Athen; 9 (Parther & Sasaniden) British Museum, London; 9 (Rom) Musée du Louvre, Paris; 9 (Südasien) Benoy K; Behl; 9 (China) AISA; 12 Casa Del Fauno, Pompeji; 13 Musei Capitolini, Rom; 14 Trustees of the British Museum; 15 Harish Tygi/EPA/Corbis; 16 AISA; 17 Walter Bibikow/Jon Arnold Images; 18–19 Mortuary Temple of Ramesses III, Thebes; 20 Ägyptisches Museum, Kairo; 22 Hay Kranen/Kunsthistorisches Museum, Wien; 23 iStockphoto.com; 24 Alfredo Dagli Orti/Ägyptisches Museum, Kairo/The Art Archive; 25um D. O'Connor, Ancient Nubia. Egypt's Rival in Africa, University of Pennsylvania, 1993; 25ur Manfred Bietak, Eine Stele des ältesten Königssohnes des Hyksos Chajan, Deutschland, 1981; 26 R. Mond und O.H. Myers, Temples of Armant, A Preliminary Survey, London, 1940; 27 Dagli Orti/Musée du Louvre, Paris/The Art Archive; 28 Erich Lessing/Musée du Louvre, Paris/akg-images; 29 Andrew McConnell/Robert Harding World Imagery/Getty Images; 30o from E. Naville, The Temples of Deir el-Bahari, London, 1894–1908; 30ul Ägyptisches Museum, Kairo; 30ur Dagli Orti/The Art Archive; 32 Ashmolean Museum, University of Oxford; 32 Agyptisches Museum, Berlin; 33 Ägyptisches Museum, Kairo; 36 Dagli Orti/The Art Archive; 37 iStockphoto.com; 38o Dagli Orti/The Art Archive; 38u Dagli Orti/Ägyptisches Museum, Turin/The Art Archive; 41t François Guérnet/akg-images; 41u Georg Gerster/Panos Pictures; 43 Musée de L'Armée, Paris; 44–45 Gérard Degeorge/akg-images; 46 J. Powell/Museum of Anatolian Civilizations, Ankara; 48 Simon Klaus-Peter; 49, 50–51 Gérard Degeorge/Corbis; 52 Dagli Orti/Archäologisches Museum, Aleppo/The Art Archive; 53 Erich Lessing/Musée du Louvre, Paris/akg-images; 54 Dagli Orti/National Museum, Damascus/The Art Archive; 56–57 Yann Arthus-Bertrand/Corbis; 58 Gérard Degeorge/ akg-images; 60ol, 60ul, 61or Metropolitan Museum of Art/Art Resource/Photo Scala, Florenz; 61ol, 61u Trustees of the British Museum; 63 J. Powell; 64 Xavier Navarro/AISA; 65ul C.M. Dixon/HIP/Photo Scala, Florenz; 65ur, 66ol Erich Lessing/akg-images; 66om Dagli Orti/Musée du Louvre, Paris/The Art Archive; 67 C. M. Dixon/HIP/Photo Scala, Florenz; 69 J. Powell; 70–71 Dagli Orti/British Museum, London/The Art Archive; 72 Flammarion/Giraudon/British Museum, London/Bridgeman Art Library; 74 AISA; 75 Georg Gerster/Panos Pictures; 76 Trustees of the British Museum; 77 Werner Forman/Corbis; 78ol Peter Willi/National Museum, Damascus/Bridgeman Art Library; 78u British Museum, London; 79 Dagli Orti/British Museum, London/The Art Archive; 80o, 80m, 80u Bill Lyons/Alamy; 81, 83, 84 Trustees of the British Museum; 85 Erich Lessing/akg-images; 86–87 Vorderasiatisches Museum, Staatliche Museen zu Berlin; 88mlo Erich Lessing/Musée du Louvre, Paris/akg-images; 88u The British Museum London/Werner Forman Archive; 89 London Art Archive/Alamy; 90 Dagli Orti/Archäologisches Museum, Aleppo/The Art Archive; 92, 93 British Museum, London; 94 J.R. Freeman; 95 Georg Gerster/Panos Pictures; 96 Trustees of the British Museum; 97 Kunsthistorisches Museum, Vienna; 98–99 Gianni Dagli Orti/Corbis; 100 Dagli Orti/Musée du Louvre, Paris/The Art Archive; 102 Nick Taylor; 103 Legendary Pictures/Warner Bros/Kobal Collection; 104 Trustees of the British Museum; 105 Christophe Boisvieux/Corbis; 106 University of Chicago; 107 Casa Del Fauno, Pompeii; 108 Roger Wood/Corbis; 109 Museo Archeologico Nazionale, Naples; 110mlo Dagli Orti/Archäologisches Museum, Teheran/The Art Archive; 110u Georg Gerster/Panos Pictures; 112 Dagli Orti/Archäologisches Museum, Isernia/The Art Archive; 113 Corbis; 114l British Museum, London; 114ur iStockphoto.com; 115o, 115u British Museum, London; 118–119 Musée du Louvre, Paris; 120 Trustees of the British Museum; 121 iStockphoto.com; 122–123 British Museum, London; 124 Ministero Beni e Att. Culturali/Photo Scala, Florenz; 126 Mimmo Jodice/Corbis; 128 British Museum, London; 129 Georg Gerster/Panos Pictures; 130 Royal Ontario Museum, Toronto; 131 John Paul Getty Museum, Malibu, California; 132 Acropolis Museum, Athen; 133 Archäologisches Museum, Piräus; 134 British Museum, London; 135 Musée du Louvre, Paris; 136–137 Heidi Grassley © Thames & Hudson, Ltd., London; 138 Peter Connolly/akg-images; 139 London Art Archive/Alamy; 140 David H. Seymour/iStockphoto.com; 141 British Museum, London; 142 AISA/Bridgeman Art Library; 143 Marie-Lan Nguyen/British Museum, London; 144 Peter Connolly/akg-images; 146 Gianni Dagli Orti/Corbis; 147 Roger Viollet/ Getty Images; 148–149 Dagli Orti/Archäologisches Museum, Istanbul/The Art Archive; 150 Musée du Louvre, Paris; 152 Dagli Orti/Archäologisches Museum, Thassos/The Art Archive; 153 Dagli Orti/Pella Museum, Greece/The Art Archive; 154 Dagli Orti/The Art

Archive; 155 Dagli Orti/Archäologisches Museum, Istanbul/The Art Archive; 156–157 Casa Del Fauno, Pompeji; 158 Ariadne Van Zandbergen/Alamy; 159 Gianni Dagli Orti/Ägyptisches Museum, Kairo/The Art Archive; 161 Trustees of the British Museum; 162 Akropolis-Museum, Athen; 163 British Museum, London; 164ol Gianni Dagli Orti/Archäologisches Museum, Neapel/The Art Archive; 164ul British Museum, London; 165, 166 iStockphoto.com; 167 M. Borchi/De Agostini Editore/Photolibrary; 168 National Archäologisches Museum, Athen; 169 Museo Pio-Clementino, Musei Vaticani, Vatikan; 170 Thierry Ollivier/Musée Guimet, Paris/Getty Images; 171 © Franck Goddio/Hilti Foundation; Graphics Yann Bernard; 172 Kunsthistorisches Museum, Vienna; 173 British Library, London/The Art Archive; 174–175 J. Powell; 176 Dagli Orti/Archäologisches Museum, Bagdad/The Art Archive; 178 Adam Woolfitt/Corbis; 179ul Robert Harding Picture Library Ltd./Alamy; 179mr Irakisches Museum, Bagdad/akg-images; 180, 181 Ted Kaizer; 182 Eric Gaba/Musée du Louvre, Paris; 183 Images&Stories/Alamy; 185 The Art Archive; 186o British Museum, London; 186u Claire Venables; 188 Manuel Cohen/The Art Archive; 189 Oriental Institute/University of Chicago; 190 Bibliothèque Nationale, Paris; 191 Robert Harding Picture Library Ltd./Alamy; 192o Musée du Louvre, Paris; 192ul Foroughi Collection, Teheran; 192ur National Museum, Teheran/akg-images; 193 British Museum, London; 194 Ted Kaizer; 195 Michal Gawlikowski; 196–197 AISA; 198 Araldo de Luca/Corbis; 200 Archäologisches Museum, Ankara; 201 Georg Gerster/Panos Pictures; 202 David Bjorgen/Museo Nazionale del Bardo, Tunesien; 203 The Art Archive; 204 Kunsthistorisches Museum, Wien; 205 Dagli Orti/The Art Archive; 206ar Dagli Orti/Museo della Civiltà Romana, Rom/The Art Archive; 206mro Araldo de Luca/Corbis; 208 Metropolitan Museum of Art/Art Resource/Photo Scala, Florenz; 209ul, 209um, 209ur AISA; 210–211t Atlantide Phototravel/Corbis; 211ur Alessandro Argentieri/iStockphoto.com; 213 BPK, Bildagentur für Kunst, Kultur und Geschichte, Berlin/Photo Scala, Florenz; 214 Sally Nicholls; 215 Pentocelo; 216 iStockphoto.com; 217ul Dagli Orti/National Museum, Damaskus/The Art Archive; 217ur Charles O. Cecil/Alamy; 218–219 Adam Woolfitt/Corbis; 220 iStockphoto.com; 221 Georg Gerster/Panos Pictures; 222 Erich Lessing/akg-images; 223 Kunsthalle Bremen; 225ol, 225or iStockphoto.com; 226–227 J. Powell/Kabul Museum; 228 Musée Guimet, Paris; 230 Metropolitan Museum of Art/Art Resource/Photo Scala, Florenz; 231 Nimatallah/akg-images; 233 Bridgeman Art Library; 234 Professor Robin Coningham; 235 AISA; 236 i Stockphoto.com; 237 Lindsay Hebberd/Corbis; 238ol Martin Hürlimann/Archäologisches Museum, Sarnath; 238ul British Museum, London; 239 Bridgeman Art Library/Getty Images; 240 Kabul Museum; 241 Dagli Orti/Musée Guimet, Paris/ The Art Archive; 242ml British Museum, London; 242ul J. Powell/Kabul Museum; 243mr Photo Scala, Florenz; 243u Japan Travel Bureau/Photolibrary; 245 Giraudon/Bridgeman Art Library; 246–247 Japan Travel Bureau/Photolibrary; 248 De Agostini Picture Library/Getty Images; 250–251 Danny Lehman/Corbis; 252 Art Exhibitions China, Peking; 254 Gianni Dagli Orti/Galerie Ananda Louvre des Antiquaires, Paris/The Art Archive; 255 FOTOE; 256, 257o Huber/SIME; 257ul I. Shimada; 257ur Xia Juxian und Guo Yan; 258 Shaanxi Provincial Archaeological Institute; 259 Far Eastern Seminar Collection/Princeton University Art Museum; 261 Matthieu Paley/Corbis; 262, 263 Laurent Lecat/akg-images; 264 National Museum, Beijing; 265 Georg Gerster/Panos Pictures; 266 FOTOE; 267ar Royal Ontario Museum, Toronto/Corbis; 267u, 268 FOTOE; 269ol, 269or, 269u Asian Art & Archaeology, Inc./Corbis; 270 FOTOE; 272o Genius of China Exhibition/The Art Archive; 273o Art Exhibitions China, Peking; 272–273u Asian Art & Archaeology, Inc./Corbis; 274 Wu Liang Tzu Tomb, Shantung; 275 FOTOE.

Register

Kursive Seitenzahlen beziehen sich auf Abbildungen.